社会体の生理学

J・S・ミルと商業社会の科学

川名雄一郎 著

京都大学学術出版会

Students in politics thus attempted to study the pathology and therapeutics of the social body, before they had laid the necessary foundation in its physiology.

John Stuart Mill

Felix qui potuit rerum cognoscere causas.

Vergilius

プリミエ・コレクションの創刊にあたって

　「プリミエ」とは，初演を意味するフランス語の「première」に由来した「初めて主役を演じる」を意味する英語です。本コレクションのタイトルには，初々しい若い知性のデビュー作という意味が込められています。
　いわゆる大学院重点化によって博士学位取得者を増強する計画が始まってから十数年になります。学界，産業界，政界，官界さらには国際機関等に博士学位取得者が歓迎される時代がやがて到来するという当初の見通しは，国内外の諸状況もあって未だ実現せず，そのため，長期の研鑽を積みながら厳しい日々を送っている若手研究者も少なくありません。
　しかしながら，多くの優秀な人材を学界に迎えたことで学術研究は新しい活況を呈し，領域によっては，既存の研究には見られなかった潑剌とした視点や方法が，若い人々によってもたらされています。そうした優れた業績を広く公開することは，学界のみならず，歴史の転換点にある21世紀の社会全体にとっても，未来を拓く大きな資産になることは間違いありません。
　このたび，京都大学では，常にフロンティアに挑戦することで我が国の教育・研究において誉れある幾多の成果をもたらしてきた百有余年の歴史の上に，若手研究者の優れた業績を世に出すための支援制度を設けることに致しました。本コレクションの各巻は，いずれもこの制度のもとに刊行されるモノグラフです。ここでデビューした研究者は，我が国のみならず，国際的な学界において，将来につながる学術研究のリーダーとして活躍が期待される人たちです。関係者，読者の方々ともども，このコレクションが健やかに成長していくことを見守っていきたいと祈念します。

第25代　京都大学総長　松本　紘

目　次

第1章　序論 …………………………………………………1
　1——本書の目的…1
　2——「精神の危機」以前のJ・S・ミル…5
　3——ベンサム主義への懐疑…10
　4——本書の構成…15

第2章　19世紀初頭の社会の科学 ……………………23
　1——はじめに…23
　2——デュガルド・ステュアートと商業社会の理論…25
　3——サン・シモンと社会科学の起源…32
　4——おわりに…39

第3章　アメリカ論の政治学 ……………………………41
　1——はじめに…41
　2——19世紀初頭のブリテンにおけるアメリカ論…42
　3——『アメリカのデモクラシー』とJ・S・ミル…62
　4——アメリカ社会の分析…75
　5——おわりに…83

第4章　商業社会の分析 …………………………………85
　1——はじめに…85
　2——文明化とミドルクラス…87
　3——J・S・ミルと文明概念…101
　4——文明概念の実践的含意…108
　5——商業社会と民主社会…117

6―おわりに…126

第5章　社会の科学構想 … 129

1―はじめに…127
2―「定義と方法」…129
3―『論理学体系』における社会の科学構想…134
4―ミルの体系の心理主義的解釈…139
5―おわりに…161

第6章　歴史知識と社会変動の理論 … 165

1―はじめに…165
2―19世紀初頭の哲学的歴史…167
3―ジェイムズ・ミルとインド史…171
4―J・S・ミルと歴史知識（1）…186
5―J・S・ミルと歴史知識（2）…190
6―J・S・ミルと歴史知識（3）…194
7―おわりに…207

第7章　性格形成の科学 … 209

1―はじめに…209
2―19世紀初頭のブリテンにおける性格の科学…212
3―性格形成への関心…222
4―J・S・ミルのエソロジー構想…228
5―エソロジーの実践的重要性…238
6―おわりに…242

第8章　経済学の科学とアート … 245

1―はじめに…243
2―19世紀初頭ブリテンにおける経済学の展開…245

3──経済学の定義と方法…261
　4──経済学の科学とアート…267
　5──おわりに…275

第9章　アイルランド土地問題の政治学 …279

　1──はじめに…279
　2──アイルランド問題とアイルランドの国民性…281
　3──J・S・ミルとアイルランド土地問題…292
　4──おわりに…306

終　章　結論 …309

あとがき…314
参照文献…318
事項索引…343
人名索引…353

凡　例

引用について

- J・S・ミルの著作，書簡，草稿からの引用は，トロント大学版『ジョン・スチュアート・ミル著作集』(*Collected Works of John Stuart Mill*, 33 vols, ed. F. E. L. Priestley and J. M. Robson, Toronto and London, 1963–1991) によっておこなう[1]．引用は，同著作集が底本としている版にかかわらず，原則として初出時の形でおこない，そうでない場合は注記する．
- ジェレミー・ベンサムの著作，書簡，草稿からの引用は，利用可能なものについては原則として，ユニヴァーシティ・カレッジ・ロンドンのベンサム・プロジェクト The Bentham Project によって編集が続けられている新『ベンサム著作集』(*The Collected Works of Jeremy Bentham*, eds J. H. Burns (1961–1979), J. R. Dinwiddy (1977–1983), F. Rosen (1983–1994), F. Rosen and P. Schofield (1995–2003), P. Schofield (2003–), London and Oxford, 1968–) によっておこなう．それ以外の場合は，いわゆるバウリング版『ベンサム著作集』(*The Works of Jeremy Bentham*, 11 vols, published under the superintendence of his executor John Bowring, Edinburgh, 1838–1843) に収録されているものについては原則として同版から，収録されていない場合はオリジナル版から引用する[2]．複数の文献情報を併記することもある．
- 煩雑を避けるために，匿名・偽名で公刊された著書や論説のうち著者が判明しているものについては，匿名・偽名であったことを注記することなく著者名を記す．
- 原文のイタリックは傍点で表す．ただし，原文中で外国語のためイタリックになっている場合などには省略することがある．

---

1) この著作集については，Robson (1967; 1981), O'Grady (1991) を参照のこと．
2) バウリング版については，音無 (1993) を参照のこと．なお，ベンサムの著作一覧は以下の URL で提供されている．http://socserv.mcmaster.ca/~econ/ugcm/3ll3/bentham/benbib.htm〔最終確認日：2012 年 6 月 17 日〕

凡 例　　　　　　　　　　　　　　　　　　　　　　　　　　vii

・原文ですべて大文字の単語は**太字**で表す．ただし，原文中で固有名詞を表すために用いられている場合などには省略することがある．
・原文で段落分けされている文章を改行せずに引用する場合，原文の改行部分をスラッシュ／でしめす．
・翻訳は邦訳文献を参考にしつつ自らおこなってある．引用文中で甲カッコ〔　〕に囲まれた箇所は筆者による補足である．なお，参照文献リストにある邦訳文献はオリジナルと版が異なっている場合や抄訳の場合もある．

人名について

・ファミリー・ネームのみでミルと記している場合，つねにJ・S・ミルのことを指す．したがって，ジェイムズ・ミル James Mill については，つねにファースト・ネームとともに記す．
・ハリエット・ハーディ Harriet Hardy のファミリー・ネームは，1826年3月にジョン・テイラー John Taylor と結婚した際にテイラー Taylor に，さらにジョン・テイラーの死後の1851年4月にJ・S・ミルと結婚した際にミル Mill に変わっているが，本稿では便宜的に一貫してハリエット・テイラーと記す．

略記について

'America'：John Stuart Mill, 'State of Society in America' (1836), CW, xviii, 91–115.

Bowring：*The Works of Jeremy Bentham*, 11 vols, published under the superintendence of his executor John Bowring, Edinburgh, 1838–1843.

CW：*Collected Works of John Stuart Mill*, 33 vols, ed. F. E. L. Priestley and J. M. Robson, Toronto and London, 1963–1991.

DA [1–2]：Alexis de Tocqueville, *De la démocratie en Amérique, I–II, Œuvres d'Alexis de Tocqueville, II*, Bibliothèque de la Pléiade, édition publiée sous la direction d'André Jardin paris, 1992.

'Definition': John Stuart Mill, 'Definition of Political Economy; and on the Method of Philosophical Investigation in that Science' (1836), CW, iv, 309–339. [『定義と方法』]

JSM: John Stuart Mill

'Tocqueville [1–2]': John Stuart Mill, 'De Tocqueville on Democracy in America [1]' (1835 and 1840), CW, xviii, 47–90, 153–204. [『トクヴィル論 [1–2]』]

'Guizot on Civilization': Joseph Blanco White and John Stuart Mill, 'Guizot's Lectures on European Civilization' (1836), CW, xx, 367–393.

'Guizot on History': John Stuart Mill, 'Guizot's Essays and Lectures on History' (1845), CW, xx, 257–294.

Hansard: *Hansard's Parliamentary Debates* (1803–).

Inaugural: John Stuart Mill, *Inaugural Address delivered to the University of St. Andrews* (1867), CW, xxi, 215–257.

'Ireland [1–43]': John Stuart Mill, 'The Condition of Ireland [1–43]' (1846–47), CW, xxiv, 879–1035.

Logic: John Stuart Mill, *A System of Logic, Ratiocinative and Inductive: Being a Connected View of the Principles of Evidence and the Methods of Scientific Investigation* (1843), CW, vii–viii.

PPE: John Stuart Mill, *Principles of Political Economy: With Some of their Applications to Social Philosophy* (1848), CW, ii–iii.

Ricardo: *The Works and Correspondence of David Ricardo*, 11 vols, ed. P. Sraffa, with the collaboration of M. H. Dobb, Cambridge, 1951–1973.

Stewart: *The Collected Works of Dugald Stewart*, 11 vols, ed. W. Hamilton, Edinburgh, 1854–1860.

訳語について

・「経済学」は economics ではなく political economy の訳語である．

・「ブリテン」は Britain および British の，「イングランド」は England およ

び English の訳語である．「イギリス」という曖昧な用語は使用しない[3]．
・「アメリカ America」，「合衆国 United States」や「アメリカ合衆国 United States of America」という用語はそれぞれ互換的なものとして使用する．これは，ミルをはじめとする当時の思想家の多くがそのように使用しているからである．

匿名論考の著者認定について

・本書が対象とする時期の定期刊行誌の論考は匿名で書かれるのが一般的であったが，それらの著者認定については，原則として，*The Wellesley Index to Victorian Periodicals 1824–1900*, ed. W. E. Houghton, 5 vols, Toronto, 1966–1989 およびその補遺である The Curran Index: Additions to and Corrections of *The Wellesley Index to Victorian Periodicals*[4] にしたがい，そうでない場合には注記する．
・ジェイムズ・ミルの論考については，A. L. Lazenby, *James Mill: The Formation of a Scottish Emigre Writer*, D.Phil. Thesis, University of Sussex, 1972 および R. Fenn, *James Mill's Political Thought*, London, 1987 を参照した．
・1824 年以前の『クォータリー・レヴュー』の論考については，W. H. P. Shine and H. C. Shine, *The Quarterly Review under Gifford: Identification of Contributors 1809–1824*, Chapel Hill, 1949 に拠っている．

---

3) ただし，18 世紀から 19 世紀にかけてはしばしば Britain, British と England, English が互換的に使用されており（より正確に言えば，前者を意味するものとして後者が用いられることが多く），当時にあってもブリテンとイングランドというタームの使い分けには曖昧な面があった．この点については，たとえば，Langford (2000) 11–15, Kumar (2003) を参照のこと．
4) http://victorianresearch.org/curranindex.html ［最終確認日：2012 年 6 月 17 日］

第 1 章
序　論

1──本書の目的

　本書の目的は，ジョン・スチュアート・ミル（John Stuart Mill, 1806-1873）の 1820 年代末から 1848 年代末までの知的活動を，この時期に彫琢されていった彼の現代社会観とそれを科学的認識に高めようとした彼の試みに着目して描き出すことである．別の言い方をすれば，野心的な道徳科学体系を構築しようという彼の意欲をたどることによって，「社会の科学者としてのミル」を歴史的に再構成することである[1]．
　トロント大学版『ジョン・スチュアート・ミル著作集』[2]の刊行によっ

---

1) この時期，道徳科学 Moral Science とは，自然事象を対象とする自然科学 Natural Science, Physical Science と対比されるものとして，現在の学問区分でいう人文社会科学分野と重なり合う，人間事象を対象とする多くの学問分野を包括する領域を意味していた．彼の構想では，道徳科学は心理学，性格形成の科学（エソロジー），社会学（社会変化の法則を扱う歴史論としての社会動学と，社会の安定の条件を探求する社会静学），経済学（ポリティカル・エコノミー），エソロジーの応用としての国民性の科学（ポリティカル・エソロジー）などからなる，壮大な知的体系であった．ミルのターミノロジーには曖昧なところもあり，彼はこの広範なカテゴリーに含まれる学問をまとめて道徳・社会科学 Moral and Social Sciences として言及することもある．社会科学とは，彼の用法では，彼が社会の一般科学 General Science of Society とも呼んだ社会学を指すものとして用いられることもあれば，この社会の一般科学と特殊社会学的研究 Special Sociological Inquiries（経済学とポリティカル・エソロジー）を合わせた領域を意味するものとして用いられることもある．また，彼は社会科学 Social Science の代わりに，社会の科学 Science of Society という表現のほか，社会哲学 Social Philosophy，政治科学 Political Science という表現を用いることもある．本書第 5 章注 7 も参照のこと．

て活気づけられた20世紀後半のミル研究,とりわけ1970年代以降のいわゆる修正主義的研究は,ミルを体系的一貫性のない折衷的な思想家とみなしがちであったそれまでの「伝統的」解釈を批判し,彼の思想——とりわけ功利主義論や自由論——を緻密なテクスト読解に基づいて一貫性をもったものとして解釈し,彼の思想を矛盾のない堅固な理論として提示すること——哲学的あるいは合理的再構成——を目指してきた[3].これらの研究がミルを「生気なき折衷」とみなす見解を過去のものにし,政治理論家としてのミルが現代社会においてもっている重要性を明らかにすることに貢献してきたことは間違いないだろう.しかし,ミル像の大幅なリヴィジョンをもたらしたこれらの哲学的再構成は,ミルの知的活動がどのような歴史的状況においてなされていたか,そのような状況のなかで彼が実際に何を意図していたかについて十分な注意を払うことなくなされた面があったことも否めない.その結果として,これらの修正主義的研究は,それらが批判した伝統的解釈がしばしばそうであったように,ミルが抱いていなかったアイデアや,さらに抱くことすらできなかったであろうアイデアさえも彼に帰してしまうことがあった.本書で試みられるのは,哲学的再構成と対比される作業としての歴史的再構成であり,ミルの議論を,彼の意図にも注意を払いつつ,それがなされていた歴史的状況(コンテクスト)と関連づけて解釈し,彼が実際に何を論じようとしていたのかを彼の言葉によって明らかにすることを目的としている[4].

『自伝』において,ミルは自らの知的・精神的発展を三つの段階に分け

---

[2] *Collected Works of John Stuart Mill*, eds F. E. L. Priestley and J. M. Robson, 33 vols, Toronto and London, 1963–1991.

[3] たとえば,Ryan (1970), Ten (1980), Gray (1983), Berger (1984) など.ミル研究における「伝統的」解釈については Cook (1998) 36–64 を,「伝統的」解釈と「修正主義的」解釈の相違については Gray (1979) を参照のこと.グレイはプラメナッツの議論を伝統的解釈の典型として挙げている (ibid., 8; Plamenatz (1958) 123).

[4] 思想史研究における「合理的再構成」および「歴史的再構成」については,Rorty (1984) を参照のこと.ベンサム研究における「哲学的再構成」と「歴史的再構成」について述べている Schofield (2003) も参考になる.

第1章 序論

て論じている．最初の時期は，彼の記憶の残っているもっとも早い時期（彼が3歳でギリシア語を学び始めた1809年ころ）から彼が「私の精神史における一危機」と呼んだ経験（以後，「精神の危機」と略）をした1826年から1827年までである[5]．第二の時期は，精神の危機から1840年ころまでである．第三の時期は，1840年以降である．これまでのミル研究においては，第三の時期，とりわけそのなかでもしばしば成熟期とも呼ばれる1850年代以降に執筆・公表された『自由論』(1859年)，『代議政治論』(1861年)，「功利主義」(1861年[6])などの論考に関心が向けられることが多かった[7]．たしかに，現代においてミルの名前が知られているのはこれらの論考によるところが大きく，現代におけるミルへの関心の多くはそれらが現代においてもっている理論的・実践的重要性によっているだろう．たとえば，出版された時にトマス・バビントン・マコーリーが「ノアの洪水のなかで「火事だ」と叫んでいる」と評したと伝えられている『自由論』が現代の政治理論においてもっている重要性は否定できないし[8]，功利主義理論に関する彼のさまざまなアイデアは多くの批判にさらされながら今なお私たちにとってインスピレーションの源泉であり続けているように思われる．後代において「人類の改善」に資するような思索の源泉を提供するこ

---

5) この表現はミル『自伝』第5章のタイトルである．ジョン・ロブソンも指摘しているように，ミル自身はこの経験を「精神の危機」と呼んだことはなかった (Robson (1968) 21-49)．本書でもこの経験を「精神の危機」と呼ぶが，それは簡便のためであって，この呼称がしばしばもっている精神分析的な含意を込めて用いるわけではない．

6) JSM, *On Liberty*, London, 1859; *Considerations on Representative Government*, London, 1861; 'Utilitarianism', *Fraser's Magazine*, lxiv (1861) 391-406, 525-534, 658-673. 月刊誌『フレイザーズ・マガジン』に1861年10月から12月にかけて三回に分けて掲載された「功利主義」は1863年に単行本として出版された．

7) とはいうものの，しばしば思想形成期と呼ばれる1840年代以前の時期についてミル自身が『自伝』で詳細な回顧的言明を残していることもあって，この思想形成期への関心はけっして低いものではない．日本においても思想形成期のミルの思索についてのアンソロジーが編まれている（『J・S・ミル初期著作集』，全4巻，杉原四郎・山下重一編訳，御茶の水書房，1979-1997年）．ミルの思想形成期についての研究は，たとえば，山下 (1976)，関口 (1989) などを参照のこと．

8) Trevelyan (1932) ii, 379-380.

とはミル自身が強く望んでいたものであったから[9]，現代のこのような状況は他の誰よりもミル自身を喜ばせるものなのかもしれない．しかし，本書で「社会の科学者としてのミル」を論じるために検討されるのは 1850 年代以降に出版されたこれらの著作群ではなく，1820 年代末から 1840 年代にかけての議論であり，とりわけ重視されるのは 1843 年に初版が出版された『論理学体系』である[10]．『論理学体系』は 16 歳の時に著述活動を開始したミルが 37 歳の時に出版した最初の著作であった．いわゆる早期教育以来の彼の思索の成果がふんだんにもりこまれた『論理学体系』は，自身が『自由論』とともにもっとも長く残っていくだろうと自負した著作であったし[11]，同時代の思想家にとって「この時代の私たちのもっとも重要な知的記念碑」と評すべき傑作であった[12]．

　「社会の科学者としてのミル」という視角に関連していえば，これまでこのような観点からの研究がなかったわけではないが，とりわけ経済学史研究が高い水準にある日本においては，それらの多くは経済学との関連を念頭においたもの，いわば「経済学者としてのミル」への関心に根ざしたものであったように思われる．『経済学原理』を，その副題「社会哲学への若干の応用とともに」に着目して，経済学にとどまらない，より広い射程をもった社会哲学的論考として読み解くというものがそのような研究の典型だろうし，それは多大な成果を挙げてきている．しかし，本書が提示しようとする「社会の科学者としてのミル」はこのような研究によって明らかにされるミルとは異なっている．本書がたどるのは包括的な社会事象研究の体系を構築しようという，とりわけ 1830 年代から 1840 年代にかけて強く表明されていた，彼の意欲である．「意欲」という言葉が示唆するように，それは未完のままに終わった，いわば「失敗のプロジェクト」であった．したがって，本書の関心は体系そのものだけでなく，そのような

---

9) JSM, *Autobiography*, CW, i, 145.
10) JSM, *A System of Logic, Ratiocinative and Inductive: Being a Connected View of the Principles of Evidence and the Methods of Scientific Investigation*, 2 vols, London, 1843.
11) JSM, *Autobiography*, CW, i, 259.
12) John Sterling to John Symonds, 1 July 1842, quoted in Leary (1998) 39.

体系を作り上げようとした彼の試みを跡づけることにも向けられる．彼の意欲的なプロジェクトを理解するための手がかりとなるのは，とりわけこの時期の彼がしめしていた歴史論や性格形成論に対する関心である．したがって，本書ではこれまで十分に検討されてきたとは言いがたい彼の歴史論や性格形成の科学構想を検討することにも多くの紙幅を割くことになる．

2 ── 「精神の危機」以前のJ・S・ミル

　J・S・ミルは1821年から1822年にかけての冬にジェレミー・ベンサムの『民事および刑事立法論』を読んだ時のことを[13]，「私の人生の一大画期であり，私の精神史上の転換点のひとつであった」として次のように回顧している[14]．

> 『民事および刑事立法論 Traité[sic]』の最終巻を読み終えたとき，私は別の人間になっていた．「功利性の原理」が，ベンサムが理解していたように理解され，彼がこの三巻を通じて適用したように適用されるならば，それこそが私の知識と信念のうちばらばらで断片的になっている部分をまとめあげる基本原理になるように感じられた．……そして，私はその理論を通して人類の状態を現実に変えていくという壮大な考えを抱いた[15]．

『民事および刑事立法論』を読む以前から「「最大幸福」というベンサム主義的基準」を「適用することをそれまでも教えられてきていた」ミルは[16]，そのベンサム主義的見地から，支配者は人民の幸福を増大することに利害関心をもっておらず，人民の利益を犠牲にしてでも自らの私的利益を追求しがちであるという主張を行っていた．ミルは代議制民主主義以外のどのような政治体制も人民の利益を守ることはできない，いいかえれば政治の正しい目的──「最大多数の最大幸福」──を達成することはでき

---

13) Bentham (1802 a).
14) JSM, *Autobiography*, CW, i, 67.
15) Ibid., 69.
16) Ibid., 67.

ないと考え，支配者と被治者のあいだの利益の一致を可能にする唯一の政体としての代議制民主主義の「有用性に対してほとんど無限の信頼」をおくようになった[17]．そのような彼にとって，代議制民主主義を擁護したジェイムズ・ミルの「政府論」(1820年)は「政治的英知をもりこんだ傑作」であった[18]．精神の危機以前のこの時期のミルの政治評論活動を理論的に基礎づけていたのはベンサムやジェイムズ・ミルの政治論（ベンサム主義的政治学）であり，この時期のミルの議論は「ベンサムの見解をジェイムズ・ミルの論調で」展開したものであった[19]．

しかし，1826年のいわゆる「精神の危機」後に目撃したマコーリーによるジェイムズ・ミル「政府論」批判とそれに続いた論争は[20]，ミルに科学的論考としての「政府論」の妥当性に対する懐疑をもたらすとともに，演繹的アプローチと帰納的アプローチの関係を中心とした社会事象研究の

---

17) Ibid., 109. ミルは1824年に次のように述べていた．「私が望んでいるのは，アメリカ合衆国に見られ他のどこにも見られないような代議制民主主義である」(JSM, 'Parliamentary Reform [2]' (August 1824), CW, xxvi, 283).

18) Mill, James (1820, Government); JSM, *Autobiography*, CW, i, 107.

19) Robson (1968) 7. たしかに，「政府論」でジェイムズ・ミルは，ブリテンへの代議制民主主義の導入の必要性を，あたかもこの政治制度があらゆる国で普遍的に妥当するものであるかのように，歴史的な事例をほとんど援用することなく，人間本性の法則からの演繹的推論によって論証していた．しかし，別のところでジェイムズ・ミルは，文明段階の低いインドにもっともふさわしいのは代議制民主主義ではなくブリテンによるパターナリスティックな支配であると解釈できる見解をしめしてもおり，彼が代議制民主主義の普遍的妥当性について確信を抱いていたかは疑問である．たとえば，1810年に彼は，ブリテン王室の一員を世襲の皇帝としてインドに派遣するという提案をおこないつつ，次のように述べている．「ヨーロッパ人の名誉や知性によって緩和された形での単純な専制的統治が現在のヒンドゥ人に適用しうる唯一の形態です」(Mill, James (1810, Affairs) 155). 植民地の保持は本国にとって過大な財政的負担をもたらすという経済的観点，あるいは植民地は国際紛争の原因となったり本国の支配者のシニスター・インタレストの追求の手段となったりするという政治的観点から，植民地支配に対して批判的であったジェイムズ・ミルがブリテンによるインド支配を正当化した根拠は，それが文明国家の義務であるということであった（e.g. Mill, James (1810, Indes Orientales) 371; (1810, Affairs) 154; (1812, Malcolm)). このような立場はミルにも引き継がれた（e.g. JSM, CRG, CW xix, 562–577). 植民地をめぐるこれらの論点については，Winch (1965), 熊谷 (1978, 1981), 安川 (1999), Levin (2004), Pitts (2005) 103–162 などを参照のこと．

20) この論争は Lively and Rees (eds) (1978) にまとめられている．

方法論への再考を促すことになった．この時期以降の彼はジェイムズ・ミルの「政府論」を「科学的理論」とはみなさなくなり[21]，政治評論活動をベンサム主義的なものとは異なる人間観・社会観によって基礎づけることを試みるようになった．こうしてベンサムやジェイムズ・ミルの議論への不満を抱くようになりつつあったこの時期のミルに思索の手がかりをあたえていたのはギゾーやサン・シモン主義者などのフランス思想家の議論であり[22]，彼らの議論に接することでミルは政治制度の社会状態による適用可能性の相違の重要性を認識するようになっていった．その結果として，彼は「代議制民主主義を絶対的な原理とみなすことをやめ，それを時間，場所，状況にかかわる問題」とみなし，「政治制度の選択の問題を，物質的な利害に関するものというよりは道徳的・教育的な問題として考察するようになった[23]」．彼は1829年ころに到達した新しい認識について次のように述べている．

> 人間精神には，あることが他に先行しなければならないような，ある一定の可能な進歩の順序があり，その順序は政府や公教育者がある程度は修正することができるが，無制限には修正できないということ．政治制度に関するすべての問題は，絶対的なものではなく相対的なものであること．また人間の進歩の段階が異なれば，それぞれ異なった政治制度をもつであろうし，もたなければならないということ．統治権はつねに，誰であれ，社会のなかでもっとも強い力の手中にあるかその手中に移りつつあるし，その力が何であるかは制度に依存しているのではなく，逆に制度がそれに依存しているということ．あらゆる政治の一般理論あるいは哲学はそれに先立つ人間の進歩の理論を前提としているということ．そしてこれは歴史哲学と同じものであるということ[24]．

---

21) JSM, *Autobiography*, CW, i, 177. ミルはマコーリーによるジェイムズ・ミル「政府論」批判がなされた時のことについて，「私は，彼〔ジェイムズ・ミル〕は「私は政治についての科学的論考を書いていたのではなく，議会改革のための議論を書いていたのだ」と述べて自己弁護をするべきだと考えていた」と述べている（ibid., 165）．関口（1989）55 ff. が指摘しているように，このような応答はマコーリーに対する反論としては有効であったとしても，「政府論」の理論としての普遍的妥当性を否定することにほかならなかっただろう．
22) JSM, *Autobiography*, CW, i, 171.
23) Ibid., 177.

このように1820年代末のミルは，個々の社会の発展段階はそれぞれ異なるということと，同じような段階にあってもそれぞれの特徴にしたがって社会は多様な形態をとるということの，二つの相対主義的な見解に達し，このような考え方が社会事象の研究に際してもつ重要性を強調するようになっていた．たとえば，ミルは経済学者が三階級からなる社会を普遍的なものとみなしがちなことを批判し，相対主義的な観点を経済学に反映させることの重要性を強調していた．彼は「マーティノー氏の経済学」(1834年5月)のなかで次のように経済学の現状を批判した．

> 〔イングランドの経済学者たちは〕地主，資本家，労働者という不変の枠組みのなかで思いをめぐらせ，そのような社会の三階級への区分をあたかも神の掟であって人間のものでないかのようにみなし，また，〔一日が〕昼と夜に分けられていることと同じくらい，人間の意のままにならないことであるかのようにみなしている．彼らのうちほとんど誰も，それらの階級のあいだの関係が社会の進歩にともなってどのような変化を被るかということを自らの研究課題とはしてこなかった[25]．

彼はこのような認識から，あらゆる制度の有用性はそれが存立する社会状態に左右されるという見地に立ち，「社会」の優越を強調するようになっていた．1837年10月に彼は次のように書き記している．

> あらゆる政治哲学の基礎には社会哲学──統治制度のさらに深くに横たわり，統

---

24) Ibid., 169. ミルは，サン・シモン派の思想家が「それ自体を考えれば，まったくの害悪以外のものを生み出すことが不可能と思わざるを得ない制度（たとえばカトリック教会）が，それでも人間精神の進歩の特定の段階では大いに有用であっただけでなく，きわめて不可欠でもあり得たこと，つまり人間精神を究極的に改善された段階に進めるための唯一の手段であり得たという事実」に着目したことを評価していた（JSM to Gustav d'Eichthal, 7 November 1829, CW, vii, 41）．ただし，代議制民主主義に対するミルの見解が変化していったことは彼が急進主義的政治立場を放棄したことを意味してはいない．彼は政治改革の要求を新しく獲得した考えによって基礎づけることに何の問題も見いだすことはなかった．いいかえれば，彼は，最大多数の最大幸福という見地とともに，社会は必然的な法則にしたがって変化していくという考えや，政治制度の有効性は社会状態によって異なるという考えによって政治改革論を理論的に正当化することができた．

治制度を通じて，長い目で見れば，統治制度が作りだすように見えるものの大部分を作りだし，またその進路を阻むあらゆる統治制度を弱め破壊する作用因の研究——がなければならない……[26]．

このような政治的相対主義とよぶべき態度にもとづいた「社会」への関心とそれを研究対象とする包括的な学問体系を作りあげたいという意欲が1830年代後半から1840年代半ばにかけてのミルの思索を特徴づけるものであった．そして，この時期にとりわけ強く表明されていた歴史論や性格形成論への彼の関心は，社会の個別性・相対性を理解することが政治学においてもっている重要な含意への認識にもとづくものであった．ミルは『論理学体系』において，これまでの政治学が「社会」を考察の対象とせず，その関心を統治形態論・機構論に限定してきたとして，次のように批判した．

> プラトンからベンサムにいたる政治の実践家と哲学的統治形態論者によって，社会はそれを構成している人によってどのようにでも作られうると一般に考えられてきたと言ってもそれほど大げさではない．彼らが取りあげようとした唯一の問題は，かくかくしかじかの法や制度は有益なのかというであり，もし有益ならば立法者や公人はそれを採用するように説得されうるのか，そうでなければ誘導されうるのかということであった．社会現象に対する人間の意志の影響力には限界があるという考えや，望ましい社会制度はそれに従うことになる人の資質に適合しなければ実現されえないという考えはほとんど考慮されなかった．唯一の障害は人々がすすんでそれらを試みようとするのを妨げる私的利害や偏見であると

---

25) JSM, 'Miss Martineau's Summary of Political Economy', CW, iv, 226-227. ここで重要なのは，松井（1996）58-59も指摘しているように，制度の可変性に対する認識や制度の相対主義的な理解を欠いた思考が，人間の社会の改善に対する意欲を挫いてしまうという道徳的弊害をともなっているというミルの見解である．彼は次のように指摘している．「……人間事象の改善の到達可能な限度を制限してしまうことによって，それを追求する情熱，すなわち，はるか彼方にあるが，まさにそれゆえにかぎりない重要性をもっているような目標を追求する情熱にも制限を課してしまっていないだろうか」（JSM, 'Miss Martineau's Summary of Political Economy', CW, iv, 227）．また，関口（1989）206は，不適切な事実認識が感情にあたえる悪影響という観点からミルがベンサムを批判していたことを指摘している．

26) JSM, 'Armand Carrel', CW, xx, 183-184.

考えられた．こうして政治学者は社会体の生理学という不可欠な基礎を据えることなくその病理学と治療学を研究していた．健康の法則を理解することなしに病気を治そうとしていたのである[27]．

プラトンからベンサムまでをひとまとめにして批判した大胆さが若気のいたりであったかどうかは別にしても[28]，この大胆さこそが，とりわけ 1835 年代後半から 1840 年代前半にかけて彼が強く抱いていた，包括的な道徳科学体系を構築したいという意欲を支えていたものであったことは間違いない．このような意欲を抱くようになったとき，彼が乗り越えようとした思想家，いいかえれば向き合うに値するとみなし，それゆえに厳しい批判を向けた思想家のなかでもっとも重要な一人がベンサムであった[29]．

3――ベンサム主義への懐疑

ミルは，社会の変化はその社会に属している人々の知的状態の変化によって先行されると考えており，このような見地から人類の知的改善を重

---

27) JSM, *Logic*, CW, viii, 876. ここでミルが用いている「社会体 the social body」という，「政治体 the political body, the body politic」に比べて現代ではなじみの薄い表現は，ヴィクトリア時代のブリテンの政治学においてはしばしば現れる表現であった．たしかに，ミルの議論における「社会」と「政治」というタームの区別を過度に強調することは，彼の議論においてはその区別が現在想定されているよりも曖昧であること，また彼がしばしばこれらを互換的に用いていることから，ミスリーディングなものになりかねないだろう (Collini et al. (1983) 133–134)．それでも，彼が政治的・社会的なものをふくむさまざまな人間事象を包括的に研究する学問分野を構想していた際に「社会」というタームを「政治」よりも自覚的に好んで用いていたという事実には看過できない重要な意義があるように思われる．なお，コリーニは，「政治」よりも「社会」に関心を寄せたヴィクトリア時代のブリテンにおける「社会の科学」が一般にもっていた特徴として次の二点を挙げている．第一は，社会の歴史的発展には「法則」によって理解されるような一定のパターンが存在するということ，そして，あらゆる現象の性質や価値はそれが歴史のなかにおいてしめる位置を明らかにすることによってはじめて十分に理解されるという，歴史についての見解であり，第二に，自然科学でもちいられている方法は世界を認識するための唯一の方法であるから，それは人間事象の研究にも適用できるという方法論上の見解である (Collini (1980) 204)．

28) 『論理学体系』第 3 版 (1851 年) 以降，この節は削除された．

第1章 序論

視し，とりわけ科学方法論が洗練されていくことの必要性を強調していた．1830年代初頭に彼は次のように述べている．

> どのような科学においても見解の全般的な相違があり，ほとんどあらゆる道徳・精神科学において，特に経済学においてそうである．そして，どのような科学においても，その主題に関心をもつ人々のあいだで事実や細部についての相違とは異なる原理上の相違と一般に呼ばれるものがあるが，その原因は科学の哲学的方法についての彼らの考えが違っていることに見出されるだろう[30]．

あらゆる知的問題の最終的な解決の場としての方法論という認識こそが，彼が論理学・科学方法論を重視しその研究に多くの時間と労力を割いたこと，そして長年にわたる論理学・方法論に関する思索のもっとも重要な成果としての『論理学体系』が彼の思想体系において重要な位置をしめていることを理解するための手がかりとなるものである[31]．

しばしば指摘されるように，ミルの『論理学体系』は政治・社会改革論に哲学的基礎づけを与えるという実践的意図をもった著作であった[32]．とりわけ彼がサミュエル・テイラー・コールリッジやウィリアム・ヒューウェルなどの思想家に帰した直観主義哲学を論駁することを目指していた．ミルの考えでは，直観主義は現に存在しているものは何であっても正しいという想定に立ち，政治・社会・道徳などの分野における守旧的な保

---

29) ベンサムは1830年にその第1巻が出版されたのみで未完に終わった『憲法典』（Bentham 1983 b）において，「最大幸福原理 the greatest happiness principle」，「支配者の目的指示原理 the ruler's object-indicating principle」，「自己優先原理 the self-preference principle」という三つの原理をしめしながら代議制民主政に功利主義的基礎づけを与える試みをおこなった．この際に彼の目的は，あらゆる国に適用可能な普遍性の高い原理を扱い，最大多数の最大幸福を達成するための，「公職適正 Official Aptitude」を最大化し費用を最小化するような理論を明らかにし，そのために必要な制度設計について詳細に述べることであり，ゆきすぎた多数者の支配にたいする懸念や被治者の政治的教育の重要性について十分な関心が見られるとはいえないこともたしかであった．ベンサムの最晩年，すなわちミルの精神の危機後に出版された大部な著作が，とりわけこのような性格のものであったこともまた，ベンサムが政治機構論に過度な関心を寄せていたというミルの印象（あるいは誤解）を強める要因となっていたように思われる．ベンサムの代議制民主主義論については，たとえば，Rosen (1983)，児玉 (2004) 101–144，高島 (2009) を参照のこと．

守主義を理論的に正当化している思想であった．それゆえ，直観主義を論駁することは彼にとって反改革論の哲学的根拠を突き崩すことに他ならなかった．そして，彼は『論理学体系』において意図していた目的を理論的にも実践的にも達成したと確信していた．いいかえれば，彼は『論理学体系』において方法論にかかわる多くの理論的な問題を解決するとともに，そのことを通じて反改革論の哲学的根拠としての直観主義を論駁しえたと

---

30) JSM, 'Definition', CW, iv, 324. 同じ時期に書かれた書簡のなかでミルは次のように記している．「現在のところ，私が役立ちうる唯一のことで日々ますます時間をかけるようになっていることは原理について考えることです．それはある特定の時代に適用する際には注意深く慎重になされなければなりませんが，いつの時代にも有用なものです．具体的には道徳，統治，法律，教育，とりわけ自己教育についての原理です．この分野についてはすることが多くありますが，自分に本当に向いていると思う唯一のことは抽象的な真理を探究することですし，それは抽象的であればあるほどいいのです．私が貢献することのできる科学があるとすれば，それは科学自体についての科学，すなわち研究についての科学，方法についての科学だと思います．私はかつてモーリスが，ほとんどあらゆる意見の相違は吟味してみれば方法の相違であると言っているのを聞いたことがあります（彼が話した他の多くのことと同じように，このことの正しさは最初に聞いた時には印象深いことはなかったのですが，それ以来，尽きることのない思考の源泉となっています）．そうだとするならば，方法という主題について多くを明らかにすることができる人は，その時代におけるもっとも進んだ知識人やひとかどの人物たちをよりまとめあげるためにもっとも多くのことをなしうるでしょう．このことは，何らかの目的をもっているとすれば，文芸や哲学の領域で私がもっている唯一の明確な目的です．現に私は論理学についての多くの自分の考えを書きとめてあり，やがては一書にまとめるでしょう」(JSM to John Sterling, 20–22 October 1831, CW, xii, 78–79).

31) この点については，Robson (1968), Ryan (1974), 関口 (1989) などを参照のこと．なお，Ryan (1990) は『論理学体系』第6編でしめされた構想に沿うものとしてそれ以降のミルの著作を位置づけつつ，ミルの思想の統一性を論じている．この理論的・論理的再構成は興味深いが，『論理学体系』の版ごとの相違を軽視しているなど，問題がないわけではない．筆者は，『論理学体系』からうかがうことのできる問題関心はそれ以前の著作にもそれ以降の著作にもある程度，連続した形で見いだすことができるとは考えているが，『論理学体系』を中心におくことでミルの（とりわけ『論理学体系』や『経済学原理』以降の）思索が統一的・体系的に理解できるという想定には立っていない．問題関心の連続性は長期にわたる議論の一貫性や体系性と必然的に結びつくわけではないだろう．

32) Ryan (1974) 85 ; Jones (1999) 157. cf. JSM, *Autobiography*, CW, i, 231–233. ミルの議論がつねにもっていた実践的偏向については Robson (1968) ix も参照のこと．

考えていた.

 とはいえ，言うまでもなく，直観主義に対する反発はミルが直観主義者とみなした思想家の議論から何も学ばなかったということを意味しているわけではない.『論理学体系』の出版に先立つ1840年に公表された「コールリッジ論」において彼はベンサムの方法とコールリッジの方法を対比させながら論じていたが，その議論によれば，ベンサム主義者は18世紀の経験論者の合理主義的・演繹的方法の継承者であり，コールリッジの議論はこれに対する「19世紀の反動」であった[33].彼の考えでは，18世紀の経験論者に共通する誤りは「彼らが以前から馴染んできている事物の状態を人類の普遍的で自然な状態と誤解する」ことであり，ベンサムもこのような誤謬に陥っていた[34].

 この「コールリッジ論」に先立つ1830年代にミルがくりかえしおこなっていたベンサム批判の要点は，政治理論や社会認識に関するかぎり，ベンサムの政治論が地理的，歴史的な相対性に関する理解を欠いており，それゆえに社会や人間の多様性への洞察を欠いた狭隘なものであるという点にあった[35].たとえば，「ベンサム哲学考」(1833年6月)でミルは以下のように述べている.

> ベンサム氏の狭義の意味での政治学，つまり統治の理論についての思索には最初から始めるという彼のいつもの特徴がみられる.彼は自分の前に政府をもたない社会の人間を置き，どのような種類の政府を構成するのが賢明であるかを考察して，最も功利的なのは代議制民主主義であると考えるのである.この結論の価値がどのようなものであっても，私にはその結論に到達した方法は誤っているよう

---

33) JSM, *Autobiography*, CW, i, 169.
34) JSM, 'Coleridge', CW, x, 132.『自伝』でミルはジェイムズ・ミルについて「最後の18世紀人」と述べている (JSM, *Autobiography*, CW, i, 213).
35) この時期のミルのベンサムについての議論は，「ジェレミー・ベンサムの死去」('Death of Jeremy Bentham', *Examiner*, 10 June 1832, CW, xxiii, 467–473),「ベンサム哲学考」('Remarks on Bentham's Philosophy', in Edward Lytton Bulwer, *England and the English*, June 1833, CW, x, 3–18),「ベンサム論」('Bentham', *London and Westminster Review*, August 1838, ibid., 75–115) などがある.
36) JSM, 'Remarks on Bentham's Philosophy', CW, x, 16.

に思われる．というのは，その結論は人間があらゆる時代と場所において同一であること……を前提にしているからである[36]．

ベンサムは政治制度の適用可能性が社会状態によって異なるという相対主義的認識を欠いており，またそれゆえに社会の歴史的変化の動因としての政治制度の重要性（人民に対する教育的効果）も看過していたというのがミルの考えであった．ベンサムが取り組んだのは統治機構に関する問題，つまり支配者の権力の濫用をいかに防ぐかという問題のみであったとして，ミルは次のようにベンサムを批判する．

> 人民の奉仕者に人身と財産を保護するために必要な権力を与え，その権力が濫用された時には人民がその権力の受託者を代えることを可能なかぎり容易にするにはどのようにしたらよいかということが，ベンサム氏が企図した社会組織についての唯一の問題である．しかし，これは真の問題の一部でしかない．政治制度をいっそう高い観点から，つまり国民の社会教育の主要な手段として考察することは，彼には決して思いうかばなかったように思われる．もし彼がそれをしたなら，同じ教訓が年齢の違う子供たちには適合しないように，同じ制度が異なる文明段階にある二つの国民に適合しないということを知っただろう[37]．

「〔哲学の〕道徳・政治部門の偉大な改革者」であったとしても[38]，個人の性格や国民性の多様性を考慮していない彼の「普遍的人間本性の哲学」は不十分なものであり[39]，このような不十分な哲学に基礎づけられていた彼の道徳・政治・社会理論も「一面的」なものにとどまっていたというのがミルの結論であった[40]．

18世紀の経験論の系譜につらなるベンサムの議論の欠陥を補うものとしてミルが関心を向けたのが，彼が「ドイツ・コールリッジ学派」と呼んだコールリッジらの議論であった[41]．ミルの考えでは，18世紀的な議論

---

37) Ibid.
38) JSM, 'Bentham', CW, x, 86.
39) Ibid., 109.
40) JSM, 'Coleridge', CW, x, 112.
41) Ibid., 138.

が演繹的なものであったのに対して19世紀的な議論は帰納的なものであり，コールリッジは社会法則を帰納的に探求した最初の思想家であった．ミルによれば，コールリッジ学派の思想家は人間や社会の多様性に注意を向け，自らの社会の状態を普遍的なものとみなすことはなかったために，18世紀の思想家よりもすぐれた人間観・社会観を提示することに成功した．ミルは純粋に帰納的なアプローチは人間事象・社会事象研究においては不適切なものとみなしていたけれども，このアプローチによる洞察が演繹的な人間事象・社会事象研究に結びつけられることの必要性を強調した．いいかえれば，彼はベンサム的な演繹的アプローチとコールリッジ的な帰納的アプローチを結合することを目指しており，この思索の成果は『論理学体系』第6編において全面的に展開されることになった．ミルがその道徳科学体系における不可欠な理論として歴史の科学と性格形成の科学を確立することを目指したのは，ベンサム的見地とコールリッジ的見地を統合しようとした彼の意欲の反映でもあった．

4―本書の構成

　1830年代半ばまでにミルは，現代社会は商業中産階級に主導される「商業社会」あるいは「商業文明」であるという見解をしめすようになっていた．本書の前半部では，ミルの現代社会理解の枠組みがどのようなコンテクストのなかで形成されてきたかを検討した上で，彼の現代社会観の特徴を明らかにする．1830年代末から1840年代初頭にかけてのミルは，商業社会の特質を明らかにしその発展の展望を明らかにする科学を作り上げようという意欲をもって思索を重ねており，この成果は「道徳科学の論理学」と題された『論理学体系』第6編の議論に集約的にもりこまれることになった．本書の後半部では，この商業社会という現代社会観を科学的なものに高めようとしていた1840年代のミルの議論を検討する．
　第2章では，ミルに先行し，いくつかの重要な点で彼の議論と類似性をもっていた，19世紀初頭におけるふたつの政治・社会科学体系の構築の

試み，つまりデュガルド・ステュアートの議論とサン・シモンの議論を検討する．最初に，ステュアートの現代商業社会についての見解を取りあげる．ステュアートは，富と知識の広範な普及を可能にした商業社会は他のあらゆる社会と区別されるまったく新しい社会形態であると考え，このような新しい商業社会の研究のためには，それまでの伝統的な政治学とは異なる新しい社会の科学が必要であると考えていた．そのような新しい科学としての経済学は商業社会の長所を明らかにし，それゆえに商業社会の優越性に対する彼の信念に科学的な裏付けを与えてくれるものであった．こうして，経済学はステュアートの社会事象研究の体系においてきわめて重要な位置をしめることになった．

この章の後半では，サン・シモンの議論を取りあげる．フランス革命後の政治的動揺のなかでサン・シモンもまた従来の政治学に不満を抱くようになっており，歴史哲学に基礎づけられた新しい「社会組織の科学」の確立を訴えていた．サン・シモンは政治学における統治形態研究の重要性を否定し，社会の内部構造とその機能——社会状態 état social ——に目を向けることの必要性を強調した．サン・シモンはこのような新しい社会の科学こそがフランス革命以降の政治的混乱が続いていたフランス社会に安定をもたらすことができると主張した．

第3章では，ミルの商業社会観の形成にとって大きな意味をもっていたアメリカ論について検討する．ミルがもっとも典型的な文明国家とみなしたのはアメリカとイングランドであったが，特にアメリカは，ミルにとって，その社会的・地理的条件も手伝って良い面でも悪い面でも文明化の特徴がもっとも明瞭に見出される国であった．ミルがアメリカに対してあらためて関心を向けるきっかけとなったのはトクヴィルの『アメリカのデモクラシー』を読んだことであったが，アメリカは19世紀前半のブリテンの知識人や政治家が国内問題を論じる時に頻繁に言及していたありふれたトピックでもあったから，ミルのアメリカ論を，トクヴィルとの関係とともに，このようなブリテンの知的コンテクストのなかで考察することも重要である．このような観点から本章では，ミルのアメリカ論を論じるため

のコンテクストとして，トクヴィルの議論との関係とともに，1810年代から1820年代にかけてのブリテンにおけるアメリカをめぐる政治論争を取りあげて検討する．最初に19世紀初頭のブリテンにおけるトーリー，ウィッグ，哲学的急進派それぞれのアメリカ論を検討する．その後，トクヴィル『アメリカのデモクラシー』とミルの関係について検討し，最後にミルのアメリカ論を検討する．

　第4章では，ミルの現代社会観を取りあげる．1830年代半ばにミルは商業中産階級の成長という現象に着目し，現代社会はこの階級によって主導される商業文明であるという見解を確立するようになった．ミルはトクヴィルやフランソワ・ギゾーといったフランス思想家の影響を自覚的に受けながら，文明という概念によって，それまで個別に論じていた文明社会にみられるあらゆる現象を，それらのあいだの連関をしめしながら包括的に理解していった．ミルの文明概念の形成についてはフランス思想の影響が指摘されてきたが，商業中産階級によって主導される商業社会という現代社会観はスコットランド啓蒙思想家によって精緻な形でしめされ，19世紀初頭のブリテンにおいても広く共有されていたものであったから，このようなブリテンの知的コンテクストのなかでミルの認識を検討することも必要である．この時に手がかりとするのは，フランス的とされる民主社会という社会観とブリテン的（というより，むしろスコットランド的）とされる商業社会という社会観の対比である．

　第4章では最初に，ジェイムズ・ミルのミドルクラス観や文明観を検討する．スコットランド啓蒙の商業社会論を引き継いだ19世紀初頭の思想家の一人としてのジェイムズ・ミルの議論は重要な点でJ・S・ミルのものと親和的なものであった．ジェイムズ・ミルの議論を検討した後，ミルの商業社会という現代社会観を検討する．1830年代半ば以降のミルは，この時期に新たに獲得した視角から商業精神の腐敗や多数者の暴政をはじめとした現代社会にみられる現象を統一的に理解するようになり，現代社会に内在的な問題に対処するための方策をしめすようになった．

　第5章では『論理学体系』（1843年）において構想がしめされた彼の社

会事象研究の体系とその方法論を検討する．まず，『論理学体系』に先立つ1830年代初頭に執筆された「定義と方法」における議論を検討する．この論考は，曖昧な点も多くあるが，いくつかの点で，後に『論理学体系』で提示されることになる「社会の科学」という構想の萌芽がみられていて重要である．後半では『論理学体系』における議論を検討する．『論理学体系』においてミルはそれぞれの方法が適用できる対象と範囲をきわめて注意深く確定させながら方法論を展開しており，それを詳細に検討することによって，その体系の特徴を明らかにする．

　第5章に続く三つの章（第6-8章）では，『論理学体系』で提示された学問領域のうち歴史論（社会動学），性格形成の科学，経済学に関係するミルの議論をそれぞれ取りあげて検討する．1840年代にミルがたどりついた見解は，科学的認識としてしめされる社会変化の法則は社会の進歩を保証するものではないということ，それゆえに，ヨーロッパがそれまで達成してきた進歩は例外的な偶然の産物ですらあるというものであった．このような見解を抱いていたものの，ミルはこの科学的認識を修正の不要なものや不可能なものとは考えなかっただけでなく，それを不可避なものとして受けいれることを宿命論的な態度として強く批判した．ミルは，科学的認識としてしめされた社会の進路を人間が自らの力でより好ましい方向へ修正していくことが可能なだけでなく必要なことであり，そこにこそ人間の自由が存在すると考えていたし，そのような自由こそがよりよい社会を実現する原動力であるという信念を決して放棄しなかった．三つの章でそれぞれ検討される議論が彼の社会の科学構想のなかでもっていた意義は，このような彼の信念を考慮することなしには理解できないだろう．

　第6章ではミルの歴史知識に関する見解を取りあげる．ミルは歴史論を一書にまとめることはなかったけれども，さまざまな機会におもに書評の形式をとって歴史論に関する見解を表明していた．彼の歴史論を検討することは，1840年代に展開された社会の科学というプロジェクトを理解するためだけでなく，1850年代以降に執筆・公表された『自由論』や『代議政治論』などの特質を理解するためにも有用な作業であろう．この章で

第1章 序論

は最初に 19 世紀初頭のウィッグ思想家の哲学的歴史に対する見解を概観し，次に 18 世紀スコットランドの哲学的歴史の伝統に精通していたジェイムズ・ミルの見解を検討する．その後，ミルの歴史知識についての認識を，1830 年代初頭まで，1830 年代，1840 年代の三つの時期に分けて検討する．とりわけ 1840 年代のミルはフランス思想家の歴史論に多大な関心をしめし，社会の歴史的変化の法則を明らかにすることを社会科学の課題としてきわめて重視するようになった．そして，この時期の彼は決定的な作用因として知的要因に着目することで社会の歴史的変化の法則を獲得することができると考えるようになっていた．社会と政治の相関関係への着目，社会変動の要因としての社会的要因の重視，社会発展の段階論的枠組みの援用など，社会の歴史的変化の法則に対するこの時期のミルの関心はきわめて興味深い議論をもたらしていた．

　第7章では，ミルの社会の科学構想における性格形成の科学（エソロジー）の意義，より正確には，そのような科学を作り上げようとした彼の問題関心や意欲がもっていた意義を検討する．これまでの研究では，この科学構想は彼の別の議論（経済学や自由意志論など）において補助的な役割を果たすものとして取りあげられることが多かったように思われる．しかし，性格形成の科学の意義はそのような役割にとどまらないものあった．この科学は「精神の危機」後にミルが到達した人間観から引き出され，彼の社会の科学構想のなかでとりわけ重要な意義をもつべきものであった．この章では最初に 19 世紀初頭に大きな影響力をもっていたふたつの性格形成論——骨相学とオウエン主義——について検討する．ミルはこれらの議論をともに誤った形で宿命論に陥っているものとして批判しており，彼のエソロジー構想はこれらへ対抗するものであった．続いて，1830 年のミルの性格形成に対する関心を検討する．とりわけ彼のベンサム批判が性格形成への関心とどのように結びついているかを明らかにする．その後，『論理学体系』や 1840 年代前半に交わされたコントとの往復書簡を手がかりにして，ミルのエソロジー構想を検討する．最後に，近似的一般化という概念と関係づけて性格形成の科学の実践的意義について明らかにする．

第8章では，エソロジーとともに「特殊社会学的研究」を構成するとされていた経済学についてのミルの議論を検討する．最初に，19世紀初頭のブリテンにおいて経済学をとりまいていた状況を概観する．まず，経済学がどのような学問とみなされていたかをエディンバラ・レヴューアーの議論を取りあげながら明らかにする．次に，1820年代から1830年代初頭のブリテンにおいてリカードの議論をめぐって経済学の領域と方法に関しておこなわれていた論争を検討する．その後，科学としての経済学の領域と方法についてのミルの議論をとりあげる．ミルはリカードの後継者を自認し，科学としての経済学の領域を非常に狭く扱い，方法論的には演繹的方法が用いられるべきであるとした．しかし，同時に彼は自らの経済学がいくつかの重要な点で旧来の経済学よりも「新しく，より良い」ものであると自負していた[42]．本章の最終節では彼の経済学の「新しく，より良い」側面について検討する．

　1840年代半ばにアイルランドで発生した大規模な飢饉（ジャガイモ飢饉）をきっかけとして，ミルはアイルランドの社会的・経済的問題にあらためて関心を向けることになった．第9章では，土地制度論，農業階級論，統治制度と社会状態の関係などに対する彼の関心が，エソロジー的な観点からの実践的志向とともに，包括的に現れているひとつのモデル・ケースとして，ジャガイモ飢饉に際して彼がおこなったアイルランド土地問題についての議論を，19世紀前半のブリテンにおけるアイルランドの国民性をめぐる論争と関連づけつつ検討する．

　第9章では最初に19世紀初頭のブリテンにおけるアイルランドの国民性論の展開について概観する．この時期のブリテンではアイルランドの国民性（とりわけそのネガティヴな側面）を生得的なものではなく後天的なものとみなす見解が強まり，その原因をイングランドによる圧政とそれによる社会制度の歪みに帰す議論が多くみられるようになっていた．とりわけ関心を集めたのが土地制度であった．本章の後半では，ミルのアイルランド

---

42)　JSM to Harriet Mill [Taylor], 7 February [1854], CW, xiv, 152.

土地問題とアイルランド国民性論を，彼の社会の科学構想を念頭におきながら検討する．

第2章

19世紀初頭の社会の科学

商業と製造業は，それまでほとんどいつも隣人と戦闘状態にあり上位者にたいして奴隷的な従属状態にあった住人たちに徐々に秩序と良い統治をもたらし，それとともに個人の自由と安全をもたらした[1]．

1—はじめに

　J・S・ミルの考えでは，19世紀初頭に新しく現れてきた政治理論の特質のひとつは，政治制度に対する社会状態の影響の重要性を認識したことであった．彼は自らの社会の科学構想もそのような政治理論の新しい流れに棹さすもののひとつとみなして，統治機構論にその関心を限定し「社会」を検討することの意義を認めない不十分なものであったとしてそれまでの政治理論を批判した．しかし，彼が「社会」を論じる自らの構想の新奇性をしばしば主張していたからといって，「社会」に関心を向けた思想家が彼の時代以前に存在していなかったわけではないし，それらの思想家の議論のいくつかはミル自身にとっても馴染み深いはずのものであった．とりわけ重要なのはスコットランド啓蒙の思想家であった．コリーニは社会変化の法則についてのミルの見解は「〔アダム・〕スミスのものよりも少し決

---

1) Smith (1976) i, 412.

定論的で〔ジョン・〕ミラーのものよりも大いに主知主義的である」と述べているが[2]，スコットランド啓蒙思想家のなかでこのような見解をしめしていたのはデュガルド・ステュアートであった．本章の前半部では，このステュアートの議論を取りあげて検討する．ステュアートは，現代ヨーロッパにおいて成立していた商業社会は，それに先行して存在していた封建社会や農耕社会などよりも，また彼がいまだに商業社会の段階に達していないとみなしていたアジア諸国のような同時代の別の社会よりも，優れた社会であるとみなし，その社会の特質を「科学的」に明らかにしようとした．そのような彼にとって，経済学という新しい学問は，商業社会の特長を明らかにし，そうすることで商業社会の優越性に対する確信に科学的根拠を与えるものであった．

　ただし，「社会」への関心を深めていた1830年前後のミルがこのようなスコットランドの思想的伝統に自覚的に目を向けていたとは言いがたい．この時期のミルの考えでは，このような関心はフランソワ・ギゾー，サン・シモンやオーギュスト・コントなどのフランス革命後のフランス思想家によって先鞭をつけられたものであった．本章の後半部では，それらのうちサン・シモンの議論を取りあげて検討する[3]．サン・シモンは政治制度を社会のあり方を決定するさまざまな要因のうちのひとつにすぎないものとみなし，これまでの政治学において政治制度研究が過度に重視されてきたとして批判した．彼の考えでは，政治制度が社会状態を決定するのではなく，ある社会にふさわしい政治制度がその社会の状態によって決定されるものであった．このような観点から，彼は社会の構造を包括的に考察する「社会組織の科学」の確立の必要性を主張するとともに，社会は安定した状態と不安定な状態を交互に繰り返しつつ進歩するという社会の歴史的変化の理解の枠組みを提示した．このサン・シモンの議論はとりわけ1820年代末から30年代初頭の，ベンサム主義的政治学への懐疑を深めつ

---

2) Collini et al.（1983）133.
3) 1830年ころのミルに対するサン・シモン主義者の影響については，Mueller（1956）48–91を参照のこと．

つも，それに代わる見解を確立することができずにいたミルにとって重要な知的源泉となった．

2——デュガルド・ステュアートと商業社会の理論

デュガルド・ステュアートがエディンバラ大学道徳哲学教授として19世紀前半にイングランドで活躍したウィッグ思想家・政治家に与えた影響は現在ではひろく知られるようになっているが[4]，彼の議論に特徴的なのは社会の変化の要因として知的要因を重視する態度である．彼の考えでは，社会における知識の普及は「理性と道徳の勝利」とともに社会の変化にとってもっとも重要な要因であった[5]．知識の普及は人間の道徳的関係に変革をもたらし，またそうすることで政治・社会制度の基盤に重大な影

---

4) たとえば，Collini et al. (1983) 23–61, Fontana (1985), Chitnis (1986) などを参照のこと．とりわけジェイムズ・ミルに対するステュアートの影響については，Fenn (1987) 1–8, Marchi (1983) などが検討している．ジェイムズ・ミルは1821年に次のように述べている．「彼〔ステュアート〕は，少なくとも私の顔はよく憶えているに違いありません．というのは，エディンバラにいたあいだずっと，私は可能なかぎり，彼の講義を聴くために教室にこっそり入室していましたし，それはつねに格別な楽しみでした．私はピットやフォックスの最上の演説のいくつかを聴いたことがあります．しかし，私はステュアート氏の講義のいくつかほど雄弁なものをいまだに聴いたことはありません．私はあれほどすばらしい話し手のものを聴いたことはありません．私のお気に入りの仕事であり私の人生の目的になるであろう学問に対する好みはステュアート氏のおかげなのです」(James Mill to Macvey Napier, 10 July 1821, Napier (1879) 27)．ただし，ステュアートの経済学講義は1800年から始められたが，1797年にエディンバラ大学を卒業後，1802年初めに下院に当選したジョン・スチュアート卿に随ってロンドンに行くまでのジェイムズ・ミルの事跡には不明な点も多く，ジェイムズ・ミルがステュアートの経済学講義を聴いたかははっきりとしない（Bain (1882 a) 23–30; Fenn (1987) 7, n. 26)．

なお，以下で論じるように，政治学の体系についてのステュアートの議論は19世紀初頭には好意的に受け入れられ継承されていったが，その精神哲学（コモンセンス哲学）はしばしば批判を受けた．たとえば，ジェフリーによる批判については，Chitnis (1976) 214–217; (1986) 68–70, Flynn (1978) 47–68, 長尾 (2001) 375–391を，ジェイムズ・ミルの批判については，山下 (1997) 144–148を参照のこと．経済学についても，ブルームやホーナーなどとステュアートの相違が指摘されている（柳沢 2006 b; 奥田 2006)．

響を与えてきた．彼は「知識の普及と人間の幸福の不可分の結びつき」を指摘しながら，社会の進歩に貢献した歴史上の出来事として，ルネサンスの文芸復興，印刷術の発明，新大陸の発見，宗教改革などを挙げ，とりわけ印刷術の発明の意義をくりかえし強調した[6]．彼の見解にしたがえば，印刷術の発明は二通りの仕方で社会の改善を促した．それは，第一に，知識の普及を確実にし，それを加速させ，第二に，社会の下層階級に知識が広まることを容易にした[7]．たしかにステュアートは知的要因以外の物質的要因の重要性を認めていたが，それらが重要なのは，知識が広範に普及するためには基本的な物質的必要が満たされていなければならないからであった．

> この〔富の普及という〕補助的な状況がなければ，印刷術は無意味な発明であったに違いない．というのは，人間は読書をする以前に知識に対する欲求をもたなければならないし，ある程度の独立と豊かさが得られるまではこの欲求はけっして強いものにはならないからである[8]．

したがって，知識の広範な普及とそれによる社会の進歩は富の広範な普及を達成した商業社会においてのみ起こりうる現象であり，このことが，それまでの社会と新しい商業社会とのあいだの決定的な違いをもたらしていると考えられた[9]．

　知的要因を重視する姿勢とともにステュアートの議論を特徴づけているのが，完成可能性 perfectibility というアイデアに対するコミットメントであった[10]．ヒュームやスミス，ミラーとくらべると，ステュアートの特徴は人間の知的道徳的進歩に対する楽観的な見解と，世論およびその形成手段としての教育に対する絶対的な信頼にあるとされている[11]．たとえば，

---

5) Stewart, i, 487 ff. この点については，Haakonssen（1996）233 ff., Collini et al. (1983) 23–61 も参照のこと．
6) Stewart, i, 489–491.
7) Ibid., 503.
8) Ibid., 509.
9) Ibid., ii, 242, 510–515. Haakonssen（1996）232 ff. も参照のこと．

彼が分業論との関連で教育を重視したことは，「ファーガスンやスミスが

---

10) この点で，ステュアートに対するフランス思想への影響が指摘される．たとえば，コンドルセ『テュルゴ伝』(Condorcet 1786) はステュアートの愛読書であったとされ，彼の議論では，フランスの重農主義者の議論とともに，この著作からの引用がたびたびなされている．そして，この著作は，ジェイムズ・ミルと J・S・ミルが愛読した著作でもあった (JSM, *Autobiography*, CW i, 115–117)．なお，ステュアートがコンドルセをはじめとするフランスの啓蒙思想家に言及したことは，フランス革命後のブリテンの政治状況のなかでステュアートの議論が危険思想として批判される原因のひとつとなったと考えられている (Lord Craig to Dugald Stewart, 15 February 1794, Stewart, x, lxxi)．Collini et al. (1983) 53, 篠原 (1988) 51–52 も参照のこと．

11) Collini et al. (1983) 35 ff. ただし，ステュアートの影響を受けたエディンバラ・レヴューアーの中には完成可能性というアイデアについて懐疑的な見解をしめす思想家もいた (e.g. Jeffrey (1813) 8)．ミルは完成可能性というアイデアに関して，ロンドン討論協会 London Debating Society の 1828 年 5 月 2 日の会合でなされたとされている「完成可能性」と題する演説において次のように主張している (J. M. Robson, 'Editor's Note', in CW xxvi, 428)．「私は，人間の改善をあきらめることは英知のしるしであるとすることほど狭くかぎられた知性の兆候はないし，あらゆる政治や宗教上の見解をもった人のなかでもっとも賢明な人は――コンドルセからコールリッジにいたるまで――ほとんどすべて完成可能性論者とみなしてよい人であったとさえ言いたい．いや，それどころか，完成可能性に反対する教義は，経験による裏づけがあるどころか，人間事象がしめしているもっともはっきりとした経験のひとつに反して提示されているものであるし，多くの個別の事例のなかには知的・道徳的卓越性を生みだすのに十分であることがはっきりと証明されているような原因が存在しているから，あらゆる正しい帰納の準則にしたがって，私たちはきわめて高度な道徳的・知的卓越性が人類のあいだに広く普及されるだろうと結論づけなければならない」(JSM, 'Perfectibility', CW, xxvi, 429–430)．また，コンドルセやゴドウィンの人間の完成可能性の議論を攻撃することを意図していたマルサスの『人口の原理』(初版 1798 年) について，ミルは次のような言明を残している．「もともとは人間事象の無限の改善可能性に対する反論としてなされたこの重要な教義〔人口の原理〕を，私たちは逆の意味をもつものとして，つまり，そのような改善を実現する唯一の手段は労働者の人口増大を自発的に抑制することによって労働者全体に高賃金での完全雇用を保証することであるということをしめすものとして，熱狂的に取りあげた」(JSM, *Autobiography*, CW, i, 107–109)．マルサス主義とミルの関係については，Himes (1928, 1929) を参照のこと．このような見解は哲学的急進派によってひろく共有されていたし，なかでもフランシス・プレイスは産児制限を主張するマルサス主義者として有名であった．プレイスとマルサス人口論については，柳沢 (2006 a) を，ジェイムズ・ミルとマルサス人口論については，安川 (2006) を参照のこと．なお，『人口の原理』では第 2 版 (1803 年) 以降，人口抑制の手段として道徳的抑制が挙げられるようになっている．

指摘した「分業労働のもたらす弊害」の是正としての「教育」に連なるものではなく」[12]，知的労働における分業が知識の進歩と普及にあたえる積極的意義を強調するものであった．

> ……〔知的分業による多様な〕成果が，出版によって現在なされているように，共有財産とされるとき，あらゆる多様な知性は，それが生得的なものであっても後天的なものであっても，相互に与えあう光明の助けによって互いに結びつき，人間の知識と幸福の手段を向上させるひとつの大きな機械のようになるだろう[13]．

知識——とりわけ真理——の普及の過程として歴史を理解するステュアートの議論は，単線的な知的進歩を強調し，また，そのような進歩の結果とした獲得されるであろう真理にもとづく立法の有用性を想定することで，将来の展望において自然の欺瞞や意図せざる結果の論理が作用する余地を少なくするものでもあった[14]．こうして彼の議論は進歩の観念にもとづいた目的論的・決定論的な性格を強めつつ，目的意識をもちつつ社会の進歩を促す立法者の役割を重視するものとなった[15]．このことは，以下で述べるように，政治学において歴史研究を重視しない彼の態度にも結びつくものであった．

ステュアートは道徳哲学のなかで政治学の果たしうる役割を重視していたが，彼の政治学は，統治形態を比較研究する「統治の理論 theory of government」と，「どのような形態の統治のもとでも社会秩序を整えるにちがいない正義の原理と便宜の原理という普遍的原理」について研究する「立法の理論 theory of legislation」からなっていた[16]．彼の考えでは，後者が「政

---

12) 篠原（1988）599．
13) Stewart, ix, 339.
14) 篠原（1988）によれば，このようなステュアートの認識を基礎づけているのはコモンセンス哲学であった．
15) Collini et al.（1983）38.
16) Stewart（1980）309, quoted in Collini et al.（1983）36.

治社会の幸福と改善」を目的とするあらゆる理論をふくむ経済学にほかならなかった[17]．彼の体系においては，法学はこの経済学の一部として位置づけられ[18]，統治の理論はその領域から除外された[19]．

　ステュアートの考えでは，社会における幸福の増進にとってまずもって重要なのは市場制度や分業体制のような社会・経済制度の整備であって，統治形態の重要性は二次的なものであった．人民の幸福にとっては政治的自由よりも市民的自由の方が重要であるにもかかわらず，社会秩序が政府の存在に依存していることから，統治の理論を立法の理論（経済学）に先立つものとする考え方は自然的なもののようにも思われがちであるが，実際にはそのようなことはない．なぜなら，統治形態の比較研究のためには経済学の知識が前提とされるが，異なった統治形態のもとにある多くの国家にあてはまる一般原理を扱う経済学は統治形態に言及しなくても研究することができるからである[20]．

　もうひとつ重要なのは，彼が抽象的な「一般原理を政治学に適用する」ことの必要性を強調し，演繹的なアプローチによって一般法則を明らかにすることを政治学の主要な目的と見なしたことである．ステュアートの考えでは，歴史は信頼できる理論を提供できないのに対して，哲学は経験主義の狭隘さを正す力をもっている．過去は「未来についての私たちの推測の賢明さ」とくらべて案内役としては劣っているし，それまでのどの時代とも違った，まったく新しい商業社会となっている現代社会においてはなおさらであった[21]．ステュアートは次のように述べている．

　簡単にいって二種類の政治的推論がある．それらのうちひとつは，人類の実在の

---

17) Stewart, viii, 9.
18) ステュアートは，「自然的正義の体系」である法学を便宜をあつかう経済学と結びつけて，両者を合わせて考察することで，「正義と便宜の一般的原理」が導き出せると主張していた．それは便宜を重視し正義の規則を無視しがちな政治家の行動を抑制するという実践的な観点からの議論でもあった（Stewart, vii, 259）．
19) Ibid., viii, 9–29. ホーコンセンも着目しているように，このステュアートの体系とスミスのものとの相違は興味深い（Haakonssen (1984); (1996) 226）.

制度を結論にとって唯一の確実な基礎とみなし，すでに実現されているものに倣っていないあらゆる立法の計画を空想的なものと考える．もうひとつのものは，多くの場合，私たちは時代の特殊な状況と組み合わされた形での人間本性の既知の原理から支障なくアプリオリに推論することができると考える[22]．

彼は政治学は後者のアプローチに基づくものでなければならないとしたが，そのことによって経験の役割をまったく無視したわけではなかった．彼が主張したのは，政治学は過去や現在に存在した政治形態の観察に基礎づけられた形での「理論的な」研究でなければならないということであった．

　よくなされていることであるが，経験と理論をあたかもお互いに反対のものであるかのように対比させることほど本当にばかげたことはない．理論がなければ（あるいは，別の言い方をすれば，多様な現象を賢明に比較することから引きだされる一般原理がなければ），経験は分かりにくくて役に立たない指針である．一方で，適切な理論（同じようなことが観察されることで，多くの類比によって裏づけられ，それは仮説的な理論にまでなる）は，関連するしっかりと確認された事

---

20) Stewart, viii, 21–25. ステュアートが経済学を統治の理論に先立つものとしたのは，このような学問的考慮とともに現状に対する配慮もあったと考えられている．ステュアートは，経済学を優先する政治学が統治形態や政府の正統性，さらには権利や自由の問題よりも，法律の便宜と公正さ（立法の改善）に優先的な関心をおく漸進主義的で穏健なものであることを強調していた．こうして，経済学は，ステュアートの見解にしたがえば，統治形態に関係なく立法改革に資するものとされ，むしろフランス革命以後の思想の「民主化」に抗するものとして位置づけられた（Collini et al.（1983）33–35）．なお，ステュアートは統治形態論に関して，好ましい政策が追求される可能性がもっとも高いのは「公平な国制」のもとであるという見解をしめしてもいたが（Stewart, viii, 25；篠原（1988）51），モンテスキュー，ファーガスン，ヒューム，ブラックストン，ドゥ・ロルムといった思想家に依拠しつつ，ブリテンの国制を均衡理論によって擁護した点で彼の議論は保守的であった（Collini et al.（1983）49–50）．なお，ウィンチは立法の改善に対する強い関心にステュアートとベンサムの類似性を見出しているが（ibid., 93–94），ベンサムは統治形態論に関して1810年前後から急進的性格を強め，そのような立法の改善をなしうるのは代議制民主主義のみであると考えるようになった．ベンサムの「急進化」については，Dinwiddy（1975），Schofield（2006）109–170などを参照のこと．ジェイムズ・ミルがベンサムと知り合ったのは1808年とされるが，そのこととベンサムの急進化の関係についてははっきりしないことも多い（Schofield（2006）137 ff.）．
21) Collini et al.（1983）ch.1, 29–31.
22) Stewart, ii, 220.

実についての，単なる経験主義者がもっているであろうよりもはるかに包括的な知識を必然的に前提としている[23]．

そして，このような政治学の目的は，個々の現象に説明を与えることでなく，一般法則の解明でなければならないというのがステュアートの見解であった．この見解の背後にあるのは，本質的に時間的・空間的な個別性を捨象できる一般法則は，個々の現象の説明と違って，将来に対して何らかの知識を提供しうるという考えであった．

このような見解が歴史研究の軽視と結びつくことは自然なことであっただろう．そして，歴史研究に対する彼の低い評価は，歴史理解は思想家の理論的再構成に他ならないという認識とも関連するものであった[24]．彼の考えでは，「政治学において事実とよばれているものの圧倒的多数は理論にすぎない．そして，しばしばこの科学において私たちが経験を理論に対立させていると考えている時，私たちは単に理論を他の理論に対置しているだけである[25]」．政治学において歴史研究を軽視する態度は次のような「哲学的歴史」についての言明のうちにも，はっきりとした形で見出される．

> 歴史と哲学を法学に結びつける，法についてのこの見解……を，多くの人々は，さらに先の目的に達するための一つの方法としてではなく，法学全体を論じつくすものと考えたように思われる．この結論には，たしかに，ある根拠が存在する．私たちが注意をより未開の時期に限定させるかぎり，統治と法は一般に時間と経験，環境と突発事態の漸次的な結果とみなすことができるからである．しかし，開明的な時代においては，人間事象の管理に際して政治的英知が自らの場所を占めるようになることは疑い得ないし，また立法の原理が全般的により深く研究され理解されるのに比例して，その影響が増大し続けることを期待する正当な理由がある．この逆のことを想定することは，私たちを社会の盛衰の単なる観察者に押し下げ，あらゆる種類の愛国的努力に終止符を打つことになるだろう[26]．

---

23) Ibid., iii, 329.
24) Haakonssen (1996) 244.
25) Stewart, ii, 224.

このような立法と教育による人為的な改善の可能性を強調する単線的で目的意識的な歴史観は，ステュアートの教えを受けた19世紀初頭のウィッグ思想家たちの社会観に大きな影響を与えることになり，さらにその痕跡はJ・S・ミルの議論にまで及んでいるように思われる．

3―サン・シモンと社会科学の起源

　ロワイエ・コラールやフランソワ・ギゾーをはじめとした19世紀初頭のフランスの政治理論家は，政治理論は，静態的な人間本性や精神の想定からの演繹的アプローチではなく，社会変動の理論に基礎づけられた帰納的アプローチによらなければならないという主張をおこなっていた．そして，このような観点からは，ある政治制度の存立可能性は経済・社会制度に依存しているとされた．たとえば，財産や知識が普及し社会的流動性が高まっていき封建的な社会構造が崩壊していくことにともない，封建社会に適合していた貴族政も変容をこうむり，それによって，新しい社会に適合する民主的な政治制度に移行してきたと論じられた．彼らは政治制度の選択可能性を否定はしなかったものの，その可能性はそれが存在する社会の状態によって制限されると考えた．彼らは政治制度と社会制度の区別を強調しつつ，彼らがしばしば「社会状態」という用語によって言及した社会の構造を分析するための理論を発展させた[27]．本節では，このような議論のうち，ミルが自らに対する影響に自覚的であったサン・シモンの議論を取りあげて検討する．

　サン・シモンによる新しい社会の科学――彼の呼び方では「社会組織の科学」――は，フェリックス・ヴィック・ダジールの解剖学，マリー・フランソワ・グザヴィエ・ビシャーの生理学，ピエール・ジャン・ジョルジュ・カバニスの心理学，コンドルセの歴史哲学などの洞察をまとめあげて，社会事象研究に適用する試みであったといわれている[28]．すなわち，

---

26)　Ibid., i, 191–192.
27)　Siedentop（1979）156–157.

サン・シモンは生理学をモデルとした社会組織についての実証的科学を提唱し，社会体の内的機能を明らかにすることをこの科学の目的とした．彼の考えでは，社会的存在の政治的・社会的・法的・道徳的・知的・経済的な要素のあいだには必然的な結びつきが存在しており，ある要素における変化は，それに対応する他の要素における変化を不可避的にもたらすとされた．つまり，社会体においては，政治制度は社会の状態を決定するいくつかの要因のひとつにすぎなかった．このような観点から，彼は社会不安に対する政治的解決の可能性について疑問を抱くようになっていた．

　サン・シモンは，既存の政治理論が社会のさまざまな要因を取りあげる社会組織の研究に取って代わられるべきことを主張するようになった．彼の考えでは，ある社会の状態を決定する基礎的な要因は知的要因であった．彼にしたがえば，社会が安定しているのはその内部で知的統一性が保たれているときであり，そのような統一が失われている場合には社会は不安定な状態に陥っていた．歴史的にみると，社会は安定した状態と不安定な状態を繰り返しながら螺旋的に進歩してきたというのがサン・シモンの見解であった．

　サン・シモンによれば，集合的存在としての人類は世代を経るごとに，「人間の完成可能性の法則」という不変の法則にしたがって進歩してきた[29]．社会は「組織期」と「批判期」というふたつの状態を交互に繰り返しながら，野蛮な状態から成熟した状態へと進歩してきた．組織期を特徴づけるのは「あらゆる種類の人間の活動における統一と調和」であり，権力は「真の優越者」によって所有されていた[30]．それに対して，批判期は「あらゆる点における無秩序，混乱，不安」によって特徴づけられており[31]，それに先行していた組織期において秩序の源泉となっていた教義に対する信頼が失われ，あらゆる権力の正統性が疑われている状態であっ

---

28) Wokler (1987) 332–333;(2006) 704–709.
29) Saint Simon (1830) 111.
30) Ibid., 79, 137–140, 141.
31) Ibid., 141.

た[32]．サン・シモンによれば，ヨーロッパ史上，最初の組織期は，古代の多神教の時代であり，それはギリシアにおいてはペリクレス（495 ? –429 BC）の時代まで，ローマにおいてはアウグストゥス（63 BC–14 AD）の時代まで続いた．この時代に続いた最初の批判期には，古代の哲学者たちが多神教に対する批判を繰り広げた．第二の組織期はキリスト教の普及とともに始まり宗教改革までの時代であり，カトリシズムと封建制によって特徴づけられる時代であった．この組織期は，宗教的にはレオ 10 世（在位 1513–1521 年），政治的にはルイ 14 世（在位 1643-1715 年）の時代まで続いた．この後，ヨーロッパ社会は第二の批判期に突入した．サン・シモンらは，自分たちが社会安定のための新しい教義を提示する役割を果たす新しい組織期がこの批判期にとって代わることになると考えていた[33]．

サン・シモンにとって，批判期の社会は望ましくない状態であったが，この段階は社会の進歩のためには不可避的な段階であり，たとえ望ましくない状態であっても，それに先行していた組織期に比べれば進歩した状態であった．よく組織された社会においては，道徳的・知的進歩が急速に実現され，その結果として，既存の社会制度が不十分なものとなり，新しい制度が必要とされるようになる．そうして，新しい社会制度が確立されるまで社会は不安定な状態にとどまることになるが，このような不安定状態でも先行していた安定状態よりは進歩した状態にあると考えられた[34]．

中世に関するサン・シモンの見解は，彼のこのような相対主義的態度をはっきりと反映しており興味深い[35]．サン・シモンが歴史哲学について影響を受けていたコンドルセを含めた啓蒙思想家は概して，教会が過度な影響力を持っていた迷信にとらわれた時代，人間精神の発展に逆行していた時代として中世を理解し，それゆえに，その時代が自分たちの生きている啓蒙の時代によってとって代わられたことを高く評価していた．それに対

---

32) Ibid., 140.
33) Ibid., 137–138. Eckalbar（1977）も参照のこと．
34) Saint Simon（1830）108.
35) 同じような見地から，彼は奴隷制およびプラトンやアリストテレスの形而上学が古代において果たした役割を評価していた．

第2章　19世紀初頭の社会の科学

して，サン・シモンは中世の文化に対して好意的見解を示し，社会の進歩のために不可欠な段階として中世を捉えていた．彼にとって，中世は「現代文明にとって紛れもない揺籃の時代」であった．彼の考えでは，組織期には人類の道徳的発展のある特定の段階においてその能力や見解によって社会に統一と調和をもたらすことができるような階級が存在していると考えられており，それは第二の批判期である中世においても同様であった．カトリックの教義は社会組織の基礎となる信条や世界観を提示していたし[36]，この時期に形成されていた神権的政治体制や封建制度は今では批判され消滅しているけれども，

> 当時はより良い政治体制を確立することは不可能であった．一方では，人間がもっていたあらゆる知識はいまだに迷信的で曖昧で，形而上学一般だけが中世に生きていた私たちの先祖にとっての指針となっており，一般に形而上学者が社会の科学的事象について指図しなければならなかった．他方では，そのような野蛮な時代においては，大多数の人が財産を増大させるための唯一の手段は侵略であったから，さまざまな国において兵士が国事を指揮する責任をもっていなければならなかった．したがって，かつての政治制度において基本的原理となっていたのは，一方では……無知の状態であり，他方では，他の人々によって獲得された資源を手に入れる以外の富を増やす手段を〔人々が〕持つことができないようにしている，文芸における技能の欠如であった[37]．

「進歩」という概念によってサン・シモンがとりわけ念頭に置いていたのは，「道徳的思考の進歩」であった．彼の考えでは，制度の進歩は道徳的進歩から派生するものであり，それは「この〔道徳的〕思考が具現化したもの，いいかえれば現実に実現したもの」であった[38]．道徳的進歩が継続的なものであるのに対して，政治的・社会的制度の進歩はそうでなかった．組織期においては，制度は道徳的思考の発展を完全に反映しており，したがって，社会は新しい道徳的思考に基礎づけられて安定していた．こ

---

36) 第1章注24に引用されているミルの見解も参照のこと．
37) Saint Simon（1865–78）xx, 37–38, translated and quoted in Simon（1956）328. この点については，Simon（1956）325–530を参照のこと．
38) Saint Simon（1830）107.

の時期のよく組織された社会においては道徳的思考の急速な発展を可能にする環境が整えられていたが，逆説的なことに，この道徳的進歩こそが既存の制度を陳腐なものにしてしまい，社会を批判期に移行させてしまう要因であった．批判期の社会においては，道徳的思考と制度のあいだの調和が失われている上に，新しい道徳的思考がどのようなものであるべきかという点に関しての意見の一致がみられない状態に陥っていた．このような状態の中から新しい道徳的思考が生み出されてくることで，社会はふたたび安定した状態に移行していくとされた．

　サン・シモンは，社会がその時々の発展段階において必要とする能力と見解をもつ指導的階級の重要性を強調していた．批判期は，既存の指導的階級が影響力を失い，それに取って代わる新しい階級の登場が待ち望まれている状態であった．その新興階級は，新しい道徳的思考の発展と，それに対応した，次に到来する組織期にふさわしい制度の確立に寄与する存在であった．ただし，この新旧の指導的階級の交代は順調にいくものではなく長い争いの結果として実現されうるものであった．サン・シモンの時代においては，彼が産業階級と呼んだ新興階級がこの新しい指導的階級となることを期待され，彼は自らをこの階級の理論的擁護者であるとみなしていた．サン・シモンにとっては，この産業階級は貴族階級や聖職者よりも価値のある社会集団であった．こうして，彼は貴族階級に取って代わる「世俗的権力」としての産業階級の指導者と，聖職者にとって代わる「精神的権力」としての科学的知識人によって主導される社会の再組織化を期待していたのである．

　サン・シモン自身は「社会科学」という表現を用いることはなかったが，その議論はしばしば，19世紀の思想家が作りだそうとした「社会科学」の起源の一つとして言及されてきた．社会科学を意味するフランス語 science sociale は18世紀後半に使われるようになった用語であると言われており，その英訳である social science は19世紀初頭に普及し始めたと言われている[39]．ベンサムの周囲には，この「社会科学」という表現を早い

段階で用いていた思想家が何人かいた．たとえば，ウィリアム・トンプソン『富の分配の原理』は1824年に出版されている[40]．また，公刊されたものにおいてではないが，1821年5月にはベンサムはこの表現を私的な書簡のなかで用いていたし[41]，J・S・ミルも1829年10月に書簡のなかでこの表現を用いていた[42]．さらに，公刊されたものに関して言えば，ミルは1836年に公刊された論考「定義と方法」においてこの表現を用いていた．

　ミルによるこの表現の使用は，サン・シモンやかつてその弟子でもあったオーギュスト・コントらフランス思想家の議論に親しんでいたことに関係するものであったかもしれない．いわゆる精神の危機の後，ミルはとりわけサン・シモンの歴史哲学の形式による社会理論に大きな関心を示していた．彼の歴史論に対する関心は後に彼が発展させる社会の科学構想に特色を与えることになるものであったが，重要なことに，その関心を最初にかきたてたのは，とりわけ1830年前後に彼が親しんでいたサン・シモンやコント，ギゾーなどのフランス思想家の議論であって，ジェイムズ・ミルの早期教育のおかげでそれなりの知識をもっていたはずのスコットランドにおける哲学的歴史の伝統ではなかった[43]．

　1830年前後のミルはサン・シモン主義のさまざまなアイデア，とりわけ社会発展についての議論を学ぶことに意を用いており，『自伝』において彼は次のように回顧している．「新しい思考様式を私にもたらしてくれた著作家は，他の誰にもまして，サン・シモン派の著作家たちであった．1829年から1830年に，私は彼らのいくつかの著作に親しむようになった

---

39) Senn (1958), Burns (1959) ; (1962) 7–8, Iggers (1959), Baker (1964), Head (1982), Wokler (2006) 702–704 などを参照のこと．なお，2011年12月現在，*Oxford English Dictionary* オンライン版では，英語における social science の初出は1772年のものが挙げられている（http://www.oed.com/view/Entry/183756 ［最終確認日：2012年6月17日］）．
40) Wokler (2006) 702 ; Thompson (1824) viii.
41) Jeremy Bentham to Toribio Núñez, 9? May 1821, Bentham, 1968–, x, 333.
42) JSM to Gustav d'Eichtal, 8 October 1829, CW, xii, 36.
43) この点については，第6章も参照のこと．

44).」この時期のミルは，1828年4月から12月にかけてブリテンを訪れてミルを含めた若い世代のイングランド知識人と交流を深めていたサン・シモン派の思想家ギュスターヴ・デシュタールと親交を結ぶようになっていた[45]．デシュタールはミルから強い印象を受け，彼をサン・シモン主義者に転向させようと試み，サン・シモン派の雑誌『プロデュクトゥール』やコントの『実証政治学体系』をミルに贈るなどしていた[46]．ミルは決してサン・シモン主義者に転向することはなかったけれども[47]，1830年代初頭に書かれた彼の論考，とりわけ1831年に書かれた「時代の精神」は，組織期と批判期の循環的発展というアイデアや，社会安定のためにエリート階級の果たす役割の重要性をはじめとしたサン・シモン派の議論から彼が多大な影響を受けていたことをはっきりとしめしている．

　ミルは1831年に発表された「時代の精神」において，「人間精神の唯一の健全な状態」は「人民の集団，すなわち無教育な人々が道徳と政治において，教育ある人々の権威に対して敬意を持ち従順でいるという気持ちを抱いているような状態である」というサン・シモン的なアイデアを発展させることを試みていた[48]．彼は既存の貴族階級にとって代わる新しいエリート階級に権力を与えるような政治・社会改革の必要性を主張した．彼は自らの時代を，「人々が古い制度や古い教義に合わなくなるほど成長してしまったが，いまだに〔彼らにふさわしい〕新しい制度や教義を獲得していない」ことを特徴とする「移行期」であるとみなした上で，この無秩序状態が知的エリートのあいだの見解の不一致に起因するものであることを指摘した[49]．ミルによれば，移行期の社会においては「確立された教義が存

---

44) JSM, *Autobiography*, CW, i, 171.
45) デシュタールのブリテン訪問については，D'Eichthal（1977）を参照のこと．
46) Comte（1824）．CW, xii, 34, note 11を参照のこと．
47) ミルはサン・シモン主義者の議論から「折衷主義と包括的な寛容さ」を学んだことを回顧している（JSM to Gustav d'Eichthal, 7 November 1829, CW, xii, 41）．ミュラーが述べているように，ミルにとってサン・シモン主義者の議論が魅力的であったのはその反セクショナリズム的傾向のためであり，皮肉なことに，このことこそがミルがその高い評価にもかかわらず決してサン・シモン主義者とならなかった理由であった（Mueller（1956）52）．
48) JSM to Gustav d'Eichthal, 7 November 1829, CW, xii, 40.

在しておらず」,「知的世界は単なるカオス」となっていた[50]. この状態は「道徳的・社会的変革によって……世俗的権力と道徳的影響力がもっとも有能な人の手に渡る」まで続くことになった[51]. たしかに, ライアンが指摘したように,「「時代の精神」は「真のミル」ではない. 適切に言うならば, それが明らかにしているのは過渡期のミルである」[52]. にもかかわらず, この時期の彼が意欲的に学びとろうとして, この論考において発展させようとしていたサン・シモン主義的なアイデア, 特に歴史論に関するアイデアは, さらなる変容を被った上で, 1840 年代に, とりわけ『論理学体系』において, 詳細に展開されることになる社会の科学構想のなかにも取り込まれていくものであった.

4—おわりに

19 世紀初頭のヨーロッパでは, 自分たちの社会の新奇さを認識し, その社会の特質, 歴史, 将来を探求するための新しい科学を作り出そうという動きが起こっていた. デュガルド・ステュアートとサン・シモンはともに, 商業化や民主化によってもたらされたヨーロッパ社会の大変動によって, また 18 世紀末から 19 世紀初頭のヨーロッパを襲っていた革命と戦争によって引きおこされた社会的・政治的混乱によって, 既存の政治学が時代遅れのものになってしまったと考えていた. そして, 彼らは自らが作り上げようとしていた新しい社会の科学がヨーロッパ社会の安定と発展に資するものであることを主張した. 彼らのこのような企ては次代の思想家に重要な着想を与えることになった.

19 世紀初頭, 混乱のなかにあったヨーロッパをよそに, 大西洋の対岸ではブリテンからの独立を成し遂げたばかりの新興国家アメリカ合衆国が急激な発展を遂げつつあった. アメリカはヨーロッパ人にとって大きな関

---

49) JSM, 'The Spirit of the Age [1]' (9 January 1831), CW, xxii, 230–233.
50) JSM, 'The Spirit of the Age [3]' (6 February 1831), ibid., 252.
51) Ibid., 252–253.
52) Ryan (1974) 41.

心の対象となり，脅威とも羨望の的ともなった．J·S·ミルもアメリカに多大な関心を寄せたヨーロッパ知識人のひとりであった．彼はアメリカをもっとも進んだ文明社会であるとみなし，その社会におけるさまざまな現象を文明の兆候として考察した．次章では，そのようなミルの認識を検討する．

第3章

アメリカ論の政治学[*]

> ミラボーの雄弁やナポレオンの剣よりも力強く，アメリカの民主政体はヨーロッパの人々の心に広く深く入りこんでいった[1].

1——はじめに

　1835年に公刊されたトクヴィルの『アメリカのデモクラシー』は，J・S・ミルがアメリカ合衆国に対してあらためて関心を向けるきっかけとなった著作であった．ミルは「デモクラシー」という概念を基軸としたトクヴィルの議論を批判的に摂取しながら，「文明」という概念をもちいて自らの理論を発展させていった．この意味で，アメリカ社会の分析――特にトクヴィルの目を通した分析――はミルの社会理論を理解する上で重要な意味をもっていた．しかし，ミルがアメリカに関心を集中させる直接のきっかけがどのようなものであったとしても，アメリカは19世紀前半のブリテンの知識人や政治家がさまざまな国内問題，とりわけ議会改革問題を論じる際に頻繁に言及する，きわめてありふれたトピックであったから，トクヴィルとの関係とともにこのようなブリテンの知的コンテクストのなかでミルのアメリカについての議論を考察することも重要である．

---

[*] 本章の一部は川名（2003）に加筆修正したものである．
[1] Alison（1833）285.

アメリカはその「発見」以来，ヨーロッパの関心を集め続けていたが，18世紀後半にアメリカとフランスで革命が勃発した後，ヨーロッパの思想家はアメリカの政治制度（共和政体，民主政体），さらにそのような制度的特質と風土や慣習といった社会的要因との関係に関心を向けるようになった．1820年代から1830年代にかけて，ブリテンにおいても議会改革への関心の高まりにともなってアメリカの民主主義への関心が急速に高まっていった[2]．

　この時期のアメリカをめぐるブリテンの政治論争の状況を単純化して整理すると次のようになる．まず，ブリテン国内の政治・社会改革に反対しアメリカに対する反発を隠さなかった保守的なトーリーが存在した．そのようなトーリーと対極的な存在として，勢力としてはそれほど大きくなかったものの，急進派を挙げることができるだろう．急進派，とりわけ哲学的急進派は国内の改革を要求する際に，アメリカを理想的な民主主義国家とみなし，改革のモデルとして好意的に言及していた．これらの二つのグループに加えて，影響力のあった別の政治グループとしてウィッグが存在していた．ウィッグは多くの問題において中道路線を採用しており，それゆえにしばしば保守派からも急進派からも無節操や無主義といった批判を避けることができなかった．

2—19世紀初頭のブリテンにおけるアメリカ論

　トーリーの保守的な態度は当時のもっとも重要な保守系雑誌であった『クォータリー・レヴュー』に掲載されたアメリカに関する論説にもはっきりと反映されていた．民主的統治制度をブリテンに導入することはブリ

---

2) 1789年から1946年までにブリテン人によって執筆されたアメリカ旅行記のアンソロジーであるNevins（1948）は大まかに五つの時期に分けて，それぞれを次のように特徴づけている．第1期（1789–1825年）「実用的探求」，第2期（1825–1845年）「トーリー的軽蔑」，第3期（1840–1870年）「偏向のない描写」，第4期（1870–1922年）「分析」，第5期（1922–1946年）「好況，不況，戦争」．

テン社会の既存の秩序を破壊し，それゆえに彼らの階級利益を損なうものであるとして改革に反対していた彼らのアメリカ観は，当然のように概して批判的であった[3]．彼らはアメリカの欠点を明らかにすることに多くの労力を割くとともに，ブリテンの制度がアメリカのそれにくらべてはるかに洗練されたものであること，あるいは少なくともブリテン社会にはふさわしいものであることを強調していた．このような議論の典型として，19世紀前半の『クォータリー・レヴュー』における主要な寄稿者であったジョン・バロウが1819年に発表した「フィロンのアメリカ描写」が挙げられる[4]．フィロンの「アメリカに好意的な激しい偏見」を批判しながら[5]，バロウは「自由な国家」のはずのアメリカに多数の黒人奴隷が存在する状況に言及し，またアメリカ人の嘆かわしい状態——無教育，マナーの悪さ，地位への執着，賄賂や腐敗の横行，貧困——を描きだした．アメリカを取りあげたこの論説がイングランドの「**国王，貴族，庶民からなる統治**」を賛美する文章で閉じられていることが象徴するように，トーリーにとってアメリカを批判することはブリテンの現状を肯定することと表裏一体であった[6]．

　議会改革についていえば，アメリカとブリテンの社会状況の違いを強調することでアメリカの制度をブリテンへ適用することの可能性を否定するのがトーリーの一般的な論法であった．たとえば，議会改革法の審議の過程でロバート・ピールは次のように述べていた．ブリテンは外国の選挙制度を導入しようとしているが，

---

3) クルックが指摘しているように（Crook（1965）97–98），この時期のブリテンの保守派によるアメリカ批判は政治的観点（共和政体や民主主義への批判）からのものだけではなく，文化的観点（文化的貢献の欠如への批判）や経済的観点（ゆきすぎた商業精神への批判や経済的繁栄への嫉妬）からもなされていた．この時期には一般的にブリテンの保守派にとって，アメリカは政治，文化，道徳などの領域において悪い例をしめしているものとして批判され危険な存在とみなされていた点に特徴がある．
4) Barrow（1819）．ジェイムズ・ミルはこの論説に見られる偏向を厳しく批判した（本書61ページを参照のこと）．
5) Ibid., 167.
6) Ibid., 129, 133, 143, 161, 163, 167.

フランス，スペイン，ポルトガル，ベルギーでは，私たちのもののような統治制度を確立するために多大な努力がなされている．すなわち，王，貴族，人民という対立する要素のあいだで好ましい均衡を調整すること，制限された君主制と節度ある自由というこの上ない恩恵を保持することである．

たとえアメリカが統治制度を民主的なものにすることによって成功しているとしても，そのことはブリテンの統治制度を現在より民主的なものにすることが望ましいということを意味しているわけではない．「両国の状況はまったく異なっているので，合衆国でそのような形態の統治が成功しているということから，この国〔ブリテン〕にその原理を適用することを支持するいかなる推論も引き出すことはできない」からである．ピールの考えでは，どのような制度が望ましいかはそれぞれの国の状況によって異なっており，秘密投票や普通選挙などのアメリカで用いられている手段は，たとえアメリカでうまく機能しているとしても，ブリテンにはふさわしくないものであった[7]．

1820年代後半から1830年代初頭にはいわゆるトーリー的偏見に彩られたアメリカに関する書物がいくつか刊行されていた．それらのなかにはバジル・ホール『北アメリカ旅行記1827–28年』(1829年)，フランシス・トロロプ『アメリカ人の生活風習』(1832年)，トマス・ハミルトン『アメリカの人と風習』(1833年) などがあるが，これらはいずれも批評の鋭さや読み物としての面白さもあって広範な読者を獲得し，ブリテン国内だけでなくヨーロッパ大陸諸国においても反民主主義的見解をひろめるのに一定の影響力をもっていたといわれている[8]．それゆえ，これらの著作はこれ

---

7) *Hansard*, 3rd ser., 2, 1351–1352（3 March 1831）.
8) Hall（1829）; Trollope（1997）; Hamilton（1833）．ホールの著作はフランス語に翻訳され，ハミルトンのものはドイツ語とフランス語に翻訳されている．また，1832年に出版されたトロロプの著作は同年中に4版まで版を重ね，1839年には第5版が出版されている．なお，ホールについては，山下による研究がある（山下2002）．また，バジル・ホールの妻マーガレットはスコットランドの貴族の出身であり，娘とともに夫のアメリカ旅行に同行していたが，彼女がアメリカ滞在中に妹のジェーンに出した手紙が20世紀前半に公刊されている（Hall 1931）．

第 3 章　アメリカ論の政治学　　　　　　　　　　　　　　　　　　　45

以降にアメリカを論じようとする人々が避けては通れないものとなり，このことはのちに検討するミルのアメリカに関する論説（「アメリカの社会状態」）がこれらのトーリーの著作に対する書評の形をとっていたことのひとつの理由でもあろう．

　アメリカを実際に見聞したトーリーの旅行者たちは自らの体験にもとづいて，その好ましくない現状に批判の矛先を向けた．たとえば，トロロプやハミルトンはアメリカ旅行を機にそれまでのリベラルな見解をあらため保守的な思想をいだくようになったとさえいわれている．彼らが一様にアメリカで感じたのは，アメリカの民主主義が単なる茶番にすぎないという現実であった．たとえば，トロロプはアメリカ人が表明する平等という信念に偽善を見出して次のように述べた．

> 彼らが片手に自由という帽子を掲げながら，もう一方で奴隷をむち打つのを目にするだろう．彼らが群衆にむかって奪うことのできない人間の権利について一時間ばかり説教するのを見た後に，外出する次の機会には，もっとも神聖な文書によって彼らが保護すべきものとされているはずの無学の貧しい労働者を目にするだろう[9]．

　トロロプの『アメリカ人の生活風習』は『クォータリー・レヴュー』1832年3月号においてバジル・ホールによって取りあげられたが，その書評はトロロプの議論に対する好意的な見解ゆえに，アメリカに対するネガティヴな議論にみちていた．ホールは，王制，貴族制，国立教会などの伝統的制度が欠如し，また確固とした風習もないために，何に対しても敬意をもつことがないとしてアメリカの国民性を非難した[10]．そして，ホールもアメリカとブリテンの社会状態の違いをくりかえし強調する．

> 普通選挙，日常的な飲酒，折々の野外集会，共和政的制度，いつまでも続く選挙運動や，彼らには適していて相応なその他のものについて，私たちは彼らのことを羨むようなことはまったくない．むしろ，これらすべてがどれほどアメリカ人

---

9)　Trollope（1997）168.
10)　Hall（1832）43–45.

にとって良いものであるとしても(なぜなら彼らはこれを好んでいるのだから)，イングランド人の感情や習慣にとってはまったく不快なもの，あるいは，この国がおかれている地理的，統計的，道徳的状況にはまったく不適当なものでしかありえないということを，私たちは同胞に対して勇気をもって指摘しなければならない[11]．

　ホールはアメリカでは政府に対する人民の影響力が過度に大きくなってしまっていることにも懸念を表明していたが[12]，これもトーリーの議論にしばしばみられる民主主義への嫌悪感の表明の典型であった．この点に関して言えば，トマス・ハミルトンの『アメリカの人と風習』が民主主義に対する明快で論理的な反対論をおこなっていた点で際立った影響力をもつことになった[13]．ハミルトンの著書は1832年の議会改革法の審議に影響を与えるには出版が遅かったけれども，議会改革法成立以降もさらなる民主的改革の是非は重要な争点であり続けていたから[14]，その論争のなかで果たした役割はけっして小さくなかったし，以下でみるように，彼の理論的視角はそれに続くアメリカ論にとってきわめて重要な意義をもつことになった．

　ハミルトンの考えでは，アメリカはしばしば「自由と平等の地」と呼ばれているが，アメリカ人は実際には人間の平等という考えを信じておらず，アメリカの民主主義はまがいものである[15]．また，財産と道徳のあいだには必然的な結びつきがあると考えていたハミルトンの考えでは，アメリカでは目下のところ広大な西部地方の存在によって土地という財産を誰

---

11) Ibid., 68.
12) Ibid., 48.
13) Crook (1965) 113. なお，『デュガルド・ステュアート著作集』(*The Collected Works of Dugald Stewart*, 11 vols, ed. W. Hamilton, Edinburgh, 1854–1860) の編者で，後にミルが『ウィリアム・ハミルトン卿の哲学の検討』(1865年) を著して批判することになるウィリアム・ハミルトンはトマス・ハミルトンの兄である．
14) 哲学的急進派は，議会改革が政党の再編成をひきおこすこと，すなわち急進派と改革派ウィッグが人民の側に立つ新しい政党を結成し，トーリーと保守的ウィッグが貴族層の利益を擁護する別の政党として集うかたちで新しい二大政党制が成立することを期待していた (Hamburger (1965) 53–75).
15) Hamilton (1833) i, 109.

第3章 アメリカ論の政治学

でももつことができるために，土地という財産を所有することの重要性が見過ごされているが，いずれは利用できる土地は尽きるし，その時アメリカは人民の大部分がいかなる形式の財産ももたない状態となり，「財産と数のあいだの大きな争い」が起こり，「一方の側には飢えや強奪，物質的な力が，他方には理性，正義と無力さ」があるようなブリテンと同じ状況になるだろう[16]．もしアメリカと同じ道を歩むべく，伝統的な制度を放棄し，誤った哲学的基礎にもとづいて民主的制度を導入するならば，ブリテンはアメリカと同じように堕落するだろう[17]．さらに，ハミルトンの批判の矛先は代議制や大統領制といった統治制度にも向けられていた．

> 合衆国の制度は，代議制民主主義について，単なる受動的な代理機関であることが義務となっているような行政府について，唯一の真の指令者である人民の意見を伝えるという役目のみを果たす立法府について，世界がこれまで経験したなかでもっとも純粋な実例をしめしている[18]．

アメリカの「高度に民主的な政府」は人民の意見に従属し[19]，大統領の政策は再選するための手段となり，人民のうち多数を占める人々の情念や偏見に従うようになってしまっているとして，ハミルトンは厳しく批判した[20]．

　このようなトーリー的色彩とは別にハミルトンのアメリカ論がもっていた重要な理論的特徴は，ブリテンとアメリカの社会に共通する傾向を見出している点にあった．このようなアメリカ社会とブリテンをはじめとする

---

16) Ibid., 309-310.
17) Ibid., 243, 309-310. この点については，Crook (1965) 113-116 も参照のこと．ハミルトンはアメリカに好意的に言及する時もあるが，それは多くの場合，留保つきのものであった．たとえば，彼はアメリカの教育制度を好意的に紹介しているが，その際に彼は，そのような制度は彼の母国であるスコットランドにも存在することを指摘するだけでなく，スコットランドの制度はアメリカよりも古いものであることを強調することを忘れていない（e.g. Hamilton (1833) i, 85, 225-229）．
18) Ibid., 371.
19) Ibid., 370.
20) Ibid., ii, 62.

ヨーロッパ社会の同質性を強調する観点は，それ以前の著述家や思想家にはそれほどみられなかった（少なくとも理論的重要性をもってはいなかった）のに対して，ハミルトン以降の著述家，とりわけトクヴィルやミルの議論においてはきわめて重要な意味をもつことになったからである．ハミルトンはブリテンとアメリカが商業国家としてきわめて近い特徴をもっていることに注意を向け[21]，アメリカにおいて平等と呼ばれているものがブリテンにおいても見出されることを指摘した[22]．

　19世紀初頭にはウィッグという呼称が非常に曖昧なものであったとしても，ウィッグと呼ばれる人々が19世紀前半のいわゆる「改革の時代」におけるブリテンの社会・政治改革において重要な役割を果たしたことは疑い得ない[23]．彼らの政治的立場は，ハンバーガーが指摘したように，本質的に貴族的な政治集団であるにもかかわらず，人民のための改革者あるいは人民の利益の擁護者という役割を担おうとした両義性によって特徴づけられる．このような曖昧さゆえに，ウィッグは無原則な集団あるいは相容れない原理によってたつ矛盾した存在として激しく批判された[24]．哲学的急進派にしてみれば「ウィッグによって提案されるであろうすべての改革は不十分なもので」あったし[25]，「ウィッグという言葉はいかなる原理を意味するものでもなかった[26]」．ジェイムズ・ミルはそのようなウィッグの曖昧さを「シーソー遊び playing at *seesaw*」と呼んで辛辣な批判をおこなっていた．

　彼ら〔ウィッグ〕の演説や書き物に，私たちは彼らがしばしばシーソー遊びをし

---

21)　Ibid., i, 126–7. cf. Ibid., 241–242.
22)　e.g. Ibid., 109：「リヴァプールではニューヨークとまったく同じ程度の実質的な平等が存在している．」
23)　小川（1992）9–35.
24)　Hamburger（1965）65–68.
25)　John Arthur Roebuck, 'Prospects of the Coming Session', Roebuck（1835）ii, 23rd pamphlet, 6.
26)　JSM, 'Walsh's Contemporary History'（July 1836）, CW, vi, 342.

ているのを目にする．一部の論説が人民の利益を守ることのために書かれているとすれば，他のものは貴族の利益を守るためのものでなければならないのである．一方の側に立って話したら，他方のために話さなければならないのである．不一致がそれほど明瞭でなければ，あるいは彼らが欺きたいと思っている集団にはっきりとはわからない程度のものであるならば，ある一連の原理が他とどれほど一致していないかは大した問題ではないのである[27]．

ウィッグのアメリカ観はジェイムズ・ミルが「シーソー遊び」と名づけたこのような中道路線をかなりの程度反映したものであった[28]．ウィッグはトーリーの誤った見解を批判しながら，より好ましいアメリカ観を表明することがしばしばあった．たとえば，ジェフリーは「政治的自由に好意的でなく人民の権利の拡大にはっきりとした敵意を抱いているこの国における一集団」であるトーリーを批判しつつ，自らを「アメリカ人の友人であり，彼らに好意を寄せる人々」の一人と呼び[29]，次のようにアメリカを賞賛した．

> アメリカの実例はその大義〔自由〕にとってすでに多くのことをしめしている．そのような国があのような政府のもとで存在しているというまさにそのことが，これから自らの権利を取り戻し拡大させるために闘わなければならないすべての人にとって頼りがいがあり勇気づけられる模範となっている．それはどの程度まで民主的な統治が安全で実行可能であるかをしめし，どれほど民主主義を拡張しても政府の権威や社会の良き秩序と両立しうるかをしめしている[30]．

---

27) Mill, James（1824, ER）218. cf. JSM, 'Periodical Literature : Edinburgh Review'（April 1824）, CW, i, 296：「私たちは，別の機会に『エディンバラ・レヴュー』が，国制が改善を，それもかなりの改善を必要としている状態にあると主張していたことを知っている．しかし，これは私たちの見解を否定するものではまったくなく，いつものシーソー遊びの別の事例にすぎない」．なお，ミルのこの論説は，『ウェストミンスター・レヴュー』創刊号（1824年1月）に同じタイトルでジェイムズ・ミルが発表した論説（Mill, James 1824, ER）の続編として，同誌第2号（1824年4月）に掲載されたものである．また，急進派だけでなくトーリーもウィッグの曖昧さを批判していた（Hamburger（1965）67, note 83）．
28) ウィンチが描き出したように，哲学的急進派とウィッグのあいだの対立は「主に功利主義者自身による，その違いを大きくするための自覚的な議論」に起因するものでもあった（Collini et al.（1983）110）．
29) Jeffrey（1819）399, 400.

ウィッグのアメリカへの好意的な見解について重要なのは，それが伝統的な均衡理論に基づいていたということである．ウィッグにとって均衡理論はブリテンの国制を正当化するものであったから，アメリカに好意的に言及することは彼らにとって必ずしもブリテンの現状への批判と結びつくものではなかった．たしかにウィッグはブリテンの現状を全面的に肯定することなく，その改革を論じ実際に改革において主導的な役割を果たすことになるが，彼らの改革論は急進派の提案に比べれば穏健で漸進的なものであった．彼らはブリテン国制に共和政的あるいは民主主義的な変革をもたらすような急進的改革を主張することは決してなかったし，さらにいえばブリテン社会の既存の秩序に手を加えることにすら消極的であった．したがって，ウィッグのアメリカへの好意的な言及はブリテンの改革のモデルとするべき理想的な国家としてではなく，あくまでも彼らの目指す限定的で穏健的な改革にとって有用な根拠となりうるかぎりにおいて個々の事象を取りあげるものであった．クルックが述べたように，「アメリカの民主主義を賞賛すること自体は……ウィッグの真の伝統とは関係ない」のであった[31]．それゆえ，アメリカの事例が彼らの目的に適うものではないとみなされた時，彼らはしばしばアメリカに対して厳しい批判を向けることになった．

　ベンサムの『問答形式による議会改革案』(1817年) が出版された翌年，『エディンバラ・レヴュー』にジェイムズ・マッキントッシュによる同書の書評が掲載されたが[32]，そのなかでマッキントッシュはしばしばアメリカに好意的に言及しながらブリテンにおける急進的議会改革を主張したベンサムを批判した．マッキントッシュは「代表がすべての人によって選出されるようなところで，すべての利益がもっとも守られる」かは疑問であると述べて，ベンサムが主張していた普通選挙による代表制に反対した[33]．彼の考えでは，普通選挙と秘密投票はすべての階級の利益を守るためにはまったく役に立たないものであった．

---

30)　Ibid., 405.
31)　Crook (1961) 7.

第 3 章　アメリカ論の政治学　　　　　　　　　　　　　　　　　　　　　51

　ベンサムがアメリカの事例をもち出していることについて，マッキントッシュはアメリカの事例がベンサムの主張を支えるものとしては不適切であると指摘している．彼の考えでは，そもそも奴隷制の存在しているアメリカでは普通選挙が実現されているとは言えないし，奴隷制を別にしても，「長く連邦を構成する有力な州であり続けてきたヴァージニアでは，統治階級の市民ですら自由土地保有者でなければ投票することはできない」し，「古くからアメリカの性格と精神を体現する地位にあるニュー・イングランドでは，不動産か動産が求められる」からである[34]．さらに，マッキントッシュはトーリーがしばしば用いていた論法，すなわちアメリカとブリテンの国情の違いを根拠にしてアメリカの制度を模範にしたブリテンでの改革の可能性を否定するという論法を援用していた．彼の議論にしたがえば，広大な未開拓地が西部に存在することによってアメリカ人民の多数は財産を所有しており，人民の大部分は「土地保有者か，あるいはまさにそうなろうとしている人々である」．仮にアメリカで普通選挙が実現していることを認めるとしても，「人口密度が高く，財産の不平等」が存在しているヨーロッパとそのような状況にないアメリカでは国情が異

---

32) Bentham（1817 a）; Mackintosh（1818）．なお，ベンサムは公表されることはなかったもののマッキントッシュに対する反論を執筆していた（J. Bentham, 'Parliamentary Reform : People vituperated. How to save Fox & c. Mackintosh', Bentham Papers, University College London, Box 132, folio 501）．哲学的急進派のなかでマッキントッシュに対する反論の筆を執ったのはジョージ・グロートであったが（Grote 1821），グロートのパンフレットに先立ってジェイムズ・ミルは 1820 年に『ブリテン百科事典補遺』に「政府論」を執筆しており（Mill, James 1820, Government），グロートの議論はジェイムズ・ミルの議論に依拠したものであった．また，ジェイムズ・ミルは 1825 年にはマッキントッシュ批判を含んだ「エディンバラ・レヴューの議会改革論」を『ウェストミンスター・レヴュー』に公表した（Mill, James 1825, ER on Reform）．ベンサムの『問答形式による議会改革案』とそれに対するマッキントッシュの批判，それに対するグロートの反論，さらにこの時期のジェイムズ・ミルの論考の公刊は，ジェイムズ・ミルの「政府論」に対するマコーリーの批判に端を発した，より知られている論争の前哨戦とでもいうべきものであった．なお，ベンサムからマッキントッシュに贈られた『問答形式による議会改革案』は現在ブリティッシュ・ライブラリーに所蔵されている（Shelfmark : C.193.b.60）．
33) Ibid., 184.
34) Ibid., 200.

なっているから，アメリカの制度をヨーロッパで導入することは不可能であった[35]．

　ベンサムはアメリカ独立宣言や権利章典を哲学的に基礎づけていた自然権理論に対して生涯にわたって嫌悪感を抱いていたが[36]，後半生にはこのような反感にもかかわらずアメリカを高く評価するようになり，自らを「心情的にはイングランド人というよりアメリカ人」であるとまで述べるようになった[37]．ベンサムがアメリカに対して積極的な関心を抱くようになったのはおもに二つの点からである．第一に，彼はアメリカが法典編纂という自らの野望を実現するための広大な実験場になりうると考えるようになった．第二に，アメリカの経験が自らの民主主義理論にとって好ましい具体的な証拠を提供しているとみなすようになった．後者に関して言えば，ベンサムは，アメリカの代議制民主主義を教条的に評価していたという点で，同時代にあっても際立った存在であった．

---

35)　Ibid., 200–201.
36)　ミルによれば，自然権理論を認めるか否かが，哲学的急進派と彼が形而上学的急進派 metaphysical radicals と名づけた人々とを分かつ点のひとつであった．形而上学的急進派とは，ミルの考えでは，「民主主義は自然権理論によって基礎づけられていると信じている」人々であった（JSM, 'Fonblanque's England under Seven Administrations'（April 1837），CW, vi, 353）．ただし，ベンサムのもとに集った人々の中にはフランシス・バーデットのように自然権理論を信奉しているものもいた．なお，哲学的急進派という命名はミルによるものとされているが，筆者の知るかぎり，彼によるこの呼び方の初出は 1833 年である（JSM, 'A Few Observations on Mr. Mill'（1833），CW, i, 594）．
37)　Jeremy Bentham to Andrew Jackson, 14 June 1830, Jackson（1929）146．なお，1817 年のある書簡のなかで，ベンサムは「親アメリカ的な特徴をもっている自分の二つの著作」に言及している（Jeremy Bentham to John Adams Smith, 22 December 1817, Bentham（1968–）ix, 137）．『ベンサム書簡集』の編者は，これらの二つの著書について，『問答形式による議会改革案』（1817 年）と『ペラム卿宛て書簡集』（1802 年；Bentham 1802 b）と推定しているが，むしろ『問答形式による議会改革案』と『法典編纂・公教育論集』（1817 年；Bentham 1817 b）と考える方が妥当であろう（この点について，フィリップ・スコフィールド教授からも教示を受けた）．ベンサムのアメリカ論や彼のアメリカとの関係については，Williamson（1955），Crook（1965）11–68, Hart（1982）53–78, P. Schofield, 'Editorial Introduction', in Bentham（1998）xii–xxi, 戒能（2001）99–101 を参照のこと．

ベンサムは，自らが構想する功利性の原理にもとづく合理的な法典体系を導入することによって，アメリカがコモンローの軛から解放されることを望んでいた．ベンサムの考えでは，アメリカは「イングランドのような王制の軛から，イングランドのような貴族制の軛から，イングランドのような聖職者の軛から，すべての不愉快な軛から」自由な共和国であった[38]．ベンサムは，統治者が自らのシニスター・インタレストを追求しがちな君主政とは違って，共和政のもとでは統治者は社会全体の利益を促進するという動機しかもちえないと考えていた．このことが，ベンサムが彼の考える理想的な法体系がアメリカで受け入れられるだろうと確信していたことの理由のひとつだろう[39]．実際にベンサムはアメリカの連邦政府と州政府に自ら法典編纂を申し出て，それが受け入れられるように多大な努力を傾注したし，政府の説得がうまくいかないと，彼らの意見が政府の考えに影響を与えることができるだろうと考えて，アメリカ人民に直接訴えることすら試みた．1811年にベンサムは当時アメリカ合衆国大統領であったマディソンに対して，自らアメリカの法典を編纂する意思のあることを申し出て，「膨大な外国の法──その軛がいまだにあなたがたの首にむすびつけられたままの，際限もまとまりもないだけでなく，言葉で言い表せない形式によるコモンロー，別の言い方では書かれざる法──の代用品を

---

[38] Bentham (1998) 165 [Bowring, iv, 504].
[39] ベンサムはアメリカで法改革を妨げているのは法曹階層であると考えていた．また，ベンサムが共和政論者となるのは，スコフィールドによれば，1818年以降である．なお，ベンサムは共和主義 republicanism と代議制民主主義 representative democracy を同じ意味で用いていたが (Schofield (2006) 347)，このような用語法はジェイムズ・マディソンにも見られる (e.g. Hamilton et al. (1802) i, 60：「共和国によって，私は代表制度が行なわれているような統治を意味している．」) ベンサムの所有していた『フェデラリスト』は1812年にアメリカの政治家アーロン・バーから贈られた1802年の版である (Aaron Burr to Jeremy Bentham, 27 August 1812, Bentham (1968–) viii, 259). 詳細は不明であるが，残されているバーとベンサムの書簡の内容から推察すると，ベンサムはそれまで『フェデラリスト』を所有していなかった可能性が高く，精読したのはこの時が最初であったようにも思われる．このベンサム旧蔵の『フェデラリスト』は現在はブリティッシュ・ライブラリーに収蔵されている (Shelfmark：8175. aaa.36).

ふくむ成文法の体系」を求められればただちに提供するつもりがあることを述べていた[40]．

　この法典編纂の熱意とともに，本書の議論にとって重要なのは，ベンサムが，特にその後半生，アメリカの国制に多大な関心を払い，その民主主義的な側面を高く評価したことである．1809年に「議会改革問答 Parliamentary reform catechism」を執筆している時に，彼はブリテンにおける急進的改革の必要性を痛感し，1817年には，先にふれたように，それに長大な序文を付して『問答形式による議会改革案』として出版したが，同書ではアメリカの事例が急進的改革のモデルとして頻繁に言及されることになった．彼の考えでは，統治者と被統治者のあいだの利害の一致をもたらしうるのは，直接民主主義ではなく[41]，アメリカで実現しているような，制度的によく工夫された民主主義のみであり，そのような統治制度のみが「最大多数の最大幸福」という統治の目的にかなうものであった．クルックが指摘したように，ベンサムがアメリカの事例から民主主義理論を引き出したということはできないとしても，それはベンサムの国制理論にとってきわめて有力な証拠をしめしていたのである[42]．

　ベンサムのアメリカへの好意的見解は彼のブリテン国制に対する批判が急進化するのに合わせて高まっていった．いいかえれば，民主主義へのコミットメントを強めれば強めるほど，ベンサムはアメリカへ好意的になっていった．彼がアメリカに見出したのは，「純粋なデモクラシー」の長所であり，「混合政府による民主的支配」のそれではなかった．彼にとってアメリカは実質的な普通選挙にもとづく民主的支配 democratic ascendancy がうまく機能し得ることの重要な証拠となっていたのである．民主的支配

---

40) 彼の提案は1816年にマディソンから正式に断られた．この経緯については，Jeremy Bentham to James Madison, October 1811, Bentham（1998）5 および James Madison to Jeremy Bentham, 8 May 1816, ibid., 36–37 を参照のこと．また，ベンサムによるアメリカの政治家や（連邦および州）政府，人民の説得の試みについては，P. Schofield, 'Editorial Introduction', in ibid., xi–xxi を参照のこと．なお，ベンサムは，コモンローとともに，奴隷制と上院をアメリカにおける悪弊として批判していた．

が確立しているアメリカ以外の他のいかなる場所にも,「これほど規則的な,これほどよく整えられた政府」は存在していない.

そこではすべてが民主的であり,すべてが規則的で平穏で豊かで安全である.つねに安全であり,それとともに実際的な平等が分け与えられながら富が増大している.すべてが,すべてが民主的であり,貴族的でも君主的でもないし,価値のないものは消え去っている.

アメリカでは「人身,財産,名声,生活条件,宗教的崇拝——いいかえれば,人間が価値をおくすべてのもの——の安全」が確保されていたのであ

---

41) 「ギリシアやイタリアに倣うな,古代や中世に倣うな,直接民主主義に倣うな」(Bowring, iii, 447 [Bentham (1817 a) xlii]).なお,ミル父子はアテネやローマを民主主義国家とはみなしていなかった.彼らによれば,古代ギリシアの諸国家は奴隷が存在していたことなどから民主主義国家ではなく実質的に貴族政であった.ジェイムズ・ミルは「共和政と呼ばれているが,それら〔古代ギリシア国家〕は実際には貴族政であった」と指摘している (Mill, James (1818, Colony) 8).また,ミルの考えでは,「アテネとローマは民主主義ではなく,有閑階級による完全で独占的な統治であった」(JSM, 'America', CW, xviii, 110. cf. JSM, 'Parliamentary Reform [2]' (August 1824), CW, xxvi, 283).ただし,後にミルはアテネの民主主義についてより積極的に評価するようになった.「それ〔アテネの知的・道徳的卓越〕は,第一に民主主義の,第二にアテネの民主主義を古代の民主的な国制のなかでも際立ったものにしたような賢明でよく練られた組織の結果である」(JSM, 'Grote's History of Greece [2]' (October 1853), CW, xi, 325).アテネの民主主義に関する彼の見解の変化に影響を与えたのは,哲学的急進派の一員としてジェイムズ・ミルの薫陶を受けミルとも親しかったジョージ・グロートであったと思われる.一般に19世紀半ばまでのヨーロッパにおいてはアテネの民主主義は好意的に言及されることは少なかったといわれており,この時代を代表するギリシア史家であったジョージ・グロートの『ギリシア史』(Grote 1846-56) は,ヨーロッパ人がアテネの民主主義に対して好意的な見解を抱くようになるのに重要な影響力をもっていたと指摘されている.これらの点については,たとえば,Pappé (1979), Turner (1981), Roberts (1994) などを参照のこと.なお,アメリカにおける奴隷制については,トクヴィルと同じくミルもデモクラシーの例外であるとみなしていた (JSM, 'Tocqueville [1]', CW, xviii, 55 ; Tocqueville, DA [i], Part 2. Ch. 10).
42) Crook (1965) 14. 1790年代のベンサムは,ローゼンやスコフィールドによれば,アメリカはその特異な状況のために民主的政府のモデルとはみなしておらず,当時のブリテンにとって模範になるとも考えていなかった (Rosen (1983) 35 ; Schofield (2004) 397-398).
43) Bowring, iii, 447 [Bentham (1817 a) xli-xlii].

る[43]．

　ベンサムの「急進主義は危険ならず」(1819-1820年[44]) には「アメリカの経験にもとづく擁護」と題された議論があり，「急進主義の特徴あるいは要素と実質的に同一視されるもの，すなわち選挙の安全性，普遍性，平等性，年次性」はアメリカのいくつかの州で文字通りにあるいは実質的に実現されていると主張されていた．それらの州では，「一人の手中にある独立した権力が少数者の手中にある独立した権力と結びついて与えると想定されているような財産あるいは良き秩序に対する想像上の安全のない，一般に言われるような真の民主主義」が存在しているにもかかわらず，反民主主義論者が恐れているような所有権の侵害はまったく起こっていないし，「合衆国 the Union のいかなる場所においてもいかなる時点においても悪政の兆候はみられない」のであった[45]．

　あらためて指摘するまでもなく，ベンサムのアメリカへの高い評価は功利主義的な見地にもとづくものであった．アメリカの国制は最大多数の最大幸福を促進するような統治制度上の工夫がほどこされた国制であるというのがベンサムの理解であった．それらの制度的工夫によって，アメリカの政府は全体の利益だけを追求するように仕向けられ，少数者の個別的なシニスター・インタレストを促進することができなくされていたおり，したがって，アメリカの国制は，シニスター・インタレストが追求されがちなブリテンのそれよりもはるかに優れ，ブリテンの改革のモデルとなりうるものであった．

　ベンサムのアメリカに対する見解が彼をとりまいていた哲学的急進派のアメリカ論の色調に影響を与えていたことは驚くことではないだろう．彼らもまたアメリカに対して重大な関心を払い，ウィッグやトーリーにくらべてアメリカに好意的な見解を表明していた．1824年にベンサムの財政的

---

44) Jeremy Bentham, 'Radicalism not Dangerous', Bowring, iii, 598–622. この論考は1819–1820年に執筆された草稿がバウリング版に収録されたものである．

45) Bowring, iii, 612–613.

支援のもと，ジェイムズ・ミル，ヘンリー・サザンやジョン・バウリングらが中心となって，哲学的急進派の機関誌として創刊された『ウェストミンスター・レヴュー』には，しばしばアメリカに関する論説が掲載されていた．たとえば，初期の『ウェストミンスター・レヴュー』における重要な寄稿者の一人であったペレグリン・ビンガムは，創刊号においていくつかのアメリカ旅行記を取りあげて論評していたが，このなかで彼は自らの問題意識を次のように述べていた．「もしそれ〔アメリカにおける幸福な状態〕が享受されているとしたら，この好ましい結果はどの程度，統治の本質に帰すことができるだろうか．どの程度，他の原因に帰せられるだろうか[46]」．このようにアメリカを論じる際の視角をしめした後，彼はアメリカにおける好ましい事象のほとんどすべてを統治制度──とくに代議制民主主義──によるものとみなし，奴隷制をはじめとする好ましくない事象の原因をアメリカに固有の社会状態に帰した．このような論法が重要なのは，これが以降の『ウェストミンスター・レヴュー』のアメリカ論の論調を決定づけるものであったからである．つまり，好ましい事象を代議制民主主義というブリテンをはじめとするヨーロッパにも適用可能という意味で普遍性の高い原因に結びつけ，そうでない事象をヨーロッパとは異なるアメリカの社会状態の特殊性に結びつけたのである．こうすることで，彼らは代議制民主主義はアメリカ社会には適合してもブリテン社会とは相容れないとする主張に反論しブリテンの民主化を要求したのである．

　『ウェストミンスター・レヴュー』のほとんどのアメリカ論は，程度の違いはあっても，アメリカに対して好意的な見解を表明しており，そしてその見解は，意識的であってもそうでなくても，ブリテン社会への批判と結びついていた．彼らは，金のかかる政府と安価な政府[47]，国立教会をもつ国家とそのような教会をもたない国家，出版の自由がない国家とそれが保障されている国家，経済的に停滞している国家と急速な成長を成し遂げている国家，教育がある階層だけにしか開かれていない国家と万人に対す

---

46) Bingham (1824 a) 103.

る教育が行われている国家といったように，ブリテンとアメリカを対照的に描きだし，アメリカを賞賛することでブリテンの現状へ批判の矛先を向けたのである．再びビンガムの議論を例として取りあげるなら，同じ創刊号に掲載された別の論説において，彼は次のように述べていた．

> 〔『クォータリー・レヴュー』にとっては〕物質的なものであれ精神的なものであれ害悪――それらはあらゆる未熟な社会の状態から切り離すことのできないものである――は，要するにアメリカの制度の結果，あるいはむしろ，ある特定の制度の不在の結果である．というのは，国立教会の不在に『クォータリー・レヴュー』はアメリカにおけるすべての罪悪の原因を見出しているからである．彼らに言わせれば，宗教がなければ道徳は存在しえない．そして，国立教会がなければ宗教は存在しえない[48]．

さらに，ビンガムはブリテンとアメリカの収支を比較しながら，アメリカの安価な政府を賞賛した[49]．「ここ〔ブリテン〕では政府は，アメリカの政府とくらべてほとんど20倍近い費用がかかっている」にもかかわらず，アメリカは「グレート・ブリテンおよびアイルランドよりもよく統治されている」[50]．彼は続けて，アメリカの政府の立法，行政，司法のあらゆる部門において他のいかなる国よりもよく運営されていることを論じていた[51]．

---

47) アメリカが安価な政府であるかどうかという問題は，民主主義は安価な政府，すなわち低い税負担を達成できるかという一般的な問題と関連して当時よく論じられたトピックであった．この点について，ベンサムはフランス革命期には否定的であったが，後にこの見解を改めた（Schofield (2006) 101）．また，トクヴィルも『アメリカのデモクラシー』においてこの問題を取りあげているが，民主主義はけっして安価ではないというのが彼の結論であった（Tocqueville, DA [i], 245 ff. [Tocqueville (1994) 215 ff.]）．
48) Bingham (1824 b) 251.
49) Ibid., 257 ff.
50) Ibid., 262.
51) Ibid., 264 ff. ビンガムはアメリカ人の国民性やアメリカの労働者階級の現状について好意的に言及している（e.g. Bingham (1824 c) 171–172, 174 ; (1824 d) 339）．また，次のようにも述べている．「ヨーロッパにおいて，アメリカの国民ほど教育を受けているような国民を想像できない」（Bingham (1824 c) 172）．

第3章　アメリカ論の政治学

　アメリカ論については，アメリカ出身の批評家であるジョン・ニールも『ウェストミンスター・レヴュー』に重要な論説を寄せていた．ニールは1824年にイングランドを訪れた際にベンサムや功利主義サークルの思想家たちと知り合い，ベンサムはしばらくのあいだクィーンズ・スクエア・プレイスの自邸の一室を提供するほど彼を歓待した[52]．ニールのアメリカに関する論説は『ブラックウッズ・エディンバラ・マガジン』と『ウェストミンスター・レヴュー』に掲載された．1826年に『ウェストミンスター・レヴュー』に掲載された論説「合衆国」[53]を含むそれらの論説のなかで，ニールはブリテンでひろくみられるアメリカに対する誤解をただすために，アメリカについての正しい見解を提示することを目的としていたが[54]，その議論は『ウェストミンスター・レヴュー』のアメリカ論にみられる楽観的な見解の典型であった．たとえば，アメリカ南部における奴隷制に関して，ニールは現状には不満を述べながらも，将来については楽観的な展望をしめしていた．「もしそれら〔ニールの考えている提案〕がただちに採用され……完全に実地されるならば，奴隷は今日から50年のうちに北アメリカ合衆国 United States of North America 全土からまったくいなくなるだろう[55]」．このように奴隷制に対して楽観的な展望をしめしたニールはアメリカの法律や文芸の状態についても全般的に好意的な見解を表明

---

52)　King（1966）を参照のこと．
53)　Neal（1826）．
54)　1817年にスコットランドの出版人ウィリアム・ブラックウッドが創刊した『ブラックウッズ・エディンバラ・マガジン』はトーリー寄りの月刊誌であったが，ニールの目的はブリテンにおけるアメリカへの偏見を正すことであったから，掲載雑誌の党派的位置づけはそれほど気にする必要はなかったと思われる．ニールは次のように回顧している．「私のおもな目的は最初から，ふたつの国を隔離し疎遠にしたり怒らせたりすることではなく結びつけることであった．……これをうまく成しとげるために，私はイングランド人として，あるいは少なくともアメリカ人としてではなく，執筆しなければならなかった」（Neal（1869）248）．『ウェストミンスター・レヴュー』に掲載されたニールによる論説は一篇のみであったが，『ブラックウッズ・エディンバラ・マガジン』には多くの論説を寄稿している．彼のブリテンの定期刊行誌とのかかわりについては，Neal（1869）244 ff. を参照のこと．なお，『ブラックウッズ・エディンバラ・マガジン』に掲載された論説は，後に Neal（1937）にまとめられている．
55)　Neal（1826）186–187．

していた[56]．アメリカの法制度はイングランドからもたらされたコモンローに拠っていたが，彼の考えでは，その制度はアメリカ人自身によって徐々に改善されつつあった[57]．そして，文芸について彼は次のように述べた．アメリカでもイングランドの偉大な作家の作品の廉価版が多く出版されつつあり，それはアメリカ文学の発展にとって好ましい影響を与えつつある．たしかにアメリカはいまだに自ら偉大な作家を輩出するにはいたっていないけれども，アメリカ人にも文学的才能はあるし，そのための素材も十分にそろっている．さらに文学作品にかかわる権利を保護するための法制度の改革も実を結びつつあり，このこともアメリカ人が自らの文芸を生み出す一助となるだろう[58]．

たしかに，ビンガムやニールをはじめとするウェストミンスター・レヴュアーは，現在のアメリカに存在する奴隷制度や法制度，さらには関税政策などにも批判の矛先を向けていたが，彼らの論調は全体としてみればアメリカに対してきわめて好意的で楽観的であった．たとえアメリカの現状が満足いくものではないとしても，アメリカの状態は徐々に改善されつつあるし，これからも改善されていくだろうというのが彼らの考えであった．そして，彼らがアメリカにこのような希望を託すことができた根拠はアメリカが民主主義国家であったという点に求められた．

哲学的急進派にとってアメリカを賞賛することはブリテンの現状を批判することと強く結びついていた．『ウェストミンスター・レヴュー』第2

---

56) Ibid., 190–192（law), 192 ff.（literature）．
57) Ibid. cf. Patmore（1824）555：「独立当時からの州はイングランドのコモンロー体系を保持してはいるが，それを修正し簡略化している．……立法は多くの点で簡約化され効率化されている．刑罰は大いに更正の手段となっている．専門的知識が常識に取って代わりつつある」．； Anon.（1832 a）365：「1776年に起こった分離独立の後，大規模な法律改革が急速になされた．」； Anon.（1832 b）368：「大いなる改善が……アメリカの法律においてなされてきており，その結果として，アメリカの刑法はイングランドのものよりも効果的なものになっている．」
58) Neal（1826）194, 198. 『ウェストミンスター・レヴュー』におけるアメリカ文芸論については，Fraiberg（1952）を参照のこと．

第 3 章　アメリカ論の政治学

号に掲載された論説のなかでジェイムズ・ミルは次のように述べていた．

> 誰でもアメリカ人に対して悪く言えば，〔『クォータリー・レヴュー』から〕絶対的な信用を勝ちとり，どのような疑問もはさまれない．誰でも彼ら〔アメリカ人〕に好意的なことを何か述べれば，嘘つき，悪漢，愚か者と呼ばれる．このことは貴族主義的論理のもっともお気に入りのやり方にしたがったものである[59]．

このようなアメリカに対する論調は，ジェイムズ・ミルに言わせれば，「ブリテン国制の恵み」を称えるという『クォータリー・レヴュー』にいつものようにみられる態度と結びついていた[60]．このような見解を抱いていた『ウェストミンスター・レヴュー』側からすれば，たとえ『クォータリー・レヴュー』や『エディンバラ・レヴュー』にアメリカに対して好意的な見解がみられたとしても，それらは本心ではなく戦略的なものか偽善的なものにすぎなかった．たとえば，『エディンバラ・レヴュー』を取りあげて，ミルは次のように述べていた．

> このように，第 31 巻に掲載されているアメリカに関する論説はいつにない程度に民主主義的な意見を含んでいる．第 33 巻に掲載されている同じ主題を扱った論説にも同じような所見があてはまるが，それらは，同誌がアメリカに対して偏狭だと非難されてきたために，民主的統治に好意的なさまざまな表現を無理して掲げているものにすぎないし，おそらくこれまでこの雑誌のなかにあらわれたものよりもあつかましく過剰である[61]．

ブラディが述べたように，「彼ら〔哲学的急進派〕は民主主義の長所を明らかにするためにアメリカに目を向けており，アメリカに対して多くの賞賛をおこなうことは彼らにとって正統的な行動になった[62]」．たとえば，あるウェストミンスター・レヴュアーは次のように主張した．アメリカで

---

59) Mill, James（1824, QR）487.
60) Ibid., 479.
61) JSM, 'Periodical Literature : Edinburgh Review', CW, i, 300–301. ここでミルが言及している『エディンバラ・レヴュー』の論説はそれぞれ，シドニー・スミスとジェフリーのものである（Smith 1818 ; Jeffrey 1819）．ミルの見解では，このようなアメリカ観はウィッグのシーソー戦略の好例であった．
62) A. Brady, 'Introduction', in CW, xviii, p. xviii.

すでに実現しているがブリテンではいまだに導入されていないような制度，すなわち代議制民主主義，出版の自由，宗教の自由をはじめとしたさまざまな制度の価値は，「多数者の利益が増大しつつあるという現実の結果によって明らかにされている」し，「私益を追求する少数者の不満」によって損なわれることもない．そして，「アメリカの輝かしい運命は，「宗教，科学，文学，芸術，そして精神がなしうるものは何であれ，それらをもっともよく擁護する世界は**自らによる統治**であるということを証明するもの」であったし，それに学ぶことは世界にとって依然として有用なことである[63]」．彼らがアメリカを高く評価したのは，アメリカでは功利性の原理がブリテン以上に適用されているように思われたからであり，ブリテンの国制を批判して改革を求める実践的政治活動において，アメリカが有力な根拠を提供していると考えられたからであった．

3 ― トクヴィル『アメリカのデモクラシー』とJ・S・ミル

ここまで検討してきたような知的状況を勘案すれば，ミルがアメリカに関心をもつようになったことは自然なことであっただろう．当時の多くの急進派知識人・政治家とともに，ミルもまた民主主義が実現している唯一の国家としてのアメリカに関心をもっていたし，アメリカの経験は，民主主義に賛成しているか反対しているかに関係なく，ヨーロッパのすべての人々にとって重要な意味をもっていると考えていた．たしかに，1835年にトクヴィルの『アメリカのデモクラシー』が出版されたことはミルの思想形成にとってきわめて重要な意味をもつものであったけれども，ミルにトクヴィルの著作の意義を認識させたものとして，このようなアメリカというトピックをめぐる当時の知的コンテクストがもっていた重要性もまた無視しえないと思われる．

ただし，くりかえしになるが，このような主張は，ミルの思想の展開に

---

63) Patmore（1824）556. 彼の引用は Ingersoll（1823）67 から．

第3章　アメリカ論の政治学

とってのトクヴィルのアメリカ論の重要性を否定することを意図したものではない．ミルのアメリカ社会についての理解の深化やそれを契機とした政治・社会思想の重要な展開は，明らかにトクヴィルの『アメリカのデモクラシー』との出会いに起因するものであったし，トクヴィルの議論に言及することなく，この時期の（さらには後半生にいたるまでの）ミルの思想の展開を議論することはほとんど不可能だろう．たしかに，ミルのアメリカ社会に関する認識のほとんどは，トクヴィルの『アメリカのデモクラシー』以前に刊行され彼も目を通していた定期雑誌や書物のなかですでに先駆的に表明されていたから，彼がアメリカに関する認識をトクヴィルの議論のみから引き出したと論じるのは正確さを欠いているだろう．しかし，重要なのは，トクヴィル以前の議論にしめされている認識は断片的で表層的で満足するには程遠いものであるだけでなく党派的偏向をもっており，さまざまな現象を体系的に理解するための科学的な観点がまったく欠けているものであるとミル自身が考えていたということである．もちろん党派的偏向を批判していたミル自身もそのような偏向から自由であったわけではない．後述するように，ミルは当時の政治論争のなかできわめて実践的な意図をもってアメリカを論じており，たとえば，「アメリカの社会状態」に見出される論法は哲学的急進派に典型的なものであり，その議論は哲学的急進派の伝統の枠内にとどまっているもの，いいかえれば，その党派的立場がある程度は反映されているものであった．しかし，同時に，この時期のミルがそのような政治論争のコンテクストから距離をおくことに努め，党派的偏向にとらわれていない科学的な社会認識を提示しようという意欲をたびたび表明するようになっていたことも重要である．このような意欲は1830年代後半により明確な形をとってくるだろう．そして，この時期のミルにとってトクヴィルの議論がもっていた意義のひとつはこの点にかかわっているように思われる．トクヴィルは，ミルにとって，それまでアメリカを論じてきたどの思想家もなしえなかったような深みと広がりをもち，さらに党派的偏向から自由なアメリカ社会理解をしめした思想家だったのである．以下であらためて検討するように，トクヴィルの議論

のうちミルがとりわけ評価したのは，アメリカを包括的かつ公平に解釈することを可能にした彼の視角そのものであった．トクヴィルの議論は，この意味で，ミルに哲学的急進派の伝統からの離反を促した要因のひとつであったとすら言えるだろう．

　G・ボーモンとのアメリカの監獄制度の視察旅行（1831–1832年）からフランスに戻った後，トクヴィルはアメリカを題材としながら新しい政治学を創出するという意欲をもって著述活動を開始した．この彼の意欲は，まず1835年1月に二分冊で出版された『アメリカのデモクラシー』として結実した[64]．同書の英語版は，同年中に，サラ・オースティンの甥でミルとも知り合いであったヘンリー・リーヴによって翻訳され出版された[65]．

　トクヴィルの『アメリカのデモクラシー』が出版されてまもなくに発表された「代表の原理」（1835年7月）において，ミルは，社会状態を考察し科学的認識を獲得するためには政治制度の影響と社会状態の影響を区別しつつ，この双方を包括的に議論する必要があるという主張をおこなった[66]．彼の考えでは，このような観点は，「代表の原理」が検討対象としていたサミュエル・ベイリー『政治的代表の原理』において表明されてい

---

[64] A. de Tocqueville, *De la démocratie en Amérique* (Paris, 1835 and 1840) [DA [1–2]]．なお，監獄制度については，ボーモンと共同で報告書を執筆している (Beaumont and Tocqueville 1833)．また，ボーモンはアメリカの奴隷制を題材にした小説を執筆しており（Beaumont 1835)，ミルは「アメリカの社会状態」でこの作品を取りあげることになる．

[65] ミルが「トクヴィル論 [1]」を執筆している時にはリーヴによる英訳版の一部はすでに出版されており，ミルは利用可能な箇所については仏語版と英訳版の両方を読んでいる．ちなみに，1840年に出版された続巻は仏語のオリジナル版とリーヴによる英訳版が，それぞれパリとロンドンで同時に出版されている．「トクヴィル論 [1]」と「トクヴィル論 [2]」がそれぞれ『ウェストミンスター・レヴュー』と『エディンバラ・レヴュー』に掲載された際には，取りあげる書物としてフランス語のオリジナル版とともにリーヴの英訳版が冒頭に記載されている．

[66] JSM, 'Rationale of Representation', CW, xviii, 17–46, 関口 (1989) 266．ミルは1835年4月15日付のホワイト宛の手紙のなかで『アメリカのデモクラシー』を読み始めたことを伝えていた（JSM to Joseph Blanco White, 15 April 1835, CW, xii, 259）．

た[67]，ベンサム主義的な推論方法であるとミルがみなしていた考え方とまったく異なるものであった．ミルの考えでは，ベイリーのこの書物は「代議制民主主義の長所と，その長所を実現するためにそれが依拠しなければならない原理を明らかにする」ということのみを目的としていたが，このような議論は「統治の哲学のごく一部」にすぎなかった[68]．彼の考えでは，ベンサム主義的統治理論は誤ったものであるというよりは不十分なものであり，統治の哲学は「直接的なものだけでなく，一般的にはほとんど注目されていないような二次的で間接的な影響，つまり統治制度がどのように国民の性格や社会関係の全体に影響を与えるのか，また逆に社会状態や人間精神の状態はどのようにしてある形態の統治の効果を促進，妨害，修正したりするのかということ」を扱わなければならないものであった[69]．

　統治の哲学は政治制度と社会状態の相互の包括的な影響関係を扱わなければならないと主張したミルは，そのためには，政治制度の影響と風土などの個々の社会に固有の状況の影響を区別し，さらにそれらの相互的な影響関係を理解しなければならないと考えた．たしかに，事象の原因を政治制度と社会状況に分けて論じる観点自体は，上述したように，アメリカを論じるなかで『ウェストミンスター・レヴュー』に掲載されていた多くの論説において，多分に戦略的なものであったとしても，しばしば主張されてきていたものであり，けっして目新しいものではなかった．にもかかわらずミルがここで示している認識が重要なのは，ミルがこのような視角がベンサムの政治学に欠如しているものとみなし，そのような視角を政治学に適用することの必要性を強調するようになっていたからである．ミルはこれ以前から，社会と政治の影響関係のうち統治制度が社会状態に与える影響に関心を払ってきていたが，この時期のミルは，政治学は社会と政治の双方向の影響関係を対象としなければならないと主張するようになり，

---

67) Bailey（1835）．
68) JSM, 'Rationale of Representation', CW, xviii, 18.
69) Ibid.

この双方向の影響関係のうちもう一方の関係，すなわち社会の状態がいかに統治制度に影響を与えるかという点により関心を向けるようになった．そして，この分野における最近の重要な貢献として『アメリカのデモクラシー』を挙げていたことが示唆するように[70]，この時期のミルの思索の展開はトクヴィルの与えたインパクトなしには考えられないものであった．ミルはトクヴィルの影響によってアメリカに関心を集中させることになるが，このことはミルの文明概念の形成にとって直接的な意義をもつことになったという点できわめて重要であった[71]．

19世紀初頭においては，「デモクラシー」という用語は，ミドルクラスに主導される社会・政治体制，政治的自由の普及と選挙権の拡大から，政治的な無政府状態まで，さまざまな意味をもつきわめて多義的なものであったが，トクヴィルのそれはおもに二つの意味をもつものとされている．第一は，統治形態に関する民主政治という意味であり，第二に，境遇の平等化という社会状態にかかわるものであった．そして，どちらの意味においてもアメリカがデモクラシー国家であるというのがトクヴィルの認識であった[72]．さらに，彼はデモクラシーという概念によって，そのような平等化に向かい，同時にそのような平等化が助長するような心理的傾向も明らかにしようと努めた．彼はデモクラシーという概念にこのような包括的な内実を与えきわめて視野の広い議論をおこなっており[73]，このことがミルのトクヴィルに対する高い評価をもたらした一因であった．ただし，トクヴィルの議論はデモクラシーという用語の包括さゆえの曖昧さも避けられず，このことが政治制度の影響と社会状態の影響を区別すること

---

70) Ibid.
71) Ibid. トクヴィルも社会状態が法律や習俗に与える重大な影響をくりかえし強調していた．「……ひとたび社会状態が定まると，社会状態それ自体が国民の行動を支配する法律，習慣，思想の多くの主要な原因になるだろうし，それは社会状態に起因しないものでさえも変容させるだろう．それゆえ，ある国民の法律と習俗を理解しようとするならば，社会状態の研究からはじめなければならない」(Tocqueville, DA [1], 50 [Tocqueville (1994) 50])．この点については，Coenen-Huther (1997) 118–119 も参照のこと．

第 3 章　アメリカ論の政治学　　　　　　　　　　　　　　　　　　67

の重要性を指摘していたミルの不満の対象になった[74]．

　トクヴィルは，デモクラシー，つまり境遇の平等化という現象をアメリカだけでなくあらゆる地域において普遍的で不可避な過程であるとみなし，この過程を商業や製造業の発展，土地の細分化，知識の普及，動産の普及，社会的流動性の拡大などに着目しながら議論した．ミルも境遇の平等化が不可避的な過程であるというトクヴィルの見解を是認し，それがもっとも急速かつ顕著に現れているのがアメリカであると考えた．アメリカにおけるあらゆる現象のなかでトクヴィルがもっとも感銘を受けたのは，アメリカでは「中産階級がうまく国を治めている」という事実であった[75]．社会のデモクラシー化が不可避で普遍的な過程であるという見解をしめしたあと，彼はデモクラシーの長所と短所を指摘し，またデモクラシーがアメリカにおいてうまく機能することを可能にしているさまざまな要因について検討した．以下では，ミルとの関係という観点から，トクヴィルの議論を取りあげて検討する．

　トクヴィルは，アメリカでデモクラシーがうまく機能している原因を，環境，法律，習俗という三つの要素に着目して検討したが，なかでも彼の

---

72) Schleifer (1980) 263–274；Welch (2001) 65–66；Richter (2004) 62. シュライファーはトクヴィルのデモクラシーという用語がもつ多くの意味を指摘している（Schleifer (1980) 263–274）．シュライファーやシーデントップは，トクヴィルのデモクラシー概念のこのような複雑さは議論の混乱によるものではないと論じている（Schleifer (1980) ibid.；Siedentop (1994) Ch. 4）．また，ミルは次のように述べている．「デモクラシーによってトクヴィル氏が一般にどのような政治形態も意味していないということは注意されるべきである．……デモクラシーによってトクヴィル氏は境遇の平等について理解している」（JSM, 'Tocqueville [2]', CW, xviii, 158–159）．
73) Welch (2001) 66.
74) ただし，『アメリカのデモクラシー』を読んだ直後の，同著がひとつの概念で政治と社会を包括的にとらえることに成功しているという見地に基づく高い評価はその後も維持されており，ミルの不満はそのような包括性にではなく，その際に用いられているデモクラシーという概念が経験的認識の段階にとどまっていること，また文明化に起因するひとつの結果にすぎないデモクラシーの進展が究極的な原因とされてしまっているという点に向けられていく．
75) Tocqueville (1957) 278.

力点は自然的な環境よりも人為的な法律や習俗に置かれており，さらにそれらのなかでは法律よりも習俗におかれていた[76]．アメリカにおいてデモクラシーがうまく機能している条件としては，自然的条件を別にすれば[77]，連邦制や大統領制，地方自治や陪審制，また結社や言論の自由などの国制上の特徴や，ヨーロッパでは社会にとって危険なものとみなされているような「精神の焦燥，富への過剰な欲望，過度な独立心」のような習俗[78]，さらには「民主的で共和的とでも呼ぶほかない」アメリカ独自の形態によるキリスト教などが挙げられていた[79]．

　国制上の特徴に関しては，「三つの要素〔連邦制度，地方自治制度，司法権のあり方〕が，ほかのあらゆる要素にもまして，新しい世界において民主的な国家を維持するのに寄与している[80]」．連邦制度は，それぞれの州がその独自性を維持しながら，対外的安全や経済的自由といった連邦政府が提供する便益を享受することを可能にしていた[81]．そして，大統領制が行政権と立法権のあいだの権力の分割を，二院制が立法府内における権力の均衡を，それぞれ機能させていた[82]．さらに，違憲立法審査権というかたちで司法権が多大な権力を与えられており，民主主義のゆきすぎを是正し権力の均衡を保つための重要な役割を担っていた[83]．訴訟手続きにおいても，人民主権という教義のひとつの帰結である陪審制が，人民に公正という観念を現実に即したかたちで教え，また自らの行動に責任をもつように促すという点で重要な意味をもっていた．それは「社会の錆のようなもの

---

76) Tocqueville, DA [1], 354–358 [Tocqueville (1994) 305–309]. cf. Ibid., 308 [358]：「物理的原因の寄与は法律より少ないし，法律の寄与は習俗より少ない．」
77) アメリカに固有な地理的状況としてトクヴィルが指摘しているのは，隣国がないこと，大きな戦争や財政危機，侵攻や征服を恐れる必要がないこと，全土に影響を及ぼすような首都がないこと，広大な未開の土地が存在していることなどである（Ibid., 319 ff. [278 ff.]）．
78) Ibid., 327 [284].
79) Ibid., 332 [288].
80) Ibid., 330–331 [286–287].
81) Ibid., Part 1. Ch. 8, esp. 126 [114].
82) Ibid., Part 1. Ch. 8, esp. 130 ff. [117 ff.] (legislative power), 134 ff. [121 ff.] (executive power).

第3章　アメリカ論の政治学　　　　　　　　　　　　　　　　　　　　　　　　　69

である利己心」に立ち向かうことを教えていた[84]．同じく人民主権という教義から引き出される地方自治制度については，人民の政治参加が普及し多くの人民が日常的に自らの公的な権利を行使し義務を果たしており，この結果として，各人が私的な利益を追求することによる社会の腐敗が回避されていることが指摘されていた[85]．また，結社の自由や出版の自由は多数者の暴政に対抗するために不可欠な役割を担っており，トクヴィルによれば，「党派による専制や君主の恣意を妨げるために，社会状態が民主的な国ほど結社が必要な国はない．貴族制の国では，二次的団体が権力の濫用をチェックする自然な結社を形成している[86]」．

　ミルは，以下であらためて検討するように，アメリカをデモクラシーにもっともふさわしくない国として認識していたがゆえに，アメリカにおいてデモクラシーをうまく機能させている条件に多大な関心をしめしていた[87]．ミルの考えでは，「トクヴィル氏がヨーロッパの公衆に最大の貢献をしたのは，アメリカの国制のいくつかのもっとも重要な部分の存在そのものについて最初の情報を与えたことである」．ミルの関心はとりわけ地方制度に向けられていた．「地方制度こそアメリカのデモクラシーにとってのまさに噴水口」であり，「すべての価値ある影響をもつあらゆる原因のなかでも主要な原因」であった．

---

83) Ibid., 111 ff.［101 ff.］．このようにアメリカにおいて司法権に付与された政治権力は巨大であったが，トクヴィルが指摘していたように，「司法上の手続きによってのみ法律を攻撃するように強制する」ことによって大幅に制限され，危険性は緩和されている（Ibid., 113［102］）．
84) Ibid., 315［274］．トクヴィルによれば，陪審制は「つねに開かれた，それぞれの陪審員が自らの権利について学ぶ無償の学校」であった（Ibid.［275］）．
85) Ibid., Part 1. Ch. 5, esp. 66–70［66–72］．
86) Ibid., 216［192］．
87) トクヴィルもジャクソニアン・デモクラシーのなかに多数者の暴政の徴候を認めつつも，当時のアメリカに関しては，それを緩和しているものの考察に力点が置かれていた（松本（1991）45–46）．「アメリカで私がもっとも不快に思うのは，極端な自由の支配ではなく，暴政に対する保障が欠如していることである．……私は現在のアメリカで暴政がしばしばなされていると主張しているのではない．私が言っているのは，そこではそれに対抗する安全策は見出されず，政府の穏健であることの理由は法律にではなく，状況と習俗に求められなければならないということである」（Ibid., 290［252–253］）．

トクヴィルやミルにとって，ニュー・イングランドの地方自治は人民主権の日常的具現化であった[88]．トクヴィルの考えでは，地方自治は旧体制下のフランスで貴族や特権身分などが果たしていた中間団体としての機能を果たしており，デモクラシーにおいては，このような政治参加によって普通の市民が貴族的な人格を形成することが可能であった[89]．トクヴィルはアメリカの制度や慣習のなかにヨーロッパで貴族が担っていた自由と独立の精神を見出したが，このことは，宗教がデモクラシーと対立しないということとならんで，トクヴィルが高く評価したものであった[90]．この点に関してミルは，トクヴィルが国民は政治参加によって陶冶されうると考えたこと，そしてデモクラシーの弊害の矯正手段はあくまでもデモクラシーによる政治教育でなければならないと考えたことに対して賛意をしめしつつも[91]，貴族制への好意的評価を含んだトクヴィルの議論には同意しなかった．ブリテンにおける政治改革を追求していたミルにとって最大の批判対象は国教会と貴族階級であったから，貴族階級をそのまま評価することは容認できないものであった．ミルの考えでは，貴族階級の存在意義が認められるとしても，たとえば「文明論」で貴族階級自体のデモクラシー化の必要性が指摘されていたように，それはあくまでもデモクラシーに適応する形に変革されたものでなければならなかった[92]．また，アメリカでは法曹専門職がその専門的知識と保守的性向によって，ヨーロッパで貴族階級がはたしている役割を担っているとして，トクヴィルが彼らに対して高い評価を与えていたことについても，ミルは全面的に賛成したわけでは

---

88) Ibid., 60–66 [58–63]．
89) Ibid., 279 [243]．
90) Siedentop (1994) 63. 宗教の精神と自由の精神の結びつきに対する好意的な見解については，Tocqueville, DA [1], 47, 332–340 [Tocqueville (1994) 46–47, 287–294] を参照のこと．
91) JSM, 'Tocqueville [2]', CW, xviii, 188–189.
92) 後にもあらためて言及するが（本書114頁を参照のこと），ミルは「文明論」（1836年4月）において，貴族階級はそれ自体が民主化することによって活性化されることが必要であるという主張をおこなっている．たとえば，彼は名声を求める貴族が出自ではなく個人的な資質によって評価されるべきであるとする（JSM, 'Civilization', CW, xviii, 146–147）．第4章注87も参照のこと．

第 3 章　アメリカ論の政治学　　　　　　　　　　　　　　　　　　71

なかった．ミルの考えでは，「法律家の精神は，イングランドにおいてもアメリカにおいても，若い時にはそれを暗記することに時間を費やし，一人前になるとそれを運営することになる専門的技術の粗雑な体系——人間理性の恥辱——によってほとんど例外なく歪曲されている93)」．

　デモクラシーが最大多数の善を促進すること，健全な愛国心や公共精神を育み，このような精神がさらに公共の事柄への積極的関与や法律への良心的服従を促すこと，そして，人民の知的能力を改善することなど多くの長所をもっていることなどを明らかにしたトクヴィルの議論についてはミルも高く評価した94)．デモクラシー化した社会では個々人は「海岸の砂のようなもの」となり，それぞれに結びつきをもたない上に，大きな社会においては「祖国愛は自然的に成長する感情ではない」から，「社会状態がますますデモクラシー的なものになるにつれて人為的な手段によって愛国心を陶冶することがますます必要になるが，それには自由な制度——市民が公共の仕事の運営に多分に，またしばしば関与すること——以上に有効なことはない」とされた95)．ミルにとって，これらの統治制度が社会状態にあたえる良い影響に対する認識はきわめて重要なものであった．デモクラシーの政治的教育効果を強調することは，人民の政治的能力に懐疑的なデモクラシー反対論に対する大きな批判になりうるものであったからである96)．

　トクヴィルがデモクラシーの短所として指摘したのは，統治者の資質の

---

93) JSM, 'Tocqueville [1]', CW, xviii, 85. cf. Tocqueville, DA [1], 302–310 [Tocqueville (1994) 263–270].
94) JSM, 'Tocqueville [1]', CW, xviii, 61–63, 70–71, 87–89；Tocqueville, DA [1], 265 [Tocqueville (1994) 232] (the good of the greatest number), 269 ff. [235 ff.] (sound patriotism), 277–282 [242–244] (public spirit), 275–277 [240–241] (obedience to law), 353 [304–305] (educational effects).
95) JSM, 'Tocqueville [2]', CW, xviii, 182.
96) JSM, 'Tocqueville [1]', CW, xviii, 63：「単にやり方を教わるだけではなく実際にやってみることで私たちが読み書きや乗馬や水泳を学ぶのと同じように，かぎられた範囲で民主的統治を実践してみることによってのみ，人民はより大きい範囲でそれを行使する仕方を学ぶことができるだろう．」

低下や，いわゆる「多数者の暴政」の問題などであった[97]．統治者の質の低下という問題について，トクヴィルとミルはともに，このような問題はアメリカにのみみられる現象ではなく文明国家一般にみられる現象であると考えていたが[98]，ミルはアメリカにおいてはさらに独自の原因を指摘することができると考えていた．ミルの考えでは，アメリカには「戦争も隣国も，複雑な国際関係も，改革すべき無数の弊害のある旧社会もないし，食料と教育を切望している半ば飢えた無教育の群衆もいない」から，「ごくわずかの統治しか必要としない」状態にあり，「アメリカの政府が処理しなければならない日常の問題には普通以上の能力を要することはほとんどない」のであった[99]．

またミルは多数者の暴政について，ヨーロッパにはその危険性は少ないと考えたものの，アメリカ社会の分析としては高く評価した．ミルの考えでは，アメリカにおいて多数者の暴政の危険が強いのは有閑階級が存在していないからであった．さらに，トクヴィルがアメリカの議員の行動が選挙民の意図によって左右されやすいことを挙げ，デモクラシーにおける統治の性急さや先見のなさを批判したのに対して[100]，ミルは以前からの持論であった，代表として選出される人は誓約によって選挙民の意見にしたがって投票行動を取らなければならないと主張する「委任 delegation」

---

97) Ibid., 71 ff. トクヴィルの議論においては「暴政 la tyrannie」と「専制 le despotisme」がしばしば互換的に使用されていると指摘されている．この点については，松本（1991）45-58 を参照のこと．トクヴィルの「多数者の暴政 la tyrannie de la majorité」の概念自体が若干混乱しており多様な解釈を生み出す余地がある――実際に発表当時から生み出してきた――が，それは主に二様に理解されてきた．ひとつは人民主権のもとでの多数者による少数者の抑圧，立法府における多数派の力の支配といった見方であり，もうひとつは画一的意見への同調性向を読み取る見方である．前者はバークなどにも見られるものであり，トクヴィルに独自なのは後者である．

98) Tocqueville, DA [1], 222–224 [Tocqueville（1994）197–199].

99) JSM, 'Tocqueville [2]', CW, xviii, 175. 同じような見解は 1820 年代半ばにも表明されていた．「アメリカ合衆国は，民主的な支配のもとでは国家がいかにわずかの能力でよく統治されるかということのよい例証である」（JSM, 'The British Constitution'（19 May[?] 1826）, CW, xxvi, 381–382）．

100) Tocqueville, DA [1], 228–229 [Tocqueville（1994）202–203], 286 [249]（legislative), 235–236 [207–208]（administrative）．

と，そのような拘束を求めない「代表 representation」の区別の必要を指摘し，次のように述べた．

> 合理的なデモクラシーという考えは，人民自身が統治することではなく人民が優れた統治への保障をもつことである．良い意思が保障されるならば，最善の統治は……最も賢明な人々の統治に違いないし，そのような人々はつねに少数であるに違いない．人民は主人でなければならないが，彼らは自分自身よりも熟練した召使を雇わなければならない主人である[101]．

1820年代末以来，サン・シモン主義者やジョン・オースティンの影響のもとで，ミルは社会におけるエリートの役割の重要性を強調するようになっていたが，このことによって彼は急進的改革の重要な教義のひとつである誓約（上述の「委任」と同義）についての見解を改めるようになっていた[102]．ミルは，誓約は急進的改革にとって不可欠な要素であるという見解を放棄しただけでなく，むしろ，それに対して積極的に反対するようになった[103]．たしかに，権力に対する国制上のチェック機能の必要性を強調するという点に限っていえば，ミルの議論はほかの哲学的急進派と同じものであったが，その他の点で彼の議論はほかの急進派と異なるものになっていた[104]．急進派の多くは，あらゆる統治者は自らのシニスター・インタレストのために権力を乱用しがちであるとして，統治に携わる人々

---

101) JSM, 'Tocqueville [1]', CW, xviii, 71.
102) Burns (1957) 36–38. いうまでもなく，このような区別はミルに独自な考え方ではなく18世紀以来の長い伝統をもつものであった．この点については，Kelly (1984) を参照のこと．
103) 1830年10月にミルはすでに次のように論じていた．「代議制民主主義についての正しい考え方は疑いもなくこのようなものである．すなわち，代理者が自らの最善の判断にしたがって立法行為をおこない，選挙区民の指示や，ましてや共同体全体の意見にしたがって立法行為をおこなったりしないということ」(JSM, 'Prospects of France', CW, xxii, 150)．なお，この時期のミルは，「王国のなかでもっとも高い教育を受けたすべての人による，力強くもっともたくみに組織された貴族政」としてのプロイセンの能率的な官僚制に言及していた（JSM, 'Rational of Representation', CW, xviii, 23）．
104)『エグザミナー』の購読者数はミルの「誓約論」が掲載されたことによって減少したといわれている（JSM to Thomas Carlyle, 17 July 1832, CW, xii, 112–113；JSM, *Autobiography*, early draft, CW, i, 180）．

の権力をチェックし制限するために誓約はきわめて重要な手段であると主張していた．対照的に，この時期のミルは，多数者は必ずしも自らの正しい利益を理解できるわけでもなければ，誓約という手段によって権力をチェックする能力をもちあわせているわけでもないと考えるようになっていた。たとえば1832年に彼は次のように述べていた．「人民代表制についての正しい考え方は，人民が自ら統治するということではなく彼らが自分たちの統治者を選ぶということである．……人民の主権とは，基本的には，委任された主権である．統治は多数者の利益のために少数者によって遂行されなければならない[105]」．

委任や宣誓といった考えをめぐるこのようなミルの議論は彼が厳格な急進主義から離脱しつつあることを明らかにするものであったし，哲学的急進派のなかには，そのようなミルの見解と大衆の支持を集めていた急進主義の教義とのあいだに大きな裂け目を認識し，ミルを批判するものもあった．たとえば，ロウバックはトクヴィルの『アメリカのデモクラシー』に対する書評のなかでミルの書評に言及して，ミルが「委任」という考えを強調していたことに批判的な見解を明らかにし[106]，自らを「「民主主義についての正しい考え方についてのこのような歪曲について私たち（書評者）〔ミル〕のように深刻には考えない人々」のうちの一人」であると述べた[107]．

ハンバーガーは「1835年に彼〔ミル〕は，人民がある程度，代表を意に従わせる手段として誓約を正当化する伝統的な急進派の立場に立ち戻った」と述べている[108]．その際にハンバーガーは，人民代表制と有能な少数者による統治という二つの考えを両立させようとする新しい試みとして，先に取りあげたミルの「代表の原理」（1835年7月）に言及しているが，この論説での主張は1832年の段階でしめされていたものと基本的に同じものであり，1832年と1835年にミルによって主張されていたのは，誓約は，現状では有用であるかもしれないが，理想的な代議制民主主義に

---

105) JSM, 'Pledges [1]', CW, xxiii, 489.
106) John Arthur Roebuck, 'Democracy in America', Roebuck (1835) i, 20th pamphlet, 1–4.

おいては望ましい制度ではないということであった[109]．つまり，ミルは，原理上は，1835年の段階でもそれ以前からの誓約に対する反対の態度を保持し続けていたし，この立場はその後も維持されていくものであった[110]．

4―アメリカ社会の分析

アレクサンダー・ベインは，ミルの「アメリカの社会状態」（1836年1月）を「アメリカ社会の特徴をその産業の状態や政治制度と結びつけて」論じた「社会学的研究の小品のひとつ」として評価している[111]．このベ

---

107) Ibid., 2. ロウバックの引用は，JSM, 'Tocqueville [1]', CW, xviii, 73 から．ただし，誓約の教義は急進派やその支持者のあいだで人気のある考え方であったけれども，哲学的急進派のすべてがロウバックのようにこの教義に重要性をあたえていたわけではない．たとえば，フランシス・バーデットやアルバニー・フォンブランクは，ミルのように，誓約という考え方に明示的に反対していたし，またジェイムズ・ミルもこの教義にはさほど関心をしめさずに，選挙権拡大や秘密投票により高い優先順位をあたえていた．この点については，たとえば，JSM, 'Fonblanque's England under Seven Administrations', CW, vi, 361；Thomas（1979）142, 215–216）などを参照のこと．なお，小畑（2005）163によれば，ベンサムはフランス革命期に「演説」と「投票」を区別して，「〈演説〉では良心にしたがって一般的利益に関する自らの見解を表明するが，〈投票〉では彼らの演説を聞いた選挙区民の意見にしたがうべきである」という主張をしていたし（Bentham（2002）51–53 も参照のこと），最晩年に出版された『憲法典』（1830年）でも同様の議論をおこなっていた（Bentham（1983 b）43–44）．これらの点については，Rosen（1983）176–177 も参照のこと．
108) Hamburger（1965）98.
109) 「トクヴィル論 [1]」でミルは次のように述べている．「そのような統治はほとんどの貴族政よりもよいものだろうが，賢明な人がのぞむようなデモクラシーではない」（JSM, 'Tocqueville [1]', CW, xviii, 73）．
110) たとえば，「代表の原理」でもミルは良い統治によって不可欠なこととして次のことを指摘していた．「政治問題が，直接的であっても間接的であっても，無知な集団――それが有閑階級の集団であっても下層の人々の集団であっても――の判断力や意志への訴えによってではなく，少数者，とりわけこのような任務のための教育をうけた少数者の慎重に形成された意見によって解決されるということ」（JSM, 'Rationale of Representation', CW, xviii, 23）．
111) Bain（1882 b）48.

インが指摘した特徴にくわえて，この論考のもつ意義は以下の点にあるように思われる．つまり，この論考は，この時期のミルの思想の発展におけるきわめて重要な過程，すなわちトクヴィルの提示した「デモクラシー」という概念に代わって「文明」という概念を社会認識の枠組みとして採用するようになる過程をしめしているのである．この点で重要なのは，アメリカ社会における個々の現象に対する彼の見解だけでなく，それらの現象の因果関係を明らかにしようとする際の彼の視角である[112]．

上述のように，ミルは『アメリカのデモクラシー』におけるトクヴィルの議論を洞察にあふれたものとして高く評価し，その多くを受けいれていた．しかし，ミルの考えでは，トクヴィルの議論では，アメリカ社会の特殊性に由来する要素と，デモクラシーに内在的な，したがってほかの民主主義国家にも適用できる要素とのあいだの区別に十分な注意が払われていなかった．普遍性の高い政治制度の作用とより個別的な社会状態の作用を区別することで社会事象の因果関係を明らかにすることの重要性を強調するようになっていたミルがトクヴィルの議論に対して不満をもつようになったのは，トクヴィルがこの点に関する限り混乱しているという判断にもとづいていた．そして，このようなミルが「アメリカの社会状態」で目指したのは，「統治制度はアメリカが現在のようにした多くの原因のうちのたったひとつにすぎない」し[113]，「アメリカの短所として批判されてきたほとんどすべてと長所の大部分がデモクラシーとは関係なく説明される」という認識のもとに[114]，デモクラシーという統治制度の影響による現象とデモクラシーを原因としない現象を正しく区別してアメリカにおける社会事象の因果関係を正しく理解すること，そして，その上で，統治制度と社会状態の相互的な影響関係を明らかにすることであった．ミルは以下のように述べている．

---

112) この「アメリカの社会状態」がミルの思想の発展においてもつ重要性は，関口（1989）270–272 が明瞭に指摘しており，ここでの議論は同書に多くを負っている．
113) JSM, 'America', CW, xviii, 98.
114) Ibid., 105.

アメリカの経験が統治の原理について何の光も投げかけないとか，アメリカがデモクラシーの傾向を研究するのに適した舞台ではないということは，私達の意図することとは何の関係もない．トクヴィル氏の書物に対する私達の書評〔「トクヴィル論［1］」〕の読者なら誰でも私たちが反対のことを考えているのは知っている．デモクラシーはアメリカで研究されるであろう．むしろアメリカでなされな・け・れ・ば・な・ら・な・い・が，……デモクラシーの結果は事実の単なる表層に表れているわけではない．アメリカ社会の現象からデモクラシーに関する結論を引きだすためには，非本質的なものから本質的なものを区別する力が，旅行家や政治家たちが普通にもっている以上に必要とされるのである．きわめて高い能力の観察者しかもっていないような注意深さをもって事実を選び抜くことがまずなされなければならない．次に，人間本性の法則からしてデモクラシーに関係ないような事実と他の原因によって十分に説明できるようなすべての事実を取り除かねばならない．蓋然的推測によってではあってもこの残余のみがデモクラシーの結果に帰せられるのである[115]．

このような視角から，ミルがデモクラシーの結果でないもの，つまり社会状態や国民性といったアメリカに固有な原因によるものとして挙げている現象は，貧富の差の少ないこと，（奴隷制が存在している南部を除いて）有閑階級が存在しないこと，高賃金，識字能力の普及，財産の平等，文芸にみられる模倣志向の態度などである．これらを論じる時のミルの基本的な姿勢は，「デモクラシーの結果とされているような国民性のうち，どれだけのものが……人民のおかれている優れた条件から直接生じたものであり，どのような政府のもとであっても存在することができたかは注意すべきことである」という言明にも明確に現れている[116]．

アメリカでは財産の平等があり，貧富の差の少ないことについて，ミルは以下のように述べていた．

> アメリカは貧者のいない国である．これは統治の結果ではない．もちろん世界には人民を貧困にするような政府もあるが，アメリカ人のように文明化された人民はそのような政府には決して服従しないだろう．急激な資本の蓄積を可能にする

---

115) Ibid., 106–107.
116) Ibid., 98.

ような十分な所有権の保護と恣意的な強制からの十分な自由があり，人口がいまだに急激に増加していないところでは，すすんで働く人で貧しい人はいない．／第二に……富裕者もほとんどいないし，世襲的な富裕者は全くいない．……大きな財産を一つにさせておくような法律はないが，フランスのようにそれらを分割させるような法律もない．もし富裕者が，すべての財産を長男に残そうとすれば，アメリカのどの州の制度においても，それを妨げるものはない．……多くの場合，世論は分割の平等を強いているようであるが，世論はその要求を道徳的サンクションによってのみ強制している[117]．

この財産の平等の一側面である富裕者の不在，とくに世襲的な富裕者の不在は，有閑階級の不在という現象に結びつくものとして把握され，さらにその有閑階級の不在という現象は知性に関するアメリカの特殊な状況に結びつけられて論じられている．

社会の改善という高等な目的に関して生まれつき指導者となるような人民の重要な部分——有閑階級，閑暇のある学識階級——がアメリカには欠けている．……アメリカにおいては人生の最良の数年を生活の糧を得るために費やすことから免れている階級は存在しない．社会生活の洗練や優雅さについてはいうまでもなく，哲学や崇高な文学におけるあらゆる卓越した高貴さは，ある意味でこのひとつの状況によってアメリカでは否定されているのである[118]．

また，アメリカにおいては経済的な平等の進展が教育をはじめとして社会状態の均質化をもたらしていると考えられた．社会状態の均質化（境遇の平等化）自体は文明化に伴う普遍的な現象であるとみなされたが，アメリカでは有閑階級がいないことで，この現象に対する対抗要因が存在していないというのがミルの考えであった．「有閑階級が存在するところで高度な精神文化が存在するとは必ずしも断言できない．しかし，そのような階級の存在は精神文化の高度な状態に必要なものである[119]」．

そして，ミルはアメリカの地方的性格に議論をすすめる．

---

117) Ibid., 98–99.
118) Ibid., 99–100.
119) Ibid., 111.

第 3 章　アメリカ論の政治学　　　　　　　　　　　　　　　　　　　　79

　　実際，統治形態をのぞけばアメリカの人民は地方的である．政治的にはアメリカ
　は強大で独立した国家である．しかし，あらゆる社会的もしくは文芸的な事柄に
　ついては，アメリカはブリテン帝国の一地方である．アメリカの出自が与えたこ
　の特異性は言語の同一性によって強く固定されている．……社会や文芸における
　地方主義の特徴は模倣することである．地方的な人は自分自身であろうとしない
　し，都市が保証してくれていないもの，あるいは保障してくれていないと考える
　ものに対して何かをなそうとはしない．……文芸に関しては，ボストンとニュー
　ヨークはノリッジとリヴァプールと同じくらい地方的であり，（文芸的および社会
　的には都市であるが若干地方的な性格を帯びている）エディンバラと較べたらさ
　らに地方的である[120]．

このようにミルの考えでは，社会的・文化的にはアメリカはブリテンの一
地方に過ぎず，アメリカ人の模倣性向はこのような地方的な性格を反映し
たものであった[121]．彼は，このような地方的性格とともに，もうひとつ
の類似点——中産階級の存在——を指摘して，この二つを結び合わせて以
下のように議論を展開する．

　　ブリテン帝国からロンドンとエディンバラを除去し，働かなくても生活できるよ
　うな境遇に生まれた人のすべて，もしくはほとんどすべてを取り除き，それから
　この頂上の除かれた社会のピラミッドの頂上にリヴァプールの商人，マンチェス
　ターの製造業者，イングランド全体に散在しているロンドンの弁護士，医者，代
　理人，非国教派牧師を置いてみよう．それから労働者階級を十分な賃金を享受す

---

[120]　Ibid., 100–101.
[121]　このことは「トクヴィル論［2］」でも繰り返し指摘されている．「アメリカは
　　　知的にはイングランドの一地方，すなわちマンチェスターやバーミンガムと
　　　同様に，住民が金儲けに特別な才能を持っているために金儲けをおもな仕事
　　　にしていて，大多数の人々が高度な知識を都市から既製品として受け取るこ
　　　とに満足しているような一地域である」(JSM, 'Tocqueville［2］', CW, xviii, 179–
　　　180)．ミルはトクヴィルの議論を援用して，文明状態では一般的にデモクラ
　　　シーの発展によって文学，哲学，芸術などの分野で独創的な努力が見られな
　　　くなることを指摘しているが（Ibid.），アメリカはこの議論の実例としてはふ
　　　さわしくないと考えていた．彼の考えでは，アメリカでのこのような現象は
　　　デモクラシーの帰結ではなく，地方的性格という特殊性によるものであっ
　　　た．なお，『エディンバラ・レビュー』でもアメリカの文化的後進性がたびた
　　　び批判的に取り上げられていたが，そこではその原因はアメリカの経済状態
　　　と階級構造に帰せられていた（Clive (1957) 168–170）．

る立場に引き上げ，彼らに読書の習慣や公共的な事柄への積極的関心を与えてみよう．そうするとアメリカ社会とほとんど同じ社会ができ，アメリカと比較対照することが可能な唯一の基準ができるであろう．フランスの現在の統治制度は俗物の君主制とよばれている．アメリカは地方の中産階級からなる共和国である[122]．

このように，ブリテンとアメリカの類似性を指摘するミルの議論はアメリカの模倣志向という地方的性格と中産階級の存在という二つの観点からなされていたが，思想形成にとって重要だったのは，文明概念の形成につながっていくことになる中産階級への着目による議論であった．後にミルは「多数の中産階級の統治はデモクラシー」としてしかありえないことを指摘し，アメリカで普通選挙制が実現しているのは「アメリカでは全てが中産階級」であることによると述べるようになるが[123]，彼はアメリカ人民の高い政治的能力が古代共和政で重んじられたような徳ではなく現代社会を特徴づける知識や富に由来するものであるというトクヴィルらの発見を引き継ぎつつ，ブリテン（やヨーロッパ諸国）との制度的断絶を強調して古代共和政とのアナロジーによってアメリカの統治制度を説明するのではなく，アメリカと同時代のブリテンとを比較する視点を提供することを重視した[124]．

このようなアメリカとブリテンを比較する彼の議論は以下のような認識にもとづくものであった．当時のミルの考えでは，ブリテンはデモクラシー国家ではないものの，そこではアメリカ合衆国と同様の要素が見出された．他方で，たとえばローワー・カナダ（現在のケベック州あたり）においては，境遇の平等化という社会状態におけるデモクラシー化は，アメリカよりも顕著であるにもかかわらずアメリカに見出されるその他の要素は見

---

122) JSM, 'America', CW, xviii, 101.
123) JSM, 'Tocqueville [2]' CW, xviii, 167.
124) 古代共和政とアメリカのアナロジーを批判したトクヴィルの認識は，『アメリカのデモクラシー』での「まったく新しい時代には新しい政治科学が必要である」というよく知られている言葉にも反映されている（松本1981，下，124）．JSM, 'America', CW, xviii, 110 も参照のこと．

出されない．このように，カナダにおいてではなくブリテンにおいて，デモクラシー国家であるアメリカと同様な状態がみられるとしたら，トクヴィルのようにこの状態をデモクラシーの帰結とする議論はできないはずであり，ほかの原因が求められなければならない．ミルの考えでは，その原因は中産階級の存在にほかならなかった[125]．ミルは中産階級の興隆という事実のもつ含意に対する考察をさらに深めていくことで，文明社会という現代社会認識を確立していくことになる．

　文明社会としてのアメリカについての分析とともにもうひとつ興味深いのは，「アメリカの社会状態」にみられるアメリカとデモクラシーの関係についてのミルの認識である．そこには哲学的急進派としての実践的立場がかなりの程度，典型的な形で反映されているように思われる．
　ミルの考えでは，「現代の重要で恒久的な問題」であるデモクラシーについて議論するために多くの人がアメリカに目を向けていた[126]．それらのうち，トーリーの思想家や政治家たちは，「アメリカのような特異な自然状況の国における平穏や繁栄は，混みいった大衆や，無数の複雑さや不安の原因が存在するところにおける民主的制度の安定性を証明したことにはならない」ことを正しく認識していたにもかかわらず，アメリカでの「デモクラシーの実験が全体的に良い条件のもとで試みられたかのように」議論していた点で間違っていたのである[127]．上述したように，トーリーの知識人は，アメリカにおける好ましくない現象のほとんどすべてをデモクラシーに因るものとし，好ましい現象のほとんどすべてを他の要因によって説明しようとしていた．彼らの見解では，アメリカでデモクラシーがうまく機能しているのはアメリカ社会に特異なさまざまな状況のおかげであり，デモクラシー自体がすぐれた制度であるからではなかった．このような考え方は，ブリテン国内の議会改革論争のなかでアメリカのデモ

---

125)　JSM, 'Tocqueville [2]', CW, xviii, 192-193.
126)　JSM, 'Tocqueville [1]', CW, xviii, 49.
127)　JSM, 'America', CW, xviii, 107.

クラシーに言及する時に,トーリーだけでなくウィッグの論者によってもある程度は共有されていた見解であった.ウィッグと急進派は国制における権力配分の不均衡を是正するための改革が必要であるという点に関するかぎりは基本的には見解が一致していたけれども,具体的な改革のヴィジョンについては激しく対立していたし,穏健的改革か急進的改革かという対立は,これまでの議論からも明らかなように,アメリカのデモクラシーに対する両者の理解の違いにも明瞭に反映されていた.

　ミルの考えでは,このような認識とは異なり,「アメリカは,多くの重要な点において,デモクラシーが試みられるにはもっともふさわしくない場所」であった.

> 知的・社会的生活に対するデモクラシーの影響に関するすべてのことについて,アメリカ以上にその利点が困難な試練にさらされているところはどこにもない.というのはアメリカほど,一方では凡庸さを,他方では退屈さや粗雑さを作り出すような文明国家はほかになく,アメリカのような状態においては,あらゆることが商業精神や金儲けへの情熱を,ほとんどそれのみを促進しがちだからである[128].

この言明のもつ実践的含意は明らかである.もしアメリカでの好ましくない現象の原因がデモクラシー一般に帰せられるとしたら,アメリカの事例は望みがないものとなる.というのは,デモクラシーの進展の歴史的必然性を論じていたミルの考えからすれば,デモクラシーの影響がこれから強まることはあっても弱まることはけっしてないからである.しかし,アメリカにおけるさまざまな現象,特に好ましくない現象は,デモクラシーが特殊な社会状況——とりわけミルがデモクラシーにおいてその弊害への対抗勢力と考えていた有閑階級が存在していないこと——に結びついたことによるものであった.そして,この点に関しても,ミルは財産の蓄積がすすむことでアメリカにおいてもやがては有閑階級が形成されるようになると考えていたし[129],アメリカではデモクラシーのもとで全般的に社会状

---

128) Ibid.

態の改善が進んでいることを肯定的に論じていた．このような議論によってミルが意図したのは，統治制度が社会状態によい影響を与えているというデモクラシー擁護論であった．

さらに，彼は次のように続けている．デモクラシーは，それに最もふさわしくない場所であるアメリカでさえ，トクヴィルが指摘したような制度的工夫をほどこされることによってうまく機能し，社会状態に良い影響を与えている．そうであるならば，アメリカよりもデモクラシーにふさわしい状態にあるブリテンにおいても，デモクラシーは，適切な制度的改革がなされさえすれば，導入可能なはずであった．多数の中産階級の統治は「デモクラシーで・あ・る・だ・け・で・な・く，いまだに実例のないようなデモクラシー」としてしかありえないというミルの認識は[130]，文明化にともなう中産階級の興隆という視点からブリテンとアメリカの類似性を指摘した議論と結びつくことで，ブリテンとアメリカの国情の違いを根拠にしてブリテンにおけるデモクラシーの適用を否定した議論に対する反論に理論的な根拠を提供するものであった．

5―おわりに

ミルは自らアメリカ合衆国を訪れたことはなかったが，さまざまな著作や論考を通じて，そして，アメリカをめぐってブリテンでおこなわれていた論争から学ぶことによって，その未知の国についてのイメージをふくらませていった．19世紀初頭のブリテンにおいてアメリカが論じられていた状況について，彼は1840年に次のように回顧している．

> 政治的不満が増大してきたこと，そして大西洋岸の一方における民主政体の結果と他方における貴族的要素の優越した混合政体の結果とを比較してみることに

---

[129] このような考えは『エディンバラ・レヴュー』においても表明されていた (e.g. Anon. (1812) 461–462)．
[130] JSM, 'Tocqueville [2]', CW, xviii, 167.

よって，アメリカの制度の仕組みは党派的な問題となった．長いあいだ，あらゆるアメリカ旅行記は政党のパンフレットであったか，あるいは少なくとも党人の手に渡っていずれかの党派のために利用されてきた[131]．

　彼もまたこのような状況に身を投じ，ブリテンにおける政治・社会改革を主張する論陣を張っていた．しかし，彼は単なる政論家ではなく，政治理論家であった．そのような彼にとって，アメリカはいわば現代文明の理念型であった．アメリカから学んだことは現代社会一般についての彼の認識に新たな彩りを添えることになった．次章では，彼の商業文明という現代社会認識を検討する．

---

131)　JSM, 'Tocqueville〔2〕', CW, xviii, 155–166.

第4章

商業社会の分析[*]

> 彼の場合には，多くの人の場合と同じように，文明という用語は一定のはっきりとした観念の集まりに結びつけられていなかった[1]．

1―はじめに

　1830年代半ばから1840年代初頭にかけてJ・S・ミルはミドルクラス（中流階級・中産階級）の成長という現象に着目することで，現代社会はそのような階級によって主導される商業社会・商業文明であるという見解に達するとともに，そのような社会を科学的に理解するための知的枠組みを提示することに多大な努力を傾注するようになっていた．この時期の彼は「文明」という概念をもちいて，商業精神の腐敗や多数者の暴政などそれまで個別に論じていた現代社会にみられるさまざまな現象を，それらのあいだの連関をしめしながら包括的に理解するようになっていた[2]．本章では彼

---

[*] 本章の一部は川名（2002）に加筆修正したものである．
[1] Mill, James（1817, HBI）i, 431.
[2] 「文明 civilisation, civilization」という用語は，はじめ18世紀後半のフランスにおいて使われるようになり，その後ブリテンでも普及するようになった用語であったとされている．Mazlish（2001; 2004），Levin（2004）などを参照のこと．なお，2011年12月現在，*Oxford English Dictionary* オンライン版では，英語におけるcivilizationの初出は17世紀半ば（1656年?）のものが挙げられている（http: //www.oed.com/view/Entry/33584 ［最終確認日：2012年6月17日］）．

を取り巻いていた知的コンテクストを念頭におきながら，彼の商業社会・商業文明という現代社会観を検討する．

　商業活動の中心的な担い手であるミドルクラスの興隆とともに文明化がもたらされたという考え方は 18 世紀後半から 19 世紀前半の英仏の思想家の多くによって共有されていたものであった[3]．とりわけスコットランド啓蒙思想家たちが展開していた，ミドルクラスによって主導される商業社会という現代社会観は 19 世紀初頭のブリテンにおいても広く受け入れられており，ミルは 18 世紀のスコットランド啓蒙から 19 世紀初頭のウィッグにいたる思想家たちと商業社会という現代社会認識の枠組みを共有していたということができるだろう[4]．

　ただし，ウィッグはおしなべてミドルクラスに対する肯定的な見解をもちつつも，（とりわけ議会改革の文脈では）この階級が絶対的な権力を手にすることには警戒感をしめし，過度な民主主義化には強く反対していた[5]．

---

[3] この時期には middle class, middle classes, middling class, middling classes などの用語がしばしば互換的に使われており，本章でもこれらの用語を区別せずにミドルクラスと表記する．ただし，ジェイムズ・ミルの議論に関してはこれらの用語を中流階級と訳し，ミルの議論については中産階級と訳す（この理由については後述する）．なお，フォンタナは次のように指摘している．「中流階層の成長を現代商業社会における際立った特徴とみなした 18 世紀のスコットランドの著作家たちは，正確には誰が中流階層なのかという点についてはきわめて曖昧であった」(Fontana (1985) 108)．スコットランド啓蒙における認識については，ヒュームの中流層・中産層論を検討した坂本 (2011) 127–154, 331–364 が分析している．さらに，この時期には階級 class と階層 rank についてもしばしば同じ意味のものとして用いられていることが多かった．この点に関連して，ボールは，ジェイムズ・ミルの議論においては階級と階層というふたつのタームが注意深く使い分けられていると述べているが（T. Ball, 'Introduction', in Mill, James (1992) xxi），実際にはジェイムズ・ミルはしばしばこの二つを互換的に使用しており，ボールの指摘のテクスト上の根拠は薄い．

[4] e.g. Brougham (1803 ; 1805); Jeffrey (1803 a ; 1803 b); Buchanan and Jeffrey? (1809); Horner (1803); Mill, James (1809, Jovellanos ; 1810, Tolélance); Anon. (1815). フォンタナは次のように述べている．「ミルが強くはっきりとした形でウィッグの雑誌に対して反対していたとしても，『ロンドン・アンド・ウェストミンスター・レヴュー』に 1836 年に掲載された彼の「文明論」という論説は，先に引用したマコーリーやカーライルの論説〔Macaulay 1830 ; Carlyle 1829〕とともに『エディンバラ・レヴュー』に掲載されたとしても，読者を驚かせることはなかっただろう」(Fontana (1990) 51)．

また，以下で議論するように，ミルもトクヴィルから学びつつ，いわゆる多数者の暴政論の見地から商業中産階級による過度な権力行使に反対する姿勢をしめすようになっていた．このような一見したところ似通っているミドルクラスへの留保にもかかわらず，両者の議論は異質のものであった．ウィッグの議論があくまでもブリテンの伝統的な国制論を背景にした権力均衡論の観点からのものであったのに対して，ミルの認識は社会的対立が社会の進歩のためには不可欠であるという社会学的洞察にもとづくものであった．

2—文明化とミドルクラス

ミドルクラスを高く評価していたジェイムズ・ミルとその階級にきわめて批判的であったミルという対比がしばしばなされるが，彼らがそれぞれ「ミドルクラス」という用語によってどのような社会的グループを実質的に意味していたかを検討してみると，二人の見解にはある程度の親近性がみられるように思われる．以下で論じるように，ジェイムズ・ミルの言うミドルクラスにはさまざまな社会的グループとならんで知的エリートが含まれており，彼のミドルクラスへの高い評価はおもにこの知的エリートに対する好意的な見解にもとづくものであった．一方で，ミドルクラスをジェイムズ・ミルにくらべて狭く経済的観点から理解し商業階級とほぼ同義の存在とみなしていたミルにとって，知的エリートはミドルクラスの外

---

5) e.g. Macaulay（1829）125：「私たちが強く望み楽観的に期待しているのは，その票決がブリテンの中流階級の意見を表すようになる形で下院の改革がなされることである．私たちは経済的な制限が絶対に必要であると考えているし，その額の決定に関しては，私たちが目指しているのは，あらゆる立派な農業経営者や商店主が選挙権をもてるように線引きをすることである．私たちが望んでいるのは，ある特定の財産所有形態が他の所有形態に対してもっている，あるいは，ある特定の財産が他の同等な財産に対してもっているあらゆる優位を終わらせることである．私たちはそれで満足するだろう．〔ジェイムズ・〕ミル氏に言わせれば，そのような改革は，富の貴族制を作りだし，共同体を保護されないまま放置し無制限な権力によるあらゆる害悪にさらすことになるというのだろう」．

にあって,この階級への対抗勢力となることを期待されていた社会的グループであった.このように,ジェイムズ・ミルがミドルクラスを構成する重要なグループとみなした知的職業に従事する人々は,ミルの議論では商業中産階級への対抗勢力として位置づけられており,彼らのあいだには知的エリートの重要性という認識に関する限りある程度の親近性が存在していた.

とはいえ,両者の社会像には重要な差異も存在していた.ジェイムズ・ミルは現代社会に悪弊をもたらしているのは堕落した貴族階級の存在であるとみなし,ミドルクラスが貴族階級に代わって社会や政治において主導権を握ることの重要性を強調し,堕落した貴族階級の過度な影響力を除去することに議会改革の主要な目的を求めていた.その意味で,ミドルクラスに主導される文明の進展がのぞましい進歩をもたらすというのがジェイムズ・ミルの基本的な見解であった.それに対して,ミルは,現代社会の悪弊の原因は現代社会を特徴づける商業化という現象によって不可避的にもたらされる商業精神の腐敗であり,それゆえに現代の商業文明は堕落傾向を内在的にもっていると考えていた.

ジェイムズ・ミルは,「支配する少数者」と「支配される多数者」という二分法的枠組みにもとづいて支配者のシニスター・インタレストを批判するという,きわめてベンサム的な議論をおこなう一方で,貴族あるいは上流階級,中産あるいは中流階級,労働者あるいは下流階級という分類に依拠して,その三つのグループのうち中流階級に大きな重要性を付与した議論を展開していた[6].この点に関するかぎり,マコーリーをはじめとしたエディンバラ・レヴュアーとジェイムズ・ミルのあいだには,科学方法

---

6) cf. Rosen (1983) 20:「ベンサムは,ジェイムズ・ミルが〔ベンサムの〕『憲法典』に先立って出版された「政府論」でおこなっていたようには,中流階級の利益を促進していない.ベンサムはただ少数者と多数者,富者と貧者を対照させるだけである」.ただし,ジェイムズ・ミルが中流階級の利益のみを擁護しようとしていたとみなすのは正確ではない (Hamburger (1962); Welch (1984) 145–53).

第4章　商業社会の分析

論や政治・社会改革のヴィジョンに関して存在していた大きな裂け目にもかかわらず，一定のコンセンサスが存在していたということができる[7]．そして，このような彼らの認識には共通の源泉があったことは明らかである．彼らは，商業の発展とそれに伴う富の社会全体への普及によって，その進展を担った中流階級が自由と権力への要求を強め，それらを実際に獲得していく過程として社会の進展を描き出していた18世紀後半のスコットランド啓蒙思想家からこのような認識を学んでいたのである[8]．

たとえば，富裕階級の腐敗についてのジェイムズ・ミルの議論は，スコットランド啓蒙の思想家のものと同じ枠組み，すなわち奢侈的消費へ惑溺することによって富裕な上流階級が没落する一方で商業の発展によって中流階級が成長するという枠組みに拠っていた[9]．彼によれば，堕落した富裕階級は自らの資質を高めることで社会に好ましい影響を与えようと

---

7) たとえば，ジェフリーは分業がもたらす悪影響を論じるなかで，その弊害を正すことのできる存在として中流階級を描きだすとともに（Jeffrey (1803 b) 175），この階級に好意的に言及したフランシス・ホーナーの書簡に対して，「私たちの中流階級の人々がもつ富裕，知性，道徳性のなかに，自由な国制を作り出すか復興させるのに十分な要素の源泉があると考えることについては私もまったくあなたに同意しています」と返答するとともに，貴族階級が権力を握っている現状では中流階級が活躍の場を与えられていないという見地から，「問題は彼ら〔中流階級の人々〕を社会の表舞台に引き出すことです」とも述べている（Francis Jeffrey to Francis Horner, 18 September 1806, Cockburn (1852) ii, 110）．ジェイムズ・マッキントッシュも同じような見解を表明している（Mackintosh 1818）．また，同時代にあっては，マルサスの中流階級に対する高い評価がよく知られている．「社会の中間部分 middle parts of society は，有徳で勤勉な習慣にとって，またあらゆる才能の発達にとってもっとも有利であることがひろく知られている．……おそらく，中間部分の相対的な比率が高まっていくという見通しに人間社会の大多数の幸福が増大していくことのもっとも確実な期待を見出すだろう．……もしも社会の最下層がこのようにして減少し中間階級が増加するならば……社会の幸福の総量はあきらかに増大するだろう」（Malthus (1989) ii, 194–195）．

8) たとえば，Collini et al. (1983), 23–61, 63–89, 91–126, Fontana (1985) 13–14 を参照のこと．

9) Mill, James (1811, Chas)．この論考やこの論点に関するジェイムズ・ミルの議論については，立川（1996 a, 1996 b）が詳細な分析をおこなっている．また，坂本（2011）358 ff. は，ジェイムズ・ミルのミドルクラス論を「ヒューム的遺産の復活」として論じている．

するのではなく，「生活の優雅さへの嗜好が広く普及することを妨げる」ことによって社会に悪い影響を与える存在となっていった．というのは，彼らは優雅さを美しさという観念にではなく金がかかるということに結びつけることによって，金をかけることと優雅さとのあいだの観念連合を生じさせたからである．こうして，「優雅さを追求するという考え方そのものが……本当の優雅さへの嗜好が広まることが重要であるような人々の胸中から失われることになる」[10]．このような富裕階級の悪影響に対抗しうるのは「文明の創造物」[11]である中流階級にほかならなかった[12]．彼によれば，中流階級は

> 野蛮な状態にある社会には存在していない．それは文明の利点が増大するのに合わせて増大する．この階級に，そしてこの階級にまつわる状況のなかに，ほかの階級がもつ能動的あるいは受動的な専制の原理がこの上なく悲惨な結末にいたるのを防ぎ，文明が自らの破壊者とならないようにするのに十分な力が与えられているということは，私たちの自信や信頼の根拠であり続けてきた[13]．

たしかにジェイムズ・ミルは，現状では富裕者が「流行を作り出す力」をもち，「彼らの実例が一般的な嗜好を作りだしている」こと，それゆえ

---

10) Mill, James（1836, Aristocracy）286. cf. Mill, James（1826, State）255–256：「すべての国において指導的な階級，すなわち権力と富においてもっとも顕著な階級が共同体の残りの人々に対して色調を与えることは周知のことである．彼らを真似ることが大きな望みとなり，彼らに似ることが名誉ある特質の源泉となる．彼らの意見や慣習が優雅な慣習であり，彼らの行為の基準が洗練された道徳である．……それぞれの国の貴族はほかのどの階級よりも強くこの傾向を感じとっており，それに大きな影響を与えるための強みをもっている．その結果は，誰もが気づくであろうが，あらゆる国において道徳はかなりの程度，貴族的な道徳であるということである」．

11) Ibid.

12) Mill, James（1811, Chas）417.

13) Ibid. 以下でも論じるように，ジェイムズ・ミルの中流階級への信頼は，主として，「彼らが社会に色調を与え，またあらゆる技芸や科学の領域において進歩のきっかけを与えるような知的エリートという役割の担い手である」という観点からのものであった（Fenn（1987）75）．したがって，そこでは経済的な含意は必要条件であっても十分条件ではなかった（e.g. Mill, James（1826, State）269 ff.）．

富裕な貴族階級の影響のもとで中流階級が好ましくない嗜好をもっていることを否定していない[14]．富裕者は富を名誉あるものや有徳なものとみなし，そのような徳の判断基準を社会全体に押しつけることに成功していた．彼の見解では，「人々から好意的に評価されたいという強い欲望ほど，人間本性のなかで顕著なものはない」し，富に対する欲望に際限がないのも富がそれをもつ人が「社会からの好意的な評価を得ること」を可能にするからである[15]．

しかし，ジェイムズ・ミルは中流階級のそのような好ましくない傾向は矯正可能であるとみなしていた．なぜなら，名誉や徳という観念と富との結びつきは生得的なものではなく，富裕者が自分たちの利益を保持するために人為的に整備した政治的・社会的制度に起因していたからであった[16]．そして，ジェイムズ・ミルの考えでは，このような状況を改善するためには二つの方策が考えられた．第一に，貴族の悪影響を減らすような教育を中流階級にほどこすことであり，第二に，富と有徳さのあいだの観念連合を解消するような政治・社会改革をおこなうことである．第一の方策に関連して彼は次のように指摘している．

> ある〔観念の〕連鎖は，幼少期をうまく使うことによって，以降の人生において生じてくるいかなる習慣によっても抑制されることがないほど強く習慣づけられるし，また，それらの連鎖は知的・道徳的な行動を左右するほど決定的なものになりうると考えられるだろう．邪悪で無知な社会の影響は，このような場合には大いに削減されるだろう[17]．

このような観念連合に基づく教育は，彼が息子に対しておこなったものにほかならなかった．

第二の政治・社会改革に関して彼が意図したのは，富の不道徳な影響力を除去することであった．たとえば，彼の秘密投票擁護論はこのような見

---

14) Mill, James（1836, Aristocracy）286.
15) Mill, James（1819, Education）32.
16) Ibid., 33.
17) Ibid., 32.

地からのものであった．秘密投票によって有権者が「立法という義務にふさわしい資質においてもっとも優れていると認める人にのみ自らの票をあたえる」ようになるならば，有産者はそのような資質を獲得ししめすように努力するようになるだろう．さらに，「財産において優越しているということは，それが政治権力と結びついていないところ，あるいはそのような考えと強く結びついてないところでは，重要なことではない」し，そのような状況のもとでは，卓越さをもとめる有産者は「公共に奉仕することによる卓越さ」を得ようと努力するようになるだろう[18]．

ジェイムズ・ミルは，政治権力と富との結びつきや，現在みられる富の過度な不平等にきわめて批判的であったけれども，そのことは彼が社会における富の平等を望んでいたことを意味していたわけではない．ジェイムズ・ミルは，「改革者たちは富の不平等が害悪であるとはけっして考えない．それどころか彼らは，そのことを事態の必然的な帰結として，そしてきわめて好ましく，社会それ自体や人類の幸福すべてが依存しているものとして高く評価している」として，次のように論じた．

> 私たちは，富の不平等をそれ自体として好ましいものと考えている．それらは，もっともすばらしい結果をもたらす要因である．高い知的能力をもつ人が存在するためには，時間のすべて，あるいは大部分を生存の手段を獲得するために費やす必要がなく，時間を自由に使えるような人々がいなければならない．いいかえれば，自活収入がある人々が存在しなければならない[19]．

このようにジェイムズ・ミルは，人間が自立した存在となり，また自らを陶冶するためにはある程度の財産をもっていなければならないし，そのような人々だけが統治に携わるのにふさわしい人々であると考えていた．「私たちの考えでは，それゆえ，統治という職務はまさに富裕者の職務である[20]．」しかし，彼の見解では，現に莫大な富をもつ人々は大財産がも

---

[18] Mill, James（1830, Ballot）36–37.
[19] Mill, James（1836, Aristocracy）284.
[20] Mill, James（1830, Ballot）37.

つ「腐敗作用」によって堕落させられている上に，彼らにそのような莫大な富をもたらしているのは，彼らのシニスター・インタレストを擁護するために作られた人為的な社会・政治制度にほかならなかった[21]。ジェイムズ・ミルは「蓄積の自然法則が作用したことの結果としての富の自然な平等」の重要性を認めつつ，「分配の自然法則を不自然に阻害したことの結果」としてのゆきすぎた富の偏在という現状を批判している[22]。「人為的な，不自然な不平等」は少数の人々にのみ莫大な富をもたらし，「大財産は，優雅さという言葉が正しくあてはまるようなすべてのことについての嗜好を堕落させるように作用しがちである[23]」。彼の見解では，「統治権力を独占しているいかなる貴族もきわめて高い完成度にあるような知的能力をもっていないだろう．知的能力は労苦の産物である．しかし，世襲貴族は労苦を重ねるためのもっとも強い動機を奪われている．彼らの大部分は，それゆえ，精神的能力に関して欠陥がある[24]」．それに対して，莫大な富をもつ人々とは異なり，「自立はしているけど莫大な収入があるわけではない人々——彼らはひとつの階級や公的集団を形成するのに十分な数がいる——は，仲間の尊敬や行為を得ることができるような資質によってみずからの卓越さを求めていかなければならない」し，実際にそれをなしている人々である[25]．

このような適度な財産をもつ人々に対する好意的な見解には，そのような人々が莫大な財産を求めることなく適度な財産によって満足することができるということ，それゆえに彼らが莫大な財産のもつ腐敗作用にさらさ

---

21) Mill, James（1820, Government）505. この点に関して重要なことは，ミルも指摘していたように，「腐敗作用」という言葉でジェイムズ・ミルが意味していたのは，「人民が，全体として有している富の総量によって腐敗させられるということではなく，富の分配の不平等が，〔そのことのおかげで〕莫大な富を得ている人を——特にそれらが世襲によるものであり，才能や富を得るためのいかなる努力にもよらないものである時——腐敗させる傾向がある」ということである（JSM, 'Use and Abuse of Political Terms'（May 1832）, CW, xviii, 12）．
22) Mill, James（1836, Aristocracy）285.
23) Ibid.
24) Mill, James（1820, Government）493.
25) Mill, James（1836, Aristocracy）290.

れることがないという前提が含まれているように思われる．しかし，ジェイムズ・ミルは「政府論」で，「君主や貴族の心中に，それゆえ，欲望の対象に関して飽和点があるということは正しくない」と指摘していたが[26]，このような性向が人間本性の法則から引き出されるものとされているかぎり，この認識は適度な財産をもつ人にもあてはまるはずだろう．この矛盾を解消するキーとなるのは彼の観念連合理論とそれにもとづく教育論である．ジェイムズ・ミルは，富と有徳さのあいだの観念連合を解くことによって，中流階級は適度な財産で満足することが可能になるし，またそのことは中流階級の知的・道徳的状態を改善することにも資するものになるだろうと考えていた[27]．

　ジェイムズ・ミルの中流階級という概念はある程度の財産所有を前提としつつも，そのような経済的条件よりも知的・道徳的なものに関連づけて理解されるべきものであった．以下でみるように，経済的観点からミドルクラスという概念を把握し，それを商業階級という概念とほとんどつねに代替可能なものとして論じることになるミルと異なって，ジェイムズ・ミルの言う中流階級には商業階級以外にも，科学者や技術者をはじめとした知的専門職——これはミルのミドルクラスの定義からは排除されている——が含まれていた[28]．

> 私たちの本性の偉大できわだった特性である進歩性，つまり知識，すなわち幸福の手段を駆使する能力が，ある段階から他の段階へと絶えることなく進む力からくるあらゆる恩恵は，かなりの程度，自分の自由になる時間をもっている階級の人々，つまり，ある程度の楽しみを享受できるような状態で生活するための手段についてあらゆる心配をする必要がない程度に十分裕福な階級の人々の存在に依存しているのである．知識が高められ増大させられるのもこの階級によってであ

---

26) Mill, James (1820, Government) 495.
27) e.g. Mill, James (1819, Education) 33.
28) したがって，ジェイムズ・ミルが中流階級という言葉によって資本家・産業階級を意味しているとみなして，ジェイムズ・ミルを産業中産階級の利益を擁護することに熱心であったと考えるのは，この点からも適当ではない．経済的な観点からジェイムズ・ミルの中流階級観を解釈する典型的な議論は，たとえば，Sabine (1993) 662 などに見られる．

るし，それが普及させられるのもこの階級によってである．子供が最良の教育を受けるのもこの階級の人々である．立法者，判事，行政官，教師，あらゆる技芸における発案者，自然の力に対する人類の支配力を拡張させるようなより重要な仕事について指揮監督する人々などのような，社会における高次でより優雅な職務に対する準備がなされるのもこの階級の人々によってである[29]．

このような人々は「あらゆる共同体のなかでもっとも賢明でもっとも有徳であると一般にいわれている階級[30]」，また「階級としてみれば，最大量の喜びを享受しているような人々」であり，社会の幸福を増大させるためには「このような階級がそれぞれの社会のできるかぎり大きい割合を形作っていることがとりわけ望まれる」のである[31]．この階級には政治や社会の領域において主導的な役割を果たすとともに，労働者階級を導く役割を担うことが期待されていた[32]．

文明の体現者というジェイムズ・ミルの中流階級像が，適度な財産によって自立し知的な卓越性をもった人々というような内実をもっているのは，彼が「進歩」という観念によって，おもに人間の知的・道徳的資質の発展（社会の知的・道徳的状態の改善）を意味していたことに関連するものであった．この点でジェイムズ・ミルとステュアートの見解は類似していた

---

29) Mill, James (1821, *Elements*) 48–49. また，ベンサムの『クレストマシア』(Bentham 1983 a) を取りあげた『ウェストミンスター・レヴュー』創刊号所収の論説において，トマス・サウスウッド・スミスはミドルクラスのための教育機関構想としてのクレストマシア構想を評価しつつ，次のように述べている．「この階級〔ミドルクラス〕の政治的・道徳的重要性については一つの意見しかありえない．それは共同体の力である．それは比類ないほど大きな割合で国家の知性，産業，富を含んでいる．……商人，製造業者，技師，化学者，職人，新しい技術を発見する人，古来の技術を完全にする人，科学を発展させる人，つまり，世界の他の人々のために考え事業をなす人々はこの階級の人々である」(Smith (1824) 68–69). クレストマシア学校構想や，ベンサムやジェイムズ・ミルの教育思想の比較については，小松 (2006) 79–127, 129–149 を，この時期の教育改革の展開については，たとえば，Simon (1974) を参照のこと．
30) Mill, James (1820, Government) 505.
31) Mill, James (1821, *Elements*) 49.
32) Mill, James (1820, Government) 505:「〔中流階層によって〕中流階層の下の階級の人々の考えが形成されたり精神が導かれたりする……．」；「大多数の人民は，その階層〔中流階層〕に導かれることをけっしてやめない……．」

し[33]，このようなジェイムズ・ミルの見解はミルの議論にも大きな影響をあたえていたと思われる．

　ジェイムズ・ミルと同じように，J・S・ミルもミドルクラスと文明化のあいだの結びつきを強調していたが，すでに述べたように両者の認識には重要な差異があった．ジェイムズ・ミルが文明社会の害悪の原因を堕落した貴族階級の存在に求めていたのに対して，ミルはその害悪を文明社会に内在的なものであるとみなし，それゆえに文明の重要な要素とみなしたミドルクラスにきわめて批判的であった．このことの含意を検討していく前に，ミルが「ミドルクラス」という用語で具体的に何を意味しようとしていたかを明らかにすることがよいだろう．ミルはこの用語をもっぱら経済的条件に結びつけて用いており，それゆえに彼はしばしばこの用語を「商業階級 commercial class」という用語と互換的に用いている[34]．したがって，以下では，ミルの議論におけるミドルクラスという用語には「中産階級」という訳語を用いることにする．ミルが中産階級として具体的に言及しているのは，「保護貿易商人」や「あらゆる種類のきわめて裕福な製造業者や商人」をのぞいた製造業者や商人，その大部分が 10 ポンド選挙人であるような都市の有産階級などである[35]．中産階級は政治においても主

---

33) ただし，ジェイムズ・ミルは，上述したように，自立し，道徳的・知的能力を陶冶することができるのはある程度の財産をもつ者だけであるということをくりかえし強調していたし，道徳的・知的能力のなかには，独立性や先見の明，自身の正しい利益についての知識などのように，経済活動に従事することによって得ることができる，あるいはむしろそれらの活動によって得るべきものも存在していると考えていた．このような見地から，ジェイムズ・ミルは，たとえば，低い文明状態にあるインドの原住民は何よりもまず経済活動に従事するようになるべきだと主張していた．この点については，Collini et al. (1983) 117–119 を参照のこと．

34) e.g. JSM, 'Tocqueville [2]', CW, xviii, 196：「アメリカの多数者と私たちの国の中産階級は商業階級であるという点で一致する.」Sullivan (1981) 249 ff. も参照のこと．

35) JSM, 'Reorganization of the Reform Party' (April 1839), CW, vi, 475–476. cf. JSM, 'Tocqueville [2]', CW, xviii, 200：「アメリカの多数者は私たちの国の 10 ポンド戸主と基本的には違った階級ではない.」

導権を握るべき存在であり，ミルの考えでは，ブリテンにおいては「上流階級から中産階級への統治権力の移動」という大きな変化がすでに起きていた[36]．

　このような認識にもかかわらず，ミルの中産階級観を特徴づけていたのは，中産階級やそれらを生み出した商業社会そのものに対する懐疑的・批判的な見方であった．1820年代末から1830年代のミルは，人民——とりわけ中産階級の人々——が自らの正しい利益を認識し，それにしたがって行動することができるかどうか，いいかえれば，自らの道徳的・知的改善の重要性を認識することができるかどうかについてきわめて懐疑的な見方をしめすようになり，社会の進歩に関して中産階級が望ましい役割を果たすことができないのではないかという懐疑，別の言い方をすれば，中産階級が主導する社会はのぞましい進歩を達成できないのではないかという懐疑を表明するようになった．ミルの考えでは，中産階級が社会や政治のあらゆる領域において力を伸ばしつつあるという疑いえない事実は，彼らが道徳的にも知的にも改善しつつあるということを意味しているわけではなかった．彼は1834年6月に次のように述べている．「この国〔イングランド〕の中産階級は……ほとんどすべての統治集団を駄目にしてきたのとまさに同じ一連の過ちをくりかえしている[37]」．

　1820年代中頃までのミルは，たとえ被支配層の人民が自らの正しい利益を理解できていないとしても，それは支配層が自らのシニスター・インタレストを維持するために，意図的に人民を無知なままに放置したり彼らの改善を阻害したりしているからであると論じていた．それゆえに，ミル

---

36) JSM, 'Reorganization of the Reform Party', CW, vi, 482. しかし，同時に彼は，このような趨勢にもかかわらず，1832年の議会改革以降も依然として貴族階級が過度な影響力を保持し続けているとも考えていた．「イングランドの統治は土地所有者による寡頭制であると，議会改革法案以前には大げさでなく言えたし，〔改革後の〕今でさえもほとんど誇張することなく言うことができるだろう」（ibid., 470）．また，彼は次のようにも述べている．「急進的政治家のモットーは中産階級による労働者階級のための統治でなければならない」（ibid., 48）．

37) JSM, 'Note on the Newspapers', CW, vi, 218.

は，支配層の影響力が除去されさえすれば人民は自らの利益を正しく理解することができると信じていたのであった．そして，このようなミルの理解は基本的にジェイムズ・ミルの議論を踏襲したものであった[38]．たとえば，ジェイムズ・ミルは人民の能力について次のように述べていた．たしかに人民の大多数は知識の欠如のために間違った選択をするかもしれないが，まさにそのような状況ゆえに代議制民主主義は他の政体よりも優れたものなのである．

> 人民はあるひとつのことについては知識が欠けているかもしれないが，他のことについてはそうでないだろう．……個々の機会に統治の施策として採用されるべき最良のものは何かということを理解するためには，もっとも高度な知識が求められる．しかし，自分たちのなかで誰が〔統治を担うのに〕ふさわしく，知力のある人としてもっとも評価されているかを知るためには，ある程度の文明状態にある人民がもっている以上の知識は必要ではない[39]．

さらにいえば，彼の考えでは，そもそも人民が無知であるのは，富裕層の利益のために「彼らを無知なままにしておくために多くのことがなされてきて，彼らを教化するためにほとんど何もなされてきていない」からであり[40]，適切な教育によって間違った選択の可能性を減らすことが可能であった．

ジェイムズ・ミルのこのような考え方が「精神の危機」以前のミルに影響を与えていたものでもあり，危機以前のミルは，いわゆる均衡理論にも

---

38) この時期のミルの論説は，「議会改革」('Parliamentary Reform', Speech at the Mutual Improvement Society, August 1824, CW, xxvi, 261–285)，「名誉毀損法と出版の自由」('Law of Libel and Liberty of the Press' (April 1825), CW, xxi, 1–34)，「ブリテン国制」('The British Constitution', Speech at the London Debating Society, 19 May [?] 1826, CW, xxvi, 358–385) など．

39) Mill, James (1825, ER on Reform) 222–223. cf. Mill, James (1820, Government) 504：「誤ちによる害悪は手に負えないものではない．というのは，自分たちの利益に反するような行動をしている集団が自らの利益についての適切な知識をもつならば，彼らは正しく行動するだろうからである．それゆえ，必要なことは知識である．自分たちの利益が共同体の利益と同じような人々にとっては知識が適切な解決策である」．Mill, James (1821, Press) も参照のこと．

40) Mill, James (1825, ER on Reform) 227.

第 4 章　商業社会の分析　　　　　　　　　　　　　　　　　　　　　　99

とづくブリテン国制擁護論に反駁することに多大な努力を傾注していた．彼の考えでは，均衡理論は説得力に欠けるものであった．というのは，現実のブリテンにおいては下院が「真の統治者」であり，それはごく限られた寡頭支配者のシニスター・インタレストに追従して行動している．なぜなら，「下院の大多数は 200 の家族によって選出されているからである41)」．彼はまた，下院はブリテン社会を構成するあらゆる階級の利益を実質的に代表しているとする，いわゆる階級代表理論についても批判していた．彼によれば，そこで代表されているとされているのは個々の階級の個別のシニスター・インタレストにすぎないが，下院が代表しなければならないのは社会全体の一般利益であり，一般利益に反する個別の利益は下院において代表される必要はない42)．良い統治が保障されるのは，それがシニスター・インタレストをもたない人々によって担われている時のみであるが，シニスター・インタレストをもたないのは人民のみである．また人民の能力についても彼はジェイムズ・ミルの議論にしたがって，「能力のない人は一般に彼らのうちでもっとも賢明な人によって指導される」から，すべての人民が卓越した能力を必要とされているわけではないし，「もし彼らが無知であるとすれば，それはまさに，彼らが討論すること——それだけが無知を取りのぞくことができる——を止められているからである」と論じていた43)．

　このような危機以前の認識とは対照的に，1830 年代のミルは人民，特に商業中産階級に対してきわめて懐疑的な態度をしめすようになっていた．彼は，彼らが商業精神のもつ腐敗作用に抗しつつ，短期的な経済的利益の追求に没頭することなく長期的な視野に立って正しく自身の利益——

---

41) JSM, 'Parliamentary Reform', CW, xxvi, 264; 'The British Constitution', ibid., 359, 377. cf. Mill, James（1824, ER）215:「そのなか〔イングランドの貴族のなか〕でもっとも活動的なのは，疑いもなく，ごくわずかの有数の家系の人々であり，それらはすべてを合わせても 200 に満たないだろうが，彼らが下院の大部分を選出するのである．このような寡頭制がこの国の本当の統治権力である．」

42) JSM, 'The British Constitution', CW, xxvi, 363–366, 375, 380–381.

道徳的・知的改善——を求めることができるかという点について疑問を抱くようになった[44]．彼はこのような商業階級への批判的見解をさらに進めて，そのような階級によって主導される商業社会そのものに対しても批判的になっていった[45]．

ミルは商業階級の道徳的腐敗の問題に対する認識を深めていくのにともなって，これまでの政治理論はこのような問題を重要視せず，人間本性の改善の必要性を看過してきたのではないかという考えを抱くようになっていった．たとえば，彼はある書簡のなかで次のような見解を述べている．

〔コントをはじめとしたフランスの哲学者は〕数学においては偏った見方をする危険が存在していないことを忘れて，政治学において数学と同じようにある一連の公理や定義から演繹しています．〔数学では〕命題は正しいか正しくないかであ

---

43) JSM, 'Law of Libel and Liberty of the Press', CW, xxi, 11. cf. JSM, 'The British Constitution', CW, xxvi, 380–382. この時期のミルの議論についてもうひとつ重要な点は，それがきわめて強い形で自己利益優先原理に依拠していたことである（関口 (1989) 67–71）．この時期の彼の考えでは，「人間には同胞への愛情よりもはるかに永続的ではるかに普遍的な原理がある．私が言っているのは自己に対する愛情である」(JSM, 'Cooperation', Speech at the Cooperative Society (1825), CW, xxvi, 324)．人々が自己利益を追求するのはきちんとして教育を受けていないからであり，そのような人は慈悲深さを身につけるために正しい教育を受けなければならないというような議論は受けいれられないものである．「彼ら〔人民〕が，自らがその一員である共同体よりも，自らのことをより愛している」とすれば，なされなければならないことは，「すべての個人の利益が正確に全体の利益と一致するように事物を整え」，「自身の利益を理解できるようにすべての個人を教育することである」(Ibid.)．

44) しかし，彼は支配層が自らのシニスター・インタレストのために人民の知的改善を妨げているという考えを放棄することはなかった．「それら〔シニスター・インタレスト〕があるかぎり，それがなければ指導的な階級にあるような人々が政治や道徳の領域において本当に主導的な立場に立つような動機をもつことはないし，彼らは自然科学を学んでいる人が逃れているような偏向から自由でないのです」(JSM to Gustave d'Eichthal, 7 November 1829, CW, xii, 40)．

45) ミルが商業中産階級の道徳的腐敗の問題を認識するきっかけのひとつを与えたのは，サミュエル・テイラー・コールリッジやその周囲に集っていたロマン主義者の議論であった．彼は「文明 civilization」と「陶冶 cultivation」を区別しながら（この区別はのちにミルが「文明論」で援用することになる），この問題を論じていた．1817年に出版された『上流および中流階級に与える俗人説教』(Coleridge 1817) において，コールリッジは地主階級に対する商業精神の過度の影響を指摘していた（Coleridge (1990) 117–118）．

り，正しい場合にはその命題をそれによって理解されるあらゆる事例に問題なく適用することができます．しかし政治学や社会科学においてはまったくそのようなことはなく，間違いは正しくない前提を想定することに起因することはめったになく，むしろ一般的にはある真理の作用を限定したり修正したりするようなその他の真理を見過ごすことに起因しているのです[46]．

コントは，ミルにとって，「政府は人間にとって良いあらゆる目的のために存在していること，そして，それらの目的のなかでもっとも高級でもっとも重要なのは……道徳的・知的存在としての人間を進歩させることであるということ」を見逃している思想家であった[47]．この批判はコントに対する不満だけでなく，この時期のミルがベンサム（より正確に言うならば，彼がベンサム主義的政治学とみなしていたもの）に対して抱いていた不満をある程度は反映したものであっただろう．ベンサム主義的政治学に対する彼の批判は，それが方法については自己利益優先原理からの数学的（幾何学的）演繹に依拠しているという点に，対象については政治機構論に終始して人間の道徳的改善の重要性を看過しているという点に向けられていたという理解に基づいていたからである．

3 — J・S・ミルと文明概念

「文明」という用語は19世紀初頭のヨーロッパの知識人のあいだでは広く使われた用語であったが，そのなかでもフランソワ・ギゾーの議論はもっとも影響力をもったもののひとつであった．そして，近年の研究が強調しているように[48]，ミルもまたギゾーの議論に対してきわめて強い関心を抱いていた．ギゾーにとって，文明とはあらゆる人間・社会事象に対し

---

46) JSM to Gustave d'Eichthal, 8 October 1829, CW, xii, 36.
47) Ibid.
48) Varouxakis（1999）；（2002 b）35–47．ただし，しばしばミルに影響を与えたと指摘される，文明を物質的なものと精神的なものの二つの側面から考察するギゾーの議論は，物質的進歩と精神的退廃という枠組みとともに，19世紀初頭のブリテンにおいてもきわめてありふれたものであった．

て一貫性や関連性をあたえる基底的な観念であった．さまざまな事象は，その時代を特徴づけるような観念に関連づけて理解されることではじめてその意味が明らかになるが，文明という概念はこの役割を果たす，あらゆる事象の共時性や相互関係性のなかに内在する「事実」であるとされた[49]．そして，このような彼の文明史の方法は，過去の事象について表層をこえて理解するためには，単に個別の事象の直接的な因果関係に注意を払うのではなく，より深いレベルの因果関係を明らかにしなければならないとした哲学的歴史の典型的な特徴をもっていた[50]．

ギゾーの見解によれば，文明とは技芸，科学，宗教，商業，産業，福利などといったさまざまな要素が含まれる複雑な研究対象であるが，区別されるものの相互に密接に関連する二つの側面に着目することによって研究することができるし，そのようにされるべきであった．ひとつは人間の内面の発展という側面であり，もうひとつは社会生活の側面である[51]．彼の著作の多くは後者の社会的な側面の分析に向けられているが，その議論は，個人と社会，内的なものと外的なものの関係が相互依存的なものであること，この二つの側面は絡み合いながら発展すること，そして文明の歴史はこのふたつの側面が一方のみに偏ることなく調和のとれたものでなければならないということを強調していた．ここで重要なのは，ギゾーが，人間の内面的――精神的あるいは知的――状態に，文明の状態を決定する原因としての第一義的な重要性をあたえていることである．彼の考えでは，「永続的な事象がなんであるとしても，世界を作り出しているのは人

---

49) Guizot (1828) i, 6.
50) ギゾーの文明論については，田中 (1970) 65–116, Crossley (1993) 71–104, Siedentop 'Introduction', in Guizot (1997), Craiutu (2004), Richter (2004) などを参照のこと．
51) Guizot (1828) i, 19. cf. Joseph Blanco White and JSM, 'Guizot on Civilization', CW, xx, 374：「(ギゾー氏が言うには) 私たちがある国が高度に文明化されていると主張する時，ふたつのことが頭に思い浮かんでいる．つまり，結びつくことの利点が社会的束縛という不便さや必要悪よりもはるかに多くなっているような国家機構の組織化のあり方と，個々人の精神的な力，道徳的能力の自由で活力ある発展である」．

第 4 章　商業社会の分析　　　　　　　　　　　　　　　　　　　　　103

間自身である．世界が整えられ進歩するのは，人間の観念，感情，道徳的あるいは知的な性質に比例しているのである．目に見える社会の状態を左右するのは，人間の内面の状態である[52]」．このように彼は，文明の歴史を，社会の外的な発展と調和しながら個人の内的な発展が達成される過程として理解していた．その際に彼が着目したのは，中世においてブルジョア階級と呼ばれる社会階級が解放され興隆したことの帰結であった．市場経済の発展にともなう都市の発展は，それまでの封建的な社会制度を徐々に侵食し，ブルジョア階級に多くの権利と実質的権力をもたらした．さらに，ブルジョア階級の興隆は，現代ヨーロッパ文明の形成にとって重要な意義をもつことになる階級間の対立という現象をもたらすことになった[53]．彼の考えでは，社会的な力がひとつしかないような社会は，たとえ一時的には急速な発展を達成することができても，まもなく崩壊するか停滞することになる．このことの最適な例は，民主主義的原理が圧倒的に優勢になった時のギリシアや，神権政のもとでエジプトがたどった歴史であった[54]．対照的に，現代ヨーロッパ文明においては，社会を構成する要

---

52) Ibid., 56. さらに，ギゾーは，それらの二つの要素から構成される社会状態が政治制度の状態にも大きな影響を与えることを指摘している．たとえば，彼は1823 年に公刊された『フランス史論』のなかで次のようなよく知られた主張をしている．「多くの著作家たちが……社会の状態，あるいは文明の程度や類型を特定しようとしてきたのは，政治制度の研究によってであった．政治制度を理解するためにまず社会それ自体を研究したほうが賢明であっただろう．政治制度は原因である前にひとつの結果であり，社会はそれらによって変容させられる前にそれらを作りだしたのである．……／社会，すなわちその構成要素，社会的立場に関係する個人の生活様式，広くいえば異なる階級間，より細かく言えば個人間の関係——これが歴史家が注意をはらうべき第一の問題である．／……政治制度を理解するためには，多様な社会の状態やそれらの関係を理解することが必要である」（Guizot（1823）87–90）．cf. JSM, 'Armand Carrel' (October 1837), CW, xx, 183–184：「あらゆる政治哲学の基礎には社会哲学，すなわち，統治形態のさらに深くに横たわり，統治形態を通じて，長い目で見れば，それらが作りだすように見えるものの大部分を作りだし，またその進路を阻むあらゆる統治形態を弱め破壊するような作用因の研究がなければならないということ．」
53) ギゾーがブルジョア階級といった場合には，それが意味するのは，ほとんどすべての商人，貿易商や土地・家屋の所有者のほか，医師，あらゆる種類の有識者，地方判事などである（Guizot（1828）vii, 27–28）．

素の多様性という特徴が顕著であった[55]．

　ギゾーは，文明化の積極的な意義を疑うことはなかったし，またヨーロッパ文明の優越性を疑うこともなかった．彼の考えでは，「進歩や発展という観念は，文明という言葉に含まれている根本的な考え方であるように私には思われる[56]」．また，状況の多様性にもかかわらずヨーロッパのあらゆる場所において，同じ原理によってある特定の変化が起こり，それが類似の結果をひきおこす傾向があるという考えをもっていた[57]．ただし，ギゾーは現代ヨーロッパ文明の統一性を強調する一方で，その内部における多様性にも注意を払っていた．ギゾーは，フランスは内的発展と外的発展が調和した形でうまく実現している唯一の国家であるという理由で，たとえ他の国においてどちらか一方の要素がフランス以上の発展を成し遂げていたとしても，ヨーロッパ諸国のなかでフランスが他の国に優越した地位にあると考えていた[58]．たとえば，イングランド文明は，ギゾーの見解では，外的な条件の改善に主要な関心が向けられている実践的あるいは社会的な文明であり，哲学，宗教，文学などの知的活動でさえも，おもに実践的利点という観点から関心がもたれている[59]．この側面に関する

---

54) Guizot (1828) ii, 3 ff. 以下も参照のこと．Joseph Blanco White and JSM, 'Guizot on Civilization'（January 1836), CW, xx, 381.

55) このギゾーの議論もミルやJ・B・ホワイトの注目をひいたものであった．「〔ヨーロッパでは〕精神的権力と世俗的権力，神権政，君主政，貴族政，民主政，支配権を得ようとするあらゆる対立などのような社会組織のあらゆる形態，あらゆる原理が共存している．人々の階級や状態は無限に多様であり，すべての人は隣人と押しのけあっている．自由，富，影響力の度合いはきわめて多様であり，それらのすべての多様な勢力がつねにほかの勢力と争いあっているが，それらのいずれの勢力もほかを完全に抑えることによって支配を確立することはできていない．現代ヨーロッパはあらゆる制度や社会組織についてのあらゆる試みをしめしている．……／同じような多様性は思想や感情についても参照することができる」(Ibid., 381–382 cf. Guizot (1828) ii, 6 ff．）．この諸要素の対立というアイデアは1840年代以降のミルの思想のなかできわめて重要な意味をもつことになる．

56) Guizot (1828) i, 15.
57) Ibid, 4.
58) e.g. Guizot (1828) 5–6 ; (1829–32) i, 7 ff.
59) Guizot (1829–32) i, 11 ff. cf. Joseph Blanco White and JSM, 'Guizot on Civilization', CW, xx, 374–375.

かぎり，イングランドはフランスよりも進んでいるが，このことはイングランド文明がフランス文明よりも優越しているということを意味してはいなかった．このようなギゾーのイングランド文明観にはミルの見解とある程度の類似性が見られる[60]．

　また，ギゾーはそれぞれの文明を特徴づける際に比較的あるいは相対的視角をしめしていたが，これが重要なのは，1830年前後からミルも，社会の発展にはさまざまな段階があるという認識や，同じ程度の段階にあるとされるさまざまな現代文明のあいだにも表層や内実について違いが存在しているという認識が政治理論にとってもつ重要な意義に十分な注意を払うようになっていたからである．たとえば，彼は1829年にG・デシュタールへの書簡のなかで，コントの議論に言及するかたちで，次のような不満を表明している．

> コント氏によれば，人間の文明の発展にはただひとつの法則しかないとされています．イングランドに来たことのあるあなたなら，これが正しいかどうか分かると思います．イングランドとフランスという二つの国が，それぞれ異なった二つの道をたどってきた文明の進展についての具体例であるということ，そして，どちらの国も他方の国が現にある状態を経験することは，これまでもなかったし，おそらくこれからもないだろうということは明らかではないのでしょうか．……人間の能力の発展の順序は置かれている状況によって多様なのです[61]．

　こうして，ミルは，地理的あるいは歴史的な社会状態の多様性の重要性を考慮するためには比較的・相対的な観点が必要であるという見地に立つようになっていた．たとえば，1834年5月にミルは，経済学者が地主，資本家，労働者という三階級からなる社会を普遍的なものとみなしがちで

---

60) Varouxakis（2002 b）31–47 を参照のこと．
61) JSM to Gustave d'Eichthal, 8 October 1829, CW, xii, 37. cf. JSM to Gustave d'Eichthal, 7 November 1829, CW, xii, 43：「さらによく考えればわかることでしょうが，異なった国民，そして異なった精神のあり方をもつ人々は異なった道を進んで改善していくだろうし実際にそうしていること，そして同じような文明の進歩の状態にあっても国民性についてはまったく異なっていること……を私は確信しています．」

あることを批判する文脈のなかで経済学者の議論が社会の相対性を軽視しがちなことに批判的な見解を表明していた[62].

　トクヴィルの『アメリカのデモクラシー』を詳細に検討していくなかで，ミルは「中産階級の成長という言葉」のもつ重要な含意に関心を向けていくことになった[63]．その際に彼は 19 世紀初頭のヨーロッパの知識人のあいだで一般的に普及していた「文明」という概念に着目することになり，『アメリカのデモクラシー』の書評を公表した翌年の 1836 年 4 月には「文明論」と題する論考を発表した．この論考でミルが意図したのは，文明社会の歴史的変化をたどることよりは[64]，同時代の社会を分析することにあり，それは理論的なものと実践的なものの二つの側面をもっていた．すなわち，この論考は，抽象的な観念を論じる理論的な議論と同時代の政治論争のなかで理解されるべき抽象度の低い実践的な議論の二つが入り交じったものであった．ミルは同時代のあらゆる事象を中産階級の成長という現象に結びつけて説明し，文明化の理論的な特徴を指摘した後，商業階級の腐敗や多数者の暴政といった同時代の文明社会にみられる事象を実践的な観点から批判的に議論した[65]．

　ミルは「文明論」の冒頭で，自らの議論が対象とする文明概念を，進歩と同義のものとしてではなく，単に未開状態と反対の状態をさすものとし

---

62) JSM, 'Miss Martineau's Summary of Political Economy' (May 1834), CW, iv, 225. cf. JSM, *Logic*, CW, viii, 906：「たとえば，経済学では，イングランドの思想家によって人間本性の経験法則が暗黙的に想定されているが，それらはグレート・ブリテンと〔アメリカ〕合衆国にのみあてはまるものである．」
63) JSM, 'Civilization', CW, xviii, 121.
64) マズリッシュは「私にはミルの未開人の扱い方はパロディに思え，そこで彼は人類学的な知識にまったく無知であることを明らかにしてしまっている」と述べている（Mazlish（2004）75）．同様な評価は Pitts（2005）139 にも見られる．
65) おそらくこのことが，「文明論」に対するベインの不満のひとつの要因であった．「私は「文明論」という論説にはけっして満足しなかった．最初に与えられた定義は不十分なように思えるし，論説の残りの部分はその当時の堕落した傾向に対する彼の多くの攻撃の一つである．……私の考えでは，それらの話題は文明についてのいかなる理論からも現在を代償にして過去を賞賛するいかなる試みからも切り離されるべきであった」（Bain（1882 b）48）．

て提示している．ミルによれば，この意味での文明の特徴は，定住が進み人口が稠密なこと，農業や商工業が発展していること，人々が共通の目的のために協力して社会的交流を享受していること，社会の成員の人身と財産を保護する制度が確立していることなどであった．そして，高度な文明状態にあるブリテンやヨーロッパ諸国においては，顕著な特徴として「権力が個人および個人の小規模な集団から大衆へと移り，大衆の重要性が絶えず増大し，個人の重要性が絶えず減少する」という現象が見出される．「文明論」の理論的な目的は，「社会現象のこのような法則の原因，証拠および結果」を論じることであった[66]．

それらの事象の原因についてミルは次のように指摘している．「人々のあいだで重要で影響のある二つの要素がある．ひとつは財産であり，もうひとつは精神的な能力や技能である[67]」．財産や知識の普及とともに，周りの人と協力する能力の発達が大衆の影響力が増大することに寄与してきた．こうして「文明論」では，財産・知識・協力する力の三つの要素が大衆へと普及することに文明化の原因が求められ[68]，特に「文明の進歩の指標として，協力する力の進歩以上に正確なものはない」とされた[69]．

さらに，ミルによれば，文明化は大衆の力を強め，彼らへの実質的な権力の移行をもたらすことによって，政治における民主化を不可避なものとしていた．

> デモクラシー，いいかえれば世論の政治の勝利は……富の増大という自然法則，読み書きの普及，人々の交流がいっそう容易になっていることに依存している．

---

66) JSM, 'Civilization', CW, xviii, 121.
67) Ibid.
68) 財産に関するミルの議論の焦点は富の蓄積ではなくて普及にある．「ある個人によるこの点〔生存に十分な程度〕を超えた富のさらなる増大が一般的な幸福を増加させることになるかは疑問であるし，そうでなければ同じ富は他の人を貧困の状態から引き上げるために使われるだろうから，積極的な害悪でさえある」（JSM, 'The Quarterly Review on the Political Economists' (30 January 1831), CW, xxii, 249）．この言明はジェイムズ・ミルが指摘した過剰な富による腐敗作用を想起させる（本書 92-93 頁も参照のこと）．
69) JSM, 'Civilization', CW, xviii, 122.

......デモクラシーの進展を阻む制度がなんらかの奇跡によって保持されえたとしても，それらはデモクラシーの進展を若干遅らせることができるにすぎない．グレート・ブリテンの国制が今後も改変されないままだとしても，日々不可抗的になりつつある世論の支配のもとに私たちが置かれていることには変わらないのである[70]．

このように，社会のあらゆる現象を包括的に説明する概念としての文明化は政治における民主化（デモクラシー）も内包して説明することを可能にする概念であった．こうして普遍的な現象とされた文明概念にリンクされることで政治における民主化としてのデモクラシーもまた普遍的な現象として理解されることになった[71]．したがって，トクヴィルは現代社会にみられる事象の原因を見誤っており，トクヴィルがデモクラシーと呼んであらゆる事象の原因とみなした平等化は文明化の兆候のひとつにすぎず，どれほど重要なものであったとしても，その原因ではないというのがミルの達した結論であった[72]．

4——文明概念の実践的含意

1830年代後半のミルは，「文明論」においてしめされた文明概念にもとづいて，これまでさまざまな時期に個別なかたちで論じてきたいくつかの

---

70) Ibid., 126–127.
71) 関口（1989）285–286 が指摘しているように，文明化という歴史的変化はなんらかの因果認識がしめされなければ経験知識にすぎず，現時点で文明化が進行していることをもって将来もそれが続いていくとする議論は根拠の乏しいものであった．つまり，ミルの方法論にしたがえば，文明化という歴史的事実は人間本性認識から演繹することができなければ，経験知識の域をでないものであった．しかし，経験至上主義へ批判的だったミルがこのような難点にまったく気づいていなかったとは考えにくく，この問題に深入りすることを避けたと考えることが妥当だろう．これは，「文明論」（やこの時期の論考のほとんど）が哲学的急進派の機関誌というべき雑誌に発表され，実践的な志向をもっていたという事情も考慮されるべきであろう．ただし，この点について一定の回答をしめすことになる『論理学体系』（1843年）においても，ポリティカル・エソロジーに言及するなかで「近似的一般化」という概念を用いて，この種の経験知識の実践的有用性を強調している．

問題を文明概念に関連づけ相互の連関を意識しながら理解することを試みている．つまり，この時期のミルはそれらの問題を文明社会に内在的なものとして理解するようになっていた．

「文明論」やそれに続く論説においてミルは，財産や知識や協力する力の普及といった文明の肯定的な面だけでなく，大衆のなかに個人が埋没することによって個々人の影響力が減退するというような否定的な面についても議論をおこなっていた．文明社会に対する彼の批判的見解は，文明の進展は否定的な側面を不可避的にともなうという考え方にもとづいており，それゆえに文明に内在的な害悪をどのようにして是正するかという関心が彼にとって実践的な重要性をもつことになったのである．ただし，そのことは彼が文明社会に対してまったく悲観的な態度をもっていたということは意味しない．彼は文明社会に不可避的にともなう害悪への懸念を強めながらも，この害悪は人為的な手段によって十分に是正可能であるという信念を放棄することはなかった．たとえば1840年に彼は次のように強調した．

> 人間事象はまったく機械的な法則に支配されているわけではないし，人間の性格は生活の状況によってまったくどうにもならないように形作られているわけでもない．経済的および社会的な変化は，私たち人類の進路を決定する最大の力のひとつであるが唯一の力ではない．観念は必ずしも社会的環境の単なる兆候や結果

---

72) この点については，本章第5節も参照のこと．ミルの考えでは，経済学的な観点からは，この文明社会は産業社会 industrial society として理解される社会であった．ミルは『経済学原理』(1848年) において，生活様式の四段階論にもとづいて産業社会の登場にいたるまでの社会の歴史的変化を描き出している (JSM, PPE, CW, ii, 11 ff.) この点については，たとえば，野田 (2002) を参照のこと．なお，本書では十分な検討対象としなかったが，インドについての見解がミルの文明観にどのような影響を与えていたかも重要な問題である．彼が早期教育の過程でジェイムズ・ミル『ブリテン領インド史』から学んだことが少なくなかったことは『自伝』にも特記されているし，さらに重要なことに，彼はジェイムズ・ミルとともに東インド会社社員としてインド統治に実際にかかわっていた．さしあたっては，Stokes (1959), 熊谷 (1981), 高島 (1987)；(1988), Lloyd (1991), Zastoupil (1994) esp. Ch. 3, Moir et al. (eds) 1999 を参照のこと．

であるわけではなく，それ自体が歴史におけるひとつの力である[73]．

このような信念をもっていたからこそ，ミルは人為的な改善は必要であるだけでなく可能であると考えることができたし，そのような改善を主導する思想の担い手としての知的エリートの重要性を評価し続けたのであった．彼は，文明社会に内在的な害悪に対する解決策は文明社会という枠組みのなかで，いいかえれば文明社会の肯定的な側面は維持しながら，求められなければならないと考えていた．「高度な陶冶によって文明の脆弱な側面を補強すること」を求めるミルの議論はこのような彼の態度が反映されたものであった[74]．

「文明論」でミルは実践的な関心から主に商業精神の腐敗の問題と多数者の暴政の問題という二つの問題を文明概念と関連づけながら取りあげていた．最初に商業精神の腐敗の問題についての，次に多数者の暴政の問題についてのミルの議論を検討する．

1828年という早い段階でミルは，イングランドの中産階級に好意的な見解をしめしていたサン・シモン主義者のデシュタールに対して，（特にイングランドにおける）商業精神への批判的な意見を伝えている[75]．

> ある国がその生産的および商業的資源をもっともよく活用するあらゆる資質に関してイングランドがフランスよりも優れているということに，あなたが感銘を受けたことはきわめて自然なことです．しかし，この優越さは，私たちの国民性のもっとも悪い点，すなわちあらゆることを利殖のために犠牲にする性向やそれにともなう排他的でわき目もふらない身勝手さと密接に結びついているのです．これがどれほど私たちの政治制度に負うものであるについては私はよく理解しています．しかし，私は，商業精神がさまざまな良い効果をもっているとしても，そ

---

73) JSM, 'Tocqueville [2]', CW, xviii, 197–198.
74) JSM, 'Civilization', CW, xviii, 143.
75) デシュタールは1828年にコントに宛てた書簡のなかで次のように記している．「〔イングランドの〕産業的な面については，私がただひとつのことしか感じなかったことはあなたにも想像できるでしょう．それは感嘆です」(Gustave d'Eichthal à Auguste Comte, 17 October 1828, D'Eichthal (1977) 7).

れが広くいきわたっているところではどこでも，この種の害悪をある程度はもたらしてしまうことはほとんど間違いないのではないかと心配しています．というのは，あらゆる人々の生活の大半において彼らの時間や思考を必然的に占めているものは，本来の重要性とは不釣り合いなほどに彼らの精神に対する支配力を自然に得るからです．そして，快適な生活に必要な程度を超えてなされるような富の追求や自分やその家族だけに関係するような仕事が人の生活の主要な目的になると，その人の共感や利害感覚が自分やその家族の範囲を超えることができなくなるということがほとんどいつも起きるのです[76]．

「文明論」でミルはこのような商業精神に対する批判的見地を保ちつつ，商業精神のもつ含意を文明という概念と関連づけながら新しい観点から議論することになった．

彼の議論によれば，文明化の過程で，人々は他者と協力し助け合うことを学び，また文明が進展するのにともなって改善されていく社会制度への依存の度合いを徐々に強めていくことになる．このように社会制度が整備されていくことによって，個々人が自立している必要性は確実に減少していく．そして，中産階級の否定的な特徴はこのような傾向と関連づけて理解することができる．社会制度への依存を強めることによって，人々は活動的性格を呼びおこすような誘引を失い，その性格は穏和なものになる．このような状況において人々を活動的にするような誘引が残されているとすれば，それは富への欲望だけであった．これが，文明化の進展した社会において人々が彼らの労力を金儲けだけに集中させがちになってしまうことの理由であった．中産階級は富を追求することに専心するようになり，すでに十分な富をもっているためにそのような動機に乏しい貴族階級の活力は衰えていく．このような金銭崇拝の傾向は，金儲けのための詐欺的行為を誘発することで社会の道徳的腐敗をもたらす．知識人の世界すらもこ

---

[76] JSM to Gustave d'Eichthal, 15 May 1829, CW, xii, 31–32. cf. JSM to Gustave d'Eichthal, 8 October 1829, CW, xii, 34–38. この言明にしめされている商業精神がもたらす害悪についてのミルの批判的見地は，腐敗した貴族階級の存在とそれを擁護する政治・社会制度を社会の害悪の原因とみなしたジェイムズ・ミルの認識との違いをはっきりとしめしているという点からも興味深い．

のような商業化の影響からは自由ではありえず，文芸は売り上げを伸ばすために大衆に迎合するようになる．こうして，売り上げのために作品の質が犠牲にされ，当座の楽しみのために熟考することが犠牲にされることになり，その結果として優れた個人の影響力は減退していく[77]．

このようにして，ミルは商業精神のもたらす腐敗の問題を文明という概念と関連づけて理解することになった．彼が「文明社会」と「商業社会」という用語を互換的に使用していることが用語法上の混乱ではなく，自覚的なものであった．「トクヴィル論［2］」で彼は次のように述べている．

> トクヴィル氏がデモクラシーに帰している全ての知的影響は中産階級のデモクラシーのもとで生じている[78]．
> トクヴィル氏がアメリカ人に見出し，私たちが現代のイングランド人の精神に見出した欠点は，商業階級にありきたりな欠点である[79]．

ミルとトクヴィルは多数の支配による行きすぎた社会的画一化傾向とそれによる社会の停滞への危機感を共有していたものの，トクヴィルの議論では，平等化によって社会的慣習などのさまざまな軛から自由になった孤立した個人の無力感が逆説的に世論への盲信を招くとされたのに対して，ミルは多数者の暴政という問題と中産階級の道徳的腐敗の問題を関連づけて理解し，商業社会の実質的な担い手である商業階級の偏見こそが個性の抑圧に結びつくものとみなしていた．つまり，ミルの考えでは，商業精神の腐敗の問題も多数者の暴政の問題も文明社会に内在的な問題として理解されるべきものであった[80]．

ミルの思想における多数者の暴政の問題は，特にトクヴィルとの関係と

---

77) JSM, 'Civilization', CW, xviii, 129–135.
78) JSM, 'Tocqueville ［2］', CW, xviii, 195.
79) Ibid., 196.
80) パップは次のように指摘している．「トクヴィルは自由そのものを，望ましいものであれ懸念すべきものであれ，あらゆる帰結をともなう商工業精神の源泉と考えた．ミルは有害な帰結を平等という考えにではなく商業精神に帰した」（Pappé（1964）230）．

いう観点からの研究や『自由論』を取りあげた研究においてこれまでも十分に検討されてきた[81]．ここであらためて注意すべきなのは，この問題に関するミルの認識が「トクヴィル論［1］」から「文明論」や「ベンサム論」をへて「トクヴィル論［2］」にいたる過程で深化していったということである．「トクヴィル論［1］」や「アメリカの社会状態」などの早い段階の論考においては，多数者の暴政の問題はアメリカ社会にのみ特有な現象として理解されており，このような観点からミルは，アメリカと違ってブリテンには多数者の悪影響に対する緩衝勢力としての貴族階級が存在するために，デモクラシーはアメリカよりもブリテンにより適合するものであるという結論すら引き出していた．

多数者の暴政に対してミルが最初に明確な形で危惧を表明したのは「ベンサム論」においてであった．そこでミルは「あらゆる時代，あらゆる国において，人類のもっとも好ましい状態は世論の専制のもとにおかれることである」かという点について疑問をなげかけた[82]．彼の考えでは，多数者は主権者でなければならないが，数の上での多数者が他の人々を圧倒してしまわないようにしなければならない．何らかの人為的な手段が導入されることなく多数の支配がゆきすぎてしまっているところでは，人々が退廃することは避けられない．

ミルは，商業精神のゆきすぎた影響力を是正するために重要な役割を果

---

81) ミルに対するトクヴィルの思想的影響を主に検討したものとしては，Crook (1965) 176–186, Mueller (1956) 135–169, Pappé (1964), Robson (1968) 105–114, Hamburger (1976), 関口 (1997) などがあり，両者の異同をとりあげた研究としては，Siedentop (1979), 中谷 (1981) 181–210, Kahan (1992), 宇野 (1999) などがある．ミルは『自伝』で，トクヴィルから学んだことを次のように回顧している．「〔精神の危機以降に起きた政治に関する実質的な考えの変化の一つは〕政治的な理想が，その信奉者たちが普通に理解していたような意味での純粋民主政治から，『代議政治論』において展開したような修正された形式へ移っていったことである．……〔この変化は〕徐々にではあったが，出版後すぐに入手したトクヴィル氏の『アメリカのデモクラシー』を読むというより学ぶことから始まった．……トクヴィルを研究することから大いに得るところがあった副次的な問題は中央集権という重要な問題であった」(JSM, *Autobiography*, CW, i, 199–201).

82) JSM, 'Bentham', CW, x, 107.

たすことのできる存在として三つの社会的グループを挙げていた．すなわち，農業階級，有閑階級，有識階級である[83]．ミルによれば文明の害悪は，多数者の力が唯一の実質的な権力になってしまうことと，個々人の精神が弛緩し無力化してしまうことであった．これらの問題に対して彼がしめした方策は，前者に対しては，影響力を失いつつある個々人が協力することのできるような環境を整えることであり，後者に対しては，個人を活性化させることができるような教育・政治・社会制度を作りあげることであった[84]．主に有識階級に関係する前者の点について，彼は有用知識普及協会 Society for the Diffusion of Useful Knowledge を念頭におきながら，互いに孤立しがちな知識人のあいだにも協同組合的な組織が作られるべきであると主張した．つまり，孤立しがちな知識人も協同の精神という文明の利点を学び，それを享受するべきであると考えたのである[85]．

有閑階級に関しては，「文明論」において，貴族階級の無気力化の問題が取りあげられていたが，その議論は国教会や政治支配層と繋がりをもっていた高等教育機関，とりわけオックスフォードとケンブリッジの両大学に対する批判と改革要求に向けられていた[86]．また，政治・社会制度が上流階級に与える影響に関連して，文明の進展によって個人を評価する基準が世襲の財産や地位などのような出自の優越さから個人的な資質に変わってきて，能力によって個人が評価されるようになることで，名誉と評判を追求する貴族階級の活性化がもたらされる可能性が指摘されていた[87]．

彼は「トクヴィル論［2］」において農業階級の果たしうる役割に関心を向けるようになったが，これは農業階級は商業精神によって腐敗させられ

---

83) JSM, 'Tocqueville［2］', CW, xviii, 198. 農業階級は「トクヴィル論［2］」で初めて言及されることになったが，他の二つの階級に関しては，「文明論」やそれ以前の論考においても言及されていた．この点については，Burns（1957）を参照のこと．
84) JSM, 'Civilization', CW, xviii, 136 ff.
85) Ibid. 深貝（1993）によれば，この認識は『経済学原理』第4編における協同組合的な組織への積極的評価につながっていく．
86) JSM, 'Civilization', CW, xviii, 138 ff. 高等教育機関に対する批判は，1835年4月に公表された「セジウィックの論説」（'Sedgwick's Discourse', CW, x, 31–74）にすでに見られていた．A. Brady, 'Introduction', in CW, xviii, xxv–xxvii も参照のこと．

第 4 章　商業社会の分析　　　　　　　　　　　　　　　　　　　　115

ていないという認識にもとづいていた[88]．彼の考えでは，一般的に農業階級の人々はすすんで知識人の指導を受けいれるし，商業階級とは反対の性向をもっていた．農業階級のもつ「身近で彼らの現在おかれている状況と両立しうるような穏健な欲望，静かな嗜好，刺激や楽しみの陶冶」のような性向を保持するためには，たとえば，搾取的な地代制度や小作制度の改革や穀物法の廃止といった政治・社会改革や，農業階級のあいだに知識を普及させ彼らの精神を陶冶するような教育制度の導入といったさまざまな人為的な施策がなされる必要があった[89]．

　これらの議論について重要なのは，「ベンサム論」や「トクヴィル論[2]」においてミルが，中産階級への対抗勢力の必要性という認識と，組織的な社会的対立が社会の発展にとって重要であるという考え——これ自体は，この時期の彼にとってはいまだに科学的に基礎づけられた認識では

---

87) JSM, 'Civilization', CW, xviii, 146–147. ただし，貴族階級をはじめとした有閑階級が多数者の暴政への対抗勢力となり得るという考えは後に放棄された．「私は，言葉の普通の意味での有閑階級が最良の社会形態にとって必須の構成要素であるとは考えなくなりました．私が必要に思うのは，社会全般が働きすぎないこと，そして生存の手段について必要以上に心配することがないということです．というのは，それらは……進歩や人口抑制のための主要な要素として期待できるに違いないからです」(JSM to John Austin, 13 April, 1847, CW, xiii, 713；関口 (1989) 449). この書簡の翌年に公刊された『経済学原理』においては，経済的関心に向けられていた活力を精神的改善のために使うことができるような静止状態が社会の理想的なあり方として描かれることになる．ちなみに，ミルの「文明論」が発表される 3 ヶ月前の 1836 年 1 月にジェイムズ・ミルも，国家において高い地位を占めたいと望む若い世代の貴族が知的な卓越性を求めるようになること，あるいは人を価値あるものにし他人から喜ばれるようなあらゆる有徳な行為をなすことによって人民の好ましい考えを陶冶するための十分な動機をもつようになることへの期待を表明していた (Mill, James (1836, Aristocracy) 301–302). さらに言えば，同様の見解は『エディンバラ・レヴュー』においてジェフリーもしめしていた (e.g. Jeffrey 1811).

88) ミルの考えでは，アメリカにおいて農業階級が商業精神への対抗勢力となりえていないのは，アメリカの農業階級が，特殊な社会状態のせいで生活している土地に愛着をもっておらず，「事実上，商業階級だから」であった (JSM, 'Tocqueville [2]', CW, xviii, 198).

89) JSM, 'Tocqueville [2]', CW, xviii, 199. 「コールリッジ論」においてミルは，永続性あるいは社会における保守的な利益を代表する存在としての地主階級というコールリッジの議論に関心をしめしている (JSM, 'Coleridge', CW, x, 152–153).

なかった——を結びつけて論じるようになったことである．ミルは，多数者による少数者の抑圧という観点からだけでなく，そのようなゆきすぎた多数者の支配が社会の発展を阻害してしまうという見地からも，多数者の暴政の問題を論じるようになったのである．この時期の彼は「人が他人と異なっているということは，進歩のひとつの原理であるだけでなく，ほとんど唯一の原理であるように思われる」と考えるようになっていた[90]．彼の考えでは，

> 長いあいだ進歩的であり続けた，あるいは長いあいだ偉大であったあらゆる国がそうあれたのは，支配的な力——それがどのような種類の力であったとしても——に対する組織的な反対勢力が存在していたからである．すなわち，〔古代ローマの〕貴族階級に対する平民階級，国王に対する聖職者，聖職者に対する自由思想家，貴族に対する国王，国王と貴族に対する庶民のような反対勢力である．かつて存在していた偉大な人のほとんどすべてはこのような反対勢力を形成していたのである．そのような争いがおこなわれてこなかったところではどこでも，あるいは，そのような争いが相争う原理のうちの一方による完全な勝利によって終結し，古い争いに代わる新しい争いが起きなかったところではどこでも，社会は中国的停滞にとどまるか崩壊してきたのである[91]．

彼によれば，「害悪は民主的な階級が優勢になることにではなく，どのような階級であってもそうなることにある[92]」．しかし，大衆の重要性が徐々に増し，彼らの画一化性向が強くなっていくことは文明の進展にともなう自然な傾向であった．したがって，このような傾向に対抗するための

---

90) JSM, 'Tocqueville〔2〕', CW, xviii, 197.
91) JSM, 'Bentham', CW, x, 108. 社会的対立の欠如による停滞の具体例としての中国という見解は「トクヴィル論〔2〕」に見られる（JSM, 'Tocqueville〔2〕', CW, xviii, 188–189）．ミルの中国的停滞という考え方の源泉には，トクヴィルの議論とともにギゾーの議論が考えられうる（トクヴィルもまたギゾーから着想を得ているように思われる）．この点については，Varouxakis（1999）296–305 を参照のこと．また，ミルの中国的停滞論については，Levin（2004）94–120 も参照のこと．また，近代西洋における中国像の変遷を扱った大野（2011）でもトクヴィルとミルの認識がそれぞれ簡単に扱われている（大野（2011）420–424, 487–492）．
92) JSM, 'Tocqueville〔2〕', CW, xviii, 196.

社会的対立が人為的に作りだされなければならなかった．

　付言するならば，「時代の精神」が書かれた1830年代初頭のミルは精神的権威と世俗的権威のあいだの見解の一致の必要性というサン・シモン主義的なアイデアに言及し，それが含意する社会安定のためのエリートの指導による社会的画一性の必要性という主張に好意的な態度をしめしていたが[93]，1830年代半ば以降のミルは，そのような形で達成される安定は停滞であり，画一化は社会の発展にとって重大な阻害要因にほかならず，社会の発展にとってはむしろ多様性が不可欠であると考えるようになった．ミルは知的エリートの役割の重要性についての信念を放棄することは決してなかったけれども，その論調の変化は明らかである．かつての彼は社会安定のために社会における意見の一致をもたらすのがエリートの重要な役割であると考えていたけれども，1830年代半ば以降の彼の議論においては，社会発展の重要な条件である社会的多様性を維持するために多数者への対抗勢力となることこそがエリートの果たすべき役割であると考えられるようになっていた．

5──商業社会と民主社会

　『自伝』でミルは「文明論」について「私の新しい見解をいくつも盛りこむとともに，また当時の精神的・道徳的傾向を，全く父から学んだことのない根拠や方法によって，かなり強く批判した」と述べ[94]，それをジェイムズ・ミルが評価してくれたことを記している．たしかに，「当時の精神的・道徳的傾向」についてはジェイムズ・ミルとミルはきわめて近い認識をしめしていた．それでは，「父から学んだのではない根拠や方法」と

---

93) このようなエリート論は同じ時期にミルが幼少の頃から親しかったジョン・オースティンによっても論じられており，ミルに対する彼の影響もまた重要であった．オースティンの議論がとりわけ重要なのは，功利性の原理に結びつけた形でこのようなエリート論を展開していたのが彼だったからである．この点については，Friedman（1968），川名（2006）を参照のこと．

94) JSM, *Autobiography*, CW, i, 211.

いうのは何を意味しているのだろうか．方法についていえば，「文明論」執筆時の彼はジェイムズ・ミルの政治学における幾何学的方法の有効性について疑問をいだくようになっていたし，その前年に出版されていたトクヴィルの『アメリカのデモクラシー』を「かなりの描写力が一般化の能力と結びつけられ，とりわけアメリカ社会の特殊性を抽出しながら，その全体像を読者に力強い描写として提示している」ものとして高く評価していた[95]．また，ミルはすでに「定義と方法」で曖昧ながら，帰納と演繹の併用された方法であるアプリオリの方法を社会科学の方法としていたから，彼が「文明論」を執筆していた時に，社会現象を分析するのにふさわしい方法として念頭においていたのは，このようなものだったと考えることができるかもしれない．ミル自身も，「文明論」をジェイムズ・ミルが評価したことを，意外感をもって記しているように，方法に関するかぎりでは，ジェイムズ・ミルからの影響を（少なくともミルの自覚的なレベルにおいては）見出すことは難しいように思われる．そして，根拠についても，上述のように，ジェイムズ・ミルが現代社会の精神的・道徳的腐敗の原因を堕落した貴族階級の存在に求めていたのに対して，ミルはそのような傾向を商業精神が内在的にもつ腐敗作用に帰していたから，この点にミルが自分とジェイムズ・ミルの議論の根拠に根本的な違いを見出していたと解釈することができるだろう．

　それでは，「文明論」に対するジェイムズ・ミルの好意的な評価は，『自伝』におけるミルの言明が示唆するように，その「根拠や方法」ではなく内容にのみ向けられていたとみなすべきなのだろうか．このことを考える手がかりは，ジェイムズ・ミルが教育を受け親しんでいた文明社会論の伝統にある．ミルの1830年代後半の思索は，18世紀のスコットランド啓蒙からその伝統に棹差していた19世紀イングランドのウィッグ思想家にいたる文明社会論の伝統とかなりの程度の親近性をもっていた[96]．そして，ジェイムズ・ミルがその影響を強く受け，自らもその伝統を担っていたこ

---

95)　JSM to Joseph Blanco White, 15 April 1835, CW xii, 259.
96)　Burrow（1988）Ch. 4.

第4章　商業社会の分析

の伝統は，この時期のミルが意識していたかどうかは別にして，ジェイムズ・ミルが早期教育の過程で「文明，統治，道徳，精神的陶冶についての議論や思想」に関するもののひとつとしてミルに学ばせたものに他ならなかった[97]．それゆえ，ジェイムズ・ミルがこの文明社会論の伝統を念頭におきながら，ミルの「文明論」の議論を評価していたということはまったく考えられないことではないだろう．ジェイムズ・ミルにとって，文明概念をもちいたミルの議論の枠組みはけっして新奇で意外なものではなかったはずである[98]．文明社会認識という，きわめてスコットランド啓蒙的な問題関心に接近したこの時期にミルが自覚的にその伝統に連なるという選択をしなかったということは看過されるべきでない事実であるが，それでもミルとスコットランド啓蒙の関係についてはいくつか興味深い点も多いように思われる．

バロウは，19世紀の進歩観について，知性を進歩の主要な要因とみなすフランス啓蒙を継承したコントのものと，分業などの経済的側面を進歩の主要な要因とみなすスコットランド啓蒙を引きついだジェイムズ・ミルのものという二つの流れを指摘している[99]．また，シーデントップも同じ

---

97) JSM, *Autobiography*, CW, i, 11.
98) ジェイムズ・ミルがトクヴィルの議論を評価した理由もこのことから十分に推測できると思われる．アメリカ社会の観察を人間本性についての洞察に巧みに結びつけながら，社会状態と政治制度の相互作用について一般的な結論をひきだした社会学的アプローチによるトクヴィルの議論の枠組みをジェイムズ・ミルが評価したのは自然なことであったと思われる．このようなアプローチはジェイムズ・ミルにとって馴染みのものであったし，このことはジョン・ミラー『イングランド統治史論』に対するジェイムズ・ミルの評価を考慮すれば明らかである．ジェイムズ・ミルがこの著作を評価したのは，それが社会の歴史的変化のあり方や社会状態の統治形態に対する作用の仕方について，具体的な描写とともに，包括的な思索によって一般的な結論をひきだすことに成功していたという判断に基づくものであったし（Mill, James（1803, Millar）; Haakonssen（1996）296–297），自らの『ブリテン領インド史』においてもこのような視角を適用しようとしていたのである（本書171–186頁を参照のこと）．あくまでも推測の域をでないが，ジェイムズ・ミルのトクヴィルに対する好意的な評価は彼がミラーの著作を評価したのと同じような観点からのものであったと考えることができるのではないだろうか．

ように，18世紀後半から19世紀前半にいたる時期の文明社会像に二つの類型を見出している[100]．一方は，政治的側面に着目して，文明社会とは何よりも人民の権利や権力の拡大や人民のあいだのあらゆる面における平等化によって特徴づけられる民主社会であると考えるものであり，他方は，商業の発展がその担い手である商業中産階級の興隆をもたらし，そのことが生活様式の変化をひきおこしたという点に着目する，商業社会という文明像である．この二つの見方は相互に関連しており，どちらか一方のみを論じて他方を無視した思想家はほとんどいないが，きわめて単純化して言うならば，民主社会という文明像はフランスの思想家の議論に特徴的であり，商業社会という枠組みはブリテンの思想家によって好んで援用されたものであった．シーデントップによれば，ロワイエ・コラールやギゾーをはじめとした19世紀初頭のフランスの純理派 doctrinaire の思想家は，政治理論は静態的な人間本性や精神の想定からの演繹的アプローチではなく，社会変動の理論に基礎づけられた帰納的アプローチによらなければならないという主張をおこなっていた．政治制度の存立可能性はそれが属することになる社会のあり方に依存しており，政治制度の選択可能性は否定されるものではないが社会構造によって制限されるものであると考えた．このような見地から，彼らは政治制度と社会制度の区別を強調しつ

---

99) Burrow（1966）7. ジェイムズ・ミルの思想の位置づけをはじめとして再考すべき点もあるが，このバロウの議論は興味深い．このバロウの議論に言及しながら，関口（1989）282，注26は，ミルが前者の流れに親近感を抱いていた理由として，ミルが知性の社会に及ぼす力を重視する姿勢を一貫して保持していたこと，また当時はギゾー，トクヴィル，コントなどフランス思想のインパクトのもとで思索を続けていたことを指摘している．

100) 以下の議論については，Siedentop（1979）；（1994）；'Introduction', in Guizot（1997）を参照のこと．これらの19世紀初頭のフランス思想家に関する一連の研究のなかで，シーデントップは彼らの議論の重要な意義やその独創性を強調しているが，その際にスコットランド思想家の議論を過小に評価してしまっているように思われる．シーデントップは「スコットランド思想家は統治の問題に一義的な関心をもっていなかった」と述べているが，彼がフランス思想家の議論にみいだした社会と政治の相互作用の認識はスコットランド思想家にとっても重要であったし，ミラーの『イングランド統治史論』はそのような関心にもとづいて社会学的な観点からイングランドの政体の変遷をたどった国制論の白眉であった．

つ，彼らがしばしば「社会状態」などの用語で言及した，社会制度のあり方を分析するための理論を発展させた[101]．政治理論に社会学的な基礎づけを与えようとしたこのような議論はたしかにスコットランド啓蒙の思想家にもみられるものであったが，彼らの議論とフランス思想家の議論のあいだのもっとも大きな違いのひとつは，シーデントップの見解では，統治制度の問題に対する関心の程度の違いであった．シーデントップにしたがえば，スコットランド啓蒙の思想家は生活様式に着目する四段階理論に依拠して社会変動の理論を展開していたが，フランス革命以降の政治的混乱のなかで統治制度の問題に直面していたフランス思想家にくらべて統治制度への関心が希薄であった．それに対して，フランス思想家は社会状態と政治制度の関係により大きな関心をよせ，社会状態による制限のなかで望ましい政治制度を確立するための議論を展開していた[102]．そして，このような違いは，スコットランド啓蒙の思想家が「商業化」や「商業社会」という表現で現代社会を特徴づけたのにたいし，19世紀初頭のフランスの思想家たちはしばしば「民主化」や「民主社会」という表現によって特徴づけたことによく表れている[103]．

　過度な単純化であったとしても，バロウやシーデントップが着目したこのような，ブリテン的（あるいはスコットランド的）とフランス的とそれぞれ呼ぶことができるような二つの思想的伝統の対比を念頭におくならば，ミルはこのふたつが交錯する位置にいた思想家の一人であったということができる．ミルは若い頃から，おそらくジェイムズ・ミルの影響もあって，知性の社会における役割を重視するという意味での主知主義的な性向を強くもっていた．また，ミルはフランスに対して生涯にわたって関心を寄せ続け，自身もフランス思想の影響に自覚的であった[104]．とりわけ1830年前後のフランスにおける7月革命をはじめとした政治的事件や，1820年代から1840年代にかけてのフランス思想の華々しい展開は彼の関心を

---

101) Siedentop (1979) 156–157.
102) Ibid., 158–159.
103) Siedentop (1994) 27.

ひいていた.皮肉なことに,これらのフランスへの関心が,あるいはそのような関心と結びついたベンサムやジェイムズ・ミルに対する反発が,自らの国の知的伝統に彼が十分な関心を向けることを妨げた要因のひとつになったということも考えられるだろう[105].しかし,このことはミルが自国の伝統を拒否しフランス的伝統に連なることを自覚的に選択したということを意味するものではない.ふたつの伝統に対するミルの関係は,それが自覚的であってもそうでなくても,きわめて複雑で興味深いものであるように思われる.

先に述べたように,ミルには若い頃から主知主義的な性向があったが,「文明論」の議論の限りでは,ミルが社会状態を規定する原因として知的要因と物質的要因のいずれを重視しているかははっきりしない.ミルは分業の進展や経済的発展とともに知識の普及や卓越した個人の能力を列挙して次のように述べていた.「人々のあいだで重要で影響のあるふたつの要素がある.ひとつは財産であり,もうひとつは精神的な能力や技能である[106]」.この点についてミルの見解がはっきりと読み取れるのは1840年代の議論からである.後にあらためて検討するように,『論理学体系』でミルは「人類の思索能力の状態」という知的要因を社会状態を規定する主要因とみなす立場をはっきりと打ちだすことになる[107].ミルは経済的要因を軽視することはなかったが,その重要性は知的要因に比して二次的な

---

104) ミルは1820–1821年のフランス滞在について次のように回顧している.「私が実見した社会から得たおもな収穫は大陸の自由主義に対する強く永続的な関心であり,これについては,その後もイングランドの政治と同じように見守り続けている」(JSM, *Autobiography*, CW, i, 63).ミルとフランス思想の関係については,Mueller (1956), J. C. Cairns, 'Introduction', in CW, xx, Filipiuk (1991) などを参照のこと.
105) ベンサムやジェイムズ・ミルへの反発が落ち着きをみせる1840年代にはミルは,歴史知識への関心を強めるなかで,ジェイムズ・ミルや,そのスコットランドの先行者の議論にあらためて注意を払うようになる.この点については,本書第6章を参照のこと.
106) JSM, 'Civilization', CW, xviii, 121.
107) JSM, *Logic*, CW, viii, 926. 同様の見解は「トクヴィル論[2]」においてもみられていた (JSM, 'Tocqueville [2]', CW, xviii, 197–198).

ものであると考えていた．ミルの考えでは，「ある時点における知識の状態はその時点での産業上の可能な改善にとって越えることのできない限界」であり，「思索能力の状態，知性が同意している命題の性格は……物質的状態を決定するのと同じように，共同体の道徳的・政治的状態を基本的に決定する」ものであった[108]．

「スミスの構想より少し決定論的でミラーの構想より大いに主知主義的」とされる，社会の歴史的変化に関するミルの見解のこのような特徴はフランス思想（特にコントやギゾーの議論）と親和的なものであった[109]．しかし，これはフランス思想家から学んだものというよりは，おそらくジェイムズ・ミルの影響によるものであり，むしろ，そのような見解をもっていたからこそフランス思想家の議論にひかれていったと考えることが妥当なように思われる．

フランス的とされる主知主義的な傾向にもかかわらず，ミルはフランス的な「民主社会」ではなくブリテン的な「商業社会」という枠組みによって現代社会を理解していた．このことについても，ブリテン的（あるいはスコットランド的）伝統とミルとのあいだに自覚的な強い思想的伝統が存在していたとただちに結論づけることはできないとしても，ミルとスコットランド啓蒙とのあいだの思考枠組みの親近性，あるいはミルの思索の知的

---

108) Ibid. この点に関する包括的な議論は，『論理学体系』第5版（1862年）以降に増補された第6編第11章「歴史の科学についての追加的説明」で展開されている（JSM, *Logic*, CW, viii, 931–942）．そこで，ミルは次のように述べている．「人類の信念の性質，知識の総量，知性の発達などをはじめとした人類の知的要素が人類の進歩を決定する支配的な事情であるというバックル氏の見解に，私は賛成していないわけではない．しかし，私がこのような見解をもつのは，人類の道徳的・経済的状況が弱いか変化の少ない作動因であると考えているからではなく，これらがかなりの程度で知的状況の結果であり，前章で考察したように，あらゆる場合にこの状況によって制限されるからである．知的な面における変化が歴史においてもっとも顕著な作動因であるというのは，それ自体がより強い力をもっているからというよりは，実際にはこれらの三つの結びついた力とともに作用するからである」（Ibid., 935）．『論理学体系』における歴史論については，Parker（2000）Ch. 4 が簡単に検討している．

109) Collini et al.（1983）121.

バックグラウンドのひとつとしてのスコットランド啓蒙の存在をいくぶんかは示唆するものであるように思われる．

ミルの考えでは，現代社会を特徴づけているのは何よりも商業化という現象であった．彼は「商工業階級が徐々に興隆し農民が徐々に解放されてきたこと，このような変化の過程が混乱や転覆をともなっていたこと，それらに続いて，制度，意見，習慣や社会生活の全体にわたって根本的な変化が起こったこと」に言及しながら，「中産階級の成長という言葉」のもつ重要な含意を強調している[110]．このようなミルの考えにしたがえば，平等化は商業化の偶然の帰結にすぎなかった．ミルは「トクヴィル論[2]」において，トクヴィルの「デモクラシー」という概念による社会理解を拒否して次のように述べているが，そこに表明されている認識は，多分にレトリック的であったとしても平等化の進展を「神の御業」とまで述べたトクヴィルと対照的である[111]．

> トクヴィル氏は，少なくとも表面上は，デモクラシーの影響と文明の影響を混同している．彼は現代の商業社会の傾向のすべてをひとつの抽象的な観念と結びつけて，それらにデモクラシーというひとつの名前を与えている．そのために彼は，単に国家が繁栄することから現代においてその進歩を明らかにするような形で自然に生じているいくつかの結果を境遇の平等に帰しているように思われる．／境遇の平等化という傾向が商業文明の傾向のひとつであり，けっして目立たないものではないということは間違いなく正しいことである．国家が繁栄し続けている時，つまり，その産業が発展し資本が急速に増大しつつある時，資本を所有する人の数もまた少なくとも同じ割合で増える．そして，社会の両極にいる人々のあいだのへだたりがそれほど減らないとしても，中間の位置を占める人の数は急速に増大する．一方の側には王族が，他方には貧民がいるだろうが，そのあいだには，立派で収入の多い職人階級や財産と勤勉さをあわせもった中産階級が存在するだろう．これは平等化の傾向と呼ぶことができるだろうし実際にそうである．しかし，この平等化の進展は進歩的な文明の特徴のひとつにすぎない．すな

---

110) JSM, 'Civilization', CW, xviii, 121.
111) Tocqueville, DA [1], 12. このトクヴィルの認識については，たとえば，宇野（1994）を，トクヴィルに影響を与えたギゾーの議論については，たとえば，田中（1970）79–96 を参照のこと．

わち，産業と富の進歩の偶然的な結果のひとつである．それは，もっとも重要な結果であって，わたしたちの著者〔トクヴィル〕が論じているように，多くの仕方で他の結果に対しても影響を与えているけれども，だからといって原因と混同されてはならない[112]．

このようにミルが商業社会という枠組みを選択したことの要因のひとつとして，「スコットランド人からの贈り物」としての経済学という学問の伝統の中心で彼が育ってきたことを想定することには，ある程度の根拠があると思われる[113]．たしかに，経済学という学問体系をもっていたから商業社会という枠組みを採用し，それをもたなかった思想家は民主社会として現代社会を描いたということはできないとしても，1820年代から30年代に民主社会という現代社会像を論じるのに影響力のあったフランスの思想家は，しばしば自らの経済学の知識の乏しさを嘆いていたし，一方でブリテン，とりわけイングランドは「経済学の基本的な教義が他のどこにおいてよりも，一般により理解されている」国であった[114]．フォンタナが強調したように，「スコットランド人ウィッグの理論的展望の核心は商業社会と近代の価値への傾倒」であり，これは「市場の法則の科学的理解と，「科学的」政治学――いいかえれば，その言葉のもっとも広い意味において「経済学」と一般に述べられていたもの――の有効性への確信を含んでいる」ものであった[115]．ミルはジェイムズ・ミルの教育によって，リカード経済学――それはフォンタナが「市場の法則の科学的な理解」と呼んだ，狭義の意味での経済学におけるもっとも重要な貢献であった――について早い段階から非凡な才能をしめしていたし[116]，フォンタナが「その言葉のもっとも広い意味」において経済学と呼んだ「科学的」政治学としての商業社会論の伝統に対しても強くコミットしていたということができるだろう．

---

112) JSM, 'Tocqueville [2]', CW, xviii, 192. 強調は引用者．
113) Burrow (1966) 64.
114) Mill, James (1809, Jovellanos) 22.
115) Fontana (1990) 45.

6――おわりに

　シーデントップは，ミルには社会変動の理論が欠けており，そのような理論を抜きに結論のみをフランス思想から摂取したと指摘しているが，彼の議論には，フランス思想の意義を明らかにしようとするあまり，ブリテンの思想の伝統を過度に低く評価する傾向がある．そのような態度はミルの議論に対する認識にも反映されており，彼の議論は 1840 年代のミルの思索の意義を見逃しているように思われる[117]．

　ミルが科学としての経済学を定義した時に非常に狭い見解をとったことは，そのような定義から排除した領域を彼が無視したことを意味しない．むしろ，ミルが重視したのは，狭く定義づけられた経済学の外部にひろがる領域であった．たとえば，自己利益優先的人間観，競争や私有財産といった社会制度，地主・資本家・労働者という三階級区分などを所与のものとみなし，これらが存在する市場社会における富の分配法則を明らかにすることに課題を自覚的に限定していたリカードの経済学は，そのような市場社会を相対化し社会の可変性を論じるような社会の歴史的変化の理論を体系のなかに組み込んではいなかったが，ミルはそのような限定に不満

---

116) ミルは『自伝』で次のように述べている．「〔『ブリテン領インド史』を読んだ後の 1819 年に，ジェイムズ・ミルは〕私に経済学の全課程を学ばせた」（JSM, *Autobiography*, CW, i, 31）．アレヴィは，「1800 年頃，経済学者の学派を有していたのはイングランドではなくフランスであった．そして，富の分配法則についての科学という意味での経済学が形成されたのはフランスにおいてであった」と述べている．しかし，1820 年代やそれ以降，経済学において中心的な位置を占めるようになったのは，フランスでも経済学の母国であるスコットランドでもなくイングランドであった．再びアレヴィの言葉を引用すれば，「イングランドの賛美者であったジャン・バティスト・セイにとって，イングランドは経済学の本拠地であった」（Halévy (1928) 316）．また，ミルもフランス歴史家の経済学に対する知識は劣ったものであると考えていた．たとえば，ミルはコントに対して次のように述べて自らの経済学についての学識を自負した．「私はあなたよりもそれ〔経済学〕についてよく知っています」（JSM à Auguste Comte, 3 avril 1844, CW, xiii, 626〔Haac (1995) 228〕）．

117) Siedentop (1979) 172–173．このような指摘をおこなう時にシーデントップが念頭においているミルの著作は『自由論』と『代議政治論』である．

をしめして，市場社会の制度や慣習を可変的なものとして相対化する視角を取り込み，そのような相対主義的な認識を科学的な社会変動の理論によって基礎づけようとしたのである．このような試みは，商業社会論の伝統に対して彼なりの表現を与えることを目指したものであったということができるだろう．以下では，そのような「社会の科学」を作り上げようとしたミルの意欲を，1840年代の彼の議論を中心に取りあげながら検討していく．

第 5 章

社会の科学構想

> まったく新しい時代には新しい政治科学が必要である[1].

1 ― はじめに

　論理学についての書物を著すことは，遅くとも 1826 年ころから J・S・ミルが望み続けていたことであった．『自伝』によれば，彼が最初に「論理学についての書物を著すという計画を立てた」のは，彼が友人たちとジョージ・グロートの邸宅で週 2 回のペースで開いていた読書会において，論理学に関するさまざまな著作を読んでいたときであった[2]．そして，実際に彼は 1830 年には論理学についての著作の執筆を開始していたが[3]，1832 年頃に帰納法にかかわる問題について行き詰まって執筆を中断することになった．その後，1837 年に出版されたウィリアム・ヒューウェル『帰納的科学の歴史』を読んだことをきっかけとして執筆を再開し[4]，さらなる

---

1) Tocqueville, DA [i], 8.
2) JSM, *Autobiography*, CW, i, 125. 用いたテキストとしてミルが『自伝』で挙げているのは，ヘンリー・オールドリッチ，デュ・トリュー，リチャード・ウェイトリー，トマス・ホッブズなどの著作である（Aldrich (1691)；Du Trieu (1662), [Du Trieu (1826)]；Whately (1826)；Hobbes (1655)）.
3) Ibid., 95.
4) Ibid., 215–217；Whewell (1837).

紆余曲折を経て1843年に『論理学体系』が出版された[5]．

　ミルの考えでは，科学の主要な目的は「普遍法則 universal law」あるいは単に「法則 law」と呼ばれるものを確定することであった．「法則」という言葉によって彼が意味していたのは，ある事象と別の事象のあいだの不変の斉一性のことであった．彼によれば，「どのようなものであっても，規則性をたどることができるときには，その規則性の本質を表現するような一般命題を法則と呼ぶことが哲学者の慣習」であった[6]．そして，彼にとって論理学の主要な目的はこの普遍法則を確定するための方法を明らかにすることであった．社会の科学のもっとも重要な課題は，したがって，社会事象において経験的に見出される斉一性（経験法則）を普遍法則に転化することであった．経験法則を普遍法則に転化するというのは，具体的には，人間本性についての科学的法則から演繹的に説明するという作業を意味していた．

　ミルはあらゆる社会事象研究は人間本性についての知識に基礎づけられていなければならない，いいかえれば人間本性の科学から演繹されなければならないと主張していたが[7]，このような考え方自体は彼に固有のものではなかった[8]．しかし，彼は社会事象研究に帰納的方法を適用することの不可能性を指摘しつつ，そのような研究に適用されるべき演繹的方法がどのようなものであるかという問題についてきわめて精緻な議論を展開した点で際立っていた．

5) 『論理学体系』の執筆過程については，J. Robson, 'Textual Introduction', in CW, vii, xlix–cviii, 矢島 (1993) を参照のこと．
6) JSM, Logic, CW, vii, 316.
7) 社会事象に関する研究について言及するとき，ミルはいくつかの名称を用いている．たとえば，『論理学体系』という単一の書物のなかですら，「社会の現象についての研究 study of the phenomena of Society」(Ibid., viii, 875)，「政治の研究 study of Politics」(Ibid.)，「政治・社会科学 political or social science」(Ibid.)，「社会の哲学 philosophy of society」(Ibid., 876)，「社会科学 Social Science」(Ibid., 877, 895)，「社会学 Sociology」(Ibid., 895) などの名称が用いられている．さらに，1830年代には，「理論政治学 speculative politics」，「社会の自然史 natural history of society」，「社会経済学 social economy」などの名称も提示されていた (JSM, 'Definition', CW, iv, 320–321)．
8) Fontana (1985) 81–105.

本章では1830年代初頭から1840年代半ばまでのミルの社会事象研究の体系およびその方法論についての議論を検討する．本章の前半部では，彼の「定義と方法」と題された論考を中心として1830年代の議論を検討する．この時期の彼の議論を特徴づけているのは相対主義的な見解を政治学に取り込もうとする意欲であり，この意欲はこの時期に構想された道徳科学体系にも反映されていた．本章の後半部では，『論理学体系』で提示された彼の道徳科学の体系と方法論を検討する．まず，社会事象研究における帰納的方法の適用不可能性についての彼の議論を取りあげ，次に，社会事象研究において用いられる方法として彼が定式化した演繹法について検討する．その後，「中間公理」としてのエソロジーが果たす役割に着目しながら，彼の道徳科学体系の特徴を明らかにする．

2 ―「定義と方法」

1830年ころまでにミルは二つの相対主義的な見解をしめすようになっていた．第一のものは，異なった社会はそれぞれ異なった仕方で発展の段階をたどるという見解であり，第二のものは，同じ発展段階にあっても社会のありかたは多様であるという見解である．さらに，彼はこのような相対主義的な見方が社会事象研究においてきわめて重要な役割を果たすことを強調するようになり，「社会」という概念に注意を向け，政治制度の有用性はそれが存している社会の状態に左右されると考えるようになっていた．

1834年5月に『マンスリー・リポジトリー』に掲載された「マーティノー氏の経済学」(1834年5月) において，ミルは現在の三階級社会を絶対視しているとして経済学の現状を批判していたが[9]，この時期の彼は，相対主義的見地が欠如していることで自らの社会を絶対視してしまうという誤謬は経済学だけでなく政治学においてもみられるものであると考え，こ

---

9) 本書105–106頁を参照のこと．

のような相対主義的な認識に科学的基礎づけを与えることを試みていた．この試みは，一方ではベンサム主義的政治学への批判という形をとり，他方では歴史知識への関心の深まりという形をとることになった．1840 年 9 月に彼は，「それらの二つの原理を知っている人は誰であっても，50 年前の卓越した思想家たちに知られていたものよりも多くのものを政治の科学について持ちあわせている」と述べていたが，「それらの二つの原理」として挙げられていたのは，第一に，「社会的・道徳的・政治的な社会の進歩は……惑星の運動や季節の移り変わりと同じように，何らかの一定の法則の結果である」というものであり，第二に，「政治制度の変化は，それに先行して起こった社会や人間精神の状態の変化の結果である」というものであった[10]．

　上述のように，論理学に対する彼の関心は 1820 年代半ばにまでさかのぼれるものであったが，彼が方法論，とりわけ道徳科学の方法論の重要性を強調するようになったのは 1830 年前後になってからであり，それは「定義と方法」にもはっきりと反映されている[11]．1830 年代初頭に執筆されたこの論考において，ミルは経済学を含む道徳科学全般についての考察をおこなっていた．自然科学と異なる領域の科学としての，「道徳的・精神的性質をもつ存在としての……人間」を対象とする道徳科学を構成する学問分野として彼は三つのものを挙げている[12]．第一の分野は，他者の存

---

10) JSM, 'Essays on Government' (September 1840), CW, xviii, 151. JSM, *Logic*, CW, viii, 919 も参照のこと．
11) この論考のフルタイトルは「経済学の定義と，その科学における哲学的探究の方法 Definition of Political Economy ; and on the Method of Philosophical Investigation in that Science」である．これは最初 1831 年秋に書かれ，1833 年夏に書き改められた後，1836 年 10 月に『ロンドン・アンド・ウェストミンスター・レヴュー』に発表された．さらに 1844 年に『経済学試論集』に収録される際にタイトルと内容に若干の修正が施された．この点については以下を参照のこと．JSM to John Sterling, 20–22 October 1831, CW, xii, 79 ; JSM to William Tait, 24 September 1833, CW, ibid., 178–179 ; JSM, *Autobiography*, CW, i, 189 ; J. M. Robson, 'Editor's Note', in CW, iv, 309.
12) ミルはこの領域を心理科学 psychological science や精神科学 mental science とも呼んでいる（e.g. JSM, 'Definition', CW, iv, 316, 324）．

第5章 社会の科学構想

在を不可欠の前提としない場合の個人の人間本性の法則や属性を研究対象とするものであり，それは純粋精神哲学の一分野を構成するものであった[13]．第二は，純粋精神哲学のもう一つの分野で，他者との関係のなかで生じる感情に関わる人間本性の諸法則を研究対象とし，アートとしての道徳学や倫理学の科学的な基礎となる分野であった[14]．

これらの純粋精神哲学の二つの領域とともに，道徳科学を構成する第三の領域として挙げられていたのが，社会状態における人間の社会的行為を探求する，「社会の諸法則，もしくは社会状態における人間本性の諸法則」を主題とする領域であった[15]．この科学は以下のことを明らかにすることを目的としていた．

> どのような人間本性の原理が人間を社会状態に導いたのだろうか．彼の境遇の変化はどのように彼の関心や感情に影響を与え，さらにそれらを通じてどのように彼の行為に影響を与えるのであろうか．どのようにしてこの社会的結合がしだいにより親密になり，どのようにして協力はさらなる次の目的へと向かって拡大していくのだろうか．これらの目的はどのようなものであり，それらの目的を進めるために，どの種類の手段がもっとも一般的に採用されるのだろうか．社会的な結びつきからくる通常の結果として，どのようなものが人間のあいだに定着していった関係なのだろうか．社会状態の違いによって異なる人間関係とは，どのようなものであろうか[16]．さらにそれぞれの人間関係が人間の行為と性格に与える影響はどのようなものであろうか[17]．

「社会状態」を直接の対象とするこの科学は「社会における人間の行為や状態に影響するかぎりでの人間本性のすべての側面を包括」する総合的な学問分野であり[18]，「実践政治学，あるいは立法のアートをその一部とす

---

13) Ibid., 319.
14) Ibid.
15) Ibid., 320.
16) 『経済学試論集』（1844年）に採録される際に，1840年代前半のミルが社会変動の理論に対してしめしていた強い関心を想起させる次の一文がこの箇所に追加された．「どのような歴史的順序によって，それらの状態は別のものに続く傾向があるか．」
17) Ibid.

るような統治のアートの科学的基礎」となるものであった[19]．そして，この科学は社会経済学，理論政治学，政治の科学，社会の自然史などの名称でも呼ばれうる学問領域であった[20]．

　ミルの考えでは，経済学は富に関係する社会現象にのみ着目して，それに直接的に関係する動機——富を追求し労苦を避けようとする動機——のみを扱う科学であり，ある所与の社会状態においてこのような動機による行為がどのような帰結をもたらすかを明らかにする科学であった[21]．彼によれば，経済学は富への欲望が「あたかも唯一の目的であるかのように」議論しているが[22]，「実際に人類がそのようにできていると考えるほどばかげた」経済学者は存在していない[23]．これに対して，社会の科学の主題は社会状態であり，そこでは人間は複数の動機にもとづいて行為しており，経済学のようにある社会状態を所与のものとして仮定した上で単一の動機にのみ着目して推論をおこなうことは無意味であった．むしろ，経済学のような，ある社会状態を所与のものとしている科学における推論の結果は，社会状態それ自体を対象とする社会の科学の議論の結果によって修正を受けるものとされた．

　「定義と方法」においてミルは，経済学を含む道徳科学において用いられている推論方法として二つの形式を提示し，それぞれ「実践家の方法」と「理論家の方法」という名称を与えていた．この二つは必ずしも対照的な内容になっているわけではなく，「アポステリオリの方法」，「上向的議

---

18) Ibid., 320．「定義と方法」では，「社会状態」という概念は個々人がある共通の目的のために組織的に協力しあう集団を形成している状態に対して用いられていた（Ibid., 319）．
19) Ibid., 320–321．関口 (1989) 225–226 は，ミルが政治学という名称の科学の分野を，経済学のように単一の原因から推論をおこなう独立可能な科学とは考えずに，あくまでも社会の諸法則を総体として対象とするべきだと考えたことを，彼が実践的目的（価値）の複数性を念頭においていたことに結びつけて理解している．
20) JSM, 'Definition', CW, iv, 320. 本章注 7 も参照のこと．
21) Ibid., 321.
22) Ibid., 323.
23) Ibid., 322.

第 5 章　社会の科学構想

論」もしくは「帰納法」とも呼ばれた実践家の方法が帰納による推論であったのに対して，「アプリオリの方法」や「下向的議論」とも呼ばれた理論家の方法は，単純な演繹による推論を意味していたのではなく，演繹と帰納の混合された推論方法を指していた[24]．そして，彼の考えでは，道徳科学で用いられるべき方法は理論家の方法であった．

　道徳科学の方法を論じる際にミルは，単一の前提からではなく複数の前提から個々に推論をおこない，それらの結論を合成して最終的結論を獲得する，「力学的合成 the mechanical composition of causes」と呼ばれるアイデアを示していた[25]．しかし，社会事象研究においては実験の不可能性や前提の複雑性という問題があるために，ある現象において作用していると考えられるあらゆる法則を考慮できているかを確認することは不可能であった．彼はこの難点に対処するために，演繹的推論による結果をアポステリオリの方法を援用して検証するという方法を提示した[26]．

---

24) ミルの議論では，アポステリオリの方法の帰納は「特殊経験 *specific* experience」からの帰納であるとされる（Ibid., 325）．
25) JSM, *Autobiography*, CW, i, 167.
26) Ibid., 331. あらかじめ述べておけば，「定義と方法」では，『論理学体系』における幾何学的方法と物理学的方法という区別もなされていない．『論理学体系』では科学の方法は，化学的方法（実験的方法），幾何学的方法（抽象的方法），物理学的方法（具体的演繹法）の三種類に分類され，アポステリオリの方法が化学的方法に継承される一方で，アプリオリの方法は演繹的推論のひとつである物理学的方法に引き継がれた．物理学的方法は演繹的推論の別の方式である幾何学的方法と対比されて論じられることになり，このことによって，理論家の方法として一括りに論じられていたミル自身の方法（物理学的方法）とジェイムズ・ミルの方法（幾何学的方法）とを区別して論じることが可能になった．また，「定義と方法」では，具体的演繹法を直接的演繹法と逆の演繹法に細分化するという『論理学体系』におけるアイデアもなかったため，包括的な社会の科学（「社会の一般科学」）と分化可能な科学（「特殊社会学的研究」）のあいだの方法論上の区別もみられない（馬渡（1997）1–2章；佐々木（2001）4章）．さらには，「定義の方法」においてアプリオリの方法における攪乱要因とされた現実の多様性・複雑性（ミルの考えでは，撹乱要因それ自体が因果法則をもっていた）は，『論理学体系』では幾何学的方法の基礎を崩す問題として認識されるようになった．

3―『論理学体系』における社会の科学構想

　ミルによれば，あらゆる現象は他の現象と以下のいずれかの関係をもって存在している．つまり，共存の関係と継起の関係である．彼にしたがえば，共存の法則は継起の法則からの派生法則にすぎないから，「現象に関わるあらゆる真理のなかで私たちにとってもっとも価値があるものは，それらの継起の順序に関するものである」[27]．継起の斉一性のうち厳密に普遍的とみなすことができるものがひとつだけ存在しており，それは「因果法則 Law of Causation」，すなわち「始まりをもつすべての現象は原因をもっているという事実」を表している法則である[28]．あらゆる科学的探求の究極的な目的は，この普遍的因果法則 Law of Universal Causation あるいは普遍的因果関係 Universal Causality を確定することであった．

　ミルの考えでは，原因とはある現象の「無条件的で不変的な前件」のことであった．それは，ある前件がつねにある後件をともなうという意味で「不変的」なだけでなく，別のあらゆる前件とは独立しているという意味で「無条件的」なものでなければならなかった．たとえば，昼の後には必ず夜がおとずれるという意味で昼と夜の関係は不変的であるが，だからといって昼が夜の原因なわけではない．昼の後に夜が続くことの原因は地球の公転である[29]．また，ここで注意しておくべきことは，ミルが対象としているのは「物質的原因」だけであり，したがって彼のいう因果関係はあくまでも観察可能な現象間の関係として論じられているということである[30]．彼は非物質的な「形而上学的」原因については，たとえそのような原因が物質的原因のさらに先に存在することが想定されるような場合であっても，論じることは意図していなかった．したがって，「原因につい

---

27)　JSM, *Logic*, CW, vii, 324.
28)　Ibid., 325.
29)　Ibid., 338–339.
30)　Ibid., 326.

第 5 章　社会の科学構想

ての唯一の概念は，経験から獲得できるような概念である[31]」．

　あらゆる科学において用いることのできる帰納的推論の方法を提示しようと試みていたミルにとって，普遍的因果法則こそがあらゆる帰納法の基礎であった．いいかえれば，この法則は自然科学が対象とする世界においてだけでなく，人間の行為についても適用されるものであった．しかし，同時に彼は人間の意志の自由という考えも擁護しようとしており，普遍的因果法則と人間の自由意志の存在を両立させるような議論を提示することを試みていた．その議論は『論理学体系』第 6 編第 2 章「自由と必然性について」においてなされているが，彼はこの章を『論理学体系』のなかで「最良の章」であると自負していた[32]．ミルにとってこの章は，それ自体のもつ重要性だけでなく，この後に展開する議論にとって不可欠な前提を論じるものであった．ミルは『論理学体系』第 6 編第 1 章の最後で次のような問題提起を行った．

> 人間の行動は，他のすべての自然事象と同じように，不変的な法則に従うのであろうか．因果関係の恒常性は……人間の行動にも実際に見出されるであろうか．このことはしばしば否定されている．差し迫った実際上の必要性からではないにしても，体系的な完全を期すために，この問題にはここで詳細に答えておかなければならない．私たちは別のひとつの章をこの問題にあてることにする[33]．

　ミルによれば，人間の行為の因果関係の理論には，自由意志論と必然論の二つの立場がある．しかし，自由意志論は，結果は常に先行する原因を

---

31) Ibid.
32) JSM to Robert Berclay Fox, 14 February 1843, CW, xiii, 569. ミルはトクヴィルに対して次のようにも述べている．「私自身もあの章〔第 6 編第 2 章〕がこの本のなかでもっとも重要であると考えています．それは私がほんの 15 年前に到達した思想の忠実な表現です．これまで一度も書かなかったことですが，私が平穏を見出したのは，まさにこの思想によってであったと言うことができます．というのは，この思想だけが，人間の責任の感情を強固な知的基盤の上におくことによって知性と良心とを調和させたいという私の欲求を十分に満たすものだったからです」（JSM à Alexis de Tocqueville, 3 novembre 1843, CW, xiii, 612）．
33) JSM, Logic, CW, viii, 835.

もつという継起の斉一性に矛盾しており，科学的認識としては不適切な議論であるというのが彼の考えであった．必然論に立つミルにとっての課題は必然論の分類に関するものであって，自らの主張する形式の必然論を，彼が誤った必然論とみなした理論——「宿命論 fatalism[34]」——から区別して擁護することであった[35]．

ミルにしたがえば，「必然性 necessity」という言葉が本来意味していたのは継起の斉一性にすぎず，したがって，「それは意志に適用されるときには，起こりうるあらゆる他の原因による反作用を受ける可能性があるという制約下で，ある特定の原因にはある結果が伴われる」ということを述べているにすぎないものであった[36]．しかし，この用語は一般に使われるとき，「それらの原因の作用は排他的なもので，力が強すぎるために反作用をうけることがまったくありえない」という誤った含意をもたれがちであった．彼にとって，必然性とは予測可能性という程度の意味であり[37]，不可避的強制性を意味するものではなかった．

> 正しく考えられれば，哲学的必然性と呼ばれる理論は次のようなことにすぎない．個人の精神に存在している動機が分かれば，また同様に，個人の性格や性向が分かれば，その人の行為の仕方は確実に推論されうる．そして，私たちが人を完全に理解し，その人に働きかけているあらゆる誘因を理解したならば，その人の行為を，自然界の事象を正確に予言するときと同じくらいの正確さで予言することができるだろう[38]．

このような見地から，ミルは「私たちの意思と行為はそれに先行する精神の状態の不変の結果であるという理論」が，人間の道徳的自由という考

---

34) この問題に関する『自伝』における言明や (JSM, *Autobiography*, CW, i, 177)，『ウィリアム・ハミルトン卿の哲学の検討』（1865 年）における議論も参照のこと (JSM, *An Examination of Sir William Hamilton's Philosophy*, CW, ix, 450)．ミルは後にはこれを「決定論 determinism」とも呼んでいる (e.g. Ibid.)．
35) JSM, *Logic*, CW, viii, 839.
36) Ibid.
37) Ibid., 838.
38) Ibid., 836–837.

え方と両立可能であると主張した[39]．この理論が意味しているのは，人の性格とその人が置かれている状況が知られたならば，その人の行為を予測することができるということにすぎず，その人の性格と置かれている状況によってある行為が確実になされるということを意味しているわけではなかった．ミルの考えでは，抵抗したいという欲求には何らかの前件が必要になるとしても，人は自らの行為の動機に対してさえも抵抗することができるはずであった．ミルはこのような抵抗の可能性すら否定してしまう議論を宿命論と呼び，オウエン主義をその代表格とみなしていた．彼の考えでは，オウエン主義者は「生起しようとしているものはすべて，それを作りだした原因の絶対確実な結果だろう」ということを是認した点では正しかったが，さらに進んで「人の性格は，彼のためにつくられているのであって，彼によってつくられているのではない．……人には〔自分の〕性格を変える力はない」と主張した点で間違っていた[40]．オウエン主義者の主張とは異なって，「人間はある程度まで自分の性格を変える力をもっている」[41]．ミルは宿命論に反論しながら，人間の行為が不可避的に強制されたものであるという主張を必然論は含んでいないと指摘した．ミルの考えでは，「行為を左右している原因はけっして制御不可能なものではない」し[42]，それは行為の主体自身によってさえも制御することができるものであった．さらに，ミルによれば，道徳的自由は自らの意思 volition——それは無条件的な原因ではなく，何らかの前件の帰結である——に反して行為する能力に存しているものではなかった．それは，何らかのやり方で自分自身の性格を形成することによって，自分自身の意思を作りだすことに，あるいは少なくとも作りだそうと望むことに存するものであった[43]．

---

39) Ibid., 837.
40) Ibid., 840.
41) Ibid., 840.
42) Ibid., 839.
43) 『論理学体系』第7版（1868年）では以下の文章が追加された．「それゆえ，確固とした徳をもっている人だけが完全に自由であるということは真実である」（Ibid., 841）．

オウエン主義者は，自らが性格をある特定の仕方で形作りたいと望むことは〔その人自身の性格形成に寄与する〕環境のひとつであり，それはけっして影響力の弱いものではないということを認識しそこなっていた[44]．ここでミルが強調するのは，人が自らの意思を形成する能力をもっており，それによって自らの性格を形成する能力をもっているということであった．ミルはどのようにしてそのような意思が形成されるのかを明らかにすること，いいかえれば，意思の無条件的で究極的な原因を明らかにすることを試みることはなかったが[45]，重要なのは性格の自己形成の可能性への信念こそが「道徳的自由の感情」であると彼がみなしていた点である[46]．彼の考えでは，このように理解される道徳的自由は必然論と対立するものではなかった．というのは，適切に理解されたならば，必然論とは，人の行為はつねに何らかの先行する精神状態の結果としてひきおこされるものであるということを意味しているだけであったのに対して，ミルは道徳的自由の欲求がそれに先行する原因をもつこと自体は（その原因を論じることはなかったけれども）否定してはいなかったからである．

ミルの議論において，「推論 inference」あるいは広義の「推理 reasoning」とは，ある命題を先行するほかの命題から引きだすことを意味していた．たとえば，(i)「Aという人間は死んだ，Bという人間は死んだ，Cという人間は死んだ，……」という個別事例の観察から，(ii)「人間は死ぬ」という一般命題を一般化によって引きだし，この一般命題から，(iii)「Xは人間である」から (iv)「Xは死ぬだろう」という結論づける過程が推論である．この推論の過程には，「（一般化としての）帰納」，「演繹（論証，三段論法，狭義の推理）」，「個別から個別への推論」という三つの作業が含まれている．彼の推論概念にしたがえば，既知の個別の事例から未知の個別の事例についての結論を引きだす作業のみが正しい意味での推論

---

44) Ibid., 841.
45) この点については，本書 226–227 頁を参照のこと．
46) JSM, *Logic,* CW, viii, 841.

という手続きである．ここでの帰納（i→ii）や演繹（ii→iv）は，あくまでもこの意味での推論（i→iv）を構成するひとつの作業にすぎないとされた．

このように，帰納という概念によってミルが意味していたのは，個別事例から一般命題を導き出す作業（i→ii），つまり「一般化」という作業であった．この意味での帰納について，ミルは次のように述べている．

> 帰納とは，ある部類のある個別のものについて真であることがその部類全体について真であると結論づける手続き，あるいは，ある時に真であるものが類似の事情のもとではあらゆる時に真であると結論づける手続きである[47]．

このような一般化という意味とは別に，ミルは「因果関係の解明」という意味でも帰納という概念を用いていた．たとえば，ミルは次のように述べている．「それゆえ，自然に存在している因果法則がどのようなものであるかを確かめ，あらゆる原因の結果とあらゆる結果の原因を確定することが，帰納の主要な役割である[48]」．

ところで，実験をおこなわずに観察のみに依拠している帰納的推論の一方式が「単純枚挙による帰納」と呼ばれる手続きであったが[49]，この単純枚挙による帰納が不適切であるというミルの主張は，この方式による一般化が無意味であるということではなく，この作業によって因果関係を確定させることが不可能であるということを意味するものであった．因果関係を研究する時に単純枚挙による帰納が不適切なのは，それが実験をおこなわずに観察のみに依拠しているために，この手続きから引き出すことのできる結論が，反例がこれまで観察されてきていないということだけであって，今後も反例がけっして発見されないという結論を引きだすことができなかったからであった．したがって，帰納的方法には実験が不可欠であるにもかかわらず，社会事象については実験が不可能なために，社会事象研

---

47) Ibid., vii, 288.
48) Ibid., 378.「一般化」と「因果法則の解明」の違いのうち重要なのは，前者が例外を許容するのに対して，後者によって確立された法則には例外が含まれないことである（Ibid., 445）．
49) Ibid., 312.

究においては帰納的方法（彼はこれを「実験的方法」と呼ぶ）が不適切であるという議論をミルがおこなっていた時，彼が念頭においていたのはこのような因果関係の確定という意味の帰納であった．ミルの考えでは，帰納的方法によって因果認識を得るためには観察だけではなく実験が不可欠である．ミルが，『論理学体系』において実験的方法について詳細な検討をおこなったのは，このような見地にもとづいていた．

『論理学体系』第3編第8章「実験的研究の四つの方法」において[50]，彼は実験的研究の方法として一致法，差異法，剰余法，共変法を提示している[51]．まず，一致法についてミルは次のように述べている．「研究対象の現象のふたつあるいはそれ以上の事例がひとつだけの事情を共有しているとしたら，あらゆる事例がそれについてのみ一致しているような事情は，その現象の原因（あるいは結果）である[52]．」差異法は以下のように述べられる．「研究対象の現象が起きている事例とそれが起きていない事例が，前者においてのみ生じている事情を除いたすべての事情を共有しているとしたら，ふたつの事例がそれについてのみ異なっているような事情はその現象の結果，原因，あるいは原因の不可欠な要素である[53]．」彼は剰余法を以下のように表現している．「ある現象から，事前になされた帰納によって何らかの前件の結果であるということがすでに知られている要素を除外してみると，その現象の残されている要素が残ったままの前件の結果である[54]．」最後に，共変法は次のように説明される．「ある仕方で別の

---

50) JSM, *Logic*, Bk. iii, Ch. 8, ibid., 388–406.
51) 彼自身の言明にしたがえば，彼はこの分類に関してハーシェルの議論から示唆を受けており，またそのハーシェルの議論はフランシス・ベーコンの議論を発展させたものであった．なお，ミルはこれら四つの方法に加えて，「一致差異併用法 Joint Method of Agreement and Difference」あるいは「間接的差異法 Indirect Method of Difference」と呼ばれる形式を挙げているが（「abc→ABC；ade→ADE かつ b′c′→B′C′；d′e′→D′E′ならば，a→A」と表現される形式），これは一致法と差異法の二つを併用する方法であり，基本となる方法はあくまでも四つである（Ibid., 396, 438）．なお，実験的方法は「直接的帰納」，「化学的方法 Chemical Method」，「アポステリオリの方法 Method *à posteriori*」とも呼ばれている．
52) Ibid., 390. 簡略化すれば「abc→ABC；ade→ADE ならば，a→A」と表現される．
53) Ibid., 391.「abc→ABC；bc→BC ならば，a→A」と表現される．

第 5 章　社会の科学構想　　　　　　　　　　　　　　　　　　　　143

現象が変化するときはいつでも，何らかの仕方で変化するような現象はどのようなものであっても，その別の現象の原因であるか結果であるか，あるいは何らかの因果関係という事実によってそれを結びついているものである[55]．」これらの方法のみが可能な実験的研究の方法であり[56]，もしこれらの方法が社会事象に適用できないとしたら，社会事象の因果関係を帰納的方法（実験的方法）によって解明することは不可能であるというのがミルの考えであった．

　ミルの見解では，これらの四つの方法のうち一致法，剰余法，共変法は因果関係の確定のためには不十分なものであった．それらが明らかにすることができるのは現象と現象のあいだに何らかの因果的な結びつきが存在していることだけであり，その結びつきの法則を確定させることはできなかった．一致法は「前件と後件の関係に何らかの「斉一性」が存在しており，それらが常に結びつけられているということ」を示すことしかできない[57]．したがって，この方法によっては，どれが原因でどれがその結果なのかを特定することができなかった．つまり，この方法では，前件が後件の原因であるということを示すことができなかった．剰余法は，あるひとつあるいは複数の後件があるひとまとまりの前件からの結果であるという結論に達することができても，ある特定の前件がある特定の後件の原因であることを明らかにすることができなかった[58]．共変法を用いることによって，前件と後件のあいだに何らかの因果関係が存在していることを示すことは可能であったが，前件が後件の原因なのか，あるいは両者がともに別の原因をもっているのかを確定させることができなかった[59]．したがって，ミルの考えでは，因果法則を明らかにするためには差異法が唯一可能な方法であり，彼はこの方法を「実験的研究の方法のうちでもっとも

---

54) Ibid., 398.「abc→ABC；b→B；c→C ならば，a→A」と表現される．
55) Ibid., 401.「abc→ABC；a′bc→A′BC ならば，a→A」と表現される．
56) Ibid., 406.
57) Ibid., 394.
58) Ibid., 397–398.
59) Ibid., 401.

完全なもの」とみなした[60]．差異法は，単一の原因が単一の結果を生み出すような事例だけでなく，「原因の複数性 Plurality of Causes」が存在しているような事例，すなわち複数の異なった前件が同じような後件を生み出すような事例を扱うこともできるという利点ももっていた[61]．他の三つの実験的方法のいずれも，原因の複数性によって生じる推論上の困難を解決することはできなかった．

しかし，差異法を含めたすべての実験的方法が適用できないような事例が存在していた．それはミルが「結果の混合 Intermixture of Effects」と名づけた現象が生じるような事例であった[62]．結果の混合とは，複数の原因が相互に干渉しあってひとつの結果を生み出しているような事例のことであった．ミルが「原因の合成 Composition of Causes」と呼んだものは，この種の混合のよくある類型のひとつであった[63]．このような事例においては，差異法を用いるために必要とされる二つの事例，すなわち問題となっている特徴だけが異なっていて，他のすべての先行条件が同じであるような二つの事例を見つけだしてくることが不可能であるとされた．その特徴をもたらした可能性のある要因のいずれもが，二つの事例に共通している他の先行条件の中に包含されてしまい，原因を特定できないからである．

こうして，結果の混合が生じる事例を考察するためには，別の方法が用いられなければならないことになった．それが，ミルが「演繹的方法」あるいは「アプリオリの方法」と呼んだ方法であった．結果の混合が生じる事象のうちもっとも代表的なものが社会事象であり，したがって社会事象研究においては演繹的方法のみが適用可能であるとされた．ミルの考えでは，社会事象に関しては実験が不可能なために実験的方法を用いて因果関

---

60) Ibid., viii, 881. なお，この方法を用いる際には，ある前件を作りだすことである後件が作りだされることだけでなく，ある前件を除外することによってある後件を除外することができなければならなかった．これができなければ，前件と後件のいずれをも確定することができなかった（Ibid., vii, 393）．
61) Ibid., 434–435.
62) Ibid., 443.
63) Ibid.

第 5 章　社会の科学構想

係についての科学に確定させることができなかった[64]．それだけではなく，この方法によっては経験法則ですら獲得することが不可能であった．

　ここで確認しておくべきは，社会事象そのものは実験的方法によっては研究できないものの，社会現象をその構成要素にまで分解して，それぞれの要素について因果法則を帰納によって獲得することは可能であり，社会事象はこのように帰納によって獲得された因果法則から演繹的推論によって説明することができるとミルが考えていたことである．これは，社会事象を化学とのアナロジーによって理解するか（化学的結合 chemical combination），物理学とのアナロジーによって理解するか（力学的合成 mechanical composition）という，社会像の相違に関係するものであった．

　「化学的結合」とは，ふたつ以上の物質が結合し，結合前の物質の性質からはその性質を予期することができないまったく異なった別のひとつの物質となる過程のことであった．この場合，「原因がそれぞれ別々のときに従っていた斉一性の大部分が，それらの原因が結合されたときにはまったく姿を消してしまう」ことになる．化学的結合の好例は，水素と酸素が結びついて水になるという過程であり，「水素や酸素の性質の痕跡が化合物である水の性質に観察されることはない[65]」．それに対して，「力学的合成」とは「複数の原因が合わさってうみだした結果が，それぞれの原因の個別の結果を足しあわせたものと一致するようなあらゆる事例において例示されている原理」，すなわち「原因の合成」が生じる過程のことであった[66]．いいかえれば，それは，「同時に起きる原因がそれぞれの結果を打ち消すときでさえも，それぞれの原因は，それ自体の法則すなわち個別の作用因としてもっている法則に従って，その効果を完全に働かせているよ

---

64) ミルは実験的方法を経験主義 empiricism として批判している．ミルは自らの立場（現在一般に empiricism と呼ばれている立場）を「経験学派 School of Experience」と呼び，誤った一般化と非科学的な憶測をおこなっているものとして経験主義を批判していた．この点については，Anschutz (1953) 73, R. F. McRae, 'Introduction', in CW, vii, pp. xxi–xxii を参照のこと．
65) JSM, *Logic*, CW, vii, 371.
66) Ibid.

うな，自然法則の相互干渉」のひとつのあり方であった[67]．したがって，ミルの考えでは，化学的結合と力学的合成のあいだの違いは，「諸原因が同時に作用したことによる結果が個々の結果とは異質なものになっているような場合」と「諸原因が同時に作用したことによる結果が，それらの個々の結果を足しあわせたものになっているような場合」とのあいだの違いであり，「一緒に作用するときには姿を消して他の法則にとって代わられるような法則」と「変化することなく一緒に作用するような法則」とのあいだの違いであった[68]．

　ミルは社会事象は力学的合成モデルによって理解されるべきだと考えており，社会事象研究について，それを構成していた要素に分解した上で，それぞれの要素ごとに因果法則を確かめるという作業を主張していた．このように，彼はすでに帰納によって確かめられている前提からの（狭い意味での）「演繹」によって，社会事象についての科学的法則を獲得することができると考えていた．以下で論じるように，ここに含まれる二つの作業──「直接的帰納」と（狭い意味での）「演繹」──が，第三の手続きである検証とともに，（広い意味での）「演繹」あるいは彼が「演繹的方法」と呼んだ方法を構成していた．彼の考えでは，この演繹的方法が社会事象研究に適用可能な唯一の方法であった．

　『論理学体系』第6編第10章でミルは社会の科学の対象として「社会状態 state of society」という概念を提示している[69]．「新しい科学の重要な

---

[67]　Ibid., 373.
[68]　Ibid. ミルは『自伝』において，マコーリーのジェイムズ・ミル「政府論」批判に言及する箇所で次のように述べている．「そこで私は，これと似ていなくもないあることが，私の子供の頃の愛読書であったトムスンの『化学体系』のなかで化学的な現象と力学的な現象の違いのひとつとして指摘されていたことを思い出した．この区別によって，政治哲学について悩んでいたことについて私の頭はすぐにすっきりとした．今や私は，科学はそれが扱う領域において，複数の原因が合成された時の結果が同じ原因が別々であった時に生み出す結果の総和であるかないかによって，演繹的になるか帰納的になるかということを理解した．したがって，政治学は演繹的科学でなければならないということになる」（JSM, *Autobiography*, CW, i, 167）．

キャッチフレーズ」であるこの概念によって[70]，彼が意味しようとしていたのは次のようなものであった．

> 社会状態と呼ばれているものは，あらゆる大きな社会的事実または現象の全体的な状態である．共同体やそのすべての階級に存在する，知識の程度や知的・道徳的文化の程度，そして産業の状態や富とその分配の状態，共同体の慣習的な職業と，それの各階級間の分業，各階級間の関係，共同体の人々が人類にとってもっとも重要なあらゆる問題について抱いている共通の信念とこれらの信念を抱く時の確信の度合，彼らの嗜好，性格，その美的進歩の程度，統治形態や，より重要なものとして，法律や慣習などである．これらのすべての状態と，さらに自ずと示唆されるであろうもっと多くのものの状態とが，ある時代における社会状態や文明状態を構成することになる[71]．

この「社会状態」は「ひとつあるいは少数の器官や機能のではなく，有機体全体」の状態であり[72]，ミルによれば，

> 同じ社会の他のあらゆる部分から多かれ少なかれ影響を受けておらず，それゆえに同時代のその他のいずれかの社会現象に影響を与えているようなあらゆる原因から多かれ少なかれ影響を受けていないような社会事象は存在していない．要するに，生理学者が共鳴性 *consensus* と呼んでいるもの，すなわち人間や高等動物の身体組織のさまざまな器官や機能のあいだに存在しているものと同じようなものが存在している[73]．

そして，ある社会状態の存在は「それらの現象のひとつひとつが他のあら

---

69) ミルの議論においては，社会状態 state of society，文明状態 state of civilization，文明段階 stage of civilization というタームがしばしば互換的に使用されている．
70) Collini et al. (1983) 132.
71) JSM, *Logic*, CW, viii, 911–912. ミルの議論において「社会状態」という用語は多義的であって，地理的条件・風土・国民性など各国に固有なものを意味し，おもに統治形態や政治制度の対概念として狭義の意味で用いられることもあれば，ここでの定義のように，政治制度の影響なども含めたある社会全体の状態をしめす概念である．また，「定義と方法」では，「社会状態」という概念は個々人がある共通の目的のために組織的に協力しあう集団を形成している状態にたいして用いられていた（JSM, 'Definition', CW, iv, 319）．
72) JSM, *Logic*, CW, viii, 912.
73) Ibid., 899.

ゆる現象に与えている影響の必然的帰結」であったが，このことは「社会体のさまざまな部分のあいだに存在している共鳴性が示唆している事実」であった[74].

　このような包括的な社会状態の定義は，ジェイムズ・ミルやサン・シモン，ギゾーの議論を容易に想起させるように，ミルの属していた知的コンテクストのなかでとりたてて新しいものでなかった．社会状態を構成するものとして統治形態が言及されていることが示唆するように，ミルは文明段階論的な見地からそれぞれの社会状態にはそれぞれに適する統治制度が存在すると考えていた[75]．政治を包括する社会という考え方を提示し，政治制度の研究が社会状態の研究によってなされると考えるこのような認識には「政治」から「社会」への関心の移行が現れている．

　このように非常に包括的で多様な内実をもつものとして科学的探究の対象としての「社会状態」という概念を定義したあと，ミルはこの社会状態を研究するための学問として「社会の科学」という体系を提示している．彼の考えでは，社会の科学は「社会の一般科学 General Science of Society」と「特殊社会学的研究 Special Sociological Inquiries」という二つの学問領域からなっていた．社会の一般科学は「いかなる時点においても社会や文明の状態を作りあげている大きな事実の継起と共存の法則を研究する」ものであり[76]，「同時的な社会現象の相互の作用と反作用の理論」をあきらかにする「社会静学 Social Statics」と[77]，「社会状態の連続性を観察し説明する」ことを目的とする「社会動学 Social Dynamics」からなっていた[78]．ここで，ある社会状態はそれに先行する社会状態という原因の結果であるから，社会静学が対象とする共存の法則は，社会動学が明らかにする継起の法則の派生法則であるとされた[79]．

---

74)　Ibid., 912.
75)　ミルは，「ある社会に存在する統治の形態と同時期の文明の状態のあいだの必然的な相関関係」を「自然法則」と呼んでいる（Ibid., 919）．
76)　Ibid., 908.
77)　Ibid., 918．ミルは Sociological Statics という呼称も用いている．
78)　Ibid., 924.

第5章　社会の科学構想

　特殊社会学的研究とは具体的には経済学 Political Economy とポリティカル・エソロジー Political Ethology であり，この研究が対象とするのは，ある所与の社会状態におけるひとつの種類の行為であった．特殊社会学的研究においては，問題となるのは「何らかの社会状況の全般的状態が想定されているとき，ある原因に付随する結果はどのようなものか」であり，この推論から引き出される結論は，社会状態自体を研究対象とする社会の一般科学の結論によって「制限され制御されなければならない」ものであるとされた[80]．

　ミルはあらゆる社会事象研究は人間本性の科学によって基礎づけられていなければならないと主張していた．いいかえれば，すべての社会事象の法則は人間本性の法則から演繹的に引きだすことができなければならなかった．人間本性の法則と結びつけることができない限り，社会事象の法則は経験法則にとどまり，科学的法則になることができなかった．たとえば，歴史の観察から得られる社会の継起に関する知識は，それがどれほど一般性の高いものであったとしても，あくまでも経験法則になりうるだけであり，これらの経験法則は普遍的な人間本性の法則に結びつけられてはじめて科学的法則に転化されるものであるとされた．そして，以下でみるように，ミルの考えでは，観念連合心理学がその人間本性の科学の役割を担うものであった．

　方法に関しては，上述のように，ミルは社会事象に関する科学的法則を獲得するためには演繹的方法を用いなければならないと主張していた．その演繹的方法には二種類あり，第一の方式は「幾何学的方法 Geometrical Method」あるいは「抽象的方法」とミルが呼んだ方法である．この方法は，個々の社会現象は「つねにひとつだけの作用力から，つまり人間本性のうちのひとつだけの特性から生じている」という想定に立つ方法であった[81]．この方法の事例としてミルは，ホッブズの議論とベンサム主義的政

---

79)　Ibid., 912.
80)　Ibid., 911.
81)　Ibid., 888.

治学(「ベンサム学派の利害哲学」と彼が名づけた議論)を挙げている.彼によれば,前者は自己保存という単一の動機のみからの議論であり,後者は「人間の行為はつねにその人自身の利害によって決定される」という,包括的ではあるが曖昧な前提に統治の理論を基礎づけている議論であった[82].

しかし,ミルの考えでは,現実には「きわめて多くの原因の結びつきに依存しないような」現象はないから[83],この種の演繹的方法によって社会事象を理解することは不適切であった.したがって,社会事象研究のためには別の方式の演繹的方法が用いられなければならなかった.それが,ミルが「物理学的方法 Physical Method」,「具体的演繹法 Concrete Deductive Method」あるいは「アプリオリの方法」と呼ぶ演繹法の一方式であった[84].ミルによれば,

> 社会科学(私は以下では,コント氏とともに,より簡便な社会学 Sociology という表現で示すことにする[85])は……演繹的科学であり,それは幾何学モデルにしたがうものではなく,より複雑な物理科学モデルにしたがうものである.それは,それぞれの結果の法則を,それが依拠している因果関係の法則から推論するが,幾何学的方法におけるように一つの原因の法則だけから推論するのではなく,一緒になって結果に影響を与えるようなあらゆる原因を考察し,それぞれの法則を別の法則と合成することによって推論するのである.要するに,その方法は具体的演繹法である[86].

物理学的方法は,「力の合成の原理 Principle of the Composition of Forces」

---

82) Ibid., 890.
83) Ibid., 888.
84) ミルの議論では「アプリオリ」は,経験にもとづかないという意味と,演繹という意味の二通りに用いられている.
85) この箇所は第2版(1846年)以降,「(便利だが粗雑な表現によって社会学と呼ばれてきている)」と書き改められた.ここでミルが「粗雑」としているのは,コントによってつくられた sociologie, sociology という表現が,ラテン語 socius 起源の socio とギリシア語 logia 起源の logy を合わせて造られた混成連結辞であることを指していると思われる.
86) Ibid., 895.

第 5 章　社会の科学構想

と彼が呼んだ，力学において典型的に現れる現象を扱うための方法であり，現象を別々の結果が合わされたものとみなして扱う方法であった．ただし，この方法を社会事象に用いる際には，社会事象の複雑性と実験の不可能性のために，すべての作用因が同定されているという想定に立つことは不可能であった．したがって，推理の結果の正しさを確認する手続きが必要とされた．この手続きについてミルは次のように述べている．

> この改善策は，検証という名のもとに，演繹法の第三の不可欠な構成要素として特徴づけた作業に存している．それは論証の結論を具体的な現象自体か，あるいは獲得可能なときにはその経験法則によって照合するという作業である．あらゆる具体的演繹科学に対する信頼の根拠はアプリオリな推理にではなく，その推理の結論とアポステリオリな観察の結果が一致することにある[87]．

　しかし，すでに述べたように，社会事象研究においては推理の結果を検証するという作業において必要とされる経験法則を単純枚挙による帰納によって獲得することはできないというのがミルの考えであり，経験法則を獲得するためには別の種類の帰納的一般化の手続きが必要とされた．それが「近似的一般化」とミルが名づけた手続きであった．さらに，近似的一般化すら用いることができない場合の検証の手段としてミルが提示しているのが「間接的検証」という手段であった．それは，経験法則ではなく「具体的な現象」に照合することによって推理の結果の正しさを確認するという手続きであった．つまり，推理の結果が現在あるいは過去に生起していた現象を説明することができる場合に推理の結果を間接的に妥当なものとみなすことができるという考え方であった[88]．

　社会事象の研究において適用されなければならない方法はこのような形式の演繹的方法——具体的演繹法——であるというのがミルの見解であった．すなわち，ミルは，社会事象の科学的認識は，前提となる諸法則を獲得するための「直接的帰納 direct induction」，直接的帰納によって獲得さ

---

87) Ibid., 896–897.
88) Ibid., 909.

れた諸法則によってある原因がどのような結果をもたらすかを明らかにする「論証 ratiocination」あるいは狭義の「推理 reasoning」（ミルはしばしばこの手続きも演繹 deduction と呼ぶ[89]），論証の妥当性を既知の事象あるいは事象に関する経験法則に照らして確認する「検証 verification」という三つのプロセスを組み合わせた演繹的方法によらなければならないと考えていた[90]．ただし，以下のように，この具体的演繹法には二つの方式があり，科学によって適用される方法が異なっていた．

第一のものは「直接的演繹法 Direct Deductive Method」である．これは，上述の演繹的推論の三つの作業を順番におこなう方式，つまり，最初に直接的帰納によって前提となる法則を獲得し，それによって論証（狭義の演繹）をおこなった結果を，経験法則あるいは具体的現象によって検証するという手続きを経る作業である．特殊社会学的研究である経済学とポリティカル・エソロジーに適用される方法がこの直接的演繹法であった．経済学とポリティカル・エソロジーにこの方法が適用できるのは，これらの科学が対象とする社会現象が「それぞれの異なった種類の原因に，直接かつ第一義的に，おもに依存している」からであり，したがって，「私たちが身体に関して，それぞれが他のあらゆる器官や組織の状態から影響を受けているにもかかわらず，主要な器官や組織を別々に研究するのと同じように，別々に研究することが有利であるだけでなく，そうしなければならない」と考えられたからであった[91]．

ミルの考えでは，この直接的演繹法は社会の一般科学には適用することはできなかった．それは，社会の一般科学の対象とする社会状態という現象がさまざまな事情に左右される包括的な現象であり，そのなかのひとつの事情だけを考慮して推論をすることができない上に，「それぞれの段階がきわめて多くの多様な部分からなっている人間と事情とのあいだの作用と反作用のきわめて長い系列を，それを生み出した基本法則から算出する

---

89) この狭義の意味での演繹の対概念が帰納 induction である．
90) JSM, *Logic*, Bk. iii, Ch. 11. ミルの用語法では，このような演繹的方法の対になるのは帰納的方法ではなく実験的方法である．
91) Ibid., 900.

ことは，人間の能力によってはおそらくできない」という理由からであった[92]．

したがって，具体的演繹法の特長を損なうことなく，このような難点を回避する方法が求められた．彼が「逆演繹法 Inverse Deductive Method」あるいは「歴史的方法 Historical Method」と呼んだ具体的演繹法の別の一方式がその方法にほかならなかった．逆演繹法では，直接的演繹法とは逆の手続き，つまり，最初に経験法則を獲得したあと，その法則を人間本性の法則とリンクさせる作業によって検証をおこなうことによって推論がおこなわれることになる．

ここで重要なのは，直接的演繹法において社会事象は長期にわたる歴史的変化によって複雑になりすぎて人間本性の法則にリンクさせることができないとされていたのに，逆演繹法においては，推論の順序をいれかえただけでそのようなリンクが可能になるとミルが考えることができた理由である[93]．それは，社会事象の法則と人間本性の法則とのあいだの直接的な結びつきが想定されていた直接的演繹法の場合と違って，逆演繹法においては，ミルが「中間公理 axiomata media」あるいは「中間原理 middle principles」と呼んだ中間項を媒介とすることによって社会事象の法則と人間本性の法則を間接的に結びつけることで科学的法則として確立させることができると考えていたからであった．

ミルによれば「中間公理」とは，「一方では単純な観察から引きだされる経験法則から区別され，他方ではもっとも高次の一般化から区別される」ものであった[94]．彼の考えでは，もっとも高次の一般化（すなわち，人間本性の法則）は「あまりに一般的であり，またごくわずかの事情しか含んでいないために，事情がほとんどつねに膨大な場合には，個々の事例において起こっていることを十分に説明することができない」ものであり，もっとも低次の一般化（社会事象に関する経験法則）をそこから直接に演繹

---

92) Ibid., 916.
93) 関口（1989）209.
94) JSM, *Logic*, CW, viii, 870.

することによって科学的法則に転化することが不可能であった[95]. したがって，もっとも高次の一般化ともっとも低次の一般化を中間の一般化（中間公理）によって間接的に結びつけるという作業が提示され，これは直接的に結びつける場合と同じような科学的正確さをもつものであるとされた．

4—ミルの体系の心理主義的解釈

ミルは「人間本性」という用語を，関連するものの異なった二つの意味で用いている．つまり，抽象的・普遍的なものを意味している場合と，経験的・歴史的な，したがって可変的なものを意味している場合である．前者の普遍的な人間本性を対象とする科学が心理学であるのに対して，後者の歴史的な人間本性，より正確に言えば，ある特定の状況下で歴史的な人間本性がどのように形成されるかを研究するのがエソロジーあるいは性格形成の科学であった[96]．

心理学の課題は精神の法則，すなわち，別の精神の状態を原因としてもつある精神の状態の継起と共存の法則を明らかにすることであった[97]．ミルの考えでは，人間の行為についてのあらゆる知識は経験——外的観察と内観——によって得られるものであるから，心理学もまた経験科学であった．心理学的法則はこのような経験からの一般化によって獲得されるものであり，この法則はそれ以上の正当化は求められていなかった．この意味で，心理学的法則は究極法則であった．

この心理学的法則は，それ自体は普遍的であっても，実際にはつねに人が置かれている状況の影響を受ける形で作用するものであった．したがって，状況の多様性は実際に観察される人間本性の多様性をもたらすことに

---

95) Ibid., 870–871.
96) Mattos（2005）34–40 を参照のこと．
97) ミルの考えでは，別の精神の状態を原因とする精神の状態のみが心理学の対象であり，何らかの精神の状態が身体の状態などによって引きおこされる場合，それは生理学の対象であるとされた（JSM, *Logic*, CW, viii, 849–851）．

第5章 社会の科学構想

なった.この歴史的な人間本性——ミルはこれをしばしば「性格」という表現で呼んでいる——がどのように形成されるか,あるいは,別の言い方をすれば,普遍的な人間本性が人間が置かれている状況の影響をどのように受けるかというのがエソロジーの課題であった[98].

　人間本性についてのミルのこのような見解は,人間の性格の多様性についての彼の認識の深化に関わるものであった.そして,この認識は,人間本性には改善されるべき好ましくない要素があるとミルが考えていたことと結びつくものであった.彼の考えでは,しばしば人間本性には社会の進歩に反するような性向が生得的にみられ,人間の性格の生得的な特質が人為的な特質よりもすぐれたものであるとは限らなかった[99].ただし,ミルは人間本性における好ましくない要素を認識していたけれども,人間には生まれつき成長・改善の能力が備わっているとも考えていた.したがって,人類の改善を達成するためには,好ましくない性向を抑えることと好ましい性向を陶冶していくことの両方が必要であった.とはいえ,彼の考えでは,これまでの文明の進展を特徴づけているのは,人間本性の好ましくない側面を改善する過程であった.ミルによれば,

　　文明化とは,あらゆる点で,動物的本能に対する闘争であった.それらのなかでもっとも強力なものに対してさえ,十分に統制する能力が獲得できることが示

---

[98] なお,彼が「エソロジーという科学が洗練されていけばいくほど,そして,国民性の多様性がよりよく理解されるようになればなるほど,人間本性の普遍原理として問題なく打ち立てることができると考えられるような命題の数は少なくなっていくだろう」と述べていたことは(Ibid., 906),人間本性についての心理学的普遍法則が存在するという見解を彼が放棄しようとしていたことを意味してはいない(Rosen (2007) 133).彼が主張したのは,普遍法則が実際の人間の性格や行為を決定する仕方は人間の行為の結果として形成されてきた社会状態によってさまざまであるということ,そして,普遍法則の作用の仕方を明らかにするエソロジーは,心理学的普遍法則と実際に観察される人間の性格や行為についての経験法則のあいだを媒介する科学であるということであった(Robson (1998) 346).

[99] この点は,死後に出版された「自然論」でも論じられている.「人間性の好ましい特質のほとんどすべてが本能の結果ではなく本能を克服したことの結果であるということは依然として真実である」(JSM, 'Nature', CW, x, 393).なお,「自然論」が執筆されたのは1850年代前半である.

されてきた．人間のもっとも自然な性向の多くがその痕跡や記憶をほとんど残さないほどに，人間の〔本能の〕大半は人為的に作られてきた[100]．

ジョン・ロブソンが論じていたように，ミルにとって人間本性は「作用因であるとともに改善の最終目的となるものであった[101]」．観念連合にもとづいた心理学的分析は生得的な作用因としての人間本性の特質を明らかにするものであったのに対して，エソロジーは人間本性の最初の状態と望ましい状態の両方を明らかにするものであった．

ミルはあらゆる社会事象研究は人間本性の科学によって基礎づけられていなければならないと考えていた．いいかえれば，社会現象についての法則は，何らかの形で人間本性の科学から引き出されなければならないと考えていたのである[102]．そして，彼の議論にしたがえば，人間本性の科学とは観念連合心理学とその派生法則であるエソロジーであった[103]．

このように社会理論の基礎を心理学およびエソロジーにもとめたミルの議論は，ポパーによって「心理主義 psychologism」として批判された．ポパーの議論において，心理主義は（1）社会法則は究極的には心理法則に還元可能であると考える，（2）心理法則を個人の精神から生じる動機に

---

100) JSM, PPE, CW, ii, 367. cf. JSM, 'Civilization', CW, xviii, 119–148.
101) Robson (1998) 347.
102) それゆえ，社会の科学はあくまでも人間本性に関する研究として理解されている．ミルの議論においてはしばしば，人間事象 human affairs というタームが社会事象 social affairs というタームと代替的に使われ，また社会の科学は「社会における人間の科学 science of man in society」とも呼ばれる（JSM, Logic, CW, viii, 875）．
103) Capaldi (1973) 415 は「ミルにとって人間本性の科学はエソロジーであって心理学ではない」と述べているが，これは正確ではない．ミルがその社会の科学構想においてエソロジーに対して心理学より重要な役割，あるいは少なくとも心理学と同じ程度の重要性を与えたのは確かだとしても，彼は心理学が人間本性の科学であるという見解を放棄することはなかった．ミルの考えでは，エソロジーは，どれほど重要な役割を担うものであったとしても，科学的認識としてはあくまでも心理学からの派生法則にすぎなかった．JSM, Logic, CW, viii, 861–874 も参照のこと．

よって構成されているものとみなす，という二つの命題をもつものとされ，ミルはその代表的思想家の一人であるとされている[104]．ポパーは，ミルの議論が単純な心理主義的還元論に陥っていると論じているが，これはカパルディも指摘したように，ミルのエソロジー構想とその方法論に対する理解不足に起因するものであったと思われる[105]．たしかにミルは社会事象研究の基礎としての心理学の重要性を強調していたが，社会事象が究極的に心理学的法則のみに還元することによって理解されなければならないとは主張してはいなかった．したがって，ミルは少なくともポパーの論じていた意味での心理主義の見解をもってはいなかった．

ポパーのミルに対する非難がミルの方法論とエソロジーの位置づけについての誤解に起因していることを確認するためには，「演繹」とそれに対応する「説明」，さらに「経験法則」などの，演繹的方法による社会事象研究に関係するさまざまな概念についてのミルの議論を正しく理解する必要がある[106]．

ミルの議論にしたがえば，一般に演繹には，既知の法則から未知の法則を導き出すこと（発見と論証）と，既知の法則から別の既知の法則を導き出すこと（説明）のふたつが含まれている[107]．そして，ここで「説明」とは，ある事実の原因を明らかにすることと，ある法則を他の諸法則に分解 resolve することのふたつの作業を指している．そして，説明には三種類の方式がある[108]．

第一は，複数の因果法則が同時に作用したことによる現象を個々の因果法則に分解しつつ，それらの法則の配置関係 collocation あるいは共存の仕方を明らかにすることである[109]．太陽系の惑星の運動の法則を慣性の法

---

104) Popper（1945）ii, 85 ff.
105) Capaldi（1973）．
106) 以下の議論については，Kubitz（1932）216 ff., Brown（1984）233–237，関口（1989）286–308 などを参照した．
107) JSM, *Logic*, CW, vii, 454.
108) Ibid. ある法則を別の法則に分解するという時，それはつねにある法則をより高次の（一般性の高い）法則に分解するということを意味している．

則と求心力の法則の合成として説明するのがこの例である[110]．第二は，因果関係が存在するように見える二つの法則のあいだに別の法則を媒介させることで，両者のあいだに間接的に因果関係のリンクを確立することである[111]．たとえば，何かに触ることで何らかの感覚が生じるが，これは何かに触ったことによる神経の刺激が脳に伝わり，それによって感覚が生じているということである．つまり，何かに触ったということは何らかの感覚が生じたことの直接の原因ではない．何かに触ったことの直接の結果は神経の刺激であり，神経の刺激が感覚の直接の原因である[112]．

　これらの二つの方式の場合はあるひとつの法則が複数の法則に分解 resolve される事例であるが，これらとは逆に，複数の法則をあるひとつの法則に還元 resolve することによって説明する場合がある．それが説明の第三の方式，つまり，低次の諸法則をより高次の別の法則によって包摂すること，いいかえれば，いくつかの諸法則を，それらすべてを包含するより一般的なひとつの法則のもとに集めることである[113]．地球上の重力の法則と太陽系の求心力の法則をより高次の万有引力の法則によって説明するのがこの方式の例である[114]．

　次に検討するのは，「派生法則 derivative law」および「究極法則 ultimate law」についてである．ミルによれば，派生法則とは上記の三つの方式のいずれかによって他のより高次の法則に分解できる（より高次の法則から演繹できる）ものであり[115]，究極法則とはそのような分解が不可能な（それ以上高次の法則が存在していない）法則のことである[116]．つまり，派生法則

---

109) 以下のように表現される．X→Y という関係は，a→A；b→B；c→C という諸法則がある仕方で共存して同時に作用したものであり，正確には X = (a + b + c)→(A + B + C) = Y という関係である．
110) Ibid., 464–465.
111) 以下のように表現される．X→Z という因果関係は，X→Y；Y→Z という二つの因果関係の継起であり，正しい因果関係は X→Y→Z である．
112) Ibid., 465.
113) 以下のように表現される．x→X；y→Y；z→Z という法則はすべて，a→A というより一般性の高い法則がある一定の環境のもとで作用したものである．
114) Ibid., 469.

とは説明可能な法則であり，究極法則とは説明不可能な法則である．この議論で重要なのは，ある派生法則がより高次の法則に分解可能であるということは，派生法則がある高次の法則にのみ依存するということを意味してはいなかったということである．説明の方式について検討した際に述べておいたように，派生法則は，より高次の法則と，それらの高次の法則の「配置関係」の両方に依存しているのである．そして，この配置関係自体はどのような法則にも還元されることはないものであった．

また，究極法則は前提となる法則をもたないので帰納によって獲得されなければならないが，派生法則はつねにより高次の法則（究極法則あるいは別の派生法則）からの演繹によらなければならないものであった．派生法則は帰納によって獲得することはできず，帰納によって獲得できるのはあくまでも，もとの法則がいまだに知られていない法則，いいかえれば，説明されていない派生法則である「経験法則 empirical law」だけである[117]．

ここで問題となるのは，どのような種類の帰納によって経験法則が獲得されるのかという点である．というのは，すでに指摘したように，ミルは単純枚挙方式の帰納によっては科学的法則だけではなく，経験法則すら獲得することができないと論じていたからである．経験法則を獲得するための帰納としてミルが念頭においていたのは，単純枚挙による一般化のような粗雑な方式ではなく，「近似的一般化 approximate generalization」という手続きであった．

ミルの考えでは，これまで観察されてきたAはいずれもBであったからすべてのAはBであると結論づける一般化の作業，つまり「これまでそうでなかったものは，これからもそうではないだろう」という形で表現される「単純枚挙による *per enumerationem simplicem*」一般化は，社会事象についての経験法則を引きだす際にはとりわけ不適切な作業であった．と

---

115) 派生法則は，ある究極法則から派生したものであることもあれば，別の派生法則から派生したもののこともある．
116) ミルは究極法則を自然法則 Law of Nature とも呼んでいる．
117) JSM, *Logic*, Bk. iii, Ch. 14, ibid., 484–508.

いうのは，この方法にもとづく一般化が意味しているのは，これまで歴史において観察されなかった事象が今後も起こらないということだからである[118]．したがって，社会事象についての経験法則を帰納によって獲得するためには，このような欠点を免れている別の方式によらなければならず，そのような方式の一般化についてミルは次のように述べている．

> ある現象がこれまで確認されなかったということは，この現象が起きるための条件がこれまで人間の経験のなかで生じてこなかったということを証明しているだけであり，そのような条件が明日も生じないということは証明していない．よりすぐれた種類の経験法則が存在する．すなわち，観察されている現象が，観察の範囲内で，段階の系列をしめし，その系列に規則性や数学的法則のようなものが認められ，それゆえ，それから観察の範囲外にある系列の項目についても何らかの合理的な推測がなされるような時である[119]．

このような条件をみたす一般化の作業が，条件つきの普遍性の低い一般化，つまり，「すべてのAはBである」という結論を引きだす一般化ではなく，「大多数のAはBである」という結論を引きだす不完全な形式の一般化である「近似的一般化」であった．ミルによれば，「平均的な場合における〔近似的一般化による〕推論の確からしさの程度は，一般化と合致する自然に存在している事例の数と一般化と相容れない事例の数の比率に左右される」ものであった[120]．

近似的一般化によって獲得される経験法則に関して重要なのは，ミルが二種類の経験法則を想定していたことである[121]．経験法則には高次の経験法則と低次の経験法則がある．ミルによれば，低次の経験法則（社会事象に関する経験法則）は一般性が低すぎて究極法則（人間本性の科学としての心理学）から演繹することは不可能であり，これらの低次の経験法則は，そこから低次の経験法則を演繹できるような高次の経験法則に結びつけら

---

118) JSM, *Logic*, CW, viii, 788.
119) Ibid., 789–790.
120) Ibid., vii, 591.
121) 関口（1989）300 ff.

れ，そこから演繹されなければならなかった．つまり，低次の経験法則はより高次の経験法則の派生法則であった．そして，ミルの議論のなかできわめて重要な意味をもつことになる中間公理という役割を担うことができるのは高次の経験法則だけであり，社会事象に関する低次の経験法則は究極法則である心理学から演繹可能でなければならない中間公理となることはできなかった[122]．彼の考えでは，中間公理はもっとも高次の法則である究極法則から演繹可能な程度に一般化の度合い高いものでなければならないと同時に，もっとも低次の経験法則と結びつけられる程度には一般化の度合いが低いものでなければならなかった．

したがって，低次の経験法則を派生法則化する作業，つまり科学的認識に転化する作業とは，低次の経験法則を，究極法則に直接的にリンクさせることで説明するのではなく，究極法則によって説明することができ，かつそれらの低次の経験法則を説明することのできるような法則，つまり究極法則の派生法則として説明可能な高次の経験法則に直接的にリンクさせることによって，いいかえれば，中間公理を媒介として究極法則とのリンクを間接的に確立することによってなされることになるのである．

以上から，心理学およびエソロジー，社会事象に関する経験法則の関係について次のように結論づけることができるだろう．まず，エソロジーは，究極法則である心理学からの演繹によって獲得される派生法則であるから，エソロジーを科学として確立するということは，経験法則であるエ

---

[122]「歴史からの一般化によってもっとも容易に獲得できる経験法則はこれ〔中間公理〕にはならない．それらは「中間原理」そのものではなく，そのような原理を確立するための証拠にすぎない．経験法則は，社会において認めることのできるある一般的な傾向，すなわちある社会的要素の進歩的な増加や減少，あるいはある要素の一般的な性格の漸進的変化から成り立っている．……しかし，これらの結論やそれに類したものはいまだにそれが依拠している人間精神の基本法則から離れすぎていて——あまりに多くのリンクが介在し，またそれぞれのリンクにおける原因の同時作用があまりにも複雑であるので——，それらの命題を〔人間本性の〕基本法則からの直接的なコロラリーとみなすことはできないし，したがって，それらは，多くの思想家にとっては，実際の観察の限界内においてのみ適用可能な経験法則の状態にとどまっている……」(JSM, *Logic*, CW, viii, 924–925)．

ソロジーを心理学からの派生法則に転化させるということであった．いいかえれば，エソロジーの法則を心理学の法則によって説明すること，あるいは心理学の法則からエソロジーの法則を演繹によって引きだすということであった．ここで，エソロジーの法則を説明するということは，ある現象を個々の因果法則に分解しつつそれらの因果法則の配置関係を明らかにするという説明の第一の方式か，あるいは，ある法則をより高次の法則によって包摂することによって説明する第三の方式によってなされるものであった．エソロジーの法則は，心理学の諸法則とそれらの配置関係を明らかにすることによって説明されたといえることになるから，ここに還元と呼ぶべき作業があることは間違いない．ただし，エソロジーが心理学の派生法則であるという言明が，エソロジーが心理学のみに単純に還元できることを意味していたわけではないということにあらためて注意が払われるべきである．これまで強調してきたように，派生法則とは，究極法則もしくは別の派生法則と，因果法則に還元することができない「原因の配置関係 collocation of causes」（所与の環境）の両方に依存する法則であり，「派生法則はそれへ分解される究極法則のみに依存しているわけでない」からである[123]．

　社会事象に関する経験法則，すなわち，もとの法則がいまだ知られていない低次の派生法則を心理学的法則という究極法則によって説明するということは，因果関係が存在するように見える二つの法則のあいだに別のある法則を媒介させることで両者を結びつけて説明するという作業（説明の第二方式）を意味している．すなわち，心理学からの派生法則であり，そこから低次の派生法則が引きだされる高次の派生法則であるエソロジーという中間公理を媒介にして，究極法則である心理学と低次の派生法則である社会事象の経験法則を間接的に結びつけ，社会事象の経験法則をエソロジーの派生法則に転化させることが，社会事象に関する経験法則を心理学によって説明するということの内実である．つまり社会事象に関する低次

123）　JSM, *Logic*, Bk. iii, Ch. 16, secs 2–3, ibid., vii, 517–519.

の経験法則については，究極法則である心理学的法則からではなく，その心理学の派生法則であるエソロジーという中間公理からの演繹が求められているだけであり，この種の経験法則に関しては究極法則である人間本性認識からの演繹は念頭におかれていないのである[124]．社会事象認識は，人間本性認識としての心理学的法則との直接的なリンクによって科学的に確立するわけではなく，心理学の派生法則であるエソロジーという中間公理にリンクされることによって，エソロジーからの派生法則として科学的に確立されると考えられていたのである．したがって，エソロジーを介して社会事象に関する法則を心理学に間接的にリンクさせる作業には還元という作業は含まれていないと思われる[125]．

　ミルの議論においては，心理学と社会事象の結びつきはエソロジーを媒介とした間接的なものであるし，社会事象とエソロジーのあいだ，あるいは心理学とエソロジーのあいだには，したがって心理学と社会事象のあいだには，単純な還元の関係は存在していなかった．これらの点からポパーの心理主義という批判はミルの議論にはあてはまらないように思われる．ポパーの誤解は，環境がいかに性格形成に影響をあたえるかという関心にもとづくエソロジー構想を軽視したこと，そして『論理学体系』でミルが実際に何を意味しようとしたのかを理解しそこなっていることに起因していると思われる．

5 ── おわりに

　ミルは『自伝』で，『論理学体系』が「この種の書物としては非常な成功をおさめた」ことを意外感をもって記している[126]．この著作が目指したのは，当時ブリテンにおいて広範な影響力をもっていた（と彼がみなしていた）直観主義哲学を論駁することであった．彼の考えでは，この直観主

---

124) JSM, *Logic*, Bk. vi, Ch. 10, sec. 6, ibid., viii, 924–925.
125) JSM, *Logic*, Bk. iii, Ch. 12, ibid., vii, 464–472.
126) JSM, *Autobiography*, CW, i, 231.

義は守旧的な保守主義を理論的に正当化している思想であった．したがって，直観主義を論駁することは彼にとって反改革論の哲学的根拠を突き崩すことに他ならなかった．この意味で，『論理学体系』は「改革者の本」であった[127]．

　この著作でミルが提示した道徳・社会科学体系の構想はそれまでの政治学を刷新する試みであった．この試みを通じて彼は社会事象を科学的に取り扱うための方法論にまつわるさまざまな難問を解決することができたと確信していた．以下の三つの章では，『論理学体系』で提示された彼の社会事象研究の体系を構成するとされた個々の科学について検討していく．

---

127) Ryan (1974) 85.

第6章

歴史知識と社会変動の理論

> 世界史の事実を理論によって結びつけることが初めて科学的思想家の最大の目標となった[1].

1——はじめに

　1830年代から1840年代のJ・S・ミルはフランスにおける歴史研究の展開に注意をむけ，それを高く評価していた．彼の考えでは，オーギュスト・コントやフランソワ・ギゾーをはじめとするフランスの歴史家は新しいアプローチを採用することによって，歴史研究，さらには社会事象研究一般の革新をなしとげていた．彼によれば，その新しいアプローチとは，第一に，人類や社会の進歩的発展として歴史を解釈するアプローチであり，第二に，「社会状態」という概念に着目し，政治制度の変化をそれが存在している社会状態の変化に関連づけて説明するアプローチであった．しかし，このようなアプローチはミルが主張したように19世紀前半のフランス思想家たちに独創的なものであったとは言い難い．

　「歴史理解についてのミルの「発見」や「新しい」洞察は18世紀の思想家にはしばしばよく知られていたものであった[2]．」フォーブズはこのように指摘しているが，こう述べたときに彼が念頭においていたのはスコッ

---

1)　JSM, *Logic*, CW, viii, 930.
2)　Forbes (1954) 670.

トランド啓蒙の思想家たちであった．1830年代のミルが18世紀スコットランドの哲学的歴史家たちの議論に積極的な関心を向けていたようには思われないが，彼は1840年代に歴史知識に対する関心を深めていくなかで，それらの意義を評価するようになり，それまで自覚的に影響を受けてきていたフランスの思想家たちの見解との類似性に着目するようになった．重要なのは，ミルのこのような認識が，父ジェイムズの歴史学上の著作『ブリテン領インド史』に対する評価の変化と密接に関わっているように思われることである．

　ミルはジェイムズ・ミルの政治学方法論については不十分で不適切なものであるという，1820年代末からの批判的見解を保ち続けていたが[3]，1840年代半ばにはジェイムズ・ミルを「かの偉大な学派〔スコットランド啓蒙〕の最後の生き残り dernier surviant de cette grande école」あるいは「哲学的インド史家 philosophical historian of India」と評し[4]，その歴史論に対して好意的な態度を示すようになっていた．この時期のミルはしばしばあるべき歴史研究を「科学的歴史」や「哲学的歴史」という表現で呼んでいたが，このような表現によって意味されていたのは，社会状態の段階的発展の仕方やその統治制度との相関関係にも注意を向けつつ，あらゆる社会事象を人間本性の法則に演繹的に結びつけることによって説明するような歴史理論であった．彼の考えでは，ギゾーやコントといったフランスの思想家のほか，ジェイムズ・ミルやジョージ・グロートがこのような歴史論を試みた思想家であった[5]．

　本章ではミルの歴史知識に対する関心と社会変動の法則を探求するための歴史の科学を作り上げようとした意欲を検討する．最初に，19世紀初頭において哲学的歴史がどのように受け入れられていたかを確認し，次に

---

3) JSM, *Logic*, CW, viii, 889–894.
4) JSM à Auguste Comte, 28 janvier 184[3], CW, xiii, 566 [Haac (1995) 129]；JSM, PPE, CW, ii, 321.
5) ミルはグロートの『ギリシア史』について，「哲学的ギリシア史の最初の試み the first attempt at a philosophical history of Greece」と評している（JSM, 'Grote's History of Greece [1]', CW, xi, 275）．

その議論を受け継ごうとしていたジェイムズ・ミルの歴史論を検討する．その上で，ミルの歴史知識に対する見解の変化を検討していく．1830年代初頭までの彼の歴史知識に対する態度は消極的なものであった．それに対して1830年代の彼は経験知識の源泉としての歴史に対する関心を徐々に深め，経験知識一般，とりわけ歴史書と旅行記から得られる知識の意義を認識するようになっていった．彼によれば，この種の知識は，政治学における致命的な誤り，すなわち特殊な経験を普遍的なものとみなしてしまうという誤りを避けるために有用なだけでなく不可欠なものであったが，この見解は彼がこの時期に強く抱いていたベンサムに対する反発に関連づけられるものであった．彼の考えでは，ベンサムの議論は非歴史的なものであった．さらに1840年代半ばになるとミルは歴史知識に対してそれまで以上に強い関心を寄せるようになり，ギゾーやミシュレなどのフランスの歴史家の著作を取りあげた論考のなかで歴史論についていくつかの重要な考えを提示している．この時期のミルの思索を特徴づけているのは，社会の変化を支配する歴史法則に対する強い関心であった．つまり，ミルが関心を示したのは個々の特定の歴史事象に対してではなく，歴史についての理論的見解，いいかえれば，社会の歴史的変化の法則あるいは説明原理に対してであった．彼が歴史論に関心を向けたのは，過去そのものに対して関心を抱いていたからではなく，それが現在および未来を理解するのに資すると考えたからであった．

2——19世紀初頭の哲学的歴史

デュガルド・ステュアートが「理論的あるいは推測的歴史 *Theoretical or Conjectural History*」と名づけたアプローチ[6]——「スコットランドの著述家のあいだできわめて流行していた，政治制度の歴史を想像上の非常に野蛮な時代から一連の改善の段階を経由しながら，抽象的にたどる議論の仕方[7]」——によってスコットランド啓蒙の思想家が描き出したのは，商業の発展がその担い手である商業中産階級の興隆をもたらす一方で奢侈に溺

れた上流階級が没落していく過程のなかで，封建制度の衰退によって王権が強化され，また下層階級の経済的解放が進んできたこと，そして，この経済的自由の増大が彼らに王権に対抗するための力をもたらし，彼らの政治的自由の拡大をともなっていたことであった[8]．

このようなスコットランド啓蒙の思想家の哲学的歴史による文明社会論の特徴は以下の点にまとめることができる[9]．第一に，あらゆる社会事象は何らかの「原因」をもつ「結果」であるとみなされ，実験的方法に基づいて一般法則を明らかにするという自然哲学（科学）の方法を援用しつつ，この因果関係を明らかにすることが課題とされた．第二に，あらゆる要因に着目しながら文明という概念によって社会を総体的に把握し，野蛮から洗練にいたる文明の発展の階梯のなかに位置づけることが目指された．第三に，素朴な経済決定論ではなかったけれども，社会の発展段階を理解する指標，あるいは社会の発展を規定する要因として生活様式や労働の分業の状態などの経済的要因が重視された．第四に，社会の発展は個人の計画的な行為の結果としてではなく，意図せざる行為の結果とみなされ，その偶然的でさえある帰結によるものとみなされた．

スコットランド啓蒙の思想家による文明社会論の成果は，グラスゴウでは，グラスゴウ大学でスミスに学び，1761年から1801年までグラスゴウ

---

6) ステュアートは，「理論的あるいは推測的歴史」はヒュームの言う「自然史 Natural History」やフランスの思想家の言う「合理的歴史 Histoire raisonnée」と同様のものであると述べている．本書では，「哲学的歴史」という表現をこれらと同じものとして用いる．なお，ステュアートの命名はスミスの「言語起源論」について述べる際になされたものであり，ステュアートがこのような歴史アプローチを評価した理由のひとつは，「自分が説明できない現象を奇跡に関連づけるという，例の怠惰な哲学」に対する歯止めとしての効用であった（Stewart（1980）293）．

7) Jeffrey and Horner（1803）206–207.『エディンバラ・レヴュー』創刊者たちの哲学的歴史というアプローチに対する冷淡な見解については，たとえば，Collini et al.（1983）60–61を参照のこと．

8) この点については，Forbes（1975），Winch（1978）Ch. 4をはじめとした多くの研究がある．

9) 以下については，Skinner（1967），Rendall（1982），Berry（1997）52–73などを参照した．

大学法学教授を務めたジョン・ミラーによって，エディンバラではステュアートによって次の世代に伝えられようとしていた．ミラーは，いわゆる意図せざる結果の論理に大きな関心をはらいつつ，社会の進歩を，富と知識の普及，人々の習俗の改善，個人の自由の拡大の過程として描き出した典型的な哲学的歴史家であった[10]．ミラーは『階級区分の起源』(初版1771年；第4版1806年[11]) において社会における支配構造の展開を描き出し，19世紀前半のブリテンの国制史研究にも影響を与えた『イングランド統治史論』(初版1787年；第3版1803年[12]) においては社会史的な観点から封建的貴族政，封建的君主政，商業的統治という三つの段階をたどってきたものとしてイングランドの国制史を描き出した．

あらゆる社会や統治における進歩を「その社会に固有な状態な状況によって作りだされるある種の自然的発展」とみなしていたミラーの議論は[13]，歴史的変化の法則性や普遍性に対する洞察をしめすとともに特殊

---

10) ミークは，先行者の研究を発展させて四段階論を「真の歴史哲学」へ高めた思想家としてミラーを評価している（Meek (1976) 161）．
11) Millar (1806). *The Origin of the Distinction of Ranks* というタイトルはミラー没後の1806年に出版された第4版に付されたタイトルであり，それ以前の版では *Observations concerning the Distinction of Ranks in Society* というタイトルであった．ジェフリーやジェイムズ・ミルが書評の対象としたのは第4版である．同書については，たとえば，佐々木 (1972–73)，田中 (1999) を参照のこと．
12) Millar (1803) [Millar (2006)]．『イングランド統治史論』は著者ミラー没後の1803年に第3版が出版された際に，それまで1巻本であったものが，2巻に分割された上で遺稿を編集した2巻が増補され4巻本となった（田中 (1999) 174）．ジェフリーやジェイムズ・ミルが書評を書いたのはこの第3版である．同書については，佐々木 (1972–73)，田中 (1999) を参照のこと．この著作の19世紀の国制史への影響については，Lehmann (1960) 36, Francis and Morrow (1994) 15–17 などが指摘している．以下でもあらためて論じるが，ミラーの国制史への強い関心が，後にミルがミラーとギゾーの議論の類似性を指摘したときに念頭にあったものだと思われる．なお，Macfie (1961) 200 は「彼〔ミラー〕の著作は19世紀の思想，とくにジョン・スチュアート・ミルの社会学に直接的な影響をあたえていた」と述べている．しかし，ミルがジェイムズ・ミルによる早期教育のなかでミラーの著作を読み，1840年代にはその議論を評価する言明を残しているという事実があるとしても，ミラーのミルに対する影響がどの程度のものであったか，そして，それが「直接的」といえるものなのかは微妙な問題であろう．
13) Millar (1803) i, 375–376 [Millar (2006) 192]．

性や偶然性も視野にいれており単純な決定論ではなかったが[14]，社会発展の認識の枠組みとして四段階論を援用したこともあって，これまでの研究史でしばしば唯物史観的な歴史論という解釈がなされることもあったように，経済定論的な色彩が強いものとして受け止められることが多かった[15]．たとえば，フランシス・ジェフリーは，ミラーの議論における人為を越えた社会の歴史的変化への着目のなかに意図せざる結果の論理の意義というよりも歴史における個人の役割や偶然性を軽視した決定論的な傾向を読みとって，次のように述べていた．

> 法律，統治，言語，技芸，科学，習俗についての彼〔ミラー〕のあらゆる思索における主要な原理は次のようなものであった．すなわち，恣意的な，あるいは偶然の要因によって作りだされるようなものはないということ．いかなる重要な変化や制度，習慣，事件も，ある個人の個性や努力やある国家の性質や性向，偶発的な性格や，特異な英知や愚考に帰すことはできないということ[16]．

ジェフリーのこの認識が重要なのは，それが含意している，あらゆる社会に適用される単線的な社会発展という（ミラーのものというよりは，むしろジェフリー自身の）認識の枠組みが，当時大量にもたらされつつあったアジアの「遅れた」社会（特に中国やインド）についての知識と結びつくことで，きわめて単純化された形の二分法的な枠組み（文明と野蛮，進歩と未開）にヨーロッパとそれ以外の社会を位置づける態度をもたらし，また，商業社会という発展段階に到達している唯一の社会である自らの社会に対する優越性への確信を深めさせることになったように思われるからであ

---

14) 田中（1999）38-39.
15) ミラー研究史については，田中（1999）11 ff. を参照のこと．
16) Jeffery（1803）157. ジェフリーは 1787 年にグラスゴウ大学に進学したが，トーリーであった父親から同大学におけるミラーの講義には出席しないように忠告を受けていた（Cockburn（1852）i, 12). コウバーンは，実際に彼はミラーの講義を聴いておらず，彼が後年にミラーの講義を高く評価したのは，自身の体験ではなく友人からの証言や当時の一般的な評判にもとづいていたと指摘している（Ibid., i, 11). Lehmann（1970），Flynn（1978）29-31, Cairns（1995），田中（1999）19, 注 5 も参照のこと．

る[17]．とりわけジェフリーをはじめとする 19 世紀初頭のウィッグ思想家のあいだでミラーの議論の決定論的ニュアンスが強調されていたのは，彼らが教えを受けていたデュガルド・ステュアートの影響によるところも大きかったように思われる．そして，このような決定論的傾向は，以下でみるように，ジェイムズ・ミルにも受け継がれていた．

3 ── ジェイムズ・ミルとインド史

『論理学体系』においてミルは，ジェイムズ・ミルの推論の方法を政治学においては不適切な「ベンサム学派の利害哲学」の幾何学的・抽象的方法として戯画化して定式化していたが，それは明らかに，『ブリテン領インド史』ではなく，彼が「政治的英知をもりこんだ傑作」と評していた「政府論」を念頭においたものであった[18]．その一方で，1840 年代のミルはジェイムズ・ミルの歴史家としての業績にあらためて目を向け[19]，ギゾーなどのフランスの歴史家の議論とジェイムズ・ミルが学んだスコットランド啓蒙思想家の議論の類似性（社会と政治の相関関係への着目，社会的要因を重視した段階論的枠組み）を認識し，このことに好意的に言及するようになっていた．フランス思想に学びつつ社会の歴史的変化の法則への関心を深め，歴史と社会の科学の関係について，「私たちが通常，ベンサム主義

---

17) この点については，川名（2008）を参照のこと．
18) JSM, *Logic*, CW, viii, 889–894.
19) 『自伝』でミルは『ブリテン領インド史』について「言葉の最善の意味で私の教育に大きく役立った書物」と記しているが，『自伝』を読むかぎりでは，初めて『ブリテン領インド史』を読んだ時にミルを引きつけたのは，その歴史論としての理論的側面よりも，その著作がもっていたブリテンの改革についての実践的含意であったように見受けられる（JSM, *Autobiography*, CW, i, 27–29）．たとえば，ミルは『ブリテン領インド史』について次のようにも回顧している．「この本は当時は極端だとみなされていた民主主義的急進主義の見解や判断方法にあふれており，当時にあってはきわめて異例な激しさでイングランド国制やイングランド法，さらにこの国で重大な影響力をもっていたあらゆる党派や階級を論じていた……」（Ibid., 29）．『ブリテン領インド史』がこのようなイングランドの支配層に対する批判を含意していたことは多くの研究者によって指摘されている（e.g. Forbes 1951；Majeed 1992, 1999）．

者を見いだすようなものとはまったく違った知的世界に属している」認識をもつようになっていた1840年代のミルが「再発見」し評価することになるのは[20]，このような知的伝統と，その伝統に棹さしていたジェイムズ・ミルの『ブリテン領インド史』であった[21]．それは，バーンズが言及しているように[22]，歴史事実を人間本性の法則に演繹的に結びつける必要性を強調するとともに，包括的な研究対象としての社会状態の段階的発展や，社会状態と統治制度とのあいだの相関関係に注意を向けていたものであった．このことがミルがジェイムズ・ミルを「哲学的インド史家」あるいは「ヒンドゥ社会に理性の光を投げかけた最初の歴史家」と評した時[23]，念頭においていたものであったように思われる．

　ジェイムズ・ミルはスコットランドの哲学的歴史家のなかでもミラーをとりわけ高く評価していた．彼は自らの『ブリテン領インド史』(1817年) をミラーの著作に続くものとして意図していたし[24]，ミラーの『イングランド統治史論』を読むことをリカードに薦め[25]，またミルには早期教育の過程で読ませていた[26]．1803年，ジェイムズ・ミルは同年に出版されたミラーの『イングランド統治史論』第3版の書評を発表し[27]，社会の歴史的変化とその過程における社会状態の統治形態に対する影響について，イングランドを具体例として分析しながら，「人間本性の一般法則を適用」しつつ一般的な結論をひきだしたものとしてミラーの著作を高く評価していた[28]．そして，1806年から十年以上の歳月をかけてジェイムズ・ミルが執筆した『ブリテン領インド史』は，スコットランド啓蒙以来の文明社会論の伝統から学んだ手法を用いつつ，包括的な研究対象としてのインドの文明状態を検討したものであった．そして，この特徴こそ1840年代のミルが着目し高く評価するようになったものであった[29]．

　ジェイムズ・ミルのインド史執筆のきっかけについてははっきりしない．彼がインド史についての著作を執筆することを決意したのは，個々

---

20) Burns (1976) 4.

21) ミルはコントに対して次のように述べている．「私はスコットランド人とフランス人の知性のあり方のあいだに正確な類似を見出しています．ヒューム，ファーガソン，アダム・スミス，ミラー，ブラウン，リード，さらにチャーマーズでさえもがいかにフランスの思想家に似ているかということ，そして私たちのイングランドの哲学者は，おそらくホッブズを例外として，異なった様式に属しているということを，あなたは正しくも見逃しませんでした」(JSM à Auguste Comte, 5 octobre 1844, CW, xiii, 638–639 [Haac (1995) 259]). cf. JSM à Auguste Comte, 28 janvier 184[3], CW, xiii, 566 [Haac (1995) 129]：「もしある程度までそれ〔科学的精神〕をもっている人が〔ブリテンに〕いるとすれば，彼らはそれをほとんどつねにフランスの著書から学んでいるのです．おそらくスコットランドは例外かもしれません．そこでは公教育の性格はイングランド的というよりもフランス的です．このことは，スコットランドの思想家，すなわちケイムズやファーガソンから，かの偉大な学派の最後の生き残りであった，1836年に死んだ私の父〔ジェイムズ・ミル〕にいたるまでの思想家の優れた業績を説明するものです」．

興味深いことに，1840年代のミルの歴史論はスコットランド啓蒙の歴史論に精通していたウィッグ思想家にも，意外感をもたれながらも高く評価されていた．『エディンバラ・レヴュー』に掲載されたミルの「ギゾーの歴史論」を読んだ直後，いまだにその著者を知らなかったジェフリーは同誌の編集者であった友人のネイピアに次のように書き送った．「ギゾー論は全体的にすばらしく本当に卓越したものだと思います．マコーリーを思わせる文章がありますし，いたるところに力強く理路整然とした知性の発露が見られます．筆者は著者〔ギゾー〕のことを少しほめすぎていますし（私も彼のきわめて熱烈な賞賛者なのですが），現在のこの国における彼についての情報や受容の程度について過小に評価しているように思いますが．私は封建制度について，その制度と氏族制度や家父長制度やインディアンや北アメリカの部族との違いやきわめて興味深い類似性についての説明にはまったく満足していませんが，そこにしめされている理論や評価のほとんどについて心から同意しています」(Francis Jeffrey to Macvey Napier, 8 October 1845, Napier (1879) 507). このようにギゾー論を高く評価したジェフリーは，ネイピアからその著者がミルであることを知らされると，驚きをもって次のように返信した．「あなたが論説について教えてくれた答えのいくつかは私にとって驚きでした．……ミルについても驚きでした．というのは，私はずっと推論家 reasoner としての彼の力量はきわめて高く評価していましたが，あの論説に見られるような現実や実際の帰結についての広くて分別のある見方ができるとはほとんど思っていませんでしたから」(Francis Jeffrey to Macvey Napier, 13 October 1845, ibid., 509–510). 詳細は不明であるが，おそらくこのような流れのなかでネイピアはミルにギルバート・ステュアートやミラーなどのスコットランド歴史家とギゾーとの親近性について書き送ったのだろう．それに対するミルの1845年10月20日付の返信が残されている．「私はギルバート・ステュアートの著作についてはあまり知りませんが，ミラーの著作については長く知っていますし，あなたのおっしゃる通り，彼の歴史論のいくつかとギゾーのそれとのあいだには著しい類似性がみられます」(JSM to Macvey Napier, 20 October 1845, CW, xiii, 683 [Napier (1879) 510]).

22）　Burns（1976）19.
23）　JSM, PPE, CW, ii, 321；'Auguste Comte and Positivism［1］'（April 1865）, CW, x, 320.
24）　『ブリテン領インド史』でジェイムズ・ミルは次のように記している．「現代の哲学が歴史を説明するためになしてきたことにもかかわらず，ウィリアム・ジョーンズ卿の見解が形成された当時は，この重要な分野においてはほとんど何の試みもなされてきていなかった．少なからぬ部分がその時には出版されていたが，ウィリアム卿が研究していなかったかもしれない，グラスゴウのミラー氏 Mr. Miller[sic] の著作は，この主題についてのもっとも初期の段階の説明を含んでいる．彼の一連の業績においてしめされている議論は，きわめて重要であるにもかかわらず，個々の事実に適用された公平な考察ではあっても，一般的な結論を引きだすための包括的な推論ではなかった．不運なことに，この主題はその重要性にもかかわらず再び取りあげられることがなかった．ミラー氏の著作は，この主題についてそこから引き出すことができるのはきわめてわずかな情報であるとしても，ほとんど唯一の出典であり続けた．以下でなされる緻密な議論において，少なくともはっきりとしている目的のひとつは，きわめて重要な主題の進展のために何らかの貢献をするということであった．ここで収集された素材があらゆるアジアの主要な国々の社会の状態を解明するために役立つものであることが期待される」（Mill, James（1817, HBI）i, 431–432）．

　なお，ベインは，エディンバラ大学で学んでいた当時のジェイムズ・ミルのスコットランド啓蒙思想家の社会理論に対する関心の深さを図書館の貸出しリストを挙げながら指摘している．それによると，1794年から97年にかけてジェイムズ・ミルが神学生としてエディンバラ大学図書館で借り出した本は，ファーガスン『市民社会史論』（初版1767年），スミス『道徳感情論』第1・2巻（初版1759年．ジェイムズ・ミルが借りたのは1794年と1795年であるが，同書は1781年の第5版まで一巻本として出版されており，1790年の第6版以降，二巻本となり1793年には第7版が出版されているから，借り出したのは第6版か第7版のいずれかである）．ケイムズ『人間史素描』（初版1774年），ヒューム『論集 Essays』第1・2巻（ヒュームには Essays と題された著作がいくつかあるが，二巻本で借りていることから，この Essays は二巻本として出版された『道徳・政治論集 Essays, Moral and Political』（初版1741–1742年）の可能性が高い）などであった．ベインは，「〔図書貸出しリストを調査した〕マッソン氏は，ほかの神学生のリストとはかなり違ったものであるという感想を述べている」と記している（Bain（1882a）19）．

25）　James Mill to David Ricardo, 19 October 1817, Ricardo, vii, 197：「ミラーの『イングランド統治史論』は私にとってきわめて有用でした．」
26）　「彼〔ジェイムズ・ミル〕は私〔ミル〕に，自分自身で読もうと思うほどには関心をもつことはなかったであろう多くの本，とりわけ，その当時は高く評価されていて彼が高く評価していたミラーの『イングランド統治史論』や，モスハイムの『教会史』〔Mosheim 1765〕，マクリーの『ジョン・ノックス伝』〔McCrie 1812〕，さらにはシューエルとラッティのクェーカー教会史〔Sewel 1722；Wight and Rutty 1751〕さえ読ませ，それらについて口頭で説明させた」（JSM, Autobiography, CW, i, 11）．

の重要性を勘案することなしに証拠や見解が雑然と提示されている混乱した現状を認識したためであったと述べられているが[30]，そもそもインド史に関する資料に関心をもった理由については何も述べられていない[31]．

とはいえ，執筆を促した要因が何であったとしても，『ブリテン領インド史』というタイトルがしめす以上のことを彼が意図していたことは明らかである．すなわち，哲学的歴史のアプローチによって社会の発展についての普遍的な議論を提示することが，インド史について執筆していた時の彼のひとつの，さらに言えば主要な目的であった[32]．ストークスが「ジェイムズ・ミルの『ブリテン領インド史』は，第一義的には，インド社会を哲学的に分析し，「文明の尺度」におけるその位置づけを判定する試みであった」と指摘しているように[33]，その議論は風土や地理的要因によって社会の多様性を描き出すことよりも，文明の尺度のなかにその社会を位置

---

27) Mill, James（1803, Millar）．
28) Ibid., 325. この点については，Haakonssen（1996）296–297 も参照のこと．cf. Jeffery（1803）157：「ミラー氏は教え子たちに，それら〔人間の行為や制度〕のすべてをひとつの単純な原理に帰すこと，またそれらを文明化された社会と未開の社会をつなぐ大きな連鎖のなかの必然的な連関として考察することを教えた．」；Jeffrey（1806）84：「二人の独創的な著作家〔ミラーの議論のモデルとなったケイムズとアダム・スミス〕の重要な目的のひとつは，社会の歴史をもっとも単純で普遍的な要素によってたどり，実在する制度に起因するとされてきたもののほとんどすべてをある明白な原理の自生的で不可避な発展に帰すことであった．」
29) ジェイムズ・ミル『ブリテン領インド史』についての研究は，たとえば，Forbes（1951），桶舎（1955, 1956, 1957），D. Winch, 'James Mill and India', in Mill, James（1966）383–395, W. Thomas, 'Introduction', in Mill, James（1975），音無（1982），Majeed（1992）123–150；（1999），安川（1997）などがある．
30) Mill, James（1817, HBI）i, viii.
31) たとえば，レスリー・スティーブンは「直接の知識をもつことのできなかった主題を彼に選ぶように促した理由が何であったかは，私たちにはわからない」と述べるのみである（Stephen（1900）ii, 6）．アレヴィはベンサムの議論の影響を（Halévy（1928）250–251），ウィリアム・トマスはアダム・スミスの議論との関係を，それぞれ指摘しているが（Thomas（1979）98–99），いずれも推測の域を出ていないように思われる．ジェイムズ・ミルのインド史執筆の動機については史料の裏づけをもってはっきりと言えることは現時点ではほとんどないが，彼自身の内的動機は別にして，インド史は 18 世紀後半から 19 世紀初頭のブリテンの歴史家にとってはきわめてなじみのトピックであったから（Rendall（1982）esp. 59），このような知的コンテクストも考慮する必要があるだろう．

づけて発展段階を評価することを意図したものであり，彼がこのような議論の仕方をスコットランド啓蒙の思想家の議論から学んだことは明らかである[34]．

『ブリテン領インド史』でジェイムズ・ミルは，ある国の文明段階を確定するためには，その社会を，法律，政府，習慣，技芸，宗教などあらゆるものを包摂したかたちで全体として研究しなければならないと主張している．社会の状態を「あらゆる重要な事情をひとまとめにした総合的見解」によって確定し，それを文明の尺度に位置づけることによってはじめて社会の比較が可能となる[35]．このような社会を理解するための包括的な視点の重要性に対する認識自体は，スコットランド啓蒙の哲学的歴史が強調していたものであったし，ジェイムズ・ミルが批判の対象としたウィリアム・ジョーンズですらも同様に強調していたから，当時にあってもけっして珍しいものではなかった．しかし，ジョーンズは文明という概念について正確な定義をもっていないために，ヒンドゥ社会は高い文明状態に達しているという誤った見解を抱いてしまっているというのがジェイムズ・

---

32) James Mill to David Ricardo, 19 October 1817, Ricardo, vii, 195–196：「もし私の期待，というより願望にかなうならば，私の本〔『ブリテン領インド史』〕は市民社会一般の研究についての悪くない入門書となるでしょう．この主題は，これまで分かっているかぎりでもっとも野蛮な状態からもっとも完全な状態にいたるまでほとんどすべての顕著な状態についての社会秩序の原理と法則を明らかにしてくれるものでした．……大局的に見て人間事象がたどってきた進路，そのような進路をたどってきた原因，それらの進路がそれぞれ最善のものから外れた程度，どのような方法によればもっともよく最善な進路に近づけることができるかについての研究にとってある程度は役に立つでしょう」．なお，ジェイムズ・ミルは，東インド会社に就職したため実現しなかったが，『ブリテン領インド史』に続いて，イングランド法の歴史についての著作の構想をもっていた（Bain（1882 a）173–174）．

33) Stokes（1959）53. cf. Mill, James（1817, HBI）i, 429.

34) Mill, James（1817, HBI）i, 432. Forbes（1951）28, Thomas（1979）105 も参照のこと．ジェイムズ・ミルが文明の尺度あるいは進歩の観念によってヒンドゥ社会に対する判断をくだすという議論によって具体的に意図したのは，アジアの主要な国々が高い文明状態にあるという，ウィリアム・ジョーンズに代表されるオリエンタリストの考え方を論駁することであった．この点については Forbes（1951）29 を，ジョーンズの議論については，たとえば，松井（1967），安川（1991），富沢（1996）を参照のこと．

ミルの見解であった．これに対して，ジェイムズ・ミルは文明の指標となるべき指標を列挙している．それらは，たとえば，法律体系の完全性と正確性，宇宙観についての宗教的偏見の度合い，つまりニュートンの法則という科学的認識にもとづく宇宙に対する理解の正確さや，女性の状態などである[36]．これらに加えて，「功利性」が社会の文明の段階を判断する基準として挙げられている．ジェイムズ・ミルによれば，

> 文明状態についての指標をひきだすことを目的としてある国民を研究する時に，ある国民によって追求されている目的の性質ほど重要な指標はない．／功利性があらゆる事業の目的となっている程度に正確に比例して，ある国民は文明化しているとみなされるだろう．創意が軽蔑的なあるいは有害な目的のために浪費されている程度に正確に比例して，その国民は野蛮であると呼ばれるだろう[37]．

---

35) Mill, James（1817, HBI）i, 431. ジェイムズ・ミルの考えでは，「統治形態」と「司法行政に関する法律の性質」およびこれら二つの要因に密接に関連する税制という，統治に関する三つの制度の組み合わせが，ある社会の状態を決定する主要因であった（Mill, James（1817, HBI）i, 173）．ただし，ヒンドゥ社会に関するかぎり，彼は宗教的要素の重要性も強調している．「統治と法規の形態と宗教のいずれが，ヒンドゥ人のあいだで個人の生活や社会の動きに対してより大きい影響をもっているかを決定することは難しい」（Ibid., 198）．なお，『ブリテン領インド史』では統治制度は社会状態によって左右されるという議論も展開されており（e.g. ibid., 429：「いかなる統治の枠組みも，それが役立とうとしている人民の状態に適合していなければ，統治の目的にうまく資することはない．」），ジェイムズ・ミルが統治制度と社会状態のあいだの相互作用について関心をもっていたことは明らかである（ただし，彼の関心は社会状態に対する統治制度の影響により向けられていた）．

36) Ibid., 169 ff.（law），198 ff.（universe），293（women）．ジェイムズ・ミルは女性の状態を文明の指標として考察した重要な著作としてミラーの『階級区分の起源』を挙げており，精神の危機以前のミルもこのミラーの議論に好意的に言及している（JSM, 'Modern French Historical Works'（July 1826），CW, xx, 45–46）．女性の状態に着目して議論を展開したスコットランド啓蒙思想家にはミラーの他にケイムズがいる（Kames（1774）i, 168–219）．また，ミルは後に『女性の隷従』（1869年）でも，ミラーやケイムズの名前を記してはいないが，その議論を想起させる記述を残している．「経験が教えてくれるように，社会の改善のあらゆる段階は，いつも女性の社会的地位の向上をともなってきたし，歴史家や哲学者たちは，女性の地位が高いか低いかを，全体としてみれば，ある人民や時代の文明を評価するためのもっとも確実な基準でありもっとも正しい尺度として選んだ」（JSM, *The Subjection of Women*, CW, xxi, 276）．

これまでの研究史では，この箇所が引用されて，『ブリテン領インド史』は「功利性」という基準が文明段階を判断する重要な規準となっている功利主義的な著作であるいうことがしばしば主張されてきたが，『ブリテン領インド史』では文明状態の指標はきわめて多様であり，ジェイムズ・ミルが強調していたのは，多くの指標から総合的に判断することによってのみ，ある社会の文明状態が確定できるということであった．また，この文章は，ヒンドゥ社会の文芸の状態を検討した同書第2巻第9章「文芸」の最後に付された「補遺」のなかにみられるものであり，そこでジェイムズ・ミルは，古代ヒンドゥ社会における天文学や代数学の発達を高く評価する見解を取りあげて，これらの学問の発達という事実から古代ヒンドゥ社会を高度な文明状態にあったと結論づけるオリエンタリストの議論は誤りであるという主張を展開しており，引用文は次のように続けられている．「この基準に照らしてみると，天文学や数学はヒンドゥ人にとって不利な決定的証拠をしめしている．考えられるうちでもっとも不合理な目的のひとつであり，ある国が野蛮であることのもっとも確実なしるしのひとつであり，知識や文明が進展するのにともなって放棄されるのがもっとも確実なもののひとつである占星術のためだけに彼らはこれらの科学を発展させてきたのである」．

　「功利性」という基準が文明の指標としてひときわ重要性をもっていたとしたら，どうしてジェイムズ・ミルは，この指標に対して，ほかの指標と同じように，独立した章をあてなかったのだろうか．あるいは，少なくとも，著作の本体部分でこの指標の重要性を論じようとしなかったのだろうか．さらに言えば，社会の進歩のひとつの指標として功利性という概念に着目したのは，その内実がどのようなものであったかは別にして，ジェイムズ・ミルだけではなかった．それは，スコットランド啓蒙の歴史論にきわめてありふれたものであったし，エディンバラ・レヴュアーもまたそのような考え方を基本的に受け継いでいた[38]．

---

37)　Mill, James（1817, HBI）i, 428.
38)　Flynn（1978）78.

第 6 章　歴史知識と社会変動の理論　　　　　　　　　　　　　　　179

　ジェイムズ・ミルの『ブリテン領インド史』の性格を理解するために
は，功利主義者というラベリングにひきずられて功利性という概念に過度
な重要性を与えることなく，彼が『ブリテン領インド史』の構想を抱き始
めた時に属していたであろう 18 世紀後半から 19 世紀初頭における文明社
会論の伝統という知的コンテクストに目を向けることも必要であろう[39]．
そうする場合でも，曖昧で広い意味で，『ブリテン領インド史』を功利主
義的な著作であるとみなすことは十分に可能であるし，ジェイムズ・ミル
の議論にベンサムに特徴的な意味での功利主義的な判断基準が含まれてい
ると主張し，ベンサムの強い影響を指摘することは可能だろう[40]．

　『ブリテン領インド史』の序文でジェイムズ・ミルは，歴史家に求めら
れる知識として，「すべてにとっての手段であるとともに目的である人間
本性の法則についてのもっとも深遠な知識」，「人間社会の原理についての
もっとも完全な理解力」，「統治機構の実際的な作用についての明晰な理解
力」の三つを列挙していたが[41]，バーンズが指摘しているように，とりわ
け最後の要素は，人為的な政治制度が人間や社会の状態を統制し修正，改
善することができるというジェイムズ・ミルの考えを示唆している[42]．社
会の歴史的変化への強い関心や社会状態と統治制度のあいだの相互の影響
関係への十分な関心にもかかわらず，社会と政治のあいだの相互作用を通
しての社会の自生的発展という枠組みはジェイムズ・ミルにはそれほど強
くみられない．スコットランド啓蒙の思想家が社会の歴史的変化の理論的
枠組みとして強調した，いわゆる意図せざる結果の論理の重要性を看過す
ることはなかったけれども[43]，ジェイムズ・ミルの議論の重点は社会の発

---

39)　この点に関して，ジェイムズ・ミルの「フィランジェーリの立法の科学論」
　　（Mill, James 1806, Filangieri）を取りあげて，彼の議論をスコットランド啓蒙や
　　功利主義だけでなく，さらに広いヨーロッパの啓蒙思想の流れのなかに位置づ
　　ける必要性を指摘した安川（1997）は興味深い．
40)　たとえば，ヒンドゥ法の性格を検討した議論にはベンサムの法理論の影響が強
　　く見られるだろう．
41)　Mill, James（1817, HBI）i, xix.
42)　Burns（1976）12.

展に際して個人が果たした重要な役割にあった．

　たとえば，ジェイムズ・ミルは人口の増加が政府の設立を不可避なものにしたという認識ももっていたものの[44]，政府を創出したのは自らを「神の意思の再執行者」とみなした「ヒンドゥ社会最初の立法者」としての卓越した個人であったと述べて，その人為的な契機を強調した[45]．また，彼の見解では，ヒンドゥ社会にカースト制度による労働の分業をもたらしたのも「ヒンドゥ法の創造者」である立法者の介入という人為的な要因であった[46]．彼の考えでは，「ヒンドゥ社会をアラブ人やタタール人の社会と異なったものにした主要因は，このような偉大な立法者が存在していたということであり，このような人為的な作用因がなかったためにアラブ社会やタタール社会においては分業や階級区分が発生しなかったのである[47]」．

　たしかにスミスやミラーも立法者の役割の重要性を強調していたが，彼らの議論の力点はあくまでも人為的な管理を超えた意図せざる結果の論理にあった．自然は欺瞞と計略によってその意図するところを達成するので

---

43) たしかに，ジェイムズ・ミルがいわゆる意図せざる結果の論理にスミスやミラーほど関心をはらっていなかったとしても，ホーコンセンも指摘するように（Haakonssen（1996）298），「アダム・スミスやジョン・ミラーの目的の異種混合性〔意図せざる結果の論理〕についての洞察がジェイムズ・ミルには欠けている」というフォーブズの指摘は公平さを欠いているだろう（Forbes（1954）670）．Mill, James（1803, Millar）333 も参照のこと．

44) Mill, James（1817, HBI）i, 102 ff.

45) Ibid., 107.

46) Ibid., 108.

47) ヒンドゥ社会の現状は低い文明段階にとどまっているという見解とつきあわせると，この議論の実践的含意はよりはっきりする．つまり，ヒンドゥ社会をより高い状態に引き上げることのできる立法者が必要であり，それはブリテン国家であるが，現在のブリテンのインド支配組織，特に東インド会社はヒンドゥ社会についての正確な理解を欠いているために，このような役割を適切に果たしえていないという支配層批判である．この点については，Forbes（1951）32, Majeed（1992）123, 133, 174, 200 ;（1999），Haakonssen（1996）299 などを参照のこと．なお，フォーブズは次のように述べている．「〔ジェイムズ・〕ミルの『ブリテン領インド史』は，何といっても東インド会社の社員にとって標準的著作であったし，その結果としてインド行政官志願者にとっての教科書となった」（Forbes（1951）23）．

あって，哲学者の課題はそのような意図せざる結果が個々人の意図した行為を超えてどのようにして達成されるのかを明らかにすることであり，立法者がなすべきことはそうしてしめされた一般原理にしたがって行動することであった[48]．ジェイムズ・ミルの立法者観は，社会の自然の進歩を論じつつも，そこにおいて立法者という人為が果たしうる役割をより積極的に考えていた点で，スミスやミラーのものとは若干異なるものであった．

フォーブズによれば，その差異は進歩や完成可能性というアイデアに対する見解の違いに関係するものであり，ジェイムズ・ミルの進歩の観念はハートリー，コンドルセ，ゴドウィン，プリーストリなどの議論に親和的なものであり，これらの思想家の議論はヒューム，スミス，ミラーなどの議論とは異質のものであった[49]．ジェイムズ・ミルは完成可能性というアイデアを観念連合心理学と結びつけて論じたが[50]，そのようなジェイムズ・ミルの議論に影響をあたえていたのは前者の思想の系譜であったと考えることは十分に可能であるし，また，スコットランド啓蒙の思想家のなかで，完成可能性というアイデアに信頼を寄せ，これらの思想家と近い考え

---

48) Collini et al. (1983) 27–32. ウィンチは次のようにも指摘している．「スミスは，立法者に積極的あるいは革新的な役割を与えるにはあまりに懐疑論者であり，マンデヴィル的な間接的な意図せざる結果の信奉者であった．立法者の主な仕事は，法律を人々の慣習と既存の社会条件に適合させることであった」(Winch (1978) 172)．また，ミラーも，立法者は社会状況の創作者であるというよりも，その産物であると考えていた．フォーブズによれば，「立法者神話は，多くの理由によって，18世紀には盛んであった．それが崩壊したのは，おそらくスコットランド啓蒙の社会科学が加えたもっとも独創的で勇気ある攻撃によるものであった」(Forbes (1966) xxiv)．この点については，田中 (1999) 30–33 も参照のこと．また，「建国者 founder」と「統治者 governor」という二種類の立法者像を指摘するバーンズの議論 (Burns (1967) esp. 6 ff.) のほか，Haakonssen (1996) 296 ff., Pitts (2005) 128 ff. も参照のこと．

49) Forbes (1954). また，Macfie (1961) 205 もミラーの完成可能性に対する懐疑的な態度を指摘している．なお，ベンサムは，ディンウィディによれば，「完成可能性に対する信念をもっていなかった」(Dinwiddy (1992) 432)．

50) cf. JSM, *Autobiography*, CW, i, 109：「心理学については，彼〔ジェイムズ・ミル〕の基本的な理論は，あらゆる人間の性格は普遍的な観念連合の原理にしたがって，環境によって形成されることと，その結果として，人間の道徳的・知的状態は無限に改善が可能であるということであった．父のあらゆる理論のなかでこのことほど重要で強調されるべきものはない」．

をいだいていたのは，先述のように，デュガルド・ステュアートであり，その影響もまた重要であったと思われる[51]．

　ジェイムズ・ミルのインド論をスコットランドの哲学的歴史の系譜において理解したフォーブズは次のように指摘している．「ミルのインドに対するアプローチが非共感的なのは，単に彼がベンサムの弟子であったからではなく，彼がベンサムに欠けていた進歩の観念をスコットランドからもちこんだからである[52]」．ジェイムズ・ミルとスコットランド啓蒙の歴史論との関係は，ジェイムズ・ミル自身の言明もあって，ミラーとの関係が注目されてきたが，ジェイムズ・ミルの議論を理解するキーとなりうるのは，むしろステュアートであるように思われる．

　これまで論じてきたように，ジェイムズ・ミルの議論にはいわゆる意図せざる結果の論理に対する関心が薄く，一方で社会の変化を人為的要因によって説明しようとする傾向が強い．ジェイムズ・ミルの議論を特徴づけているのは，スミスやミラーが試みたような社会発展についての段階論的な法則を見出す作業というよりも，より単純な文明と野蛮・未開という二分法的な枠組みとそれに基づく規範的な議論であり，ピッツが指摘しているように，ジェイムズ・ミルの議論には社会発展についての単線的な理解の傾向が強い[53]．それはウィリアム・ジョーンズのようなオリエンタリストの議論を批判し，当時のブリテンのインド統治政策を批判しつつ，ブリテンのインド統治自体は「文明の義務」として肯定するという含意をもっていた．

　しばしば問題となる「政府論」における演繹的（哲学的）議論と『ブリテン領インド史』における帰納的（歴史的）議論の関係については，大部

---

51) ステュアートの議論は，ウィンチにしたがえば，「フランス好きに由来するだろうが，同時に宗教的でリード的な基礎をもつ，客観的知識の増大を核心とする楽観的な目的論を体現してもいるような知的・道徳的「完成可能性主義」の一種」であって，「ステュアートの完成可能性主義な思考に比することのできるものはヒュームやスミスにはない」（Collini et al.（1983）39）．

52) Forbes（1951）24.

第 6 章　歴史知識と社会変動の理論　　　　　　　　　　　　　　　　　　　183

の歴史書である『ブリテン領インド史』とさまざまな制約のなかで書かれた小論である「政府論」の性格の違いも考慮する必要があるだろうが[54]，文明段階論の枠組みと関連づけて解釈したウィンチの次のような議論は興味深い．彼にしたがえば，『ブリテン領インド史』における実践的目的はブリテンのインド統治の現状を批判することであり，ジェイムズ・ミルの見解では，ブリテンのインド統治が好ましくない状態にあるのはインド統治に関与している人々がインドの文明状態を見誤っていることに起因するものであった[55]．それゆえに，彼は『ブリテン領インド史』においてヒンドゥ社会の文明状態を確定させるための詳細な議論，いいかえれば，ヒンドゥ社会が低い文明段階にとどまったままでいることを明らかにする歴史論を展開したのであった．他方で，すでに高い文明段階にあり，そのことが一般に理解されているブリテンについては，文明段階を確定するための歴史論は必要でなく，文明段階認識を前提として政治論を論じることができたのである．

　政治論争の文脈で歴史論を軽視したジェイムズ・ミルの態度は，政治学において歴史研究が果たす役割は大きくなく，さらにそれを過大に評価することは実践的に有害ですらあるというステュアートの見解を想起させて興味深いが，このようなウィンチの解釈とともに，そもそも『ブリテン領インド史』の議論の仕方が想定されるほどに帰納的であるかも検討される必要があるだろう．たとえば，フォーブズは「実際に，『ブリテン領イン

---

53)　ピッツは，社会の異なった時代について論じる時に，ある社会における「現在」と「過去」を比較していたベンサムと異なって，ジェイムズ・ミルはヒンドゥ社会が人類全般にとっての野蛮な状態をしめしていると考えていたとして，その相違を指摘している（Pitts（2005）120）．cf. Bowring, i, 190–191 ; Mill, James（1810, Indes Orientales）363：「ヒンドゥ人の現在の社会の状態ほど興味深い対象はほとんどない．これについて明らかにされたならば，アジアのあらゆるところの社会の歴史を長く覆っていた暗闇は消え去るだろう．私たちは現在のヒンドゥ人を知ることでアレクサンダーの時代のヒンドゥ人を知るのである．……私たちは，それゆえ，現在のヒンドゥ人を知ることで，言ってみれば，クセルクセスの時代のペルシア人を，キュロスの時代のバビロニア人を，そしてこの二つの時代のエジプト人を知るのである」．; Mill, James（1817, HBI）i, 469.

54) ジェイムズ・ミルが「政府論」において自らの考えを十全なかたちで展開していたかは検討を要する問題であると思われる．というのは，第一に，「政府論」は『ブリテン百科事典補遺』のために書かれた論考であり，彼のすべてのアイデアを満足いくかたちで展開するための十分なスペースがあったかどうかという分量の問題がある．第二に，『ブリテン百科事典補遺』は，ジェイムズ・ミルに原稿を依頼した編集者ネイピアがウィッグであり，また寄稿者の多くがウィッグであったから，そのようなウィッグ的色彩の強い企画においてジェイムズ・ミルが急進的改革を主張することを控えたという可能性も排除できない．ジェイムズ・ミル自身がネイピアに次のように語っている事実が，このような推測があながち根拠のないものではないことの論拠として挙げられる．「あなたは私の「政府論」について心配する必要はありません．私はウィッグでさえ警戒させるようなことは何も言っていません」（James Mill to Macvey Napier, 10 September 1819, Napier (1879) 23–24）．ジェイムズ・ミルの議論をよく知る立場にあったリカードも，秘密投票に関連して次のように述べて，そのような抑制を読み取り，ジェイムズ・ミルの戦略的な意図を評価していた．「私はあなたがのぞましい選挙を保障することについての考察をおこなわなかったのは正しかったと思います．そうすることは，選挙権が人民全般に与えられた後でさえおそらく避けることがのぞましいような過度な議会改革論という様相をこの論説にたいして与えることになったでしょう．しかし，それは重要な主題の一部ですから，あなたがいずれかの機会にそれについて書かれ，それを立証するような強力な議論を展開されることを私は望んでいます」（David Ricardo to James Mill, 27 July 1820, Ricardo xiii, 211）．また，ミルは『自伝』で次のように指摘している．「彼〔ジェイムズ・ミル〕が正しくも述べていたように，彼は選挙権が制限されることがよいかどうかを論じていたのではなく，（それが制限されなければならないとしたら）良い統治への保障を必ずしも犠牲にしないような制限の上限はどのようなものであるかを議論していたにすぎなかったのである」（JSM, *Autobiography*, CW i, 107）．第三に，「政府論」以外の多くの論説においてジェイムズ・ミルはより急進的な改革に言及しているという事実がある．たとえば，ジェイムズ・ミルは「政府論」では秘密投票に賛成する議論をまったくおこなっていないし，選挙権を40歳以上の男子に限定するという提案さえおこなっていたが，哲学的急進派の機関誌というべき『ウェストミンスター・レヴュー』に発表された「エディンバラ・レヴューの議会改革論」（1825年）や「秘密投票」（1830年）などにおいては明確に普通選挙権や秘密投票を主張していた（Mill, James 1825, ER on Reform；1830, Ballot）．これらの点はいずれも，「政府論」をジェイムズ・ミルの政治学がもっとも典型的に展開されたものとみなすことの妥当性にかかわるものであろう．「政府論」の性格については，Hamburger (1962, 1963) のほか，トマスとカーのあいだでなされた論争も興味深い（Thomas 1969；Carr 1971；Thomas 1971；Carr 1972）．ちなみに，直接ジェイムズ・ミルに自らの見解を伝えたかは分かっていないが，ベンサムは選挙権を40歳以上の男性に限定したジェイムズ・ミルの議論に批判的であったし（J. Bentham, 'J.B. versus Mill', in Parekh (1973) 311–312 [Bentham Papers, University College London, box. xxxiv, folios. 302–303]），このジェイムズ・ミルの見解はミルをはじめとした哲学的急進派のな

ド史』におけるジェイムズ・ミルの方法が,「政府論」と同じように,まったく演繹的であることは明らかである」と述べて,『ブリテン領インド史』のもつ演繹的側面を強調している[56]. たしかに, 哲学的歴史とは, 一面では, 歴史資料よりも人間本性についての知識を重視し, その意味で演繹的に歴史を描き出す傾向をもつものであった. というのは, それは事実を集められない場合, あるいは一見すると相互に矛盾する事実から依拠すべき事実を選び出し一般原理を見出す場合に人間本性に訴えるという, 帰納的アプローチと演繹的アプローチを併用する歴史研究であったからである.

たとえば, ジェイムズ・ミルは『ブリテン領インド史』において, 観察者のもたらす知識が概して断片的であったり, あるいはその人の偏見を反映した偏った見方になっていたりするという指摘をしている. 歴史論の対立はしばしば依拠している理論の相違に起因するというステュアートの主張を想起させるこのような観点から, ジェイムズ・ミルは旅行記や歴史書

かでも不評であった (JSM, *Autobiography*, CW i, 107). ベンサムとジェイムズ・ミルの代議制民主主義論の比較については, たとえば, Rosen (1983) 168–182 を参照のこと. なお,「政府論」を演繹的推論の典型とみなすことついても懐疑的な見解がある. ベインは「私は〔J・S・〕ミルが『政府論』をほとんど純粋な演繹的推論によるものとみなしていたことに反対したいように思う」と述べ,「彼の父〔ジェイムズ・ミル〕はその時代の誰よりも歴史を知っていた」と主張している (Bain (1882a) 232). ベインの考えでは, 演繹的推論の典型としてふさわしいのは, むしろ「教育論」であった.「もしジョン・ミルが重要な素材のうちから良い例を望んだなら, 彼は父の教育論から引用するべきだっただろう. そこでは, アプリオリの方法がほとんどまったく経験を排除したかたちで行われている. この場合, そのような経験にもとづく素材はほとんどまったく著者の念頭になかった」(Ibid., 23). しかし, 本書の議論にとって重要なのは, ミルやマコーリーをふくめて同時代の多くの思想家が「政府論」を演繹的推論による非歴史的な論考の典型とみなしていたという事実である.

55) cf. Mill, James (1817, HBI) i, 429:「ヒンドゥ社会についてブリテン国民やブリテン政府によって犯されている誤ちがきわめて重大なものであり, 彼らが, 実際には文明の進歩のごく最初の数段階しか達していないのに, ヒンドゥ人を高い文明状態にある人民とみなしているならば, その人民の政府によってなされようとしている多くの政策において目指されている目標が誤っていないということはありえないことである.」

56) Forbes (1951) 29. cf. Mill, James (1817, HBI) i, xix.

を証拠に，そして歴史家をそれらを吟味する裁判官になぞらえて，『ブリテン領インド史』を，歴史書や旅行記を，またそこで論証のために提示されている資料を吟味する批判的歴史 critical history, 審判的歴史 judging history と呼んだ[57]．『ブリテン領インド史』においても，このような批判や判断の基準として，「政府論」と同じように，人間本性の法則がきわめて重要な意味をもっていた．たしかに，しばしば指摘されてきたように，『ブリテン領インド史』においてジェイムズ・ミルが歴史的事実と人間本性の法則を結びつけた仕方，いいかえれば歴史的事実の扱い方は，しばしば粗雑で一面的であり，実際の議論と意図したことのあいだには乖離があったとしても，バーンズも論じているように，ミルがこの点を評価したことは確かであると思われる[58]．

4 ― J・S・ミルと歴史知識 （1）

少年期のJ・S・ミルにとって歴史は「強く傾倒したもの」であった[59]．『自伝』によれば，彼はジェイムズ・ミルによる早期教育の過程でヘロドトスの『歴史』のほか，ウィリアム・ミットフォード，アダム・ファーガ

---

57) Mill, James (1817 HBI) i, x ff.
58) Burns (1976) 19–20. また，『ブリテン領インド史』が（ジェイムズ・ミルの意図は別にして）実際にスコットランド啓蒙の哲学的歴史のアプローチにしたがったものとして解釈できるかどうかに関して研究者の見解は一致していない．肯定的に答えるフォーブズやバロウに対して（ただし，彼らも差異に注意を払っていないわけではない），バーンズは否定的である．「〔ジェイムズ・〕ミルの著作〔『ブリテン領インド史』〕はスコットランドの哲学的歴史の最後の実例であるだけでなく，もっとも練られていてもっとも詳細な実例である」(Burrow (1966) 48)．「〔『ブリテン領インド史』の〕欠点は，むしろ，社会現象を「人間本性の法則」に結びつけることをたしかに目的としているが，そのような現象や社会の発展は「あらゆる重要な現象をひとまとめにした総合的見解」によってのみ理解することができるという哲学的歴史の概念が不完全にしか理解されていなかったことである」(Burns (1976) 19)．Forbes (1951), Mehta (1999) esp. 90, Pitts (2005) 123–133 なども参照のこと．スミスやミラーなどの哲学的歴史とジェイムズ・ミルの議論の相違は重要なものであるが，ジェイムズ・ミルがしめしていた認識は，彼もその一員であった『エディンバラ・レヴュー』サークルのなかである程度は共有されていた認識であった．

第 6 章　歴史知識と社会変動の理論　　　　　　　　　　　　　　　　　　　　187

スン，ウィリアム・ロバートスン，ディヴィッド・ヒューム，エドワード・ギボン，ジョン・ミラーなどによるさまざまな歴史書に親しむとともに[60]，ローマ史やオランダ史について自ら執筆することすら考えていた[61]．この時期のミルの歴史への関わりで興味深いエピソードは，彼がミットフォードの『ギリシア史』を読んだ時にジェイムズ・ミルが「この著者のトーリー的偏見と，専制者を賛美し民主的制度の信用を落とすために彼がおこなっていた事実の曲解」に注意をうながしたというものであろう[62]．このようにジェイムズ・ミルによる早期教育において歴史書に親しんでいたことを別にすれば，ミルの歴史論・歴史知識論は時系列にそって三つに分けて考えることができる．第一の時期は 1820 年代後半から 1830 年代初頭まで，第二は 1830 年代，第三は 1840 年代以降である．この変化はかなりの程度，彼の政治思想の発展を反映したものでもあった．

　1820 年代のフランスへのミルの強い関心はしばしばフランス史を執筆したいという意欲となって現れていた．彼は「ルイ 14 世以降のフランス政治史」やフランス革命について執筆することを考えており，このための資料の収集を実際にすすめていた[63]．このようなフランス史への関心の高まりとともに 1820 年代の彼の歴史論を特徴づけているのは「トーリー的偏見」に満ちた著作に対する批判的態度であり，その典型は，彼が「若き日の伝道」[64]と呼んだこの時期の終盤にあたる 1828 年 4 月に『ウェストミンスター・レヴュー』に発表された，「ウォルター・スコット卿の『ナポレオン伝』序文におけるトーリー的誤解に反論してフランス革命家たちを

---

59)　JSM, *Autobiography*, CW, i, 15.
60)　'Appendix B: Mill's Early Reading, 1809–22', CW, i, 551–581 を参照のこと．
61)　JSM, *Autobiography*, CW, i, 17.『自伝』の初期草稿では，彼がインド史を執筆することにも関心を持っていたことが記されていた（JSM, *Autobiography*, early draft, ibid., 16）．
62)　JSM, *Autobiography*, ibid., 15.
63)　この計画は 1830 年代半ばまでには放棄され，ミルの集めた資料はフランス革命史について執筆していたカーライルによって利用されることになった．この点については，JSM to Thomas Carlyle, 17 September 1832, CW, xii, 120 および JSM, *Autobiography*, CW, i, 135 を参照のこと．
64)　この表現はミルの『自伝』第 4 章のタイトルである．

擁護した」論説である[65]．

　上述のように『ブリテン領インド史』においてジェイムズ・ミルは，観察者のもたらす知識は概して断片的であったりその人の偏見を反映した偏った見方になっていたりしてつねに信用のおけるものであるとは限らないという指摘をおこなっていたが[66]，経験知識についてのこの見解は1820年代のミルによっても支持されていた．たとえば，経験知識としての歴史知識について，ロンドン討論協会において1827年前半になされたと考えられている「歴史の有用性」と題された報告において，「〔政治家の〕案内役となる書物は歴史書ではなく人間本性についての書物である」とした上で[67]，歴史上の個々の事象はそれぞれ異なった事情のもとで起きているから，それぞれに固有の事情を無視してある事象と他の事象を比べることが不可能であるとともに，実験が不可能なために原因と単なる外的事情を区別することができないということから，経験知識の役割は限定的なものにとどまるとした[68]．

　この時期のミルは，人間本性の科学からの演繹的推論による社会事象研究において経験知識をどのような形で利用するべきかという点に関してははっきりとした考えをもっていなかった．彼はそのような演繹的推論の結果を具体的事象に適用する際には何らかの修正を必要とするという見解を示すのみであったが，ジェイムズ・ミル「政府論」をめぐるマコーリーと『ウェストミンスター・レヴュー』陣営のあいだの論争から学ぶなかで彼が達したのは，ジェイムズ・ミルの演繹的推論に基づく議論は理論とはあらゆる経験を包括したものであるという彼自身の主張にもかかわらず[69]，経験による修正をその理論のなかに取り込めていないという認識であった[70]．

---

65) JSM, 'Scott's Life of Napoleon' (April 1828), CW, xx, 53–110. 後に彼はこの論考を「愛の労苦」と呼んだ (JSM, *Autobiography*, CW, i, 135).
66) Mill, James (1817, HBI) i, x. このことは『エディンバラ・レヴュー』でもしばしば指摘されていた (e.g. Smith 1803 ; Jeffrey 1805).
67) JSM, 'The Use of History', CW, xxvi, 393. この演説原稿については，関口 (1989) 111 ff., 133 ff. が詳細な検討をおこなっている.
68) Ibid., 393–394.

第 6 章　歴史知識と社会変動の理論

　1830 年代の早い段階でミルは社会事象における「原因の力学的合成」というアイデアを獲得するとともに，社会事象の演繹的推論において経験知識が果たす役割を認識するようになった．この方法論上の新しい立場は歴史についての見解にも変化をもたらすことになった．彼自身が回顧しているところでは，ミルは 1830 年代初頭に政治学において歴史知識が果たす役割について認識を深めるようになった．「あらゆる政治の一般理論あるいは哲学はそれに先立つ人間の進歩の理論を前提としているということ，そしてこれは歴史哲学と同じものであるということ[71]」．

　歴史哲学と呼びうる議論のうち彼が最初に出会ったのは，1820 年代末に親しむようになったサン・シモン派の議論であり，それは「人間の進歩の自然な順序」を明らかにし，「とくに歴史全体を組織期と批判期に分類」して人類および社会の発展を論じたものであった[72]．「時代の精神」においてミルはこの議論に基づきながら，あらゆる社会は自然的状態か過渡的状態のいずれにあるという議論をおこなっていた．自然的状態とは「世俗的権力と道徳的影響力が，既存の社会状態がもたらしうるもっともふさわしい人によって常に異論なく行使されている」ような状態であり，過渡的状態とは「世俗的権力が世俗の事柄に対処することのできる現存している最高度の能力を持つ人に結びついておらずに分断されている」状態であった[73]．ミルは自らの時代が「過渡期」であり，大衆が知的エリートに対する信頼を失っていることに起因する社会的不安定がこの時代の特徴

---

69)　Mill, James (1836, Theory and Practice) を参照のこと．cf. JMS, *Autobiography*, CW, i, 35：「もうひとつ私が覚えているのは，理論の上では真であっても実践に際しては修正が必要なことがあるというありふれた言い方をして彼〔ジェイムズ・ミル〕の怒りを買ったことである．彼は私に理論という言葉を定義させて，それが徒労に終わった後に，その言葉の意味を説明し，私の通俗的な使い方がいかに間違っていたかを教え，理論という言葉を正しく定義することができないのに理論が実践と衝突することがあると述べることでまったくの無知をさらしてしまったことをはっきりと納得させてくれた」．
70)　この点については，関口 (1989) 135–141 を参照のこと．
71)　JSM, *Autobiography*, CW, i, 169.
72)　Ibid., 171.
73)　JSM, 'The Spirit of the Age [3]' (6 February 1831), CW, xxii, 252.

であると指摘した[74].

5 — J・S・ミルと歴史知識（2）

　1830年代のミルは主に二つの観点——「科学的」観点と「道徳的あるいは伝記的」観点——から歴史知識を評価するようになっていた[75]. ミルの考えでは,「科学的」研究としての歴史は「複雑な状況下で作用している道徳に関する一般法則をしめし, 私たちが重大な結果とそれらの原因のあいだの関係をたどれるようにする」ものであった. そして,「道徳的あるいは伝記的」研究としての歴史は, ミルの考えでは,「人間の性格や生き方を描きだし, 彼らの栄光や運命に対する共感, 賞賛, 非難を呼び起こすもの」であった[76]. このように, この時期のミルは歴史の道徳的・伝記的役割に好意的に言及するようになっていたが, 歴史のこのような役割は彼がかつて批判していたものにほかならなかった[77]. ミルの考えでは, 科学的観点と道徳的・伝記的観点——彼の別の言い方では「論理」的観点と「詩」的観点——を結びつけた形の歴史を書くためには想像力という特別の能力が必要であった. かつてのミルは科学的厳密さと詩的想像力は両立し得ないと考えていたが, 今や彼はこの二つが歴史研究において両立できるし, そうされなければならないと考えるようになっていた.

　この時期のミルの歴史に対する見解を理解する上で重要な論考は『ロンドン・アンド・ウェストミンスター・レヴュー』1837年7月号に掲載された「カーライルのフランス革命論」である[78]. この論考で彼は, カーライルが「一般原理」を軽視しがちなことを批判しつつも, カーライルの著作が持っていた詩的側面を高く評価した[79]. ミルは, カーライルがその想

---

74) Ibid., 238.
75) JSM, 'Alison's History of the French Revolution [1]' (July 1833), CW, xx, 117–118.
76) Ibid., 118.
77) e.g. JSM, 'Modern French Historical Works' (July 1826), ibid., 15–52 ; 'Scott's Life of Napoleon' (April 1828), ibid., 53–110.
78) JSM, 'Carlyle's French Revolution' (July 1837), CW, xx, 131–166.

像力によってうみだした叙事詩的歴史が,「統治の構造や形態がなしうることに対してあまりに価値を低くおきすぎている」という難点はあるものの,歴史上の人物を「単なる影のようなおぼろげな抽象的存在としてではなく,かつて現に存在していた実在の人間として,血の通った生身の人間として」描き出すことに成功しているとして評価した[80].

また,1836年にミルは,歴史は「人類によってなされたあらゆる偉大な行為の記録」であるとも述べていた. そのような歴史からは,「人間の進歩や社会の状態に決定的な影響を与えている偉大な原理」や「人間本性の無限の多様性」などを学ぶことができる. さらに,歴史は「私たちの本性の驚くべき柔軟性」を示すことによって「それ〔人間本性〕に関する狭隘な,あるいは一面的な尺度」を正すことを可能にするものであった[81].

この時期のミルは政治的相対主義の立場に立つようになっていたが,想像力の欠如を補い自らの社会を相対的することを可能にする視点はおもに二つの種類の経験知識を参照することによってもたらされると考えるようになっていた. ひとつは歴史書によってもたらされる過去についての知識(歴史知識)であり,もうひとつは旅行記から得られる異なった場所についての知識(旅行知識)である. 1836年に発表された「アメリカの社会状態」でミルはこのふたつの経験知識の源泉,つまり「過去の時代についての知的探求」としての歴史知識と「外国についての知的探求」としての旅行知識の意義を次のように指摘した. その言明は,これだけを読む限りでは,いまだに消極的なものという印象を与えるけれども,それでもそれ以前の認識と比べてみるならば,明らかに変化している.

> 私たちはそれらの知識の源泉の価値を過大視してはいない. それらはより綿密で正確な経験の助けとして有用なのであって,その代わりとしてではない. 歴史や旅行が教えることのできること以上のものに対して準備のできていない人は歴史や旅行からいかなる価値あることも学ぶことはできない. ……哲学者にとってさ

---

79) Ibid., 162.
80) Ibid., 134, 162.
81) JSM, 'Civilization', CW, xviii, 145.

え，歴史と旅行の価値は積極的というよりは消極的なものであって，それらが教えてくれることは少ないけれども多くの誤謬に対する予防となるのである[82]．

彼の考えでは，想像力が欠如しているために人間は自らの属する国や時代に特異なものを普遍的なものとみなしてしまいがちであり，経験知識を参照することによってこのような誤謬を避けなければならなかった．想像力の限界を是正し「偏狭さを正すということが，多様な時代や国について研究することから引きだされる主要な利点であり，その偏狭さは，存在しているものに関する私たちの思考にだけでなく，存在するべきものに関する私たちの判断基準にもみられるものである[83]」．このような経験知識に対する評価は，この時期のミルがベンサム主義的政治学に対して強めていた不満，すなわち人間本性の普遍性を過度に強調し人間や社会の多様な現実を理論に取り込むことに失敗しているという不満を反映していた[84]．

1836年に発表された「定義と方法」からは，このような経験知識を社会事象研究においてどのように利用するべきかという問題についての彼の見解をうかがうことができる．この論考における歴史知識についての見解

---

82) JSM, 'America', CW, xviii, 93.
83) Ibid. ミルは「過去と外国文明についての哲学的研究」の成果として，ギゾーとトクヴィルの業績を挙げている（Ibid., 94）．ミルの「トクヴィル論[1]」は『ロンドン・レヴュー』第1号に，J・B・ホワイトとミルが執筆した「ギゾーのヨーロッパ文明論」は，「アメリカの社会状態」とともに『ロンドン・レヴュー』第2号に掲載された（Joseph Blanco White and JSM, 'Guizot on Civilization', CW, xx, 367–393）．
84)「ベンサム論」（1838年）においてミルは，ベンサムに想像力が欠けていたとして次のように批判した．「……彼〔ベンサム〕には想像力が欠如していたので，ある精神が自らと異なる精神を理解し，また他の精神がもつ感情に入り込む能力が欠けていた．……彼がもっていなかった想像力とは現代の最良の著述家たちがその言葉によって意味しているものである．すなわち，自発的な努力によって，存在しないものをあたかも存在するかのように，空想上のものをあたかも実在するかのように考え，それらが本当に存在するならば，それらが生み出すであろう感情によって，それらのものを表現することを可能にするものである．これは一人の人間が他の人間の精神と境遇に入り込むことを可能にする力である」（JSM, 'Bentham', CW, x, 91–92）．なお，後にミルはブリテンによるインド統治の失敗の原因を「自分たちが現実的に馴染んでいるものとは根本的に異なっている社会的関係のあり方を想像することが普通の人にはできないこと」に求めた（JSM, PPE, CW, ii, 320）．

第 6 章　歴史知識と社会変動の理論　　　193

は「アメリカの社会状態」におけるものと基本的には同じであり，彼が経験知識に期待したのはアプリオリの方法において人間本性認識からの演繹的推論の結果を検証するという役割であった．彼の考えでは歴史知識は推論のあらゆる過程で利用できるというわけではなく，ある特定の役割を担うだけであった．

> 歴史と呼ばれる知識は，広く一般には政治的経験の唯一の基礎のようにみなされているが，第三次的にのみ有用なものにすぎない．歴史は，私たちがそれについて今より十倍よく知ることができたとしても，それ自体としては……ほとんどあるいはまったく何も立証することはできない．しかし，これを研究することは，より狭い基準に基づいた観察から生じがちな狭隘で排他的な見方を正すものである．過去を振り返ることをしない人々は将来を遠く先まで見渡すことはめったにしないし，そのような人々の人間事象や人間本性自体についての考えは彼ら自身の国と時代の範囲に限定されてしまっている[85]．

　社会事象研究の方法への洞察を深めていくなかで，1840 年代には彼の歴史知識への態度にさらに変化がみられるようになる．それは，ミルが社会変動の理論への関心を深めていったことの，そして方法論の見地からは「定義と方法」でアプリオリの方法として言及されていた演繹的推論の方法がより細分化されて論じられるようになったことの反映であった．興味深いことに，上に引用した「定義と方法」における歴史知識について述べた節は，この論考が 1844 年に『経済学試論集』に採録される際に削除されている．バーンズが指摘しているように，この修正はミルの歴史知識に対する態度の変化に起因するものであり，この変化自体は彼のコントの議論に対する理解の深まりを反映したものであった[86]．この点に関するミルに対するコントの影響は『論理学体系』にもうかがうことができるものであり，そこでミルは社会の歴史的変化の法則を確定させることを自らの社会の科学のもっとも重要な課題として述べていた．
　方法論との関連で言えば，『論理学体系』でしめされた社会事象研究の

---

85) JSM, 'Definition', CW, iv, 333.
86) Burns (1976) 7.

体系において，歴史知識を含む経験知識がより重要な役割を果たすのは歴史的方法とも呼ばれた逆演繹法を用いる社会の一般科学においてであった．逆演繹法とは，すでに述べたように，まず社会事象についての低次の経験法則を高次の経験法則の派生法則として説明することで，経験法則のなかでの法則同士の派生関係を確立させた後に，そのうちの高次の経験法則が究極法則である人間本性の法則から導出できることをしめす，すなわち高次の経験法則を究極法則からの派生法則として説明する作業を検証とみなすという手続きを経ることで，高次の経験法則を中間公理として人間本性の法則と低次の経験法則のあいだのリンクを間接的に確立させるという作業であった．この方法においては，歴史知識は中間公理を確立するための素材としてきわめて重視されることになった．以下では，1840年代前半の議論を中心に取りあげながら，社会変動の理論（彼の用語では「社会動学」）への関心を深めつつあったミルの歴史論を検討する．

6―J・S・ミルと歴史知識（3）

1840年代初頭のミルは『論理学体系』の完成を期しながらローマ史とフランス史についての多くの著作を精力的に読み続けており，『エディンバラ・レヴュー』の編集者であったネイピアに対してそれらの書評を執筆する意図をたびたび伝えていた[87]．その成果は，『論理学体系』刊行後の1840年代半ばに相次いで公表されることになった．とりわけ『エディンバラ・レヴュー』1845年10月号に発表された「ギゾーの歴史論」や，これに先立って『エディンバラ・レヴュー』1844年1月号に発表された「ミシュレのフランス史」からは，社会の歴史的変化の法則に関係するミルのアイデアをうかがうことができる[88]．

ところで，「ミシュレのフランス史」においてミルは歴史研究の進展を次のように描き出していた[89]．彼によれば，第一段階の歴史研究は過去の事象を現在を基準として判断するものであり[90]，この段階の歴史家は自分のもつ基準に合致しないあらゆる事象を理解することができないために，

第 6 章　歴史知識と社会変動の理論　　　　　　　　　　　　　　　195

これらに対して過酷な判断をしめしがちであった．このような段階にある歴史家として彼が例示していたのはピエール・アンリ・ラルヘルである[91]．第二段階の歴史研究は，現代を基準としてではなく，可能なかぎり当該の時代の視点に立って過去の事象を理解しようとするものであった[92]．この段階にある歴史家は，過去の歴史事象を断片的な事実としてではなく全体性を意識して理解しようとしていたが，現在に知られていない過去の視点からものをみるためには詩人がもっているような想像力という

---

87)　JSM to Macvey Napier, 27 April 1840, CW, xiii, 431 ; JSM to Macvey Napier, 8 February 1842, ibid., 498 ; JSM to Macvey Napier, 3 March 1842, ibid., 504–505 ; JSM to Macvey Napier, 3 October 1842, ibid., 548–549 ; JSM to Macvey Napier, 15 October 1842, ibid., 551. 以下も参照のこと．JSM to John Austin, 7 July 1842, ibid., 529 ; JSM to Robert Barclay Fox, 9 September 1842, ibid., 543. なお，この時期にミルが書評を執筆する意図をもって読んでいた歴史書には，ミシュレの『フランス史』（Michelet 1833–44）やギゾーの著作のほかには，たとえば，Michelet (1833) [CW, xiii, 431, 498, 504–505], Arnold (1838–43) [CW, viii, 431, 549)], Niebuhr (1812–32) [CW, xiii, 529], Maurice (1842) [CW, xiii, 544], Walter (1840) [CW, viii, 549] ; (1830–43) [CW, xiii, 549] などがある．なお，ミルが『エディンバラ・レヴュー』へ寄稿するのようになるのは，『ウェストミンスター・レヴュー』の経営権を 1840 年 3 月号をもって手放して以降のことである．1829 年に編集者の地位をジェフリーから引き継いだネイピアのもとで 1830 年代以降の『エディンバラ・レヴュー』は開放的な性格を強めており，そのことは雑誌の思想的な位置づけの曖昧さをもたらしたことはたしかであったとしても，ミルのようなそれまで同誌に寄稿することのなかった思想家を新たに執筆陣に加えることを可能にもしていた．ミルは 1840 年から 1866 年のあいだに計 12 編の論説を『エディンバラ・レヴュー』に寄稿している．
88)　「ミシュレのフランス史」についてロブソンは次のように指摘している．「その論説は『論理学体系』執筆の最終段階のあいだに構想され執筆されているが，たとえば歴史叙述の三つの段階や国民性の形成についての議論などのような，歴史から学べることやその方法論に関する彼の成熟した見解についての多くの兆候が見られる」（J. M. Robson, 'Textual Introduction', in CW, xx, civ）．
89)　この議論については，松山（1962）も参照のこと．また，出口（1943）は「ミシュレのフランス史」や「ギゾーの歴史論」に着目した先駆的研究である．
90)　JSM, 'Michelet's History of France', CW, xx, 223.
91)　ピエール・アンリ・ラルヘルはフランスの古典学者であり，ミルは「ヘロドトスの翻訳者」として言及している（JSM, 'Guizot on History', CW, xx, 222）．ラルヘルは七巻本の『ヘロドトスの歴史』を出版しているが（Larcher 1786），これはヘロドトスの『歴史』のフランス語訳および評註であり，そのうち評註部分が後に英訳され出版されている（Larcher 1829）．
92)　JSM, 'Michelet's History of France', CW, xx, 224.

能力が求められた．この段階を代表する歴史家とされたのはニーブールやカーライルである93)．しかし，この第二段階の歴史研究もいまだに科学的なものではなく，より高次の段階の科学的な歴史研究が存在した．その第三段階の歴史研究は，因果関係の連鎖として歴史を理解し，その因果法則を科学的に明らかにしようとするものであった94)．その目的は「単に歴史を描くことではなく，歴史の科学を作り上げることである」として，ミルは次のように述べている．

> この観点からは，人類に起きるすべての出来事や人類がたどる状態は諸原因によって生み出される一連の現象とみなされ，それゆえに説明可能なものとみなされる．すべての歴史は原因と結果の連続的な連鎖と考えられる……．人間の本性と万物の体系から引き出されるどのような原理にしたがって，それぞれの社会や人間精神の状態が後に続く状態を生み出すのかということ，また，それらの生成の順序は，どのような社会状態が現在の状況から将来に起こりうるのかをしめすのに十分にはっきりとした形でたどることができるのかということが，第三段階における歴史哲学の目的である95)．

歴史研究の発展についてのミルのこの認識は二つの点で興味深い．第一に，この認識は彼が是認していたコントの三段階論のヴァリアントとみなすことができるという点である．コントの三段階論は人間の思索を，「神学的」，「形而上学的」，「実証的」という三つの段階をたどって発展するものとして描き出すものであった．そして，この理論はこの時期のミルがとりわけ高く評価していた歴史哲学であった．第二に，意図的かどうかは別にして，この発展の図式は1820年代から1840年代半ばまでのミル自身の歴史観の発展の仕方と近似的なものに思われる点である．これまで見てきたように，第一の段階（精神の危機以前）ではミルは急進主義の立場からト

---

93) ミルはカーライルについて次のように述べている．「これ〔カーライル『フランス革命』〔Carlyle (1837)〕〕は歴史書というよりは叙事詩である．それにもかかわらず，あるいはまさにそのことの故に，歴史書のなかの歴史書である」(JSM, 'Carlyle's French Revolution' (July 1837), ibid., 133)．
94) JSM, 'Michelet's History of France', CW xx, 222–225.
95) Ibid., 225.

ーリー的歴史解釈を論駁することに努力を傾注していた．第二の段階にあたる 1830 年代半ばから後半のミルは社会事象研究における想像力の役割を重視し，このような見地から，彼自身が歴史研究の発展の第二段階にあるものとみなしていたカーライルの著作を高く評価する一方で，想像力の欠如という点からベンサムを激しく批判していた．第三の段階にあたるのは 1840 年代以降の歴史論であり，それはとりわけ同時代のフランスの歴史家を対象とした，1840 年代初頭から半ばにかけて公表された論考である．この段階でのミルは歴史哲学に多大な関心を寄せていた[96]．

　ミルの考えでは，歴史研究の第二段階から第三段階への発展を展望する上で注目すべきなのは現代フランスの歴史家の議論であった．とりわけ彼が現代フランスの三大歴史家とみなすティエリ，ギゾー，ミシュレのうち，「概してティエリ氏は私たちのいう歴史研究の第二段階に止まっていたと言わなければならないが，ギゾー氏はそのようなことはない．彼は第三段階にしばしば大いに踏みこんでいる」と指摘し，ギゾーの議論を高く評価した[97]．ミルによれば，ギゾーは「彼が論じている主題〔歴史〕におけるケプラーあるいはそれ以上の存在であり，この主題はいまだにニュートンをもっていないものである[98]」．彼はとりわけ「歴史事実を説明し一般化する能力」についてギゾーを評価していた．以下ではギゾーの著作に対するミルの見解，およびそこに現れている彼の歴史論と呼びうる認識を検討していく[99]．

　ミルは「ミシュレのフランス史」において，次のようにギゾーに言及しながら，社会事象は単一の原因によってではなくさまざまな原因の共働によって生じるという見解をあらためて提示し，制度と環境のあいだの，人間と環境のあいだの，あるいは制度と人間のあいだの相互作用への着目をしめしている．

---

96)　Collini（1991）132–139 を参照のこと．
97)　JSM, 'Michelet's History of France', CW, xx, 228.
98)　Ibid.

彼〔ギゾー〕は，他のあらゆるものを無視して，ある一つの原因や作用因の影響を誇張するようなことはない．彼は，あたかも人間が立法者の英知や徳あるいは悪徳や愚考によって完全に形づくられるかのようにも，社会の一般的な状況がそのようなことをなしうるかのようにも論じていないし，偶然の出来事や卓越した個人が何もなしえないかのようにも論じているわけでもない．彼はあらゆることを政治制度に帰すこともなければ，あらゆることを人間精神における観念や信念に帰すこともなく，いかにそれらが共働し互いに作用しあうかを明らかにした[100]．

また，ミルは「ギゾーの歴史論」で，1836年にホワイトとともに執筆した「ギゾーのヨーロッパ文明論」においてもすでに注目していた，西ローマ帝国滅亡後のヨーロッパにおける多様な要素や勢力の共存状態がその社会の進歩を可能にしたという認識にあらためて言及し，「決して絶えたことがなく今なお進展している改善の精神はおもにこのこと〔多様な要素の共存〕による」ことを強調した[101]．さらに，シャルルマーニュについてのギゾーの議論を取りあげつつ，ミルは偉大な個人が社会に対して与える影響について次のような見解をしめしている．そこで彼は歴史において人

---

99) この時期のミルのフランス歴史学への高い評価と比較して興味深いのは，彼のドイツ歴史学に対する言及の少なさである．コールリッジをはじめとする「ドイツ・コールリッジ学派」と呼んだ思想家の歴史哲学に対する好意的な見解を勘案すると，ミルがほとんどもっぱらフランスにおける議論を参照するばかりで，この時期に同じように華々しく展開されていたドイツ歴史学に対して，ある程度関心を向けていたとはいえ（e.g. JSM to John Austin, 7 July 1842, CW, xiii, 529 ; JSM to Sarah Austin, 22 August 1842, ibid., 542 ; JSM to Macvey Napier, 15 October 1842, ibid., 551），十分な検討を加えていないことは奇妙なようにも思われる．これは，ある程度は，ミルの政治的急進主義という立場の結果であり，直観主義への反発に由来するもののように思われる．彼の考えでは，直感主義は彼が批判していた守旧的な保守主義に哲学的基礎を提供しているものであるとともに，ドイツ歴史学が依拠しているものでもあった．さらに，コリーニは，ミルが「文化的養分を求めてドイツに目を向けるという流儀が広まる前に〔歴史に関する〕基本的な考えを形成してしまっていた」ことを，この時期のミルのドイツ歴史学への言及の少なさの理由のひとつとして指摘している（Collini (1999) 138–139）．なお，彼のイングランド歴史学の軽視については指摘するまでもないだろう．彼にとってそれは「単なる経験主義」として批判の対象であった．

100) JSM, 'Michelet's History of France', CW, xx, 229.

第 6 章　歴史知識と社会変動の理論

為が因果法則に限定的に拘束されつつも果たしうる役割を積極的に評価している．

> 偉大な支配者は自分自身の型に合わせて世界を形成することはできない．彼は既存の自生的な傾向のしめす方向にしたがって事業をなさざるをえないし，それらの傾向のなかでもっとも有益なものを選び出す判断力しかもっていない．しかし，水先案内人は風や潮流に従うことなく舵を取ることはできないとしても，有能な水先案内人がいるのといないのでは大きな差がある．社会がそれに対して完全に準備できており，人間事象の自然な方向と傾向に合っていて人類が通過する次の段階であるような最優先の改善も，社会を揺り動かすほどに自らの個人的な意思と能力を投入する偉大な人物がいなければ無限に阻まれてしまうかもしれないだろう[102]．

ミルはこのように社会の発展の条件としての社会的多様性や社会の発展に際して人為的要素の果たす役割に関するギゾーの議論の多くを是認していたが，歴史的変化の科学的法則を獲得するためのものとしてはいまだに不十分であるとも考えていた．そのことは「ギゾーの歴史論」における次の一節から明らかである．

---

101)　JSM, 'Guizot on History', CW, xx, 269–270. cf. Guizot（1828）ii, 12. ミルは，コントとのやり取りのなかでも，この問題に言及している．そこでミルは，中国を例示しながら，ペダントクラシーが社会の停滞を招くことを指摘し，社会における組織的対立の必要性について言及していた．「その国〔中国〕では統治機構はおそらく考えられるかぎりでもっとも〔知的エリートによる支配という〕サン・シモン主義の原理に近づいていますが，その結果はどのようなものでしょうか．あらゆる種類の進歩にもっとも反した統治です．知識階級の大多数は，他の階級の人々以上に，目の前のもっとも進んだ知性によって導かれることがありえなさそうですし，この大多数を構成しているのは，間違いなく，偉大な思想家ではなく真の独創性を欠いた単なる学者や科学者ですから，その結果は中国で見出されるもの，つまりペダントクラシーしかありえません」（JSM à Auguste Comte, 25 février 1842, CW, xiii, 502）．cf. JSM, 'Guizot on History', CW, xx, 270：「しかし，もしヨーロッパにおいて，中国におけるように，ひとつの中央機関に集められて訓練を受けた知識と教養のある階級が大衆のもついかなる力によっても制約を受けず，生活のあらゆる活動に対して保護者のように後見することを認められるような政府を形成したならば，その結果は軍事的な君主政や貴族政が実際にそうだった以上に，改善を妨げる悲惨な専制であっただろう．」

102)　Ibid., 279–280.

彼〔ギゾー〕の主題は歴史全体ではなくヨーロッパの現代史，すなわち現在のヨーロッパ諸国の形成と進歩の歴史である．それゆえ，彼は一連の歴史的事件のうち一部しか取りあげておらず，全体の展開を支配する法則あるいは諸法則を決定しようと試みることはできていない．そのような諸法則があるとしても，すなわち人間本性と社会が通過するように定められている一連の状態が人間の原初的な構造と私たちが住んでいる地球の状況によって多かれ少なかれ正確に決定されてくるとしても，その継起の順序は現代の経験やヨーロッパの経験だけによっては決定されえない．それは可能なかぎり歴史の全体と人間本性の全体を結びつけた分析によって確かめられなければならない[103]．

ギゾーが目指したのは，ミルの見解では，あくまでも「現代史の諸事実の究極的な原因ではなく近似的な原因」を明らかにすること，「現代ヨーロッパのそれぞれの連続する状態がその先行する状態からどのように生じてきたか，そして，現代社会全体と現代的精神が古代世界から伝えられてきた要素からどのようにして形成されてきたか」を明らかにすることにとどまっており，ギゾーはいまだに社会の歴史的変化の究極的原因についての認識に到達していなかった[104]．このことについてのギゾーに対するミルの批判的見地は封建制度の没落についてのギゾーの説明に対するミルの見解のなかにはっきりとした形で表明されている．

---

103) Ibid., 262. ギゾーの方法に対する高い評価は1836年の「ギゾーのヨーロッパ文明論」にも見られていた．「私たちはヨーロッパ史のさまざまな時代についての彼〔ギゾー〕の議論をここで追っていくことはできない．それぞれの時代に関して，彼の方法は同一のもの，すなわち，哲学者が用いるであろう唯一の方法である．彼はある時代の資料やその他の社会の状態についての残されている痕跡に習熟することから始めた．彼はこれらによって時代の精神に十分に慣れ親しんで，それぞれの時代にどのような原因が実際に作用していたか，どのような制約のなかでそれらの原因が影響を与えていたかを理解するのである．このことが分かったならば，人間本性の一般法則は，それぞれの法則が及ぼした影響はどのような種類のものであったに違いないということをしめすことが十分にできるし，その上で結論は後続する時代の歴史によって検証される．このような方法によって研究されないかぎり，歴史は「古い年鑑」にすぎないし，それ自体が何か意味をもつものでもなければ，他のものに光を投げかけるものでもない」(Joseph Blanco White and JSM, 'Guizot on Civilization', CW, xx, 384).

第6章　歴史知識と社会変動の理論

　ミルの考えでは，ギゾーは封建制度の衰退に関係するあらゆる現象に言及してはいるが，それを科学的に説明すること，つまり因果関係を明らかにすることには成功していなかった．ギゾーは「封建制はそれ自体としては永続性の要素をもっていなかった」と述べて，封建制度の衰退の原因をおもにそれ自体の欠点に帰しているが，そのような説明の仕方は，ミルにしてみれば，「制度の崩壊をそれ自体の欠点から説明するという安易な解法」にすぎなかった[105]．ミルの考えでは，封建制度の衰退を説明する手がかりはギゾーが巧みにおこなった封建制度の起源を説明した仕方にこそあった．ミルは，ギゾーが，封建制度が確立したのはそれがすぐれた社会形態であったからではなく，社会がそれ以上のものになることができなかったからであるとして，「封建制度をこのような人間精神の状態の産物であり，そのような状態が許容した唯一の政体である」と論じ，人間の精神と政治・社会制度の適合性の観点から封建制度の起源を論じていたことに着目する[106]．

　このようにして形成された封建制度は，その段階で必要であった改善を人間にもたらす制度であり，この時期にあっては「文明の著しい進歩が封

---

104)　ミルは『論理学体系』でも次のように述べている．「近年のフランスにおける歴史についての思索の主要な目的はこの法則〔社会の継起の法則〕を確かめることであった．しかし，私はこの学派の成し遂げた歴史知識に対する多大な貢献を喜んで認めるけれども，（コント氏を唯一の例外として）彼らは社会哲学の正しい方法について根本的に間違った考え方をしていると批判せざるを得ない．この誤解は，歴史が私たちにしめす社会と文明のさまざまな状態のあいだに見出すことのできる継起の順序が，たとえその秩序がこれまで証明されてきたよりもより厳密に斉一的であったとしても，一つの自然法則になりうると想定していることである．それは経験法則になりうるだけである．……経験法則を発見することは科学の究極の目的ではありえない．その法則が，それが依存する心理学的・性格学的法則と結びつけられ，アプリオリな演繹を歴史的証拠と合致させることによって，経験法則から科学的法則に転換されるまでは，この法則は，きわめて近接的な事例を越えては，未来の事象を予測するために依拠することはできない．現在ではコント氏だけが歴史からのあらゆる一般化をこのようにして人間本性の法則と結びつけることの必要性を理解していた」（JSM, *Logic*, CW, viii, 914-915）．

105)　JSM, 'Guizot on History', CW, xx, 287-288. cf. Guizot（1829-32）iv, 364 ff.

106)　JSM, 'Guizot on History', CW, xx, 288.

建制度の支配と後援のもとで達成された」のであった[107]. 封建制度によって達成されたこのような文明の進歩こそが封建制度の衰退の原因であるとしてミルは次のように述べる.

> 封建制度が衰退したのは, 実際にはその弊害のためではなく, その優れた性質のためであった. すなわち, そのもとで可能であった改善とそれによって封建制度がもたらしたよりも優れた社会形態を手に入れることを人類が望むようになり実現することができるようになったことのためであった[108].

したがって, 封建制度の衰退の原因とされてきたあらゆる事象の究極的原因となったのは, その制度が人間の知的・精神的能力の改善を達成したという事実であった. いいかえれば, 封建制度のもとで一定の改善を成し遂げた人類にとって封建制度が不適合な制度になったために制度そのものが衰退したというのがミルの認識であった. 彼の考えでは,

> 封建制度は, あらゆる欠点にもかかわらず, それ自身のうちに権威と自由が十分に混じりあい, 勤労に十分な保護を与え, 人間の能力の発展に刺激と機会を与えており, 社会進歩の自然的原因が以前の針路に復することを可能にするのに十分な統治制度であった[109].

このようにして, ミルは制度と社会状態の相互作用という見地と人間の知的・精神的状態に対する制度の適合性という見地から, ギゾーの議論を批判的に検討しつつ, 封建制度の衰退の究極的原因をその制度によって達成された人類の能力の向上に帰す考えをしめしたのであった[110].

じつのところ, ミルがギゾーの議論に対して明確な形で批判的見解をし

---

107) Ibid., 288–289.
108) Ibid., 289.
109) Ibid.
110) 同じような観点から,「ミシュレのフランス史」においても, カトリック教会を次のように評価していた.「……それは有益な制度であっただけでなく, ヨーロッパが野蛮状態から再生するための手段として現在認めることのできる唯一のものでもあった」(JSM, 'Michelet's History of France', CW, xx, 240). 同様の見解は, すでに1829年に表明されていた (本書8頁を参照のこと).

第 6 章　歴史知識と社会変動の理論

めすことができたのは，社会の歴史的変化の究極的原因という問題に関するかぎり，彼が別のフランス思想家の議論に学ぶことでよりはっきりとした認識をもっていたからであった[111]．

『論理学体系』においてミルは中間公理，すなわち高次の経験法則になりうる要因として「人類の思索能力の状態」という知的要因に着目して議論を展開していた[112]．ミルの考えでは，この要因は社会動学が課題とする社会の発展にも社会静学の課題である社会の安定にも決定的な影響を与えていた．これが社会発展にとって決定的な要因であることをミルは次のように指摘している．

　……この原理〔知的要因〕が他の社会学的要因よりも相対的に弱いとしても，そ

---

111) あらかじめ述べておくならば，彼は「人類の思索能力の状態」という知的要因に着目して議論を展開することになるが（JSM, *Logic*, CW, viii, 926），これまで論じてきたように，社会変化の第一義的な要因として知的要因に着目する主知主義的な傾向はデュガルド・ステュアートやジェイムズ・ミルの議論にも強く見られるものであったし，この点についてのフランス思想への共鳴もこのような知的伝統のなかにいたミルが以前からもっていた主知主義的な性向ゆえのものであったとみなすことができるものであった．

　さらに付言するならば，1830 年代後半のミルがそれ以前にも増して社会変化において知的要因が果たす役割を強調するようになったのは，この時期の彼が現実の政治から距離を置きつつあったことをある程度は反映したものでもあったと思われる．1832 年の議会改革以降，哲学的急進派はキャスティングボートを握りつつ政界の再編成をひきおこすことで改革派を結集させ，さらなる議会改革を推進するという展望を抱いており，東インド会社社員であったために下院議員に立候補することのできなかったミルも言論活動によってこのような哲学的急進派の目標を実現することを目指していた．しかし，1830 年代末頃には，1837 年の下院選挙において議席が伸び悩んだこともあって哲学的急進派の議会における地位は低下し，そのような状況のなかでミルも現実の政治へコミットすることの関心を失いつつあった．特に急進的貴族であったダラム卿のもとに革新政党を組織するというキャンペーンが失敗したことを契機として，彼は政治言論活動を止め，1840 年には『ウェストミンスター・レヴュー』の経営からも手を引くことになった．1841 年 7 月にミルはネイピアに次のように述べているが，それは多分に当時の彼のそのような境遇を反映していたものであっただろう．「リベラルな考えが広まっていくかは，それをはっきりと支持する人たちによって，何がなされたかではなく，何が話され書かれたかに左右されるような時代に私たちは再び入っています」（JSM to Macvey Napier, [30 July 1841], CW, xiii, 48）．

112) JSM, *Logic*, CW, viii, 926.

の影響力は社会の進歩の主要な決定因であるし，この進歩に寄与する私たちの本性の他のあらゆる性向は進歩をそれぞれに分担して成し遂げる手段としてこれに依存している．したがって（もっともはっきりとした例をまず挙げれば），生活の技術においてなされた改善のほとんどを推し進める力は物質的安楽さの増大に対する欲求であるが，私たちは外的対象についての知識に比例してしかそれに働きかけることはできないから，ある時点における知識の状態はその時点での産業上の可能な改善にとって越えることのできない限界であるし，産業の進歩は知識の進歩にしたがいそれに依存しているに違いない[113]．

そして，この知的要因は社会安定にとっても，次のような点で決定的な要因であった．

> ……もっとも強い人間本性の性向は，明らかにそれ自体としては人々を結合させるのではなく分裂させ，仲間ではなく対抗者にするので，そうした強固な性向を規律することによってのみ社会が存続しうることになるし，この規律はそれらの性向を共通の意見の体系に従属させることにある．この従属の程度が社会の統合の完全さの尺度であり，共通の意見の性質がその統合の性格を決定する．しかし，人々が自らの行動を一連の意見に従属させるためには，そのような意見が存在し人々に信じられていなければならない．したがって，思索能力の状態，知性が同意している命題の性格は，すでに見たように物質的状態を決定するのと同じように，共同体の道徳的および政治的状態を基本的に決定する[114]．

ミルの考えでは，この認識は人間本性の法則から演繹可能であるとともに歴史事実とも合致していた．あらゆる社会の歴史的変化の法則は中間公理である「人間の知的確信の継起の順序」の法則からの派生法則とみなすことができるとして，彼は次のように結論づける．「あらゆる点での人間の進歩の順序は人間の知的確信の継起の順序，つまり宗教や科学の連続的変化の法則から引き出されるコロラリーであろう[115]」．

ミルは，この「人間の知的確信の継起の順序」の具体的な内実について

---

113) Ibid.
114) Ibid.
115) Ibid., 927.

第6章 歴史知識と社会変動の理論

も有力な見解がしめされていると考えていた．それがコントのいわゆる三段階論であった[116]．コントの議論によれば，人間の精神は，自然現象を霊魂や神などの存在によって説明する神学的段階[117]，「実体」や「究極因」といった概念によって現象を説明する形而上学的段階，規則性に着目して現象を科学的に説明しようとする観察が優位をしめる実証的段階という三つの段階をたどって発展してきた．そして，彼の考えでは，中世までの神学的段階から，ルネサンスや宗教改革からフランス革命までの形而上学的段階を経て，現代は実証的段階に到達していた[118]．

ミルはこのコントの議論に言及し，人間の思索能力の段階的変化を社会変動の主要因と考えることができるとして[119]，次のように述べている．

> 彼〔コント〕は，あらゆる人間による探求の主題について，思索は三つの連続的な段階をたどってきたと考えている．その第一の段階は現象を超自然的な作用因によって説明するものであり，第二は形而上学的な抽象概念によって説明し，第三の最後の段階では，現象の継起と相似の法則を解明することに限定された．この一般化は歴史のしめすところと人間精神の構造からの確からしさとの一致に基づく高度な科学的証拠をもっているように思われる[120]．

---

116) Ibid., 928. cf. Comte (1975 a) 21 and passim. コントの三段階論については，Schmaus (1982)，田辺 (1982) 355–368 などを参照のこと．三段階論にはテュルゴやコンドルセなどの先駆的議論が指摘されている．
117) コントは神学的段階をフェティシズム，多神教，一神教の段階にさらに細分化している（Comte (1975 b) 246）．
118) コントは人間精神の三段階論とともに，科学の階梯という議論を提示している．コントによれば，抽象性・具体性や普遍性・個別性の程度によって，科学は，数学，天文学，物理学，化学，生物学，社会学という六領域に分けられる．三段階の進歩はそれぞれの科学ごとに起こり，抽象性の低い科学の進歩は抽象性の高い科学の進歩に依拠しているので，科学の進歩の速さはこの階梯の順序にしたがうことになる．したがって，違った段階にある科学が同じ時代に並存することは想定されているが，人間精神の全体的な段階を規定するのは社会学の到達している段階であるとされている．この点については，清水 (1970) を参照のこと．
119) したがって，『経済学原理』のように四段階論の枠組みを用いて社会の発展を描いたことは必ずしもこの認識と矛盾するものではない．
120) JSM, *Logic*, CW, xiii, 928.

このような見地から，ミルは，一方では，「この理論が特徴づけた人間知性の三つの状態のそれぞれと，三つの状態のそれぞれの連続的な変化に結びつけることによって，ほかのあらゆる社会現象の相関的な状態をたどる」こと[121]，すなわち，あらゆる社会事象をこの三段階の法則の誘導法則として説明することが可能であると考え，また他方では，この三段階の変化を人間本性の法則からの誘導法則として科学的認識として確立することも十分可能であると考えたのである．つまり，知的要因を中間公理として人間本性の法則とあらゆる社会事象を間接的にリンクさせることで，社会の歴史的変化の法則を獲得することができると考えたのである[122]．

---

121) Ibid.
122) コントは人間精神の三段階に対応する形で，世俗の社会についても，他者の征服が政治の基礎となっていた軍事的段階から，法律家・思想家が支配した法律的段階を経て，人間による自然の征服が政治の基礎となっている産業的段階に至るという三段階の発展を描き出していたが，ミルの考えでは，コントの議論のうち第一義的に重要なのは人間精神についての三段階論のみであって，彼はそれに対応する世俗社会の段階論的発展の枠組みについては重視していなかった．別の言い方をすれば，それは科学的認識になることができるとしても，あくまでも人間精神についての段階論的法則からの派生法則としてであるというのがミルの考えであった．このことは『論理学体系』における次のような言明に示唆されている．「社会が進歩していくと，……外的な制限を被っていないような人間の職業は，最初はおもに軍事的であるが，社会はますます生産的な仕事に打ち込むようになり，軍事精神は徐々に産業精神に取って代わられるようになるということは簡単に確認できるし，このことには，ほかの多くの似たような真理を容易に加えられる．普通の思想家は，大陸で今日優勢な歴史学派の人々でさえも，この種の一般化で満足している．しかし，これらの結論やそれに類したものはいまだにそれが依拠している人間精神の基本法則から離れすぎているので——あまりに多くのリンクが介在し，またそれぞれのリンクにおける原因の同時作用があまりにも複雑であるので——，それらの命題を〔人間本性の〕基本法則からの直接的なコロラリーとみなすことはできないし，したがって，それらは多くの思想家にとっては実際の観察の限界内においてのみ適用可能な経験法則の状態にとどまっている……」(Ibid., 924–925)．

7 ―おわりに

　ミルは1840年代前半には，どのようにして社会の歴史的変化についての経験法則を人間本性の法則から科学的に説明するのかという難問に対して，方法論については逆演繹法という方法をしめすことによって，理論的枠組みについては「人類の思索能力の状態」という知的要因を社会状態を決定する主要な要因とみなすことによって，満足いく解答を与えることができたと考えていた[123]．しかし，彼は人間本性には社会の進歩的法則と矛盾するような好ましくない性向がみられると考え，ヨーロッパの経験から得られる進歩的変化という経験法則は世界史においてはあくまでも例外であり，人間本性の法則から直接この進歩的変化を説明することはできないとも考えていた[124]．この点で，人間本性の法則によって歴史的変化の経験法則を説明する際にこの二つの法則を媒介する役割を果たすことになる中間公理としての性格形成の科学（エソロジー）が重要な意義をもつことになった．この科学は望ましい社会の進歩はどのようにして可能になるのかを考察する時にも重要な役割を期待されていた．次章ではこの性格形成の科学という構想を検討する．

---

123) JSM, *Logic*, CW, viii, 926.
124) Feuer（1976）90, Alexander（1976）138 ff. また，Robson（1976）も参照のこと．ミルは「グロートのギリシア史［2］」（1853年10月）でも次のように述べている．「前者の状態〔停滞的状態〕のほうが後者の状態〔進歩的状態〕よりも通常の人間本性にははるかに親和的であるということは，不幸なことに経験が疑いもなくしめしている……」（JSM, 'Grote's History of Greece［2］', CW, xi, 313）．このような見解をもっていたからこそ，彼はヨーロッパが「中国的停滞」に陥る危険性に対してきわめて深刻な憂慮を表明していたのである．

第7章

性格形成の科学

> 人間についての知識はいまだにきわめて遅れた状態にあり，それゆえ教育もそのような状態にある[1]．

1――はじめに

J・S・ミルは『論理学体系』において，社会事象研究の一分野として，性格形成の法則をあつかう学問分野の構想を次のように提示した．

> このようにしてひとつの科学が構成されることになり，私はそれにエソロジー Ethology，あるいは性格の科学 Science of Character という名称を提案したいと思う．それは，エートス ἦθος という用語，すなわち同じ言語のなかでは私がここで用いている「性格 Character」という言葉に他のどの言葉よりも合致している用語から取ったものである．語源的にはこの名称は私たちの精神的・道徳的性質についての科学全体に適用できるものだろうが，通常の簡便な仕方で心理学という名称を精神の基本的法則に関する科学に対して用いるとすれば，エソロジーはそれらの一般法則にしたがいながら物理的・精神的な一連の状況によって作られる性格の型を決定する従属的な科学に対するものとなるだろう[2]．

本章ではこのエソロジー構想を取りあげて検討する[3]．ミルがこの科学を確立することに失敗したことに起因すると思われるが，これまでの研究で

---

1) Anon.（1814–1815）xlv, 60.
2) JSM, *Logic*, viii, 869.

はエソロジーに言及することなくミルの思想が論じられることも少なくなかった．ミルの思想を体系的に理解する傾向の強い近年の研究においてはミルの思想における人間の陶冶というアイデアの重要性について一定のコンセンサスが得られつつあるが，それらにおいてもそのようなアイデアを科学的に基礎づけるエソロジーは十分に取り扱われてきたとは言い難い[4]．エソロジーへの言及がなされる場合でも，関心はその構想自体でなく，性格形成への関心が後期の著作のなかにどのように見出されるかということに向けられることが多かった[5]．また，この構想がそれなりの関心を集めている経済思想史研究におけるエソロジーへの言及も，必ずしもミルの意図を踏まえたものばかりであったようには思われない．経済思想史においては，富を追求する存在としての人間という単一の前提からの演繹的推論による経済学を現実の個別事情を考慮して修正することがエソロジーの役割として強調されることがしばしばあるが[6]，この理解はミルが経済学の議論を進めていくなかでエソロジーのような性格形成を理解するための枠組みの理論的必要性を認めるようになったというような誤解としばしば結びつけられ，ともすればそれがエソロジーの主要な課題であったという誤った主張に横滑りしがちであった[7]．このような解釈の難点は，ミルがどのような歴史的文脈においてどのような科学としてエソロジーを構想していたのかについての関心が希薄な点にあるように思われる[8]．ミルは歴史は基本的に進歩と呼びうるような経験法則をしめしているとみなし

---

3) エソロジーはミルの造語であるが，その元になったギリシア語が後天的に形成された性格や習慣を意味するものであったことからも明らかなように，エソロジーはあくまでも性格の後天的形成に関する科学であった．したがって，日本語の呼称としては，『論理学体系』第6編第5章のタイトルでも用いられている「性格形成の科学 the Science of the Formation of Character」という表現の方が「性格の科学」というものよりもミルの意図していたことを表現できているように思われる．なお，現代ではエソロジーという用語はおもに動物行動学などの意味で用いられているが，それはミルの用法とまったく関係ない（福原 (1988) 172–173）．
4) たとえば，Semmel (1984)，Habibi (2001) など．
5) たとえば，早坂 (1980)，Carlisle (1991)，Ball (2000) など．
6) ただし，このことは，ミル自身も述べていたように（JSM, *Logic*, CW, viii, 904–907），エソロジーの重要な役割であった．

第7章　性格形成の科学

つつも，それを人間本性に帰すことのできるものとは考えてはいなかった．彼は人間には常に堕落する傾向があり，自然のなりゆきと望ましい進歩とはまったく別のものであると考えていた．彼の考えでは，社会の歴史的変化についての科学の法則に依拠しつつ望ましい進歩を実現するには人為的な関与が可能であるだけでなく不可欠であり，そこにこそ人間の自由と責任が存在していた．そして，エソロジーはこのような認識と不可分な構想であった．

　本章ではまず19世紀初頭にブリテンにおける性格形成への関心の一端を骨相学とオウエン主義という性格形成に関する二つの議論を取りあげて検討する．この二つの議論は19世紀前半のブリテンにおいて広く普及していた性格形成論であり，ミルがエソロジーという科学を構想した際に厳しく批判したものであった．すなわち，19世紀前半のブリテンにおける性格（形成）論への関心という知的コンテクストにおいて解釈すれば，ミルのエソロジー構想は当時影響力の大きかった既存の理論――骨相学とオウエン主義――にとって代わるべき新しい性格形成理論を提示する試みであったということができる．続く節では，ミルのエソロジー構想を取りあげる．まず1830年代におけるミルの性格形成への関心を，彼のベンサムに対する批判との関連を念頭に置きながら検討する．次に，主に『論理学体系』第6編の議論や1840年代前半に彼がコントとのあいだに交わしていた書簡に拠りながら，彼のエソロジー構想を検討する．これによって，

7）　たとえば，佐々木（2001）は次のように論じている．「ミルは，仮説的・抽象的な経済人と現実の経済的行為を媒介する研究が必要であると考えていた．この問題に取り組むために，とくに諸国民間の経済的行為の相違に注目して構想されたのが，国民的性格学〔ポリティカル・エソロジー〕であった」(247)．「国民的性格学は……経済人の仮定と現実の経済行為とを橋渡しすることを課題とするものであった」(254)．

8）　Carlisle（1991）はミルの思想体系における「性格」概念の重要性を強調し，エソロジーを詳細に扱った著作であり，その着眼は重要であるが，その議論はミルの方法上の概念を正確に理解しておらず真意を理解しそこなっている点が多いように思われる．性格形成の科学構想をミルの人間観と関連づけて考察した研究としては，関口（1989）が，またエソロジーを理解する上で論理学上の概念を正確に理解する必要性を的確に指摘した研究としては，Capaldi（1973）がある．

エソロジーが彼の社会の科学構想においてきわめて重要な位置をしめていたことを明らかにする．最後の節では，「近似的一般化」という彼の論理学上の概念を手がかりに，エソロジーの実践的意義と呼ぶべきものについて検討する．

2—19世紀初頭のブリテンにおける性格の科学

19世紀前半のブリテンにおいて骨相学はその教育論的主張によって大きな影響力を獲得していたが，ミルを含めた同時代の多くの思想家は，骨相学は生理学的決定論であるとしてその教育論的含意を否定していた．というのは，骨相学は少なくとも理論的には，人間の道徳的・知的特質は生得的で不変のものであるという想定に立つ理論体系だったからである．1840年代初頭にミルが骨相学に大きな関心を寄せて厳しく批判したのは，当時のブリテンにおいて骨相学が広く普及していたからというよりも，この時期の彼が大きな影響を受けていたコントが人間本性の科学は骨相学であるべきだと主張しつつ，人間本性の科学は心理学であるとするミルの考えを批判していたからであった．コントに反論するために，ミルはコントが高く評価していたガルの骨相学についての著作を読むことになった．

本節の後半で検討するオウエン主義の特徴はその環境決定論にあり，この理論は人間の性格はもっぱら彼を取り巻いている環境によって形成されたものであると主張していた．19世紀初頭においてもっとも重要なオウエン主義の擁護者のひとりであったのはジェイムズ・ミルであり，彼によるミルに対する早期教育の理論的バックグラウンドとなっていたのがこのオウエン主義と観念連合心理学であった．ミルの性格形成への関心は，1820年代末に抱かれた父の教育手法に対する，そしてそれを支えていたオウエン主義に対する反発にまでさかのぼることができるものであった．

以下で論じるように，ミルは骨相学とオウエン主義に対して厳しい批判を行っていた．彼の考えでは，これらの二つの理論はともに極端で誤った

決定論としての「宿命論」に陥るという誤りを犯していた．それに対して，エソロジーはこのような誤りを避けた，「正しく理解された」決定論に基礎づけられた理論であった．

骨相学は人間の性格と頭蓋の形態の関係に着目することによって人間の本性や性格を研究する生理学理論であった．この理論は1790年代にウィーンのドイツ人医師フランツ・ヨーゼフ・ガルによって発展させられ，19世紀前半のヨーロッパにおいて一世を風靡した理論体系であった[9]．優れた医師であったガルは自らの生理学的知見から骨相学の基礎となる次のようなアイデアを引きだした．まず，個々人の道徳的・知的な能力や適性は生得的なものであるとされた．この点で，後の骨相学者によって主張された実践的含意にもかかわらず，骨相学は少なくとも理論的には決定論的な体系であった．第二に，個人の道徳的・知的能力は精神活動をつかさどる身体器官に依存していると考えられ，脳がその器官にあたるとされた．ガルはデカルト的な心身二元論を批判して，精神現象を身体から独立したものとしてではなく，身体の一部としての脳の機能が作用したものとして理解した．第三に，精神活動をつかさどる器官 organ である脳は，個別の精神活動（機能 faculty）をそれぞれ担う個々の器官の集合体であるとされた．

---

9) ガル自身はこの科学を頭蓋学 schädellehre や器官学 organologie などの名称で呼んでいたが，本書では便宜的に一貫して骨相学 phrenology という呼び方を用いる．ギリシア語起源の phren と logos を組み合わせたタームとしての phrenology の英語圏における現在知られているかぎりでの最初の使用例はアメリカのベンジャミン・ラッシュ Benjamin Rush による1805年の用例であるが，彼は現代で言う心理学 psychology を意味するものとしてこの語を用いていた．現在用いられるような意味でこのタームが使われるようになるのは1810年代半ば以降のことであり，1815年にT・I・M・フォスターがガルとシュプルツハイムの理論をこの名称で呼び，その後，シュプルツハイムがフォスターにならってこのタームを使用するようになったことを契機として普及することになったとされている．これらの点については，Noel and Carlson (1970), Wyhe (2004) 17 を参照のこと．もっとも，ガルとシュプルツハイムが1810年にフランスで出版した書物のタイトルにはすでに phrénologie というタームが使用されていた (Gall and Spurzheim, *Observations sur la phrénologie, ou la connaissance de l'homme moral et intellectuel, fondée sur les fonctions du système nerveux*, Strasbourg and Paris, 1810)．

この点に関連してガルは，個々の機能は生得的なものであること，それらはすべて脳のなかの特定の場所におかれていること，他の対抗要因がなければある器官の大きさはそれがつかさどる機能の指標とみなすことができるということを主張した．最後の考えは，脳の形状や大きさはそれを構成する個々の器官の発達の度合いによって決定されており，頭蓋には脳の形状・大きさが反映されているから，頭蓋を外的に観察することによってその人間の性格や性向を理解することができるというものであった．したがって，彼の見解では，人間の本性や性格を解明するための学問は生理学であって哲学ではなかった．

　ガルは自らの骨相学が脳解剖学の知見にもとづいたものであり，人間の脳の形状（したがって，それを反映した頭蓋の形状）と精神的能力・性格とのあいだには密接な関係があると主張した．この見地から，彼は人間の無限の改善可能性を否定し，人間の性格をどのような方向にであっても大きく変えることの可能性を否定した．彼の考えでは，「人体の組織構造が不変のものであるとするならば，〔人の〕道徳的・知的特徴が本質的に変化することはありえない」し[10]，「人はどのような形であれ，自分の器官の発達するのを阻むことはできないし，したがって，それらのもつ機能の力を緩めたり，程度にかかわらず良いことをしようとか悪いことをしようとか自分を駆り立てたりすることもできない[11]」．機能や能力が生得的なものだとしたら，次に問われるべきなのは「生まれながらの機能や能力は持続的かつ無限に改善されうるのか」という問題であった[12]．ガルの考えでは，「大多数の人間は無知，誤謬，偏見，迷信の奴隷であり」，「したがって，悪い性向や道徳的悪弊は人間本性に本質的なもの」であった[13]．彼に従えば，教育は人間の性格を良い方向にも悪い方向にも発展させることはできないし，「教育によって鳩を鷹に変えようとしたり鷹を鳩に変えようとし

---

10)　Gall（1835）vi, 278.
11)　Ibid., i, 218.
12)　Ibid., vi, 279.
13)　Ibid., i, 216.

たりと試みても無駄である[14]」．

　骨相学の発展にガルが果たした役割がどれほど重要だったとしても，ブリテンにおいては普及した骨相学は彼の理論にもとづくものではなく，J・G・シュプルツハイムおよびその影響を受けたジョージ・クームのものであった．ガルは1796年にウィーンの自宅で骨相学についての講義をはじめていたが，この理論が唯物論的・無神論的傾向をもっているとして批判されたことで，1801年に当時の神聖ローマ帝国皇帝フランツ2世によって，ウィーンで骨相学についての講義や出版を禁じられた．このような逆風にもかかわらず，ガルが1800年からガルの講義に参加していたシュプルツハイムをともなって，1805年から1807年にかけてヨーロッパ各地で行った講演は成功を収め，1807年秋以降，ガルはパリに移住し，そこでシュプルツハイムとともに骨相学についての研究をすすめることになった．ガルとシュプルツハイムは1810年にフランスで『神経系，とくに脳の解剖学と生理学』第1巻を出版してまもなく[15]，1812年には意見の違いなどから決別することになった．その後，シュプルツハイムは1814年3月ブリテンに渡り，そこで骨相学についての講義をおこない，1815年には『ガル，シュプルツハイム両博士の観相学体系』をブリテンで出版することになった[16]．この書物はブリテンにおいて注目を集め，多くの書評が発表され，これ以降，ブリテンでは骨相学をめぐる論争が活発となった．

　ガルとシュプルツハイムは基本的なアイデアは共有していたものの，たとえば器官の数や対応する性格などの細部について見解を異にしており，そのことが両者の決別の一因となった．上述の『観相学体系』でシュプルツハイムは，ガルの理論に対して，器官の数やその名称，それぞれの機能のもつ意味などの点でいくつかの重要な変更を加え，さらにそのような機能の総体としての性格の修正可能性に対して強い関心をしめしていた．た

---

14) Ibid., i, 212.
15) Gall and Spurzheim（1810–19）．加筆修正を含んだ第2版は1820年代に出版されている（Gall 1822–25）．ミルが1840年代初頭に読んだのはこの第2版である．
16) Spurzheim（1815）．

とえばガルの分類にあった邪悪さ murder や狡猾さ cunning という機能
は，シュプルツハイムの議論にはみられず，代わりに好戦性 combativeness
や破壊性 destructiveness などの新しい名称が与えられていた．シュプルツ
ハイムはガルの客観性を志向したがゆえにネガティヴな響きを含まざるを
えなかった名称を避け，より好ましい印象をあたえる用語を選び取ってい
た．そのことによって，シュプルツハイムの体系は客観的な性格観察論と
いうガルの意図していたものとは違った，理想的な性格を表現する志向を
強めることになった．シュプルツハイムの議論では，脳の機能は基本的に
はすべて好ましいものであるとされ，脳の機能が十全に作用し正しく用い
られるならば人間は悪にはなりえないということになった．この議論は，
個人の道徳的欠陥は脳の機能の作用を妨げたりその濫用を促したりする環
境のせいであるという含意をもつことになった[17]．ここにおいて，元来は
生物学的決定論として登場したはずの骨相学が環境の修正による性格の改
良可能性というアイデアに科学的基礎づけをあたえることになった．ガル
は，シュプルツハイムが「観察という純粋な道からあまりにも逸れすぎ，
理念的，形而上学的な，さらには神学的ですらある幻想に身を委ねてし
まっている」と不満をもらし[18]，シュプルツハイムの修正を認めることは
決してなかった．それにもかかわらず，ブリテンにおいては，英語による
著作がなかったガルの議論ではなくシュプルツハイムの議論が骨相学理論
として普及したこともあって，シュプルツハイムがガルの議論に対して加
えたひねりは，(とりわけブリテンにおいて) 骨相学が観察にもとづく記述的
性格論から規範的・実践的教育論に変わっていくきっかけとなるもので
あった[19]．この生理学と実践的教育論を融合しようという企ては，産業革

---

17) Spurzheim (1825) 133–134：「どの機能もそれ自体として悪いものではありえな
いということ，人間のあらゆる生得的な能力は何らかの目的を持っていること，悪事を不可避的にもたらすものはないが乱用される場合はあることを，私
ははっきりと確信している．」
18) Temkin (1974) 309.
19) この「生物学的決定論と改良可能性との奇妙な結合」については，小松
(1998, 2005) を参照のこと．

命によって社会的影響力を増してきた中産階級（さらには労働者階級）の人々による教育への関心の高まりに応えるものとして熱狂的に受け入れられていくことになった[20]．

19世紀初頭のブリテンでは，大陸から新しい科学として流入してきた骨相学は思想家のあいだでも注目を集め，骨相学をめぐって論争がひきおこされた．現在「エディンバラ骨相学論争」としてまとまった形で言及されるものが，それらのなかでもっとも重要なもののひとつであった．

ブリテンにおいてもっとも早い段階で骨相学に対する批判的な議論をおこなった一人は，1803年にエディンバラ大学で医学の学位を取得し，学生時代にデュガルド・ステュアートの道徳哲学の講義にも出席していて，後にはステュアートの後継者としてエディンバラ大学道徳哲学教授職に就くことになるトマス・ブラウンであった[21]．ブラウンの批判の後，骨相学についての書物や論考が英語で公表されることがなかったこともあって[22]，しばらくは骨相学が議論の対象になることはほとんどなく，エディンバラで骨相学をめぐる論争が活発になるのは1810年代半ばであった．そのきっかけとなったのは，上述したシュプルツハイム『観相学体系』(1815年）と，このシュプルツハイムの著作を取りあげた論説「ガルとシュプルツハイムの学説」であった[23]．さらに，1825年にクームの『骨相学体系』が出版された際には，ゴードンの友人でもあったフランシス・ジェフ

---

20) Cooter (1984) 101–133 を参照のこと．シェイピンは骨相学の普及にともなっておこった論争を，社会におけるインサイダー・アウトサイダーという関係や担い手の社会階層に着目して分析している（Shapin (1975) 219–243）．ただし，社会的コンテクストを考慮することは論争の性格を考えるうえで重要であるが，シェイピンの解釈はあまりにも社会的要素に還元しすぎてバランスを失っている面があるように思われる．この点については，Cantor (1975 a, 1975 b) を参照のこと．またシェイピンの解釈については，Shapin (1979) も参照のこと．
21) Brown (1803)．クームの伝記の著者であるチャールズ・ギボンはこの論説の著者を，同誌において1815年に厳しい骨相学批判を発表することになるジョン・ゴードンであると誤解していた（Gibbon (1878) i, 93）．
22) ガルの著作の英語版が初めて出たのは1835年であった（Tomlinson (2005) 75）．
23) Gordon (1815)．書評対象として挙げられているのは，Gall and Spurzheim, *Anatomie et physiologie* の第1・2巻(1810, 1812年），および Spurzheim, *The Physiognomical System of Drs. Gall and Spurzheim*, London, 1815 の第2版 (1815年) である．

リーがこの著作に対する批判を展開した[24]．これらの骨相学批判はいずれも『エディンバラ・レヴュー』に掲載されており，したがってミルはこれらをすべて読んでいた可能性が高い[25]．このことは，この時期に彼がシュプルツハイムやクームの著作を直接読んでいたという史料証拠はないとしても，少なくともその批判者の議論を通じて彼らの骨相学理論についてそれなりの知識をもっていたことを示唆しているだろう[26]．一方，ガルの骨相学理論については，1840年代初頭にガルの著作をフランス語で読んだという事実があるだけでなく，それ以前に若い時期にもミルがそれについて学んでいたことが明らかとなっている．彼は1820年から1821年にかけてサミュエル・ベンサム一家の世話でフランスに滞在していた際，モンペリエ大学でジュルゴンヌの講義に参加していたが，その講義ではガルの骨相学理論が扱われていた[27]．ミルが骨相学を批判するとき念頭におかれていたのはどちらかと言えば，ブリテンにおいて普及していたシュプルツハイムとクームのものではなく，ガルのものであったように思われる．このことは，ミルが骨相学の教育的含意にまったくといっていいほど言及しなかったことをある程度は説明するものであるように思われる．

　ミルが性格形成の科学を構想することになった直接的な要因については以下であらためて検討するが，間接的な，あるいはより深いところでこの

---

24) Jeffrey（1826 a；1826 b）．これらの批判とともに，1820年代後半から1830年代には，ウィリアム・ハミルトンによって骨相学に対する重要な批判がなされていた．
25) 『自伝』でミルは，1823年にジェイムズ・ミルがミルに，それまでに刊行されていた『エディンバラ・レヴュー』のすべての巻を通読させたことを記している（JSM, *Autobiography*, CW, i, 93–95）．この作業は，ジェイムズ・ミルが1824年1月に創刊された『ウェストミンスター・レヴュー』に『エディンバラ・レヴュー』と『クォータリー・レヴュー』に対する批判の論説を執筆する際に参考にするためのものであった．
26) 1835年10月の書簡で，ミルはクームの名に言及し，その著作を読む意向を伝えているが，それが具体的にどの著作を指しているのか，そして（この時期に）実際に読んだかどうかは不明である（JSM to John Pringle Nichol, 7 October 1835, CW, xii, 275）．
27) JSM, 'Lecture Notes on Logic', CW, xxvi, 196.

第 7 章　性格形成の科学　　　　　　　　　　　　　　　　　　　　　　219

ような構想に導いたであろう契機については，いわゆる精神の危機の経験にさかのぼることができるものであり，それは，当時大きな影響力を有していたオウエンの性格形成論に対してミルが早い段階から抱いていた反発にかかわるものであった[28]．

　ところで，そのオウエン主義者もまた骨相学者と論争をおこなっていた．ただし，クームをはじめとする骨相学者と個人的に親交を結び，環境による性格形成・教育の重要性に対する認識を彼らと共有していたオウエンおよびオウエン主義者の骨相学に対する態度は，先述した医学者からの解剖学的見地からの批判や思想家からの精神哲学の立場からの批判とはニュアンスの異なるものであり，同じ陣営のなかでの意見の対立といった側面が強いものであった．

　『新社会観』（1813 年）や「社会制度論」（1826–1827 年）でオウエンは次のように有名な性格形成原理を提示していた．

> 最良のものから最悪のものまで，また，もっとも無知なものからもっとも啓発されたものまで，どのような一般的な性格も，適切な手段を適用することによって，あらゆる共同体に，そして広く世界中にさえも，与えられることができるし，その手段は，かなりの程度，人間事象に影響力をもっている人が自由にし，支配しているものである[29]．

彼はこのような見地から，一方で人間が教育をはじめとする環境の整備によって他者の性格を形成することの可能性を論じ，他方で自らによる性格形成の可能性を否定した．この環境決定論的性格形成論は，性格が環境によって形成されるということを主張しているだけではなく，より重要な含意をもっていた．つまり，性格は環境によって形成され各人がその形成に関与できないがゆえに，各人は自分自身の性格およびその結果として生じる行動に対して責任を問われるべきではないという主張が，この性格形成

28）　オウエンの議論については，たとえば，永井（1962）203–267，土方（2003）を，功利主義者との共通性に関しては，Ball（2000）30–31 を参照のこと．
29）　Owen（1972）19．

の原理から引きだされたのである．オウエンの考えでは，あらゆる誤りのなかで最悪のものは「個人が自分自身の性格を形成するという考え方」であり[30]，「人間はそれゆえ自由な主体や責任を負うべき存在ではなかったし，そのようになることもできない[31]」．

このようなオウエン主義に対して骨相学者は，その理論が生得的な性格や人間本性について何も語らずに，性格がもっぱら当該の人を取り囲んでいる環境によって決定されるとみなしているとして批判していた[32]．このような批判に対して，オウエンも反論し，人間には自然的性向，知的能力，道徳的資質が創造主から与えられており，それらが組み合わさることで生得的な性格が構成されているという見解を示していた．オウエン主義者にとっては，オウエン主義も骨相学もともに「人間本性に対する外的事情の影響についての科学」であり[33]，とりわけ1830年代から40年代になると，オウエン主義者はむしろ自分たちの理論の不備（とりわけ人間本性認識に関する弱点）が骨相学によって補えると考るようになっていた．そのようなオウエン主義者としてはエドワード・トマス・クレイグとチャールズ・ブレイが知られており[34]，オウエン主義者の雑誌『ニュー・モラル・ワールド』ではしばしば骨相学の「発見」が好意的に紹介されていた．オウエン主義者の考えでは，オウエン主義と骨相学のあいだで意見が一致していないのは，「性格はどの程度まで変えることができるのか」という点についてのみであった[35]．この点については，オウエン主義がほとんど無限の可変性を認めたのに対して，骨相学は生得的な器官の働きを強めたり弱めたりすることはできても，器官の機能そのものを変えることはできないとみなしていた．

当時の思想家のなかでオウエン主義を高く評価していたのが，ジェイム

---

30) Ibid., 133.
31) Owen（1826–1827）59.
32) Anon.（1823）.
33) Anon.（1835）213.
34) Harrison（1969）235–260, 土方（2003）240–241 などを参照のこと．
35) Anon.（1835）212.

ズ・ミルを中心とした功利主義者グループであった．ジェイムズ・ミルはフランシス・プレイスとともに，オウエンの『新社会観』の編集に協力し，その草稿に手を加えていたと言われており，「〔オウエンの〕後の著作から失われてしまっている明晰さをもたらしていたのはジェイムズ・ミルであった」とも指摘されている[36]．さらに，ジェイムズ・ミルはオウエン『新社会観』が出版された際には好意的な書評も著していた．その書評のなかで彼は，「人間はその人が置かれていた環境の産物であり，考えや能力だけでなく性向や習慣も，そして性格を構成するほとんどすべてのものは，つまるところ，その個人に対するその人自身が統制していない影響の所産であるという」という見解を高く評価していた[37]．オウエンが（したがって，ジェイムズ・ミルが）重視していた実践的含意は「環境によって影響をうける程度に正確に比例して，あらゆる人の性格はきわめて大きな程度で堕落して悪くなるか，最高度に優れてよくなるかのいずれかである」というものであった[38]．ここで「環境」という言葉で意味されているのは，たとえば教育や統治形態，法・社会制度などであった．教育について，「性格を改善するために取り組まれる活動としてすべての人が最初に思い浮かべるものは青少年教育である」としていたジェイムズ・ミルは[39]，このような見地からランカスター学校やクレストマシア学校などの青年教育に関する計画に強い関心を抱いていた．

　オウエン主義の性格形成論はジェイムズ・ミルの教育理論と実践の哲学的な基礎となっていたものであり，ジェイムズ・ミルによって，彼が好ましくない影響をもっていると考えた社会から隔離された形で行われたミルに対する早期教育はそのもっとも重要な適用例であった[40]．したがって，

---

36) Donnachie（2000）116–117．永井（1996）197–199 も参照のこと．また，ベンサムもオウエンの事業に賛同して資金を提供していたが，これはジェイムズ・ミルの仲介によるものであった（James Mill to Jeremy Bentham, 3 December 1813, Bentham（1968–）viii, 361–362）．
37) Mill, James（1813, Character）96．
38) Ibid.
39) Ibid., 108.

オウエン主義に対するミルの反発は彼自身の経験に根ざすものであった．この早期教育によって得たものがどれほどのものであったとしても，精神の危機から回復して間もない1830年代初頭までに，ミルはオウエン主義の環境決定論に依拠していたジェイムズ・ミルによる教育は欠陥のあるものであったと考えるようになっていた．彼はジェイムズ・ミルによる早期教育の結果として自らが「無味乾燥で強硬な論理機械 logical machine」あるいは「単なる推論機械 reasoning machine」となったと考えていた[41]．さらに，その教育は「その本性と習慣が開明的であるような性格」を形成できずに，受動的な性格を作り出す傾向をもっているとみなすようになっていた．彼の考えでは，ジェイムズ・ミルによる教育の欠陥は環境決定論的見地から自らによる性格の可変性を否定してしまうこと，そしてゆきすぎたパターナリスティックな傾向によって教育対象の主体性を否定し，「他の人々の指導にしたがおうとして待っている引っ込み思案，道徳的自発性の不足，道徳感覚や，相当な程度まで知性さえも誰か他人にうながされなければ発揮できないような怠惰の習慣」をもたらすことで，受動的・依存的な人間にしてしまうことにあった[42]．このような主体性喪失への嫌悪感こそが性格形成へのミルの関心を支えた内的動機であった[43]．

3―性格形成への関心

ミルが性格形成の科学に関する議論をはじめてまとまった形で展開したのは『論理学体系』においてであったが，それ以前の議論においても性格（再）形成の科学の存立の可能性および確立の必要性がたびたび言及され

---

40) 『自伝』でミルは次のように述べている．「心理学について，〔ジェイムズ・ミルの〕基本的な教義は，あらゆる人の性格は観念連合の原理を通じて環境によって形成されるということと，その帰結として，教育によって人類の道徳的・知的状態を改善することが無限に可能であるということであった．あらゆる彼の教義のなかで，これほど重要なものはなかったし，強調されるべきものもなかった」(JSM, *Autobiography*, CW, i, 109–111)．
41) Ibid., 110, 111.「無味乾燥で強硬な論理機械」という初期草稿での表現が最終的には「単なる推論機械」に修正された．

ていた．精神の危機後のミルの性格形成に対する強い関心はベンサムの人間観（と彼がみなしたもの）に対する批判的見地と不可分のものであったが，ミルの批判のひとつは，ベンサムが「自らの卓越性の基準に自分の性格を合致させることをそれ自体として望むことができる」存在として人間を捉えていない点に向けられていた[44]．たとえば，ベンサムの死後まもなくに書かれた「ベンサム哲学考」(1833年)ではミルは，ベンサムには「性格形成と人間本性の内面的な働きに関する知識」が不足していること，また彼の政治学の関心が権力の濫用をいかに防止するかということにのみ向けられていて，統治制度を「国民の社会教育の主要な手段」として考察していないことなどを批判した[45]．さらに，「ベンサム論」(1838年)

---

42) JSM, *Autobiography*, rejected leaves, CW, i, 612-613. この引用を含む節は破棄原稿のみに見られるものであり，ハリエット・テイラーの示唆によって削除されている．また，この引用を含む一節と『女性の隷従』に見られる以下の一節との関連については Robson (1976), 関口 (1989) 94 を参照のこと．「いかなる男性でも，自分が少年時代を抜け出た時，愛し愛されてすらいるような年長者の後見と支配を離れて一人の大人としての責任をもつようになった時，どのように感じたかを思い出してみるとよい．それは重荷をおろした時の感覚，または苦痛ではなくても障害になっていた拘束から解放された時に身体に感じるような感覚ではなかったか．以前よりも倍も生き生きとした感じ，倍も人間らしい感じがしなかったか．男性は女性にはそうした感情がないと考えるのだろうか．自尊心が満たされたり傷つけられたりすることは，ほとんどの人にとっては自分の問題であれば何物にも代えがたいほどのことであるにもかかわらず，他人の問題となるとあまり考慮する必要がないと思い，そのような感情は他の自然な人間の感情ほどには行為の理由や正当化にならないと考えがちである」(JSM, *The Subjection of Women*, CW, xxi, 337).
43) 後述するように，ミルの道徳科学体系においてエソロジーの位置づけが明確になってくる時にコントとの論争が果たした意義は決定的であり，エソロジーが社会事象研究（とりわけ社会静学）のなかで果たす役割を具体的に論じようとした時にミルが直接念頭においていたのは明らかにコントであった．しかし，このことは『論理学体系』執筆時に何らかの行き詰まりを打開するためにエソロジーが構想されたということを意味してはいないだろう．
44) JSM, 'Bentham', CW, x, 95.
45) JSM, 'Remarks on Bentham's philosophy', CW, x, 8, 9.「ベンサム哲学考」が収録されたブルワーの『イングランドとイングランド人』(Bulwer 1833) に，ミルは「ミル氏に関する若干の考察」という小論も書いていたが（いずれも匿名），そのなかで彼はジェイムズ・ミルの理論が人間本性の多様性を看過していることを批判している (JSM, 'A Few Observations on Mr. Mill', CW, i, 589-594).

において，ミルは他者理解のための想像力の欠如という観点からベンサムの人間観の狭隘さを批判していた[46]．ミルの考えでは，ベンサムの議論は「自己修養の願望のようなものが，あるいはそのような能力さえもが，人間本性のなかに存在していることを認識していない」ものであった[47]．

　ミルに言わせれば，ベンサムの人間観は一面的なために個々の人間を理解するにも不十分であり，社会を理解するためにはまったく役に立たないものであった．人間の外的行為を規制するということとともに道徳理論を構成する重要な要素である「自己教育」の理論がベンサムの体系には欠如している[48]．このようなベンサムの個人としての人間についての認識の欠陥は，社会に関する認識の欠陥ももたらしているのというのがミルの見解であった．社会を理解するためにはそれぞれの国民性の把握が不可欠であるにもかかわらず，ベンサムは「国民性とそれを形成し維持する諸原因を無視」していたとして[49]，ミルは次のように述べている．

> 何らかの物質的利害を存在させ何らかの人間集団を一つの社会として存在させる唯一のものは国民性である．……法律および制度の哲学は，それが国民性の哲学に立脚していないならば不合理なものである．ところで，ベンサムの見解は国民性に関してどれほどの価値をもつことができただろうか[50]．

　ミルのベンサムに対する批判は人間観の一面性とそれに起因する社会理論の欠陥を広範に指摘するものであったが，このような批判は理論のレベルでの認識の狭隘さを批判するということにとどまっていなかった．むしろミルが問題視したのは，そのような理論が人間の意欲や行動をくじいてしまい実践上の指針とならないし，有害な効果さえもたらしてしまっていることであった[51]．ミルにとって重要なのは，性格の再形成が可能であるという確信と，それにもとづく性格再形成の実践を科学的に支えるような認

---

46) JSM, 'Bentham', CW x, 91–92.
47) Ibid., 98.
48) Ibid.
49) Ibid., 105.
50) Ibid., 99.

識を示すことであった[52].

　ミルにとって骨相学やオウエン主義の性格形成論が受けいれ難かったのは，それらが異なった人間観に依拠しつつも，ともに誤った形で決定論的枠組みをもっていると考えたからであった．したがって，彼のエソロジー構想は，これらの議論への反発の結果として理解することができるものであった．それでは，ミルはどのような人間観をもっていたのだろうか．継起の斉一性といういわば決定論的枠組みともいえる認識を前提としていたミルの議論は，そのような枠組みから自由なものとして展開されていて，骨相学やオウエン主義に対する反発と整合的に理解することができるものであったのだろうか．この問題に対する手がかりは，『論理学体系』第6編第2章「自由と必然」にある[53].

　先に述べたように，そこでミルがおこなったのは，人間の行為の因果認識に関する議論を自由意志論と必然論に分けた上で，必然論の一種として

---

51) この点については，関口（1989）206 を参照のこと．「〔ベンサムの理論は〕かの人間の偉大な義務〔自己教育〕にとってほとんど助けとなることはできないだろう」(Ibid., 98)．ベンサムの政治学の関心が物質的利益の保護に限定されてしまっていることを批判したミルが，この点でベンサムと補完的な関係にあるとして評価したのがコールリッジであった．彼は「コールリッジ論」（1840年）で次のように述べている．「あらゆる形態の政治体もあらゆる状態の社会も，他に何をなしたにせよ，それぞれの国民性の型を形成していた．その型がどのようなものであったか，そしてどのようにしてそうなったかは，形而上学者は見過ごしたかもしれないが，歴史哲学者は見過ごすことのできない問題であった．したがって，ドイツ・コールリッジ学派の著作にみなぎっている人間の陶冶についてのさまざまな要素や国民性の形成に影響する要因についての見解は，それ以前に成し遂げられていたり同時期に他の学派によって試みられていたりしたあらゆるものの影を薄くしてしまうものであった」(JSM, 'Coleridge', CW, x, 141)．ちなみにコールリッジ自身もかつて観念連合心理学と功利主義の信奉者であったが，その決定論的人間観に反発した．
52) ただし，ミルにとってベンサム批判は功利主義の放棄を意味するものではなかった．彼は，ベンサムの理論の欠陥は功利主義の欠陥にではなく，あくまでもベンサムの認識の狭隘さに起因するものであるとみなし，功利主義者という立場を堅持しながら性格形成への関心を功利主義理論の枠組みに位置づける試みをおこなっていた．この点については，関口（1989）241–259 を参照のこと．
53) JSM, *Logic*, CW, viii, 835.

の宿命論を排しつつ，自らが擁護していた形式の必然論の正当性を主張することであった[55]．

　ミルの考えでは，オウエン主義に代表される宿命論は，生起する事象はそれを作り出す原因の確実な結果であるという必然論の議論だけでなく，これに抵抗しようとしても無意味であるという誤解を生み出してしまっていた[56]．しかし，ミルの考えでは，限度はあるものの，人は自分の性格を変える力をもっていた．人間の性格は環境によって形成されるが，その人間自身の欲求もその環境のひとつであるから，「他者が，私たちを一定の環境の下に置くことができたのだとすれば，私たちも同じ仕方で自分自身を他の環境の下に置くことができる．他者が私たちのために私たちの性格をつくったのと同じように，私たちは意志すれば自分自身の性格をつくることができるのである[57]」．しかし，人間が自身の性格を作ることを望むという欲求自体にも外部の原因が必要であるから，この議論を突き詰めていくことは連鎖的にその先にある原因を求めることになり，結局，性格は外部の環境によって形成されるという議論に帰着せざるをえないだろうし，ミル自身もそのことを認めていた．

　ミルは性格形成を望む欲求の原因のうち重要なものとして内的経験を提示してはいるが，因果関係の連鎖を論じることへ議論を進めてこの内的経験の原因をさらに論じるのではなく，この内的経験から生じる性格形成の欲求の重要性，つまり「自分自身の性格を変える力をもっている」という確信の重要性を論じている[58]．それは，ミルが宿命論を批判するのは，宿命論が性格を変えたいと望む人に対してそれが不可能であることをしめすことによって，そのような意欲を挫く作用をもっていると考え，このような作用こそが宿命論の重大な欠陥であるとみなしていたからであった．ミ

---

54) Ibid., 839.
55) 本書 135 頁以下を参照のこと．
56) Ibid., 840.
57) Ibid.
58) ここに見られるミルの議論の微妙な転回については，関口（1989）330–331 を参照のこと．

第 7 章　性格形成の科学

ルの考えでは,「もし望むならば自分の性格を変えることができるというこの感情は,私たちの意識している道徳的自由の感情 feeling of moral freedom である[59]」. こうしてミルの議論はいかなる人間が自由でありうるかという方向へ進んでいく.

「習慣や誘惑が自分を支配する主人ではなく,自分こそこれらを支配する主人だと感じる人は,道徳的に自由であると感じる」し,習慣や誘惑に抵抗することの可能性を信じることのできる人も精神的に自由であると感じるのである. しかしこの時,性格を変えたいという願望は,性格を変えることがすぐにできるほど強いものではなくても,その時点での性格を支配する程度には強いものであると感じられなければならない[60]. このように,ミルは道徳的に自由でありうること,そして自由でありうるための実践的感情をもつことの重要性を強調し,このような実践的感情をもっている人間こそが望ましい人間であると主張した. そして,エソロジーはこのような人間観を前提にした科学であった.

ここで重要なのは,エソロジーが自己の性格形成に主眼を置いたものであったということである[61]. たしかに他者の性格形成の可能性を論じることは,生理学的な,すなわち生得的な性格決定論を論駁するのには十分な根拠となっただろう. しかし,他者による性格形成のみしか視野に入っていない議論は人間の主体性を否定し受動的存在にしてしまうパターナリズムに陥る可能性を排除できなかっただろう. ジェイムズ・ミルの教育に対するミルの反感はこのような見地からのものであったし,彼はコントの議論にもこのような傾向を読み取って強く反発していた. それゆえ,自己の性格形成に関する信念をもつこと,およびそれを科学的認識によって支えることが,個人が自由でありうるためには決定的に重要であった.

このように,他者による性格形成のみを考慮し自己教育の可能性を視野

---

59) JSM, *Logic*, CW, viii, 841.
60) 『論理学体系』第 7 版（1868 年）で,「確固とした徳をもっている人だけが完全に自由である」という一文が追加された（Ibid.）.
61) 性格形成に関する議論における自己教育という観点の重要性は長岡（1992）が指摘している.

に入れない議論への反発や自己の性格形成の必要と可能性への確信から引きだされたエソロジーは，環境決定論と生理学的決定論という，人間の主体性を否定する二種類の決定論的（あるいは宿命論的）性格形成論に対抗するものであった．エソロジーは人間の自由な主体性の確立のための実践的志向を科学的認識として支える「自由の科学」[62]であり「主体性の科学」であった．そして，性格形成への関心を思想体系に取り込もうとしたミルの議論は，因果法則に限定的に拘束されつつも自己教育に対する信念をもった自由で主体的な人間という望ましいあり方を提示するものであった[63]．

4―J・S・ミルのエソロジー構想

　ミルがエソロジーとしてどのような科学を構想していたかを検討する前に，その心理学理論について必要な範囲で簡単に確認しておくことにする[64]．ミルは，あらゆる精神現象を個々の感覚とその模写である単純観念との連合によって合成されたものとみなす観念連合理論にもとづいて議論を展開したジェイムズ・ミルにしたがっていた．『人間精神現象の分析』（1829年）におけるジェイムズ・ミルの議論によれば，精神能力には知的能力と能動的能力があるが，能動的能力に影響を与えるのは快楽と苦痛である．快楽や苦痛の感覚が想起されて二次的感情が発生した時，それは快楽や苦痛の観念と呼ばれ，この観念は欲求あるいは嫌悪の観念と等しいものであるとされる．そして，快楽の感覚がある行為によって得られるという観念連合が成立している時に，この行為をしようとして生じる精神状態

---

62) 関口（1989）333.
63) 「道徳的自由の感情」は後に『自由論』で「個性」概念と結びついて論じられることになるが，Smith（1991）が強調したように，それは自己陶冶の能力を含んでいるものの，それにつきるわけではなく，そのような能力を行使するための外的障害の欠如と，さらにそのような能力を行使したいという欲望をもっていることが必要とされる．
64) 以下については，Mill, James（1829, *Analysis*）Chs 19, 22, 24，長岡（1992），山下（1997）220–240 などを参照のこと．

第7章　性格形成の科学　　　　　　　　　　　　　　　　　　　　　229

　　快楽の観念がその原因として私たち自身の行為と結びつけられる時，すなわち，
　快楽の観念が私たちのある行為の結果として生じ，そうでなければ生じえないも
　のと考えられる時，あるいは，快楽の原因が私たちのある行為の結果として生
　じ，そうでなければ生じえないものと考えられる時，それは行為へ向かう傾向で
　あり，適切に動機と名づけられるようなある特定の精神の状態が生じる[65]．

　そして，いくつかの動機を同時にもつことがあり，あらゆる動機が行為と
なるわけではないから，ある特定の動機が実際に行為となりやすい傾向を
もっている時，それは性向 disposition と呼ばれている[66]．
　ジェイムズ・ミルの考えでは，行為の道徳性は行為者の動機には依存し
ないものであった．彼は『マッキントッシュ断章』(1835 年) において，
ベンサムは功利性が動機とならなければならないと論じていると主張した
マッキントッシュに反論しながら，「彼〔ベンサム〕は，道徳の原理は動機
であるとは決して言っていない．彼は言葉の意味をよく知っていた．彼の
動機の理論は，道徳性も不道徳性も動機にではなく，精神の過程の別の部
分に属しているというものであった」と指摘し[67]，ベンサムが述べたの
は，「ある行為の道徳性は完全に意図 intention に左右される」ということ
であったと主張した[68]．そして，意図とは，「その最後の部分が，私たち
が意志しおこなう行為であるような，先行するものと後続するもののあい
だのある連鎖を期待すること」も含まれるすべての過程のことを指してい

───────────

65)　Mill, James（1829, *Analysis*）211.
66)　Ibid., 213.
67)　Mill, James（1835, *Fragment*）158–159. cf. Bentham（1996）100：「動機とは，実質
　　的にはある仕方で作用する快楽または苦痛以外の何ものでもない．／快楽はそ
　　れ自体として善である．それは苦痛を逃れることを別にすれば，唯一の善であ
　　る．苦痛はそれ自体として悪であり，例外なく唯一の悪である．そうでなけれ
　　ば，善や悪という言葉は何の意味をもっていない．そして，これはあらゆる種
　　類の苦痛にもあらゆる種類の快楽にも等しく言える．．したがって，このことか
　　らすぐにはっきりと，それ自体として悪いものであるような，いかなる種類の
　　動機も存在しないということが言える」．
68)　Mill, James（1835, *Fragment*）161.

た[69]．

　しかし，ミルの考えでは，動機は必ずしも快苦との観念連合によってのみ生じるものとは限らず，動機には「意志する習慣 a habit of willing」，すなわち「目的 purpose」も含まれていた．このような見地から，ミルは，人間が行為の結果の考慮のみにもとづいて行為せずに，行為が「ただ正しいからなし，ただ悪いから思いとどまった」という可能性をベンサムが考慮していなかった（少なくとも体系において重要性を与えていなかった）として批判した[70]．彼は『論理学体系』において次のように論じている．

> 意志する習慣は通常は目的と呼ばれ，私たちの意思の原因や意思から生じる行為の原因には好みや嫌悪だけでなく目的もあるに違いない．私たちの目的がそれが生じた元である苦痛あるいは快楽の感情から独立なものになる時にのみ，私たちは確固とした性格をもっているといわれる．「性格とは完全に形成された意志である」とノヴァーリスは言っている．意志はひとたびそのように形成されたならば，確実かつ持続的なものになり，快苦の受動的な感受性は著しく弱められるか実質的に変化するだろう[71]．

　ミルは，ベンサムやジェイムズ・ミルと同様に，動機が正しければ結果に関係なく行為が是認されるとは決して考えなかったが，動機自体も評価することの必要性を指摘し，そのような動機としての性格を陶冶することの重要性を強調した[72]．

　このような動機としての性格という理解をしめしたあと，ミルはその性格の形成を主題とするエソロジーという科学的認識について，先にみたように，次のような構想を提示していた．人間本性に関する科学は，普遍的

---

69) Mill, James（1829, *Analysis*）ii, 306.
70) JSM, 'Remarks on Bentham's Philosophy', CW, x, 13.
71) JSM, *Logic*, CW, viii, 842–843.
72) ミルのいう性格とは記述的なだけでなく，以下でもあらためて論じるように，多分に道徳的資質にかかわるものであり，エソロジーやポリティカル・エソロジーを性格や国民性の類型論としてとらえる見方は一面的である．ヴィクトリア時代における「性格」概念の変遷を考察したコリーニの議論も興味深い（Collini (1991) 91–118）．

第 7 章　性格形成の科学　　　　　　　　　　　　　　　　　231

な精神の法則を扱う心理学と，その法則からの派生法則であって，心理学の一般的法則にしたがってどのように性格が形成されるかについての因果法則を研究する科学であるエソロジーに分類される．ミルによれば，

> あらゆる人間が同じ環境で同じように感じたり行為したりするとはかぎらない．しかし，ある人間が所与の場所である仕方で感じたり行為したりし，他の人が他の仕方をするのはなぜか，また，ある感情や行動の仕方が（身体的あるいは精神的な）人間本性の諸法則に準拠して形成されてきたか，あるいは形成されるかということを確定させることはできる．つまり，人間は単一の普遍的法則をもってはいないが性格形成に関する普遍的法則は実在するのである[73]．

　ミルの議論においてエソロジーには二つの役割が期待されていた．ひとつは，社会の一般科学において中間公理として社会事象認識と人間本性認識を結びつける役割である[74]．すでに述べたように，社会事象についての認識は人間本性の法則（心理学）からの演繹的な関係が確立されることによってはじめて科学的法則に転化されるというのがミルの考えであった．しかし，「社会状態における人間の行動と感情は心理学の法則とエソロジーの法則によって完全に支配されているだろう」が[75]，社会事象は長い時間にわたる複雑な多くの因果関係によって形成されてきているため，その経験法則を心理学の法則と直接的にリンクさせることは困難であった．そのため，科学的認識を確立するためには両者を間接的にリンクさせる作業が必要になり，エソロジーがその媒介の役割を果たす中間公理となるべきものとされた．つまり，心理学というもっとも抽象度の高い科学的認識にではなくエソロジーという中間的な認識にリンクさせることによって，社会事象認識を人間本性認識によって基礎づけるという，科学的法則を確立するために不可欠な作業がなされ得るとされた．
　エソロジーの第二の役割については，先に引用した言明に続く一節にお

---

73)　JSM, *Logic*, CW, viii, 864.
74)　Ibid., 869–870.
75)　Ibid., 896.

いて以下のように述べられている.

> 人間の行動と感情に関する現象全体が生じるのはそれぞれの個々の事例における〔外的な〕事実と結びついたこれらの法則によるのだから，人間本性の科学を具体的な形で，そして実用的目的のために構成しようとするすべての合理的試みはこれらの法則にもとづいていなければならない[76].

この言明から明らかなように，ミルにとってエソロジーは単に社会認識の基礎づける役割を担うだけではなく，「実用的目的」（「アート」），具体的には教育の科学的根拠を提供するものでもあった．以下であらためて検討するように，ミルの実践志向と結びついたこの役割はさまざまな領域における彼の議論を理解するうえできわめて重要な意味をもっている．

先述したように，社会状態を包括的な考察の対象とする社会の一般科学は，継起の斉一性を研究対象とし社会の歴史的変化の法則を探求する社会動学と，様々な社会に共通して見出される事象を考察することで社会の多様性を類型的に説明し社会安定の条件を探求する社会静学からなるとされていた．そして，社会事象認識は人間本性の法則によって基礎づけられなければならないと考えていたミルにとって，心理学およびその派生法則としてのエソロジーがその役割を果たすものであった[77].

社会動学と社会静学という枠組みはコントから得たものであったが，すでに論じたように，ミルはコントの議論のうち社会動学に関する議論は大筋で評価したものの，社会静学に関する議論，とりわけその基礎となる人間本性認識についてはまったく見解を異にしていた．コントの考えでは社会認識が依拠すべき人間本性認識は生理学的認識（骨相学）であったが，ミルにとってそれは科学的認識として社会静学の基礎を担うには不十分で

---

76) Ibid., 864–865.
77) ミルは次のように述べている．「人間の性格の法則がよりよく論じられるようになるまでは，少なくとも社会静学の目途は立ちません」（JSM to Alexander Bain, Autumn 1843, CW, xiii, 613）．

第 7 章　性格形成の科学　　　　　　　　　　　　　　　　　　　　　233

あるだけでなく不適格で決して受けいれることのできない認識であった．社会動学に関して大筋で合意していた両者にとって社会静学に関する見解の相違が深刻なのは，それが瑣末なものではなく人間観の差異に起因するものであり，二人が根本的な点で対立していたからである[78]．ミルの理解では，コントの議論はミルがオウエンに見出したものと同じ欠点をもつもの，すなわち，決定論的人間観にもとづいて人間の主体性を否定するものであった．

社会静学に関する議論が展開されたコントの『実証哲学講義』第 4 巻は 1839 年に出版された．その後まもなく始まったコントとミルのあいだの書簡のやり取りにおいて性格形成の科学としてのエソロジーが言及されたのは，社会静学の基礎をどのような科学的認識に求めるかという点をめぐってなされていたやりとりにおいてであった．

ガルによる骨相学を高く評価し，それを社会静学の基礎として論じていたコントにたいし，ミルはそのような生理学理論に否定的な立場をとり心理学の役割を強調した．たとえば，ミルは，「コンディヤックやクザン，スコットランド学派の心理学」ではなく，「私たちの知性と感情の分析に尽きるもの」としての「実証的心理学の可能性を信じている」と述べ，それがコントの体系においてさえも骨相学的生理学の検証の役割を果たしうると主張した[79]．さらに，1842 年 6 月にはガルの骨相学に関する著作を改めて読んだことを伝えるとともに，次のように記した．

　……私はガルの六巻本を注意深く読み終えました．……私はその議論に何かしら正当なものがあるとは思いますし，私たちの性向や基本的な能力が，それが何で

---

78) コントとミルの論争を両者の人間観の根本的な違いという観点から考察したものとして，関口 (1989) 314–333 を参照のこと．ここでの議論は同書に負っている．
79) JSM à Auguste Comte, 18 décembre 1841, CW, xiii, 492〔Haac (1995) 42〕．清水 (1978) 141–142 によれば，コントが心理学を科学として認めなかった理由のひとつは，当時のフランスで流行していたヴィクトル・クザンの心理学が内観によって「神，絶対者，無限者と合一の境地に達しようとするもの」であり，コントからみれば「危険で滑稽な神学的精神」であったからであった．

あれ，脳の特定の部分に依存しているということもわかります．しかし重要な難点に直面します．まず，あなたも了解するように，個々の位置を特定するすべての試みは早計なものです．それらが提示されるには不十分であることをしめす証拠は十分にあります[80]．

そもそもガルの理論は，ミルの考えでは，人間の諸能力と脳の各部分との対応関係が不明瞭であり，科学として信頼に足る段階に達していなかった．さらに，ガルの議論の決定的な難点は教育による性格修正の可能性を無視している点にあった．ミルは次のように指摘し，骨相学による説明を受けいれる姿勢をしめさなかった．

> この理論〔教育理論〕は今日ではおざなりにされてしまっているので，大半の思想家たちは，どの程度まで一般的な諸条件がある程度の神経一般の感受性と結びつき，生理学や精神の法則にしたがう形で，人間の性格を修正するだけでなく，しばしばその型さえも決定することができるかということを知らずにいるのです．個人の性格や国民性の多様性は私たちがよく知っている環境によって十分に説明可能なものであるにもかかわらず，一般に未知の身体組織上の相違という安易な方便によって解決させられたり，形而上学者たちの場合のように，精神構造の原初的な相違に帰着させられたりしているのです[81]．

骨相学のような生理学理論は性格や能力の生得的な固定性を想定し性格の修正可能性を否定するという点で決定論的なものであり，このような不適切な理論に人間本性認識の役割をあたえたことがコントの社会静学という枠組みにも重要な欠点をもたらしているというのがミルの見解であった．すでに『論理学体系』を公刊していた1843年10月の段階で，ミルは社会静学の基礎に関するコントの認識をあらためて批判するとともに，自らの認識としてすでに『論理学体系』で素描していたエソロジーを提示し

---

80) JSM à Auguste Comte, 9 juin 1842, in CW, xiii, 525 [Haac (1995) 75]．「ガルの六巻本」とは，Gall (1822–1825) のこと．ミルは1842年5月6日付の書簡で，この著作を読み始めたことをコントに伝えていた（JSM à Auguste Comte, 6 mai 1842, ibid., 519 [69]）．

81) JSM à Auguste Comte, 9 juin 1842, ibid., 526 [76]．

た．

> ……静学においては歴史はもはや第一義的な地位を占めることはなく，その二次的な役割の重要性を否定するつもりはありませんが，ある種の付随的な説明としてしか役立ちません．したがって，社会静学が真に実証的な状態へ移行するためには，動学の場合以上に個人に関する科学がはるかに高度に完成することが必要となります．とりわけ私がエソロジーと名づけた二次的科学，つまり知的および道徳的性格の形成に対する，個人的なものであれ社会的なものであれ，多様な外的環境の影響についての理論が，きわめて発達した状態にあることを必要とします[82]．

社会事象の歴史的変化を扱う社会動学においては，歴史知識を経験法則として利用しても，その主題が歴史的変化なので，少なくとも単純枚挙による一般化の誤謬（これまで観察されなかったことは今後も観察されないと判断する誤謬）は避けることが可能であった．しかし，時と場所をこえた様々な社会状態の同一性を論じることで社会の安定性の条件を探ることを目的とする社会静学においては，歴史知識の果たしうる役割は限定的であり，単純枚挙による一般化の誤謬を避けるために，人間本性の法則とリンクさせることが動学以上に強く求められることになった[83]．そして，人間本性の法則となり得るのは骨相学のような生理学理論ではなく心理学とその派生法則であるエソロジーであるというのがミルの主張であった[84]．

コントの議論では性格の可変性を考慮しない生理学という決定論的な人間本性認識に依拠している以上，歴史的変化は予見可能であり，また単純

---

82) JSM à Auguste Comte, 30 octobre 1843, ibid., 604–605 ［197–198］．
83) コントの女性の立場に関する社会静学上の認識（社会安定のための離婚禁止論）は，ミルの考えでは，これまで離婚の禁止が社会安定に役立ってきているからこれからも離婚は禁止されなければならないという，この種の単純枚挙による一般化の誤謬にほかならなかった．
84) この書簡ではそれまでのコントへの譲歩的な姿勢を捨て自分の立場を明確に打ち出し，「解剖学的多様性は現象全体から別の説明が可能なものすべてを抜き取った後の（私の論理学用語を使うとすれば）剰余だけに対してなされるものでなければなりません」と述べ（ibid., 605 ［198–199］），心理学を生理学に優先させていることをはっきりとしめしている．

枚挙による一般化の誤謬は重要なものではなかった．むしろ，「合理的予見 la prévision rationnelle」を論じるコントにとって[85]，人間の主体性や自由を過度に認めることは社会学的法則という科学的認識に攪乱要因をもちこむことにほかならなかった．つまり，社会学的法則が貫徹されるためには人間の主体性や自由はむしろ積極的に排除されなければならなかったのである．すなわち，コントの議論は，ミルにとって，整合的な社会理論を展開し，それによって引きだされた法則の実現可能性が保障されるためにはどのような人間本性認識がふさわしいかというような形で本末転倒したものになってしまっていたのである[86]．

また，コントは科学的認識として見出された事実としての歴史的変化が価値の面でも望ましいものであるという想定に立っていたが，ミルは事実としての歴史的変化と望ましい歴史的変化を同一視していなかった．コントの考えでは，人為がなしうるのは科学的認識としてしめされた歴史的変化の方向性を変えることではなく，その速度を変えることだけであった．しかし，科学は実践に奉仕するものであり実践は科学的認識によって基礎づけられなければならないという信念をもっていたミルの考えでは，科学的法則としてしめされた歴史的変化をより望ましい形に修正していくことは可能なだけでなく必要なことであり，この点にこそ人間の主体性や自由が存在してしたのであった．このような観点から人間の主体性や自由を否定してしまうものとしてコントの議論を拒否したミルにとって，エソロジーこそがそのような主体性や自由を科学的に基礎づける認識であった[87]．

ミルが普遍的な人間本性の法則と社会事象の経験法則を結びつける中間公理としての性格形成の科学を重視したのは，先にも指摘したように，これまでの社会の歴史的変化が進歩と呼びうるような経験法則をしめしているにもかかわらず，彼の人間本性認識自体は決して肯定的なものでなかっ

---

85) この概念をめぐる以下の議論については，関口（1989）336–344 を参照した．
86) Brown（1984）190 は，「コントが独立科学としての心理学を排除したことは，彼が利用できた科学的根拠というよりも〔彼の社会学の〕構想に関する配慮にもとづいていた」と指摘している．

たということに関係していた．ミルは『論理学体系』で次のように述べている．

> ここで，進歩 Progress や進歩性 Progressiveness という言葉は改善 improvement や改善の傾向と同義のものとして理解されてはならない．人間本性の法則はあらゆる事例もしくは大体の事例において改善ではないような人間や社会についてのある一連の変化を決定するだろうし必然的なものにしているようにさえ思われる．一般的傾向は，偶然的な例外を除けば，改善のひとつ，すなわちより良いより幸福な状態へ向かう傾向であるし，またそうありつづけるだろうということは私の信念でさえある．しかし，これは社会科学の方法に関する問題ではなく，科学そのもののひとつの究極的な結果である[88]．

ミルの考えでは，人間本性の法則やそれにもとづく社会の歴史的変化の法則といった科学的認識から望ましい変化が導きだせるとはかぎらなかった．したがって，好ましくない人間本性を人為的に修正する可能性を認めるエソロジーは，これまでの歴史に見出された改善の傾向という経験法則をどのように科学的法則に結びつけることができるか，そして，今後もそのような改善をなしとげていくことがどのようにして可能となるのかとい

---

[87] ミルはコントの議論が自由を軽視する傾向をもっていることをしばしば指摘している（e.g. JSM to Harriet Mill [Taylor], 15 January [1855], CW, xiv, 294:「……世論はますます自由を侵害しがちで，今日の社会改革者の計画のほとんどすべては本当に自由破壊的 *liberticide* ですし，コントは特にそうです．」）．なお，社会事象の認識の基礎を担う人間本性認識が心理学であるという主張は『論理学体系』第6編第4章でなされている．そこでは，現状では生理学に比べて心理学の方が進歩した状態にあること，心理学を生理学からの派生法則とみなすことは困難であること，そして精神の継起関係は，それを身体的特徴から演繹する生理学ではなく，観察と経験にもとづく心理学によって研究されなければならないということが主張されていたが，ここで注目すべきなのはこの章の書かれた時期である．ロブソンによれば，この章が書き加えられたのは1843年1月と推定されているが，これはコントがミルに対して，科学的認識としての人間本性認識は生理学にもとづくものであるべきだとする議論を提示していた最中であった（J. M. Robson, 'Textual Introduction', in CW, vii, lxviii-lxv, lxxv, table 4）．すでに書かれていたエソロジーに関する章の前に挿入する形でこのような章が追加されたのはコントの議論を強く意識していたからであろう（関口 (1989) 320–321）．

[88] JSM, *Logic*, CW, viii, 913–914.

う関心と強く結びついていたのである．ミルにとって改善の傾向を望ましいものとして選択し実現することは科学ではなく価値（アート）にかかわる問題であり，このことはエソロジーの実践的意義を考えるときに大きな意味をもつことになる．

5——エソロジーの実践的重要性

　上述のようにミルの主体的人間観が科学的認識として必然論・決定論の枠組みを維持したために，スミスが強調したように[89]，そのような感情を呼び起こす要因としての環境が重要な意味をもつことになった．人間が主体的でありうるという認識は，主体的になるためにどのような環境がふさわしいかという課題を引きだすことになったのである．エソロジーはこのような課題に関して科学的認識を提供するものであった．ミルは，エソロジーの実践的重要性について次のように述べている．

> ……現実に予言する力になるには不十分な知識でも，しばしば実用上の大きな価値があることを忘れてはいけない．……私たちは，ある手段は与えられた結果を生みだす傾向をもち，他の手段はこれを無効にする傾向をもっていることを知っているだけで十分である．個人または国民をとりかこむ事情がかなりの程度まで私たちの自由になる時には，これらの傾向を知ることによって，私たちはこの事情を，それが自生的に形成される時よりも，私たちの望む目的に都合の良い形で形成することができる．これは私たちの力の限界であるが，この限界のなかでこの力はもっとも重要なものである[90]．

---

89) Smith（1991）249：「しかし，ここで皮肉なことは，純粋に形而上学的なレベルでのオウエンに対するミルの応答にみられる欠陥が，潜在的には社会哲学においてきわめて実りある方向に彼を向かわせていることである．それは簡単にいえば，もし自己改革への欲望が自己誘発されないならば，その生起に刺戟を与えたり，あるいは阻止したりする外的な（すなわち社会的な）環境が，個人が実際に自己発展をなす仮定において重要な意義をもつことになるということである」．

90) JSM, *Logic*, CW, viii, 869–870.

第 7 章　性格形成の科学

　先にも論じたように，ミルの考えでは，エソロジーはある所与の状態のもとである特定の原因がどのような結果をもたらすかを考察する科学であるから，適用される方法は「一般法則からはじめ，その結果を特殊な経験によって検証する演繹的方法[91]」，つまり，ある所与の状態におけるある特定の原因とある特定の結果の因果関係を論じるための方法である直接的演繹法であった[92]．直接的演繹法が適用される科学が一般的にそうであるように，エソロジーもまた他の対抗要因をとりあえず捨象して推論をおこなうから，その議論はあくまでも傾向をしめすものにとどまるものであった．にもかかわらずミルがこの認識を重要視した理由のひとつは，それが傾向をしめすだけにとどまっても，その知識を利用して「私たちの望む目的に都合のよい形で」環境を形成することができるからであった．つまり，エソロジーは教育というアートの科学的基礎を担うことができると考えられていたのであり，この点で強い実践的志向と結びついた科学であった[93]．

　このような議論は個人の性格だけでなく国民という集合体の性格（国民性）に関しても妥当する．ミルの考えでは，「もっとも広い意味における教育のアートに対応する科学」であるエソロジーは「個人の性格の形成ばかりでなく国民または集団の性格の形成も扱う科学」であった[94]．個人の性格形成を扱うエソロジーに対して，国民性を対象とするのがエソロジーの特殊理論としてのポリティカル・エソロジーであり，それゆえエソロジ

---

91) Ibid., 865.
92) カーライルは「そのような派生法則〔心理学からの派生法則であるエソロジー〕はすでに形成されている近似的一般化を説明することにのみ有用である」とミルが論じていると指摘しているが（Carlisle (1991) 141），ミルはそのようなことは述べていない．ミルが述べているのは，現実の順序はあらかじめ近似的一般化としての経験法則が知られている場合が多いということ（これは自然科学においてもしばしばありうることとされる），エソロジーの法則が近似的一般化を説明できた時にはじめて科学認識としての妥当性が確保されるという，演繹法における検証の手続きについてである（JSM, *Logic*, CW, viii, 869）.
93) Ibid., 874. ミルはエソロジーについて「合理的教育の不可欠の基礎」であると述べていた（JSM à A. Comte, 30 octobre 1843, ibid., 604–605 [Haac (1995) 198]）.
94) JSM, *Logic*, CW, viii, 869.

ーを(個人)教育・陶冶の科学と呼べるのに対して，ポリティカル・エソロジーは国民教育の科学と称すべきものであった[95]．ポリティカル・エソロジーが対象としていたのは社会状態を構成するある特定の要因がどのように国民性を形成するかという因果認識であったが，ミルの関心は単に国民性を類型的に記述する枠組みを提示することだけにあったわけではなく，望ましい国民性はどのようにして形成されるかという実践的な課題にあった．国民性の形成に関する因果認識が得られれば，国民性に悪い影響を与えている要因を修正・除去したり，あるいは良い影響を与えるような要因を導入したりすることによって社会環境を整えていくことで，好ましい国民性を新たに作り出したり再形成していくことができるはずであった．ミルは文明段階論的な見地から，社会静学による成果として，それぞれの社会状態にはそれぞれに適合する統治制度が存在するという見解に達していたが，そのことは，統治制度の好ましい影響がその統治制度にふさわしい国民性の形成に資し，社会状態を改善する原動力になるであろうということ，さらにそのようにして形成された国民性がさらに統治制度によって陶冶されていくことで，人々はミルが理想とした自由で主体的な存在に近づいていくであろうということを意味するものであった[96]．どのような社会状態がどのような国民性の形成に資するかを探求するポリティカル・エソロジーはこのような実践的志向に裏打ちされていた．

　たしかに，ミルは社会理論の重要な基礎となるべき性格形成に関する科

---

[95] 後の『セント・アンドリューズ大学学長就任講演』における次の言明も参照のこと．「……教育という言葉のもっとも広い意味には，人格の完成というその直接的な目的とはまったく異なっている事柄，たとえば，法律，統治形態，工業技術，社会生活の様式など，さらには人間の意志に左右されない物理現象，たとえば，気候，風土，地理的状況などが，人間の性格と能力に及ぼす間接的影響まで含まれます」(JSM, *Inaugural*, CW, xxi, 217)．

[96] 「実践的政治学〔社会の一般科学に対応するアート〕の目的は，実現可能なかぎり，私たちの管轄下にある社会を最大多数の有益な傾向をもった環境で取り囲み，有害な傾向をもった環境をできるかぎり除去または抑止することである．この傾向に関する知識は，それらの傾向が結びついた時の結果を正確に予測する力はもたらさないけれども，ある程度この力を強めてくれるものである」(JSM, *Logic*, CW, viii, 898)．

第 7 章　性格形成の科学

学的認識を得られないまま『論理学体系』出版以降もさまざまな著作を発表していくことになったが，これはまったく展望のない見切り発車であったわけではなかったし，性格形成の科学という構想に投影された問題意識の重要性を減じるものではまったくなかった．その理由は二つある．第一に，ミルは現時点では低次の一般化にとどまっている社会事象やエソロジーに関する経験法則もやがては科学的認識に転化されうるという希望をもっていた．実際に，彼はかなり後までエソロジーに関する著作を著す意志をもっており，その意欲をたびたび表明していた[97]．第二に，より重要なことに，性格形成に関するものにかぎらず一般に経験法則は科学的認識としては不十分であっても，実践的議論においては十分に活用できると彼は考えていた．このことの手がかりは「近似的一般化」という概念についての彼の議論にある[98]．

『論理学体系』第 3 編第 23 章での議論によれば，経験法則のうち低次の一般化にとどまり中間公理になりえない法則である「近似的一般化」は科学的認識としては限界を有しているので，科学的推論では検証においてのみ利用可能なものであった．しかし，彼の考えでは，それは「多くの実用的目的にとって精密な〔科学的な〕一般化と同じ価値をもっている」もの

---

[97] たとえば，1854 年 2 月 7 日付のハリエット・テイラー宛書簡には，今後，執筆すべき主題が挙げられていたが，それには「性格の相違」という主題が含まれていた．「私たちが作成していた主題リストを順不同に以下に書き写しておきます．性格の相違（国民，人種，年齢，性別，気質），愛情，嗜好の教育，将来の宗教，プラトン，中傷，道徳の基礎，宗教の有用性，社会主義，自由，原因は意志であるという理論．あなたの手紙によって，これに家族と慣習という主題を加えておきました」（JSM to Harriet Mill [Taylor], 7 February [1854], CW, xiv, 152）．なお，Packe（1954）368-369 はこれらの主題と実際に彼が著すことになった著作との対応関係を提示していて興味深い．また，ミルは 1859 年にはベインに対して次のように記している．「私はそれ〔この時期にベインが執筆していた'Phrenology and psychology', *Fraser's Magazine*, lxi（May 1860），692-708〕から多くを学びたいと思っていますし，それは，私が少なくとも試論の形でもいいから執筆したいとずっと思っていながら，いまだに十分に準備できていないと感じている主題であるエソロジーについて今後，執筆する時に何らかの役に立つと思います」（JSM to A. Bain, 14 November 1859, CW, xv, 645）．

[98] JSM, *Logic*, Bk. iii, Ch. 23, CW, vii, 591-603.

であった.たしかに,ミルの考えでは,科学的法則はあくまでも性格形成の法則であったから,性格についてのさまざまな社会事象の経験法則は,性格形成の科学によって説明されないかぎり,低次の経験法則である近似的一般化にすぎないものであった[99].しかし,ミルの考えでは,このような経験法則であっても実践的目的のために利用する際には有意義でありえるのであった.それゆえ彼はエソロジーを完成させることができないまま,『論理学体系』以降の様々な著作のなかでも,近似的一般化にすぎない経験法則を援用しながら積極的に性格学的な認識を提示することができたのである[100].

6―おわりに

1844年4月3日にミルはコントに宛てて次のように記している.「エソロジーについての私の考えはしばらくまとまりそうにありませんから,そのあいだに私はほんの数ヶ月で終わらせられる仕事に取り組もうと思います.それは経済学についての専門研究書です……[101].」

経済学は「富の性質と,その生産と分配の法則」を扱う科学であったが[102],この科学に関する知識は人類の知的・道徳的改善のための必要条

---

99) JSM, *Logic*, CW, viii, 861-862.
100) カーライルは「〔ある国民の〕一般的な行動原理」や「日常の普通の知恵」が,(1) エソロジーによる考察の対象となるとともに,(2) その考察の結論ともされているとして,ミルの議論に「矛盾と混乱」を見出しているが (Carlisle (1991) 141), Varouxakis (2002 a) 56-58 も指摘するように,この見解には検討の余地がある.(1) としてカーライルが言及しているのは『論理学体系』第6編第5章第1節であるが,そこで述べられているのは,それらが経験法則にすぎず人間本性の法則とリンクされないかぎり科学的認識とはみなされ得ないということである.一方で (2) として彼女が言及しているのは同章第3節の注であるが (JSM, *Logic*, CW, xiii, 867),そこで述べられているのは「一般に通用している行動原理」を「集合的事例」として観察することで近似的一般化という経験法則を得ることができるということであり,ここには「矛盾と混乱」はない.
101) JSM à Auguste Comte, 3 avril 1844, CW, xiii, 626 [Haac (1995) 228].
102) JSM, PPE, CW, ii, 3.

第7章　性格形成の科学　　　　　　　　　　　　　　　　　　　243

件を明らかにするものとしてもきわめて重要視されていた．彼は1825年という早い段階で，完成可能性というアイデアに関連して経済学が果たしうる役割について次のように主張していた．

> 全体として経済学者は，彼らの教義が完成可能性という理論に対して敵対的であるとして，しばしば憎悪の対象となってきた．しかし，この憎悪はきわめておかしいものである．……経済学者が，どのような仕方によって人類の状態が大きく改善されるかをしめしてきたことは認められるべきである．さらに，彼らの議論以前には，あらゆる改善のための構想を妨げたり弱めたりする要因は知られていなかったことも認識されるべきである．彼らは，それらの害悪の原因を明らかにしただけでなく，無知や通俗の偏見にひるむことなく立ち向かい，そのような害悪を避けるための方策を明らかにしたのである．……彼らは，ともかく，ほとんどすぐに人間の幸福を大きく増大させ，そして最終的には，人類を少なくとも目標とされてきたような完全性に近いところにまで高めるような構想をしめしたのである[103]．

ミルは，物質的な必要が満たされているところにおいてのみ，すなわち富が広範に普及し物質的欲求が多くの人によってある程度満たされており，知的活動に時間と精力を割くことができるような階級が出現するのを可能にするくらいに生産活動が進んでいるところにおいてのみ，人間の知的・道徳的能力の進歩は可能になると考えていた．次章では経済学に関するミルの議論を検討する．

---

103) JSM and William Ellis, 'McCulloch's Discourse on Political Economy' (July 1825), CW, v, 758–759.

第8章

経済学の科学とアート

> 彼はどのようにしたら富裕になるかについては述べるべきだが，怠惰よりも富を選ぶべきだとか富よりも怠惰を選ぶべきだとか助言するべきではない[1]．

1―はじめに

　J・S・ミルの道徳科学の構想において，経済学（ポリティカル・エコノミー）はポリティカル・エソロジーとともに特殊社会学的研究を構成する科学とされていたが，経済学が特殊社会学的研究であるということには以下のような二つの含意があった．第一に，経済学が独立した科学であるというものである．ミルの同時代にあってはとりわけオーギュスト・コントが，あらゆる社会事象はひとつの総体として理解されなければならないと主張し，経済学の独立科学としての存立可能性を否定していた．ある社会を形作っている個々のさまざまな要素を取り出して，その社会において共時的に共存している他の要素と切り離して単独に研究することは不可能であり，ある社会事象を構成している特定の要素を個別に研究しようとするあらゆる独立科学の試みは失敗に終わるというのがコントの主張であった．つまり，コントの考えでは，富という要素が社会の状態や変化の仕方

---

1) Ricardo, ii, 338.

を規定する上で重要な要因となっていることは認めるとしても，富という要素に関わる現象を他の要素から切り離して排他的に研究する独立科学としての経済学が存立することは不可能であるとされた[2]．しかし，ミルにとってこのような主張は受け入れがたいものであった．ミルの見解では，「社会事象のあいだに普遍的共鳴性 universal *consensus* があり，それがあることによって，社会における活動のどのような部分において起きるものも他のあらゆる部分に影響を与えないものはない」からといって，「異なった種類の社会的事実は直接的かつ第一義的に異なった種類の原因に主として依存していること，それゆえに別々に研究することは利点があるだけでなく，そうされなければならない」ということが否定されることにはならなかった[3]．

経済学が特殊社会学的研究であるということの第二の含意は，経済学における演繹的推論の結果が現実に適用される際には隣接分野の議論を考慮した上で修正されなければならないというものである．ミルの考えでは，科学としての経済学は，ある社会状態における人間のさまざまな活動のうち経済的活動だけを対象として，富に対する欲望が人間の唯一の欲望であるという仮定から推論をおこなう科学であるとされ[4]，その推論の結果は仮説的なものであるとされていた．また，経済学は必ずしも現実に存在する社会状態を具体的に想定しているわけではなく，この意味で経済学は抽象的な科学であった．ある社会状態を所与とした上で，そこにおける人間の活動の経済的側面にだけ着目する経済学という科学における推論の結果は，社会の変化や形態の特徴を論じる社会の一般科学の結論によって修正を受ける必要があった．

経済学についてのミルの主張の含意を理解するためには，19世紀初頭

---

2) Comte（1975 b）80–154. cf. JSM à Auguste Comte, 3 avril 1844, CW, xiii, 626 [Haac（1995）228]；Auguste Comte à JSM, 1 mai 1844, Comte（1975 c）249 [232]；JSM à Auguste Comte, 6 juin 1844, CW, xiii, 630–631 [Haac（1995）237]；Auguste Comte à JSM, 22 juillet 1844, Comte（1975 c）270 [247–248]．
3) JSM, *Logic*, CW, viii, 900.
4) JSM, 'Definition', CW, iv, 322.

に経済学がどのような科学として理解されていたかを確認しておくことが有用である．本章ではまず，当時の経済学の展開に重要な役割を担っていたエディンバラ・レヴューアーが経済学をどのような学問領域とみなしていたかを概観する．次に，ミルが経済学の領域と方法について思索を深めていた1830年代初頭にリカード経済学に対してなされていたさまざまな批判を検討する．その後，科学としての経済学の方法と領域についてのミルの見解を明らかにする．ミルはリカードにしたがって，経済学は「演繹的」科学であるという見解を維持しつつ，その科学において演繹的議論と帰納的議論を適切な形で結びつけることを試みていた．

　ミルは経済学の方法と領域についてのリカードの見解を基本的に是認しながらも，自らの経済学をいくつかの重要な点で旧来の経済学とは区別される「より新しく，より優れた」ものであると自負していた[5]．彼の考えでは，彼の経済学を「より新しく，より優れた」ものにしていたのは，第一に経済成長の重要性を絶対視しなかったこと，第二に既存の経済制度の可変性を強調したことというふたつの視角であった[6]．本章では，彼の経済学の「より新しく，より優れた」側面についても検討する．

2 ── 19世紀初頭のブリテンにおける経済学の展開

　「政治家あるいは立法者の科学の一部門」[7]として18世紀後半のスコットランドにおいて成立した経済学は19世紀になるとその展開の中心をイングランドに移すようになった[8]．19世紀初頭のイングランドにおける経済学の展開に重要な役割を担ったのが，デュガルド・ステュアートに学んだ人たちが中心となって1802年に創刊した『エディンバラ・レヴュー』

---

5) JSM to Harriet Mill [Taylor], 7 February [1854], CW, xiv, 152.
6) この点については，馬渡（1997）80–86を参照のこと．ミルは『自伝』で次のように記している．「当時〔精神の危機以前〕，私は社会制度を根本的に改善することの可能性については，ほとんど経済学者の古い学派以上には考えていなかった」（JSM, *Autobiography*, CW, i, 239）．
7) Smith（1976）i, 428.

であった．少し時代は下るが，1830年に『エディンバラ・レヴュー』のいわば第二世代にあたるトマス・バビントン・マコーリーが同誌にロバート・サウジーの著作を取りあげた論考を発表している[9]．現代の商業社会に対して批判的なサウジーに反論しながら，商業社会の現状やその先行きにきわめて楽観的な展望をしめしていて，『エディンバラ・レヴュー』の商業社会擁護論が典型的な形で表明されているこの論考で興味深いのは，サウジーを批判するなかでマコーリーが，サウジーに経済学の知識がまったく欠けていることに言及し，この欠点が彼の商業社会に対する理解に誤謬をもたらしていることを指摘していたことである[10]．このことは，彼らの商業社会の長所に対する認識が経済学によってもたらされていた，あるいは科学的な根拠をあたえられていたこと（少なくとも，彼ら自身がそう考えていたこと）を示唆しているだろう．

　フォンタナにしたがえば，エディンバラ・レヴュアーが経済学という言葉によって意味していたのは二つの関連する領域であった．第一のものは単一の理論というよりは分析とも呼ぶべき商業社会（あるいは市場社会）についての体系的考察であり，社会の変化はさまざまな生産様式が継起的に出現する形態によって特徴づけられるという哲学的・推測的歴史による歴史的進歩の観念にもとづくものであった．そして，そのような歴史的変化の結果として実現した商業社会は分配の不平等などの欠点などにもかかわらず，大多数の人に富と政治的自由を普及させたという点でそれまでのどの社会とも異なったまったく新しいより優れた社会であるという確信に裏打ちされたものであった．経済学という言葉が意味する第二の領域は，国家の繁栄や貧困の原因について研究する統治の科学の一部門として市場経

---

8) O'Brien (2004) 12–17 は，19世紀初頭の経済学の科学コミュニティの役割を担った団体として，経済学クラブ Political Economy Club，王立協会 Royal Society，ブリテン科学振興協会 British Association for the Advancement of Science, ロンドン統計協会 Statistical Society of London を挙げている．
9) Macaulay (1830); Southey (1829)
10) Macaulay (1830) 540–541. なお，19世紀初頭のブリテンにおける商業社会をめぐるさまざまな見解については，深貝 (1992b) を参照のこと．

済自体について研究する，より限定された科学的知識の体系であった[11]．たとえば，リカードの『経済学と課税の原理』(1817年)できわめて抽象的で洗練された形で展開され，『エディンバラ・レヴュー』においてそれに対する好意的な書評を発表したジョン・ラムゼー・マカロックがその普及者の一人とみなされてきたのは，このような意味での経済学であった．市場経済は科学的に理解されうる法則によって支配されており，社会の発展のためにはこの法則についての知識が不可欠であるという考えから，彼らの議論においてはこの種の知識がきわめて重視されていた[12]．

フォーブズが「アダム・スミスによって先鞭をつけられた経済学と社会の歴史の結びつきはJ・R・マカロックによって発展させられた」と指摘しているように[13]，『エディンバラ・レヴュー』における経済学の担い手の一人としてのマカロックには，単にリカード経済学（狭い意味での経済学）の普及者という側面だけでなく，スコットランド啓蒙以来の経済学の伝統（広い意味での経済学）の担い手という側面があった．このようなふたつの側面をもち曖昧でありながら広い領域を対象とするという経済学観は，スミスからステュアートへ，そして『エディンバラ・レヴュー』創刊者へ，さらにマカロックをはじめとする第2世代のエディンバラ・レヴューアーへと，少なからぬ変容をともないつつ，引き継がれており，マカロックの見解はリカード的であっただけでなく，いくつかの重要な点でデュガルド・

---

11) ミルが科学としての経済学の定義を試みたときに念頭においていたのは後者の意味での経済学であった．それに対して，『論理学体系』や『経済学原理』などで展開された，科学としての経済学という領域にとどまらない包括的な社会理論の試みは，経済学を下位部門にもつ統治の科学として追究されたものであったし，ミルにとって統治の科学とは，社会の歴史的変化の法則を明らかにし，統治制度の発展や存続のための社会的条件を明らかにすることを目的とした商業社会（商業文明）論でもあった．したがって，このようなミルの議論は統治の科学と経済学の関係を再構成する試みであったと考えることもできるだろう．

12) Fontana (1985) 7–8．マカロックは1807–1811年にエディンバラ大学に学び，1818年にリカード『経済学と課税の原理』の書評を発表して以降，『エディンバラ・レヴュー』の重要な寄稿者として活躍することになった．

13) Forbes (1954) 647．

ステュアートのものとも近いものであった[14]．

　たとえば，ステュアートは経済学も含む政治の科学は観察に基礎づけられた形での人間本性の原理からの演繹による「理論的な」研究でなければならないとしていたが，このような認識はマカロックによっても支持されていた．マカロックは1828年にスミス『国富論』の新版を編集したが，その序文で経済学と歴史叙述が見事に結びつけられていることを『国富論』の長所として指摘し，そこに経済学のあるべき姿を求めた．マカロックは「事実と経験からの推論にもとづく科学がなしうるものと同じくらい多くのものを，その〔『国富論』の〕結論にはっきりと認めることができる」と指摘して次のように述べた．

> 富の生産，配分，消費を決定する法則についての真の知識に到達するためには，経済学者はきわめて多くの表層から素材を引き出さなければならない．彼はあらゆる異なった状況に置かれている人間を研究しなければならない．彼は社会，技芸，商業，文明の歴史を，そして哲学者と旅行者の著作を知らなければならない．つまり，文明の進歩を促進したり阻害したりする要因を明らかにするであろうすべてのものを知らなければならない[15]．

　ステュアートやマカロックにとって重要だったのは，政治学や経済学における人間本性からの演繹的推論による抽象的理論が経験からの帰納によってどのように基礎づけられるべきかという問題であったように思われる．いいかえれば，彼らにとって経済学（さらに社会科学一般）の方法論上の重要な問題は演繹か帰納という二者択一的なものではなくふたつのアプローチをどのように組み合わせるかという点にこそあった[16]．この問題はさらに次の世代にも引き継がれた．ミルが取り組んだのは，経済学やその

---

14) O'Brien（2004）79；Fontana（1985）105–111；Dome（2004）144–146.
15) McCulloch（1828）ix. Fontana（1985）107も参照のこと．フォンタナはこれらの点とともに経済学の成立やそれと商業社会の発展との関係についての歴史的理解についても両者のあいだには同じような認識がみられるとしている（Fontana（1985）107–108）．
16) ステュアートの議論については，Rashid（1985），Corsi（1987）などを，マカロックの議論については，O'Brien（1970）96–98,（2004）79–82を参照のこと．

第 8 章　経済学の科学とアート　　251

関連分野の領域規定の問題とともに，それぞれの科学において演繹と帰納という方法をどのように組み合わせるかという問題であった．

　また，経済学と政治の科学（ステュアートの用語では「統治の理論」）の関係についても，ステュアートとマカロックの認識はきわめて近いものであった[17]．マカロックは，経済学は政治の科学と密接に関連しつつもはっきりと区別されるものであるとして，次のように述べている．

> 経済学という科学は長いあいだ政治の科学と混同されており，両者がきわめて密接に結びついていること，そして完全に一方に属している問題をもう一方の原理や結論に多かれ少なかれ言及することなく扱うことはしばしば不可能であるということは疑いもなく正しい．しかし，主要な点で両者ははっきりと区別される．富の生産と分配を規制する法則はあらゆる国と社会段階で同じである[18]．

これらのステュアートやマカロックの認識がミルとの関係で興味深いのは，後に確認するように，それらが基本的な枠組みでミルの議論ともきわめて近い特徴をもっているからである[19]．

　1810年から1820年代における経済学の展開の中心にいたのがディヴィッド・リカードであったことは間違いないだろう．彼の議論は経済学の領域と方法をめぐる論争を引き起こしており，この時期の経済学はリカードの議論をどのように受け止めるかという点をめぐって展開していたということもできるだろう．

　『経済学と課税の原理』（1817年）においてリカードは経済学の目的について，「地代，利潤，賃金という名称のもとに」，地主，資本家，労働者に富がどのように分配されるかを規定する法則を確定することであるとした[20]．この目的のために彼は演繹的・幾何学的方法を用い，経済学は「数学のような厳密な科学」であると主張した[21]．彼の考えでは，経済学において演繹的方法が採用されなければならないのは「経済学においては，あ

---

17)　Fontana（1985）106–107.
18)　McCulloch（1824）72.

まりに多くの要因の組み合わせがあり，あまりに多くの作用因があるので，あらゆる種類の原因が理解され，それらの結果が正しく推定されているということをはっきりさせることなしに，ある特定の原理を支持する経験に訴えることには多大な危険が存在している」からであった[22]．

リカードによれば，演繹的科学としての経済学は次のような手順によって推論をおこなう科学であった．第一の手続きは人間本性についての何らかの公理を獲得することであり，それらの公理は内観あるいは不特定の少数の事例の観察によって発見され[23]，「普遍的」経験にもとづいているも

---

19) ミルはマカロック『経済学論』第2版（1825年）についてウィリアム・エリスと共同で『ウェストミンスター・レヴュー』1825年7月号に好意的な書評を発表している（William Ellis and JSM, 'McCulloch's Discourse on Political Economy', CW, v, 757–760）．ただし，具体的な執筆分担がはっきりしていないこと，同論説を掲載した『ウェストミンスター・レヴュー』の編集者が加えた修正に対して彼らが強い不満を抱いていたことから（J. M. Robson, 'Editor's Note', in ibid., 757），この書評からミルの見解を引き出すことには留保が求められる．また，ミルはステュアートの科学論が展開されている『人間精神哲学綱要』についても精通していた．『自伝』によれば，ミルは1820年代初頭にステュアートの著作（書名は言及されていないが『人間精神哲学綱要』〔Stewart（1792–1827)〕が含まれていたと思われる）を読んでいる（JSM, Autobiography, CW, i, 71）．また，1830年代初頭について述べている箇所で，「デュガルド・ステュアートの〔『人間精神哲学綱要』〕第2巻の推論 Reasoning に関する章を……二回目か三回目かに読み返した時〔破棄草稿では「三回目か四回目」〕……」と記されており（Ibid., 188–189），この頃までに，ステュアートの議論に親しんでいたことがうかがわれる．また，この時期に執筆された「定義と方法」では，「あらゆる科学の第一原理は人間精神の哲学に属している」という主張をおこなった思想家としてステュアートが言及されている（JSM, 'Definition', CW, iv, 311．なお，1844年段階で書名が注記されるようになったが，1836年の時点ではステュアートの名前のみで書名の言及はなかった）．また，ミルによるステュアートの『人間精神哲学綱要』への早い時期における言及は，JSM to Gustave d'Eichthal, 7 November 1829, CW, xii, 43 にある．後年には次のようにも述べている．「帰納についてのベーコンの見解は不十分で，実践が急速にそれを追い越してしまっており，理論において著しい進歩がなされたのはほんのここ一世代か二世代のあいだにすぎませんし，それはスコットランドの大学を盛り立てた多くの著名な人々のうちの二人，すなわちデュガルド・ステュアートと〔トマス・〕ブラウンがあたえた刺激によるものです」（JSM, Inaugural, CW, xxi, 240）．
20) Ricardo, i, 5.
21) David Ricardo to James Mill, January 1821, Ricardo, viii, 331.
22) David Ricardo to Thomas Robert Malthus, 7 October 1815, ibid., vi, 295.
23) この観察は包括的である必要はないとされている．

のとみなされるものであった．第二の手続きは，それらの公理から富の生産と分配に関する法則を引き出すことである．この時に，これらの法則が作用する際の条件として非現実的な単純化あるいは理想化されたものが想定された[24]．リカードは，経済学は人間の行為の複数の原因のうち物質的利益を最大化したいという欲求だけを考察の対象とし，現実に作用している他の原因を考察の対象から外しているという点で，抽象的な科学であると主張していた．この考え自体は，「事実の問題」と「科学の問題」とそれぞれ彼が読んでいたものを区別するという彼の発想を反映したものであった．「事実の問題」とは行為の実際の原因に関するものであるのに対して，「科学の問題」はある行為によって追求されていると理論的に想定されうる利害関心に関するものであり，経済学は後者のみを考察するものであるというのが彼の主張であった[25]．このように，リカードの経済学が目的としていたのは，ある理想化された条件下で経済活動に関する抽象的な因果法則がどのように作用するかを明らかにすることであり，このような観点から，彼は政治的あるいは道徳的要因を考慮することを経済学から除外していた[26]．

哲学的急進派に属する人々とリカードとの個人的な人間関係を別にしても，リカード経済学が哲学的急進派の思想・活動と調和的であったことがしばしば指摘されてきている[27]．資本蓄積，利潤逓減，地代などに関するリカードの理論は，地主階級の利益を社会のその他の階級の利益と対立す

---

[24] リカードはこの理想化された想定を「顕著な事例 strong cases」と呼んだ（David Ricardo to Thomas Robert Malthus, 4 May 1820, ibid., viii, 184）．

[25] David Ricardo to Thomas Robert Malthus, 22 October 1811, ibid., vi, 64.

[26] ただし，リカードが経済学の範囲にきわめて厳格な制限を加えていたことは，経済学が実践的目的にとって役に立たないと考えていたことを意味していない．むしろ，彼は「経済学はその単純な原理がひとたび理解された時に初めて有用なものとなる」と主張していた（David Ricardo to Hutches Trower, 12 November 1819, ibid., viii, 132–133）．

[27] Stokes (1959) 81 はリカード経済学について，「功利主義哲学の核心であり，その確固とした科学的基礎」と呼んでいる．Stokes (1959) 82–139, Winch (1996) 356, Lipkes (1999) 18 も参照のこと．ただし，リカードはしばしば政治的により穏健な立場をとっていた（Winch (1996) ibid.）．

るものとして描き出していたという意味で反地主的傾向をもっていた．たとえば，1815年に出版された『穀物価格論』[28]においてリカードは，穀物法は食物価格の高騰をもたらし，そのことによって名目賃金を押し上げ実質賃金を押し下げてしまうと論じ，穀物法は地主にだけ利益をもたらし，社会の他のすべての階級の利益を損なうものであると主張していた[29]．このような穀物法に対する批判が，地主貴族に対して批判の矛先を向けていた哲学的急進派にとって魅力的なものであったことは明らかだろう．

とはいえ，リカード経済学を支持し，その普及に重要な役割を果たしたグループは哲学的急進派だけに限らなかった．たとえば，マカロックが1818年に『エディンバラ・レヴュー』に発表したリカードの『経済学および課税の原理』の書評は，同書の売れ行きに大きく貢献したと言われているし，リカードの理論は多くのグループによって歓迎されていた[30]．

> 異端審問所がスペインを支配したのと同じくらい完全に，リカードはイングランドを支配した．彼の理論はシティ〔の商人〕，政治家，学界に受け入れられただけにとどまらなかった．論争は止み，別の見解はまったく消え去った．それについて議論されることがなくなった[31]．

---

28) D. Ricardo, *An Essay on the Influence of a Low Price of Corn on the Profit of Stock* [Ricardo, iv].
29) Ricardo, iv, 1–42. Snyder（2006）278 も参照のこと．
30) McCulloch (1818). リカードの死後，ジェイムズ・ミルはマカロックへの書簡のなかで，マカロックと自分のことをリカードの「たった二人だけの真の弟子」と述べている（Bain (1882a) 211）．ただし，ウィンチによれば，ジェイムズ・ミルは「リカードの論理から正しい〔実践的〕結論にたどりつくこと」に失敗しているとしてマカロックを批判していた（Winch (1996) 356）．なお，後にマカロックは『ブリテン百科事典補遺』の「経済学」の項目を執筆しているが（McCulloch 1824），マルサスは『ブリテン百科事典補遺』の編集を担っていたネイピアに対して，マカロックもジェイムズ・ミルも「いまだに審理中の」リカードの教義をあたかも確立されているものであるかのように主張し，「経験による検証に耐えないような理論を採用して」おり，経済学の項目を担当する人物にはふさわしくないという意見を述べていた（Thomas Robert Malthus to Macvey Napier, 27 September 1821, Napier (1879) 29; Thomas Robert Malthus to Macvey Napier, 8 October 1821, ibid., 31–32）．John Ramsey McCulloch to Macvey Napier, 30 September 1821, ibid., 29–31 も参照のこと．

第 8 章　経済学の科学とアート　　　255

　J・M・ケインズはリカード経済学がこの時期のブリテンの思想家・政治家のあいだで広範な影響をもっていた様子をこのように表現した．

　しかし，ミルが最初に経済学方法論についての論考の執筆を思い立った1830年代初頭には，リカード経済学は多くの批判にされるようになっていた[32]．1810年代から論争を繰り広げていた友人のマルサスからの批判を別にすれば，早い段階では1825年にリカードの価値論に対するサミュエル・ベイリーの厳しい論調の批判が現れていた[33]．そして，1820年代後半から1830年代にもっとも精力的にリカード経済学に対する批判を繰り広げていたのは，ウィリアム・ヒューウェル，リチャード・ジョーンズ，チャールズ・バベッジなどの，現在ではしばしば「ケンブリッジ帰納学派」として言及される思想家グループであった[34]．彼らはリカードの演繹的アプローチに対して強く反発し，それに代わるものとして帰納的アプローチを擁護した．

　経済政策をめぐる多くのトピックについて論争を繰り広げていたリカードとマルサスは，経済学の範囲と方法をめぐっても激しく対立していた．マルサスはリカードの経済学が範囲についてはあまりにも狭すぎる点，方法については演繹に依拠しすぎている点を批判した．リカードが経済学は人が（実際にはどうであれ）あたかも経済的動機だけにしたがって行為しているかのように想定してその経済行為について議論をしなければならない

---

31) Keynes（1973）32. 19世紀初頭のブリテンにおけるリカード経済学の普及については，Blaug（1958），Marchi（1970）などを参照のこと．
32) 1820年代から30年代のブリテンにおけるリカード経済学の衰退については，Blaug（1958），Marchi（1970）などを参照のこと．
33) Bailey（1825）．ブラウグによれば，この著作は「リカード経済学に対する同時代の批判のなかでもっとも辛辣で徹底的なもの」であった（Blaug（1958）52）．
34) Cannon（1978）29-71．このグループについては，久保（2006）も参照のこと．マルサスも含まれて言及されることがあるが，マルサスも含めてこのグループの思想家の多くはケンブリッジ大学に関係していた．また，彼らの中には宗教・教育・政治上の改革を求めるとともに科学の刷新を唱えていたリベラル・アングリカンが含まれていた．なお，マルサスの死後，東インドカレッジにおける歴史学および経済学講座職を継いだのがジョーンズであった．

と主張していたのに対して，マルサスは経済学は人間の経済行為に際して実際に作用しているあらゆる原因を考慮に入れなければならないと主張していた．人間の行為の実際の原因を理解するためには，一般化，すなわち実際の現象の幅広い観察からの帰納という作業が不可欠である．マルサスはリカードのゆきすぎた演繹的アプローチがもつ欠点について次のように述べている．

> 経済学に関する科学的著述家のあいだに現在いきわたっている誤りと意見の相違の主な原因は，単純化したり一般化したりするという安易な試みにあるように私には思われる．……単純化および一般化という傾向は，ひとつ以上の原因の作用を認めない傾向よりもさらにはなはだしく，何らかの法則または命題に対して修正，限定，例外を認めない傾向を生み出している[35]．

しかし，ここで注意すべきは，他のケンブリッジ帰納主義者とは異なって，マルサスが演繹の役割を否定していたわけではなかったということである．たとえば，彼は1831年にヒューウェルに対して，極端に演繹に依拠しているリカードと，逆に極端に帰納の役割を強調しているジョーンズをともに批判していた．「私が現在心配しているのは，風向きが彼〔リカード〕に対してあまりに厳しすぎることです．この点で，私はジョーンズ氏があるべき道から若干踏み外しているようにすら考えています[36]」．J・A・シュンペーターやM・ブラウグが指摘しているように，マルサスとリカードは経済学における演繹を援用した理論化あるいは一般化の有用性については意見が一致しており[37]，重要な違いは，演繹をどのように用いるかという点に関するものであった．第一に，リカードの関心が他の条件が一定のときにあるひとつの原因がどのように作用するかを明らかにすることに向けられていたのに対して，マルサスは複数の原因が同時に作用することを考慮するべきだと考えていた．マルサスによれば，「経済学において

---

35) Malthus (1986) i, 7, 8.
36) Thomas Robert Malthus to William Whewell, 31 May 1831, Marchi and Sturges (1973) 391.
37) Schumpeter (1954) 539, Blaug (1980) 58 を参照のこと．

は，単純化したいという望みのせいで，ある結果が生み出される際に二つ以上の原因が作用していることを認めたがらなくなってしまっている[38]」．第二に，リカードと違って，マルサスは観察された事実を参照することによって演繹的推論から引き出された結論を検証することの重要性を強調していた．彼の見解では，「早計に一般化をしようという傾向のせいで，主要な経済学者のなかには，理論を経験によって吟味することを嫌がる人もいる[39]」．理論が「一般的経験」に反する場合には，その理論が破棄されるべきというのが彼の考えであった[40]．経験を参照することは誤った理論を退けるために有用なだけでなく，理論を実践に役立てる際にも有用であった[41]．こうして，マルサスは経済学において経済的なもの以外の政治的・道徳的要因なども考慮に入れることの重要性を強調した．彼の考えでは，「経済学という科学は，数学という科学よりも道徳および政治の科学により近いもの」であった[42]．このように，リカードとマルサスのあいだの対立はある程度は経済学の目的と領域についての見解の相違を反映したものであった．ウィンチは，リカードとマルサスとのあいだの論争を「富と幸福」のあいだの対立，いいかえれば「厳格に定められた範囲での経済学の問題関心とより広い道徳および政治の科学の問題関心とのあいだの対立」として描き出した[43]．

この対立がはっきりと現れたのが穀物法をめぐって行われた論争においてであった．ナポレオン戦争の終結後の1810年代半ばには，戦後の経済的混乱と穀物の豊作によって，イングランドの農業は苦境に陥っていた．

---

38) Malthus（1986）i, 5. cf. Thomas Robert Malthus to David Ricardo, 23 February 1812, Ricardo, vi, 82：「もっとも科学的な人をしばしばとらえる単純化という願望のせいで，あなたは正しくはふたつの原因に帰する現象をひとつの原因に帰してしまい，（少なくとも私には）あなたの理論に不利なように思われる事実に十分な重きを置こうとしなかったことは明らかなように思われます．」
39) Malthus（1986）i, 10.
40) Ibid.
41) Ibid., 16. マルサスの『経済学原理』は「その実際の応用を目的として Considered with a View to their Practical Application」という副題をもっていた．
42) Ibid., 5.
43) Collini et al.（1983）65.

地主階級はさらなる関税による保護を求め，それによって穀物法をめぐる論争が盛んになっていた．この論争において，マルサスは経済的・政治的・道徳的な観点から農業保護政策を擁護していた．1815 年 2 月上旬に相次いで出版されたふたつのパンフレットで，マルサスは国家の安全および繁栄は農村住民の境遇に大きく依拠しているという考えから，国内農業および農村住民を保護するための高関税を主張した[44]．彼は自由貿易は抽象的な理論としては望ましいものであるということを否定してはいなかったが，1810 年代のブリテンの現状ではそれは「国民の平穏と幸福」にとって好ましくない影響をもたらすものであると主張していた[45]．それに対して，リカードは 1815 年 2 月下旬に公表された『穀物価格論』でマルサスに反論した．リカードの考えでは，国家の繁栄はその商業と産業の発展に依拠しているが，保護主義的な穀物法はその発展を阻害するものに他ならなかった．彼によれば，「商業階級の繁栄が資本の蓄積をもっとも確実にもたらし，生産性の高い産業を促進するとしたら，穀物価格の下落によること以上にそれらが確実になされることはけっしてありえない[46]」．彼は社会の進歩を経済的成長の観点から理解し，とりわけ資本蓄積を重視した．そして，穀物価格の高騰を引き起こし，資本蓄積を妨げているとして穀物法の廃止を主張した[47]．

1823 年にリカードが死去した後，マカロックやトレンズ，ジェイムズ・ミルなどによって引き続きリカード経済学の普及がはかられていたが，同時にケンブリッジ帰納主義者を中心としてリカード経済学に対する批判も激しさを増すようになっていた．ゴールドマンが指摘したように，彼等は「〔リカードの〕経済学の方法そのもの──人間の行為についての「自明の真理」からの演繹へ依存していることと，ブリテンの既存の経済

---

44) Malthus（1815 a；1815 b）．
45) Malthus（1815 b）117．
46) Ricardo, iv, 37．
47) Snyder（2006）276–279．

第 8 章 経済学の科学とアート

状態へ議論を限定していること——を批判していた[48]」．たとえば，1832年にバベッジは経済学者が「事実をあまりにも利用せず，理論をあまりにも用いすぎている」ことを批判した[49]．ヒューウェルも，経済学は「違った国や異なった社会形態において実際に作用している」経済法則や「現にある事実や日常的な観察結果」により関心を向けるべきであるし，あらゆる命題が「人間事象の個々の事例」と照合することによって検証されるべきことを主張した．彼の考えでは，「経済学は……演繹的科学ではなく，帰納的科学でなければならない．それは公理からの下への推論によって適用するのに先立って，事実からの上への推論によってその原理を獲得しなければなら」なかった．経済学は「あらゆる結論を少数の定理や規則から演繹する幾何学や算術のような科学とはなりえない[50]」．

1831 年に出版されたジョーンズの『地代論』はリカードの著作を標的にしたものであった[51]．この著作が出版された当時の状況をヒューウェルは後に次のように描き出している．

> リカード氏の論考を頂点とする多くの著述家の仕事によって，経済学はかなりの程度，演繹的な科学となった．つまり，ある記述が社会のあらゆる階級に普遍的にあてはまるようなものとして採用され，それらの記述とそれらに対応する少数の原理から命題の全体系が，その妥当性が証明されているものとして引き出されたのである[52]．

---

48) Goldman (1983) 598–599.
49) Babbage (1832) 119.
50) Whewell (1831) 52. 1830 年前後のヒューウェルは経済理論の数学化をすすめていたが，このことは，所与の前提から結論を引きだすような形式の演繹的推論に関するかぎり数学が有用であるという観点からのものであり，それは科学的真理を発見する手続きとしての帰納的推論とは区別されるべきものであった．また，ヒューウェルはリカードの理論についても数学的表現を与えることを試みていたが，このことは彼がリカードの議論を是認していたことを意味してはいなかった．むしろ，彼が意図していたことは，リカードの演繹的推論に誤謬が含まれていることを数学的表現によって簡潔に明らかにすることであった．経済学における数学の使用についてのヒューウェルの見解は，Henderson (1996) 119 ff. を参照のこと．
51) Jones (1831).
52) Whewell (1859) ix–x.

同書でジョーンズは次のようにリカードの議論の妥当性を批判した．「リカード氏は有能な人であり，純粋に仮説的な諸真理を結びつけたきわめて巧妙な体系を作り出した．しかし，実際の世界をただ一度，広く眺めてみるだけで，それが過去や現在の状態とまったくつじつまのあわないものであることがわかる[53]」．ヒューウェルと同じようにジョーンズも，リカード経済学の特徴を演繹的・幾何学的推論形式，理論の普遍的妥当性志向などに見出し，これらに強く反発した．この点で彼らは，「経済学という科学は，数学という科学よりも道徳および政治の科学により近い」と述べていたマルサスに親近感を抱いていた[54]．

　ジョーンズによれば，リカードは帰納的方法を軽視したために多くの誤りを犯していた．彼の考えでは，リカードの地代論は，現実の世界においてはごくわずかの割合しか占めていないような地主と借地人の関係のあり方をもとにしたものであった．ジョーンズは，（彼の議論ではリカードが前提としていたものとされる）「農業者的 farmers」借地の他に，「農奴的 serf」，「分益的 metayer」「ライオット的 ryot」，「入札小作人的 cottier」，「小作人的 peasant」などいくつかの借地のあり方を提示し，これらにはリカードの議論が適用できないことを主張した．それゆえ，リカードの議論は現実に存在しているさまざまな借地形態のうちのひとつだけの観察に依拠しているものであり，不合理で無意味なものであった．それは「居住可能な地球上の耕作地のうち1パーセント」にも適用できないものであった[55]．

　ジョーンズは，リカードが演繹的方法に対して，過度に依存しているためにその理論の現実的妥当性が著しく損なわれているという批判を行っただけでなく，経済学の領域についてのリカードの見解に対しても批判を向けていた．リカードが科学と実践を峻別することを主張し，そのような観点から経済学から道徳的・政治的・社会的議論を除外しようとしていたのに対して，ジョーンズは，マルサスと同様に，現実の経済問題の考察のた

---

53) Jones (1831) vii.
54) Malthus (1986) i, 5.
55) Jones (1831) 14.

めには経済学が経済的要因以外のものを考慮に入れることが必要であることを主張した．彼の考えでは，「国家の経済および社会制度とその生産力のあいだには強い結びつきが存在していた[56]」．

リカードの議論に反発するなかで，ジョーンズやヒューウェルは経済学の方法や領域を再定義することを試みるだけでなく，さらに経済学にとって代わる新しい「厳密に経済学と呼ばれるものを越える」科学を確立することを目指していた[57]．この新しい科学は，社会のあらゆる側面にわたるデータを総合した形で把握する帰納的アプローチにもとづいた科学であった．

> 地球上のさまざまな国家が収益を生み出し分配している経済組織や制度に精通したいと望むとしたら，私はその目的を達成するための手段はたったひとつしか知らない．それは，よく見て理解するというものである．私たちは事実について包括的にみるようにしなければならず，そうすることで真に包括的な原理に到達することができるだろう[58]．

この新しい帰納的科学として彼らが提示したのが「統計学」であった．それは「社会の福利を左右するような原理を確定させるために，それら〔社会のさまざまな要素〕が生み出す結果を考察する」ことを目的としたものであり，重要な点で経済学とは異なるものであった．

> 統計の科学は経済学とは異なる．一見したところ同じ目的をもっているように見えるが，統計の科学は起こりうる結果の原因も理由も議論しないからである．それは社会的・政治的統治にかかわる正確な結論の根拠をそれだけで形作るような類の事実を集計し，整理し，比較することだけを目指すのである[59]．

経済的なものにとどまらない，現実に存在している社会におけるさまざまな要因を観察することに基礎づけられた帰納的な社会の科学である統計学

---

56) Ibid., 406.
57) Ibid.
58) Ibid., 568–569.
59) Anon.（1838）1.

は,「野蛮で脆弱な状態から強力で文明的な状態への国家の進歩にともなう政治的・社会的影響力の移り変わり」を明らかにするものであった[60]. ジョーンズやヒューウェルをはじめとする帰納主義者たちの意欲こそが, ブリテン科学振興協会での統計部門の設置 (1833 年) やロンドン統計協会の発足 (1834 年) などをもたらした, いわゆる「統計学運動」の原動力であった[61].

興味深いことに, この時期のミルと帰納主義者のあいだにはいくつかの類似性が見出される. たとえば, 1833 年にジョーンズは次のように述べていたが, それはこの時期のミルが経験知識の源泉としての歴史書や旅行記に対して示していた好意的な見解に近いものであった.

> ……人類やさまざまな階級の人々の経済的な習性や成り行きに関する一般原則を打ち立てるのに先立って, 世界がこれまでどのようなものであったか, そして世界は現にどのようなものかをできるかぎり多く知ろうと決めたとしたら, 私たちは歴史と統計という知識の二つの源泉, つまり, 過去についての物語と, 地球上のさまざまな国の現状についての詳述が利用できる[62].

また, ゴールドマンも指摘しているように, 両者はともに, 自分たちがそれぞれ新しく構想していた包括的な社会の科学に対して「社会経済学 social economy」という同じ名称を提案していた[63]. ヒューウェルがとりわけジョーンズの著作に代表されるような新しい帰納的な社会の科学としての統計学を「社会経済学」として言及していたのに対して, ミルは「社会における人間の行為や状態に影響する限りでの人間本性のすべての側面を包

---

60) Jones (1859) 406.
61) 19 世紀初頭のイングランドにおける統計学運動については, たとえば, Cannon (1978), Morrell and Thackeray (1981), Goldman (1983), Henderson (1996) 27–58 などを参照のこと. また, 久保 (2010) も参照のこと.
62) Richard Jones, 'An Introductory Lecture on Political Economy, delivered at King's College, London, February 27, 1833', Jones (1859) 570. ミルの議論については, JSM, 'America', CW, xviii, 93–94 を参照のこと.
63) Goldman (1983) 605.

括」する科学にもっともふさわしいものとしてこの名称を提案していた[64]．ただし，この類似性は両者のあいだにこの用語に関して影響関係があったことを意味しているわけでないないだろう．このように異なる陣営で同時期に同じようなターミノロジーが現れてきた背景のひとつは，この時期のイングランドの思想家に大きな影響を与えつつあったフランス思想のインパクトであったと思われる[65]．

1830年代初頭のブリテンにおける思潮を考慮すると，ミルが当時主流派というべき地位にあったリカード経済学に対して懐疑を抱くようになっていた時期に執筆されていた「定義と方法」においてジョーンズらケンブリッジ帰納主義者に言及していないのは若干奇妙なことのようにも思われる．しかし，公表された論考におけるこのような無視にもかかわらず，彼等の批判から学んでいたことは確かなように思われる．だからといって，リカード経済学に対する批判から学ぶことによって彼が反リカードの立場に転向したということはまったくなかった．彼は，経済学は限定された領域のみを扱う演繹的科学であるというリカードの見解を支持しつづけた[66]．以下では，経済学の方法と領域についてのミルの議論を検討する．

3―経済学の定義と方法

ミルが経済学について学び始めたのは1819年，彼が13歳のときであった．『自伝』によれば，

> 私の父〔ジェイムズ・ミル〕は……私と散歩しながらおこなわれた一種の講義によって私に経済学を教え始めた．彼は毎日その主題の一部について解説し，私はその翌日にそれについて書いたものを父に見せたが，父はそれが明確で正確になり，かなり完全になるまで何度も繰り返して書き直させた．このようにして，私

---

64) ヒューウェルによる用例については，Goldman (1983) 605 を，ミルに関しては，JSM, 'Definition', CW, iv, 320 を参照のこと．
65) Goldman (1983) 605–607．
66) この点については，Hollander (1985), Riley (1998) 298 などを参照のこと．

はこの科学の全体を学んだ．……この後，私は毎日読んだことについて説明し，進むにつれて出てくる問題について自分にできる限りの最善のやり方で議論しながらリカードを読んだ[67]．

ジェイムズ・ミルの指導による「経済学の全課程」を終えた後[68]，1822年12月に彼は「交換価値」と題する論説を『トラベラー』に発表している[69]．その彼が経済学の方法と領域について最初にまとまった見解を表明したのは，1836年に公表された「定義と方法」においてであった．この論考でミルは「科学は現象を認識し，その法則を発見する．アートは独占的に目的を提示し，それを達成するための手段を見つけだす」という区分を提示していた[70]．そして，この区分を前提にしつつ，科学としての経済学が扱うべき領域を確定させることを試みていた．

これまでの経済学観は，ミルの考えでは，以下のふたつの点で科学としてふさわしくないものであった．それらは科学とアートを混同していたり，どのような対象を扱うかという点で混乱していた．たとえば，ミルはスミスを次のように批判した．ミルの考えでは，『国富論』におけるスミスの経済学観は「国家がどのようにすれば豊かになるかを教えている」というものであり，それは科学とアートを混同していた．経済学が科学であるとすれば，それは実用的な規則の集合ではありえない．実用的な規則は科学ではなくそれから引きだされるものであるから，「ある国の富を増大させるための規則は科学ではなく科学の結果である．経済学はどのようにすればある国を豊かにすることができるかを教えはしない[71]」．こうしてミルの考えでは，スミスの認識は不適切であり，科学としての経済学の定義はより狭いものでなければならないとされた．

次に，「富の生産，分配，消費を規定する法則を教える科学」という狭

---

67) JSM, *Autobiography*, CW, i, 31.
68) Ibid.
69) JSM, 'Exchangeable Value [1–2]', CW, xxii, 3–6. この論考は，ロバート・トレンズの批判に対して（Torrens 1822），リカードとジェイムズ・ミルを擁護したものである．
70) JSM, 'Definition', CW, iv, 312.

い定義であるが，これは科学とアートを区別している点で上記の定義の誤りは逃れているけれども満足いくものではない．この定義における富という用語は曖昧さをのがれていない[72]．富の生産に関する法則は，化学，力学，地質学といった自然科学全般に関するものと，道徳的・心理的なものの両方を含んでいるからである．自然科学の法則は経済学の対象ではない．したがって，富についてのどのような法則を扱うかが限定されなければならない．それでは，そのような限定を含んださらに狭い定義——「人間本性の法則に依存する限りで，富の生産と分配をあつかう科学」や「富の生産と分配についての道徳的，あるいは心理的法則に関する科学」——はどうであろうか．ミルの考えでは，それすらも完全なものではない．なぜなら，経済学は人間のあらゆる状態における富の生産と分配を取りあげるわけではなく，社会状態と呼ばれる状態におけるもののみを扱うからである[73]．

こうして，ミルの議論にしたがえば，経済学が関心をもつのは，人間本性のうち「富の所有を欲し，この目的を達成するため手段がもつ相対的有

---

71) Ibid. cf. Smith (1976) i, 428. このような批判にもかかわらず，1848年に『経済学原理』を出版した時にミルが理想としたのは，リカード，マルサス，マカロックをはじめとする19世紀の経済学者たちの『経済学原理』ではなく，70年以上前に出版されたスミスの『国富論』であった．同書でミルがめざしたのは，近年の著しい理論的進展を踏まえた上で，『国富論』の現代版というべきものを提供することであった (JSM à Auguste Comte, 3 avril 1844, CW, xiii, 626 [Haac (1995) 228])．経済学の「科学化」の過程で科学とアートを混同した著作としてしばしば批判された『国富論』は，今度はその特徴ゆえにミルの高い評価を得ることになった．ミルの考えでは，「偉大で美しい著作」(JSM à Auguste Comte, 6 juin 1844, CW, xiii, 631 [Haac (1995) 237]) である『国富論』の長所は原理とともに応用を教えるという点にあった．なお，科学とアートの関係について付言しておくならば，「定義と方法」においてミルは「立法の科学」という表現についても批判していた．「立法の科学は不正確で誤解をうみやすい表現である．立法とは法律を作ることである．私たちは何かを作る科学という表現は用いない．統治という言葉が統治するという行為ではなく，統治された状態や政府のもとでの生活を，しばしば漠然とであっても意味していなければ，統治の科学すら好ましくない表現であろう．好ましい表現は政治社会科学であり……」(JSM, 'Definition', CW, iv, 321)．

72) Ibid., 313 ff.
73) Ibid.

効性を判断できる存在」としての側面のみであり，経済学は「富の追求の結果として生じるような社会状態の現象について述べる」にすぎないものであった．それゆえ，経済学は次のように定義されなければならない．「富の生産を目的とする人間の作用の結合から生じる社会現象の法則を，それらの現象が他の目的の追求によって修正されないかぎりで探求する科学[74]」．たとえ「簡素で貧弱」で「大衆的尊敬や政治的権威の候補にはなれそうにはなかった」としても[75]，これがミルの満足した経済学の定義であった．

ミルは「定義と方法」において，科学としての経済学の定義とともに，方法論についても自らの見解を提示している．彼は1828年に公表されたリチャード・ウェイトリー『論理学綱要』の書評においては，経済学は演繹的・三段論法的な科学であるという見解を支持していた[76]．しかし，1830年初頭には，彼は経済学をはじめとする道徳科学における三段論法の有用性を否定するようになっていた[77]．「定義と方法」において，彼は演繹的推論の前提が「まったく現実に基礎をおいていないこともありうる」ことを述べ，このような意味で演繹的方法を用いる科学は抽象的科学であり，その結論は仮説的なものであるとしていた．しかし，このことは演繹的科学が不完全であるとか役に立たないとかいうことを意味していたわけではなかった．彼の考えでは，

> 幾何学は直線について「長さはもつが幅はもたない」という恣意的な定義を前提としている．同じようなやり方で，経済学は人間について，既存の知識の状態でなしうる最小限の労働と物質的自制によって必需品・便宜品・贅沢品を最大限獲得できるような仕方でつねに行為する存在という恣意的な定義を前提としている[78]．

---

74) Ibid., 321–323.
75) Collini et al.（1983）137.
76) JSM, 'Whately's Elements of Logic', CW, xi, 1–35 ; Whately（1826）．
77) JSM, *Autobiography*, CW, i, 189 を参照のこと．また，JSM, 'Definition', CW, iv, 309–339 も参照のこと．「アプリオリの方法」という表現によって，ミルは「ある想定された仮定からの推理」を意味している（Ibid., 325）．

また,「定義と方法」では,経済学における検証の位置づけについても議論されていた．ミルの考えでは,科学的な過程においては検証が占める場所はなく,それは科学の適用の段階で役立つにすぎなかった．検証は,ある前提からの推理によって引き出された結論を現実に起きている事象と比較する作業であり,経験的事実を参照することで前提自体を吟味することは意図されていなかった．というのは,実際に起きている事象が経済的なもの以外の多くの動機から引きおこされているとしても,経済学は仮説的な経済的動機のみを対象とする科学だからであった[79]．

　経済学の定義と方法についての議論は『論理学体系』においてもなされている．クビッツは以下のような事実に依拠しつつ,『論理学体系』における経済学に関する議論は「定義と方法」の議論がそのまま発展させられたものであるとみなしている．第一に,『論理学体系』には「定義と方法」からのかなり長い引用がみられるという事実であり,第二に,「定義と方法」がわずかの修正を施したのみで『論理学体系』公刊後の1844年に『経済学試論集』のなかで再刊されているという事実である[80]．しかし,実際には両者の議論のあいだには重要な違いがあった．第一に,「定義と方法」で単一の方法として論じられていた演繹的方法が『論理学体系』では幾何学的方法と物理学的方法に分類されて論じられることになった点である．第二に,「定義と方法」では演繹的方法のなかに位置づけられていなかった検証という作業が『論理学体系』では演繹的方法の一部として取り込まれることになった点である[81]．

　『論理学体系』において,ミルは化学的・実験的方法をコールリッジやマコーリーが用いている方法として[82],幾何学的・抽象的方法をホッブズやベンサム主義者が用いている方法としてそれぞれ定式化し批判してい

---

78) JSM, 'Definition', ibid., 326.
79) Ibid., 323–324.
80) Kubitz (1932) 232.
81) Snyder (2006) 306.

た[83]．経済学をふくめた社会事象研究においては実験が不可能なために，化学的方法は用いることはできなかった．そもそも実際には化学においてさえ演繹的（非実験的）方法が用いられることがあるというのがミルの考えであった[84]．また，幾何学的方法は原因の複数性を考慮していないために社会事象研究においては不十分な方法であった．ミルによれば，「社会現象は本質的に，他からのわずかな修正を受けるだけで人間本性のいずれかひとつの作用因あるいは法則に依存しているようなものではない[85]」．彼の考えでは，ホッブズやベンサム主義者は社会事象研究の方法は演繹的なものであると考えた点では正しかったが，その推論の前提についてあまりにも狭隘な見解を採用した点で誤謬を犯していた．

したがって，ミルにしたがえば，物理学的方法・具体的演繹法が社会事象研究に適用可能な唯一の方法であった．この方法は，すでに述べたように，帰納・演繹・検証という三つの手続きを用いるものであった．第一の作業である帰納は，ある場合に同時に作用して特定の行為を引きおこすような人間の行為についてのさまざまな法則を発見する手続きであり，第二の作業である演繹は，第一の段階で得られた複数の原因が同時に作用した場合の結果を推理する手続きであった．そして，第二の段階での推理の妥当性を確かめる手続きが，第三の検証であった．

ミルの考えでは，経済学は，このような方法を用いつつ，「直接的な決定因が主として富に対する欲求であり，主に関係する心理学的法則が少ない利得よりも多い利得が好まれるというよく知られたものであるような，社会現象のうち広範な部類」を扱う科学であった[86]．

---

82) ミルは『論理学体系』においては，この方法についてコールリッジによって用いられていたものとして述べている（JSM, *Logic*, CW, viii, 885）．また，『自伝』では，マコーリーのものとしてこの方法に言及している（JSM, *Autobiography*, CW, i, 196）．
83) JSM, *Logic*, CW, viii, 888–894.
84) Ibid., 882, 886.
85) Ibid., 894.
86) Ibid., 901.

このひとつの人間本性の法則と，この法則を介して人間精神に作用する主要な外的事情からの推理によって，私たちは，この部類の社会現象について，それがその部類の事情にのみ依存しているかぎりで，説明したり予測できたりするようになるだろう．その際には，社会のその他の事情の影響を無視し，そうすることによって私たちが考慮に入れている事情を社会状態におけるその他の何らかの事実のなかに存在している考えられうる起源にまでさかのぼったり，これらのその他の事情のいずれかが，現に考慮している事情に干渉したり，対抗したり修正を加えたりする仕方を検討したりすることもしない[87]．

人間の実際の動機が何であったとしても，経済学者は「少ない利得よりも多い利得を好む」というものが人間の経済的行為についての唯一の動機であるかのように想定しており，したがって，経済学における推論はこのような仮説に依拠していた．それゆえ，その推論の結論も必然的に仮説的なものであった．ミルの考えでは，「それら〔演繹的科学における一般命題〕はある仮定的な事情のまとまりにもとづいており，他の事情がそれらの事情と結びついていないという想定の上で，何らかの所与の原因がそれらの事情のもとでどのように作用するかを示す」ものであった[88]．このような意味で，経済学は仮説的科学であった．

4―経済学の科学とアート

ミルの考えでは，「経済学が科学だとしたら，まったく役に立たない科学ではないかぎり，実践的規則はそれに基礎づけられなければならないとしても，経済学は実践的規則の集まりではありえない[89]」．科学はアートあるいは実践にとっての基礎あるいは前提となるべきものであった．彼は次のように述べている．

---

87) Ibid., 901.
88) Ibid., 900.
89) JSM, 'Definition', CW, iv, 312.

いかに科学的知識を完全に修得していたとしても，人類のことを考えている人は誰であっても，この世界における事象が実際にどのようにして起きているかについての実践的知識や，自分自身の国や時代において実際に抱かれている知識，感情や知的・道徳的傾向についての幅広い個人的経験なしにすませることはできない．真に実践的な政治家とは，この経験を抽象的な政治哲学に関する深い知識と結びつけているような人である[90]．

　ミルの『経済学原理』は1848年4月に出版されたが，その直前の1848年2月22日に彼はジョン・オースティンに対して次のように記していた．「この著作〔『経済学原理』〕に（純粋な経済学について）彼〔リカード〕の理論からの系として示されないような見解がひとつでもあるか疑問に思います[91]」．経済学の領域と方法に関する限り，ミルは基本的に，経済学はアートとは厳密に区別された狭い範囲のみを扱う演繹的科学であるというリカードの見解を是認していた．にもかかわらず，『経済学原理』は「社会哲学への若干の適用とともに」という副題をもち，科学としての経済学の狭い領域にとどまらない広範な議論を含んでいた．マーキが述べているように，『経済学原理』においてミルは「経済学という抽象的な科学についての最新の叙述」を提示しつつ，「理論家の仕事と実践家の仕事を結びつけることを目指していた[92]」．彼が関心をもっていたのは，純粋な経済学理論を発展させるだけでなく，その純粋理論を他の議論と結びつけつつ，同時代の実践的問題に対して適用することであった．

　経済学における推論の結果を実践的問題に適用する際には，経済学とは異なって人間の実際の行為に関係するあらゆる法則を考慮に入れている包括的な社会の科学の議論を踏まえた上でなされなければならないというのがミルの考えであった．かつてのミルは「密接に関連しているものの本質的には区別されるべき科学とアートという概念」を混同しているとしてアダム・スミスの『国富論』を批判していたが[93]，今や彼は「原理とともに

---

[90] Ibid., 333.
[91] JSM to John Austin, 22 February 1848, CW, xiii, 731.
[92] Marchi（1974）139–140.

第 8 章　経済学の科学とアート　　　　　　　　　　　　　　　　　　　　271

応用」を教える「偉大で美しい著作」として『国富論』を高く評価するようになった[94]．『経済学原理』でミルがめざしたのは，近年の著しい理論的進展を踏まえた上で，『国富論』の現代版を提供することであった[95]．ミルによれば，「その著作〔『国富論』〕のもっとも特徴的な，そしてその主題の一般原理の単なる解説としては遜色がないか，あるいは優れてさえいる他の著作ともっとも異なっている特質は，それがつねに原理と応用を関連づけていること」であった．

> これは，抽象的理論の一部門としての経済学に含まれているものよりも広範囲の思想や議論をおのずから意味している．実践的目的のために，経済学は社会の哲学の他の部門と密接に結び付けられている．単なる細部に関わる問題を別にすれば，純粋に経済的な問題に最も近いものでさえも，前提だけに左右されうるような実践的問題は存在していないだろう[96]．

現実の問題に経済学上の原理を適用するときにミルがつねに念頭においていたのは，人類の経済的状態だけではなく，その道徳的・知的状態であった．彼にとって，究極的な目的は人類の経済的状態だけを改善することではなく，人類の全般的改善であった．1850 年 1 月，ある書簡のなかでミルは次のような心情を吐露している．「現在では，純粋に経済的・政治的手段によって人々の経済的状態を改善することを目的としているどのような構想に対しても私はほとんど期待していません．貧困層だけでなく富裕層もふくめて，あらゆる階級の人々の知的・道徳的状態が低いために，政治

---

93) JSM, 'Definition', CW, iv, 312. 本章注 70 も参照のこと．
94) JSM to Henry Chapman, 8 November, 1844, CW, xiii, 642 ; JSM à Auguste Comte, 6 juin 1844, CW, xiii, 631 ［Haac (1995) 237］．もちろん，このことはミルがそれまで支持していた経済学についての狭い定義を放棄したことを意味しているわけではなかった．
95) たとえば，1847 年 3 月にミルは執筆中だった『経済学原理』について，「アダム・スミスにとって代わる書物，すなわち経済学についてアダム・スミスが執筆していた時にしていたことをしようとする書物」になるだろうという自負を示していた（JSM to Henry Chapman, 9 March 1847, ibid., 708）．
96) JSM, PPE, CW, ii, xci.

的な種類のものでさえ進歩が止まってしまうような時代になってきているように思います[97]」．

『経済学原理』においてミルは人類の道徳的改善がいかにして可能になるかということに関心を向けた議論をしていたが，それは，そのような改善が社会制度の改善を可能にし，その社会制度の改善が人類の道徳的状態をさらに改善するのに資するという考えにもとづいていた．すでに指摘したように，1834 年にミルは既存の三階級社会を不変的なものとみなしているとして経済学者を批判していたが[98]，この 1830 年代半ばの段階ではそのようなあり方の社会がどのような要因によって別の社会に変わっていくかという点について明確な考えをもってはいなかった．しかし，『経済学原理』を執筆している時には彼はこの点についてよりはっきりとした見解を示すようになっていた．つまり，彼は人類の知的・道徳的発展をそのような社会の変化の主要な作用因とみなすようになっていた[99]．イングランドやアメリカ合衆国の国民性を論じるなかで，ミルは次のように述べている．

> 教えられる必要があるのは，財産に対する欲求ではなく，財産の使い方であり，財産で買うことのできないか買うために財産を必要としないような欲求の対象に対する理解を深めることであり，イングランド人やアメリカ人の性格の正しい改善は……あらゆる方面に及んでいるその産業主義という苦悩を緩和し，労働の総生産量への関心を軽減するものでなければならない[100]．

---

97) JSM to Edward Herford, 22 January 1850, CW, xiv, 45.
98) JSM, 'Miss Martineau's Summary of Political Economy', CW, iv, 226–227. 本書 8, 105–106 頁も参照のこと．
99) 本書 202–206 頁を参照のこと．
100) JSM, PPE, CW, ii, 105. cf. JSM, *Logic*, CW, viii, 906：「たとえば，経済学においては，人間本性についての経験法則がイングランドの思想家によって暗黙のうちに仮定されているが，それらはグレート・ブリテンと合衆国にのみあてはまるものである．なかでも，競争の激しさがつねに想定されているが，それは一般的な商業的事実としては，それら二国以外の世界のいずれの国においても存在していないものである」．

ミルのこのような見解は，望ましい社会に関しての議論にも反映されている．すなわち，彼はそれまでの経済学において否定的にとらえられていた，経済発展の結果としてそれ以上の資本や富の増加が不可能になる，いわゆる「静止状態」に積極的な評価を与えるようになっていた．ブリテンのようにすでに遊休の肥沃地がなくなっているような国では，リカード経済学にしたがえば，利潤は最低水準まで下がりつつあり，現実には静止状態の到来は技術革新や安価な資本の輸入などの最低利潤率への低下を妨げるような要因によって断続的に先延ばしにされていたけれども，「今にも静止状態が目前に迫っている」と考えられていた[101]．当時の経済学者の多くは，静止状態は経済成長の必然的であるとしても望ましくない帰結と考え，そのような状態の到来を早めてしまう法律や制度の廃止を要求するとともに，できるかぎりその到来を遅らせる政策の採用を求めていた[102]．この時期のミルの静止状態に関する見解はこのようなものとは異質のものとなっており，彼は静止状態に積極的意義を見出すようになっていた．彼はスミス，マルサス，マカロックなどの経済学者を，経済的な発展を人間や社会の進歩と同一視しがちであったとして批判した．彼によれば，これらの思想家にとって「繁栄が意味していたのは，富の大量生産とその公平な分配ではなく，その急速な増加であった[103]」．ミルの考えでは，持続的な経済成長それ自体は必ずしも好ましいものではなかった．人間の性格や社会制度，とりわけ富の分配に関わる制度の改善を伴ったものでなければ，経済成長は環境破壊を引きおこす人口の増大と資本の過大な蓄積に終わるだけであった．ミルは経済成長を続ける社会を次のように描き出している．

生産が大規模になされ，大量の生産物とその利益が労働者のあいだに分け与えら

---

[101] JSM, PPE, CW, iii, 738.
[102] リカードが穀物法に反対した理由のひとつは，それが資本蓄積を早め，それによって静止状態の到来を人為的に早めてしまうというものであった（Ricardo, iv, 9-41）．
[103] JSM, PPE, CW, iii, 752.

れているが，賃金は多数の人々のあいだで分けられ，利潤は多数の資本に分けられるため，労働者の暮らし向きは良くならないし，どの資本家も同じ量の資本からより多くの収入を得ることができていない状態である[104]．

このような社会は，他のあらゆる階級の利益を犠牲にしつつ，地主階級だけが利益を得ている社会であった[105]．

当時のイングランド経済学において支配的だった見解に反対して，ミルは静止状態においても社会の進歩が可能であることを主張した．ここでミルが「進歩」という言葉に込めたのは，経済成長ではなく，人民の道徳的・知的改善という意味であり，富の生産に関係するものではなく，その分配に関係する社会・政治制度の改善という意味であった[106]．ミルの考えでは，

> 資本と人口の静止状態は人間の改善の静止状態であることをまったく含意していない．あらゆる種類の精神的陶冶や道徳的および社会的進歩の余裕が多くあるだろうし，生のアートの改善のための多くの余地が多くあるし，先に進むための策に心を奪われてしまっているようなことがなくなれば，そのような改善の可能性はより高まるだろう[107]．

ミルにとって静止状態は，人口が一定の範囲で安定し，ある程度の物質的

---

104) Ibid., 731.
105) ミルは次のようにも述べている．「地主，資本家，労働者からなる社会の経済的進歩は地主階級を漸進的に強化する傾向にある一方で，労働者の生存のための費用は全体として見ると増加する傾向にあり，利潤は減る傾向にある」(ibid., 731-732)．この点に関するミルの議論については，Riley (1998) 311-313 を参照のこと．
106) ここで，富の生産に関する不変の自然法則と富の分配に関する人為的な可変的な法則の区別がきわめて重要性をもつことになる．ミルの考えでは，生産の法則は「物理的真理の性質を帯びているものであった．そこには任意なものや恣意的なものはなかった」．それに対して，分配の法則は「人間の制度のみに関わるもの」であり，「ひとたびここに至れば，人類は個人としてであっても集合体としてであっても，好きなように扱うことができるのである」(JSM, PPE, CW, ii, 199)．この点については，Ryan (1974) 164-166, Hollander (1985) 216-223 も参照のこと．
107) JSM, PPE, CW, iii, 756.

快適がゆきわたり，人々の活力が「富者になるための争い」に排他的に向けられることがなくなり，その代わりに道徳的・精神的陶冶や，より公平な富の分配を可能にするような社会制度の改善に向けられているような，望ましい社会のあり方であった[108]．彼の考えでは，この静止状態においては，三階級からなる既存の社会構造およびこのような構造に依拠している経済制度が変化を余儀なくされ，その結果として，「高賃金で裕福な労働者の集団」と「現在よりも多くの人々からなる，粗雑な労苦を免れているだけでなく，物質的にも精神的に十分な余暇をもっている集団」という二つの新しい社会グループが現れてくる可能性があった．ミルはこのような社会状態こそが「もっとも望ましい社会状態」であると主張した[109]．

『経済学原理』第4編第7章「労働者階級の予想されうる未来」において，ミルは「従属と保護の理論」および「自立の理論」とそれぞれ名づけたふたつの考え方を対比していた．前者は，貧者は「彼等のことを考え，その運命に対して責任をもつ」富裕な上流階級の保護のもとに置かれ，その統制にしたがうべきだという主張であった[110]．この理論によれば，富者と貧者の関係は大人と子供の関係と同じものであった．ミルは以下のような観点からこの理論を批判した．第一に，このような理想的な富裕階級はこれまで存在したことはなかった．彼の考えでは，「特権と権力をもつ階級は自分たちの利己的な利益のためにその権力を用いてきた[111]」．第二に，より重要なことに，ブリテンのような先進国の労働者階級はもはや「家父長的・温情的な支配体制」を受け入れることはない[112]．彼等はすで

---

108) Ibid., 754. ミルは発展途上にある国においては生産量の増大が優先される必要があったと考えていたが，それはある程度の物質的裕福さが精神的・知的改善のための前提条件と考えられていたからである（Ibid., 755）．
109) Ibid., 755.
110) Ibid., 759. 以下の議論については，Snyder（2006）313 ff. も参照のこと．
111) JSM, PPE, CW, iii, 760.
112) Ibid., 762.

に自らの利益について自分で判断できるようになっており，その利益が富者の利益と一致するものではなく，それに反するものであることを認識するようになっていた．ブリテンのような先進国では一般に，社会における富の普及，さらにそれにともなった知識の普及によって，労働者階級は子供のように扱われる段階をすでに脱しており，「全体の利益に関わる問題についてのあらゆる議論」への参加者としてみなされるべき存在となっていた[113]．それゆえ，自立の理論こそが，自らの状態を改善するために十分に規律づけられている文明化された社会の労働者階級にふさわしい考え方であった．このような見解は，住民参加による地方自治が人民の教育や福利にとって重要なものであるという，1830年代半ばから彼が強調していた考えに結びつくものであった．地方自治は「民主主義の学校」として，人民に社会の共通の目的のために協力するという得難い経験をさせ，協力するための能力や倫理観を養成することを可能にするものであった[114]．

　ミルは，労働者階級の政治力が増大し，その重要性が高まってきた結果として，彼らが自分たちに有利な新たな生産物の分配の方式をそれまで以上に要求するようになるだけでなく，「賃金のために労働するような状態」への不満を表明するようになることを指摘した[115]．重要なのは，静止状態や労働者の将来の状態に対する彼の議論が，現在の社会・政治体制，さらには人々の現在の道徳的・知的状態は暫定的・可変的なものであり改善を要するものであるということを前提にしているということである．彼の考えでは，「人類は現在可能だと想定されているよりもはるかに多くの公共精神をもつことができる」し，「歴史は人類の大多数が公共の利益を自分自身の利益として感じるように訓練されることに成功することの証拠をしめしている[116]」．そして，「単なる個々の成員の私的利益では

---

113) Ibid., 764.
114) たとえば，JSM, 'Tocqueville [1]', CW, xviii, 63, JSM, 'Civilization', ibid., 123 を参照のこと．
115) JSM, PPE, CW, iii, 766.

なく，共同体の大義」を目的としているアソシエーションは人民の状態の改善に資するものであるというのがミルの考えであった[117]．ミルによれば，「……利益によって結びついているアソシエーション」は，「公共精神，寛容な感情，真の正義や平等」という「卓越性」を育む「学校」であった[118]．彼の言う自立の理論は，個々人が孤立した存在となるべきことを志向するものではなかった．むしろ，人類が進歩することは「他の人なしにやっていけるような境遇に人々を置くのではなく，彼らが従属というような関係におちいることなしに他の人と，そして他の人のために，働くことができるようにすること」であった[119]．

　これまで実践されてきた第一のアソシエーションは，労働者と資本家のあいだでのアソシエーションであり，そこではどのような形であっても仕事に貢献するすべての人は，それぞれの貢献の度合いに従って，共同体の利益を受け取ることができるとされていた[120]．人間が今後も進歩しつづけることができれば，このアソシエーションは労働者同士のアソシエーションにとって代わられるというのがミルの考えであった．このアソシエーションでは，「平等という条件のもと，自分たちで管理する資本を共同で所有し，自分たちで選出した解任可能な監督者のもとで仕事をする」こととされた[121]．彼は，自分の財産を最大化したいという動機によって人間の行為がかなりの程度引きおこされているような現在の社会状態においては社会主義や共産主義のような社会制度は成功しないということを否定することはなかったが，人間の性格が大きく改善された時にはこのような制度が実現可能になるという希望を持ちつづけた．

---

116) Ibid., ii, 205.
117) Ibid., iii, 783.
118) Ibid., 768.
119) Ibid. cf. JSM, 'Civilization', CW, xviii, 122：「文明の進歩の指標として，協力する力の進歩以上に正確なものはない．」
120) JSM, PPE, CW, iii, 769–775.
121) Ibid., 775.

5——おわりに

『自伝』によれば,『経済学原理』は「『論理学体系』にくらべてはるかに短い時間で執筆された」. 実際に,『経済学原理』の執筆は 1845 年の秋に開始され,「1847 年末までには印刷へまわす準備が整って」いたから,執筆には 2 年程度しかかかっていなかった[122]. しかし, 1846 年秋に深刻な飢饉がアイルランドを襲わなかったならば,『経済学原理』はさらに早く出版されていたかもしれない. この飢饉をきっかけに起こったアイルランド土地問題についての論争に関与するために, ミルは『経済学原理』の執筆を中断し, 1846 年 10 月から 1847 年 1 月までのあいだ, アイルランド土地制度についての計 43 編の論説を『モーニング・クロニクル』に発表した. アイルランド土地問題に関する一連の論説は『経済学原理』における「社会哲学」的な議論のテストケースというべきものであり, 過去 20 年間に彼が発展させてきた政治・社会・経済理論を道徳的見解とも結びつけつつ同時代の重要な社会問題に適用する試みであった. 次章では, 1846 年のアイルランドにおける大飢饉のさいにアイルランドの土地制度をめぐっておこなわれた論争に対するミルのコミットメントを検討する.

---

[122] JSM, *Autobiography*, CW, i, 243. ミルは 1844 年半ばまでには, 経済学に関する著作を執筆する構想を抱くようになっていた (JSM à Auguste Comte, 3 avril 1844, CW, xiii, 626 [Haac (1995) 228]; JSM to John Sterling, 29 May 1844, CW, xiii, 630).

第9章

アイルランド土地問題の政治学*

> 人類の歴史においてアイルランドの歴史以上に教訓めいたものはない[1].

1——はじめに

1840年代半ばにジャガイモの不作をきっかけにアイルランドを大飢饉が襲った. ブリテン政府による抑圧的政策もあって「アイルランド問題」と総称されるさまざまな問題を抱えていたアイルランドは[2], この「ジャガイモ飢饉」によって社会崩壊の危機に直面することになった. この飢饉が起きる直前の1844年, ベンジャミン・ディズレーリは下院においてアイルランド問題について次のように述べていた.

> 飢餓に苦しむ人民, 不在貴族, 外国の教会, さらに世界でもっとも脆弱な行政部がある. それがアイルランド問題である. ……イングランドとの結びつきがアイルランドの現在の状態の原因となっている. イングランドとの結びつきによって革命が妨げられていて, 革命が唯一の解決策であるとするならば, 論理的には, イングランドはアイルランドのあらゆる苦難の原因という忌まわしい立場にいることになる. ……これこそがアイルランド問題の本質である[3].

---

*本章はKawana (2010) に加筆修正したものである.
1) Mill, James (1813, Ireland) 341.
2) アイルランド問題については, たとえば, 上野 (1974; 1976) を参照のこと.
3) Hansard, 3rd ser., lxxii, 1016 (16 February 1844).

土地制度に関わる問題はイングランドとアイルランドの関係において中心的な政治的・経済的論点となっていたものであり，アイルランド問題のなかでも大きな位置をしめる問題と考えられていた．それゆえ，アイルランド問題を解決するためには土地問題を解決することが不可欠であるとみなされた[4]．

　アイルランドで大飢饉が発生した時に『経済学原理』の執筆の最中だったJ・S・ミルは，その作業を中断してアイルランド土地問題についての論考を執筆することに労力を割くようになった．『モーニング・クロニクル』に掲載された一連の論考でミルが論じた主題が経済的なものであり，その議論が経済学の知識にもとづいて展開されていたこともあって，ミルのアイルランド土地問題論はこれまで主に経済学研究者の関心を集めてきた[5]．しかし，ここまでの議論を踏まえて，これらの論考を経済学という観点からのみだけでなく社会の科学という観点から検討することにも意義があると思われる[6]．本章では，このような関心から，ジャガイモ飢饉の際になされたミルのアイルランド土地問題に関する議論を検討する．最初に，19世紀初頭の知識人・政治家たちがアイルランド問題をどのように把握していたか，そしてアイルランド国民性をどのように理解していたかを検討する[7]．とりわけ経済学者はアイルランド問題に強い関心を寄せており，彼らの「科学的」議論は問題の経済的側面を分析する際に特に重要なものであった．当時の多くの経済学者が提案した改善策はイングランド資本の導入を通じたアイルランド農業の資本主義化であった．そして，これは1840年代半ばのミルが厳しく批判したものであった．

---

4) Gray (1999) 1–7.
5) たとえば，Black (1960), Martin (1981) などを参照のこと．
6) Zastoupil (1983), Carlisle (1991), Kinzer (2001) は，ミルのアイルランド土地問題に関する議論においてエソロジカル（性格学的）な関心がもっていた重要性を強調している．
7) ここで「アイルランド国民性」とは，社会的な観点からみたアイルランドの小作農の集合的特徴についてのものであり，その大部分がカトリック教徒であったことが自体をより複雑にしていたという事実については基本的には考慮の対象とはしていない．

本章の後半では，アイルランドの現状についてのミルの見解と，アイルランド土地問題に対してミルが提案した解決策を検討する．彼はこの問題を経済的な観点からだけではなく，むしろエソロジカルともいうべき観点からも考察していた．彼の関心は，土地制度を含めた人為的な社会制度がいかにして国民性の形成に寄与することができるかという点にあった．この節の議論は，彼のアイルランドについての分析と提案が1830年代から1840年代前半までに徐々に形成されてきた彼の社会理論に基礎づけられたものであることを明らかにできるだろう．たとえば，1840年代初頭のミルは商業社会のなかでゆきすぎた商業精神に対抗することのできる勢力として農業階級に対して期待をするようになり，そのような対抗勢力としての農業階級を存立させるためには人為的な手段が必要であることを強調するようになっていたが，彼のアイルランド土地問題についての議論にはこのような農業階級についての見解も反映されている．

2──アイルランド問題とアイルランドの国民性

エリザベス1世時代のアルスター地方への植民から，1604年のジェイムズ1世による征服，17世紀半ばのクロムウェルによるアイルランド侵攻（1649–1653年），アイルランド土地処分法 Act for the Settlement of Ireland（1652年）や土地処分法 Act of Settlement（1662年）の施行などを経て，17世紀末までにはイングランドによるアイルランドのカトリックからの土地収奪がほぼ達成された．このような歴史的背景によって，イングランドの地主がアイルランドの土地を支配していたなかで，特にナポレオン戦争後，アイルランドからイングランドへの穀物や畜産物の輸出が増大し，アイルランドは食料供給地としてイングランド市場に組み込まれることになった．しかし，アイルランド産業が牧畜へ傾斜していくなかで，1830年代になるとアイルランドからイングランドへの小麦輸出は減少していき，1846年の穀物法廃止以降，牧畜への転換はさらにすすんでいくことになった．このような産業構造の変化は耕作地からの農民の強制排出をと

もない，過剰人口の要因のひとつとなった．

また，工業に関しても，アイルランドはイングランドに従属しており，イングランドは自国の産業と競合する製品の輸出制限をおこない，麻やリネンなどの競合関係にない産業のみを奨励していた．1801年のイングランドとアイルランドの合邦以降，いわゆるグラタン議会期（1782–1800年）に行われていたアイルランドの保護貿易政策が修正され，対イングランド保護関税が引き下げられることによって，イングランドの産業資本と競合していたアイルランドの綿産業は衰退し麻産業に転換しつつあったが，それは限定的であったために労働力の吸収の余地はかぎられ，労働者は農村に停滞したまま過剰になっていた[8]．

17世紀後半から18世紀初頭にかけて制定された一連の反カトリック法は18世紀末から19世紀初頭に徐々に廃止されていったが，このことがイングランドあるいはアイルランドのプロテスタントによる土地占有および権力独占の状態の解消に結びつくことはなかった．また，1801年のブリテンとアイルランドの合邦によって，ブリテンの政府と議会がアイルランドの状態に対して直接的な責任を負うようになったが，ブリテン側がその状態の改善に意を注ぐようになったわけではなく，イングランドとアイルランドのあいだの経済的・社会的格差は合邦後により深刻になってさえいた．ブリテン政府の失政によってアイルランドは社会不安に対してそれまで以上に脆弱な状態になり，それにともなって，アイルランドの現状はブリテン側にとっても政治的・軍事的観点から見て深刻な懸念材料となっていた．また，このような懸念の深まりとともに，アイルランドにおいて社会不安をもたらす農業や産業の停滞などのような社会的・経済的状態の悪化に対してブリテンの政治家や知識人の注意が徐々に向けられるようになった[9]．

アイルランドの国民性が論じられるときに問題となっていたのは，それが歴史的要因によって後天的に形成されたものなのか，それとも生得的な

---

8) 村上（1999）97–98を参照のこと．
9) この点については，Mokyr（1985），Gray（1999）を参照のこと．

ものなのかという問題，いいかえれば，国民性に関する環境決定論と生物学的決定論のあいだの対立であった．そして，19世紀初頭における環境決定論的国民性形成論の源流のひとつは18世紀後半のスコットランドにおける哲学的歴史の伝統にあった．

　1803年に出版されたジョン・ミラーの『イングランド統治史論』第3版は「アイルランド統治の概観 Review of the Government of Ireland」と題された章を含んでいたが[10]，そこでの議論は環境決定論に彩られていた．ミラーは「平均的な」アイルランド人の性格は経済的・社会的発展にとって必要な資質とは相容れないものであり，アイルランド人は生まれつき「その他の国の粗野な住人たち以上にひどい野蛮さと凶暴性によって汚されている」という，当時の多くの思想家によって支持されていた見解に反対していた．アイルランド人の習俗は「技芸や文明が発展する以前のあらゆる国の住人に見出される傾向や特徴と著しい類似性を示している」．そして，アイルランド人の国民性はかなりの程度，歴代のイングランド政府によってなされてきた「不当な行為」の産物であった[11]．

　国民性の形成における統治制度の重要性については，『エディンバラ・レヴュー』の寄稿者の多くもミラーの議論にしたがっていた．たとえば，フランシス・ジェフリーはミラーの『イングランド統治史論』の書評のなかで，ミラーの議論を敷衍していたし，ジェイムズ・ミルもアイルランドの国民性に関するミラーの議論を是認していた[12]．エディンバラ・レヴューアーはしばしば，アイルランドの国民性の好ましくない側面はかなりの程

---

10) Millar (1803) iv, 1–68 [Millar (2006) 669–698]．同書の初版は1787年に刊行されている．
11) Ibid., 7, 8–9, 9 [672, 672–673, 673]．重要なことに，ミラーはアイルランドの国民性の形成において宗教的要因が果たした役割を（無視していたわけではなかったが）それほど強調していなかった．
12) Jeffrey (1803 b); Mill, James (1813, Ireland).『エディンバラ・レヴュー』では一般的に，国民性の形成に対する統治制度の影響の大きさが強調されていた (e.g. Anon. (1806) 301; Playfair (1807) 194; Mill, James and Miranda (1809) 281; Anon. (1814) 238; Mill, James (1813, Ireland) 344). Clive (1957) 178–179も参照のこと．

度，イングランドによる圧政の結果であり，生得的な（したがって改善不可能な）ものではないという主張をおこなっていた．たとえば，ジェイムズ・マッキントッシュはイングランドによる圧政が「技能や勤勉さ，希望，誇り」をアイルランドのカトリックから奪いさってしまったという指摘をしていた[13]．これらの議論について重要なのは，エディンバラ・レヴュアーの多くがアイルランド問題における宗教的要因（カトリックの抑圧）に十分な注意を向けていたものの[14]，その問題を本質的には宗教的なものではなく，社会的・経済的なものとみなしていたということである．1829年のカトリック解放法によって公的にはカトリックに対する差別は解消されたが，このことはアイルランド人民の社会的・経済的状態の改善にはほとんど寄与しなかったし，アイルランド問題の本質を宗教的なものとはみなさない傾向をさらに助長したように思われる．このようななかで，宗教的・宿命論的な見解を批判していた，経済学の理論にもとづいた「科学的な」分析が，政治家・知識人がアイルランド問題の本質を理解するための視角を提供するものであると考えられるようになった．

アイルランド経済については，地理的，政治的，社会的，制度的，民族的，人口的なものなど，さまざまな側面に着目しながら，多くの特徴・原因が指摘されてきているが[15]，アイルランド経済の停滞についてもっとも影響力のあった議論のひとつは，その入札小作制度にその原因を帰すものであった．実際に，土地問題は19世紀初頭以来，アイルランド問題をめぐる論争のなかで中心的な位置を占めていた．この見解によれば，アイルランドにおいては小作人の土地保有の不安定さが農地への投資の停滞を招き，それが農業収入の低迷をもたらしていた．このような見解は19世紀前半には経済学者だけでなく，アイルランドへの旅行者，政府関係者，農業改革論者などによっても主張され，広く共有されていた仮説のひとつで

---

13) Mackintosh (1812) 352.
14) たとえば，Smith (1820) を参照のこと．
15) Mokyr (1985) 2–5.

第 9 章 アイルランド土地問題の政治学　　285

あり，1840 年代の大飢饉以降のブリテンのアイルランド政策に重大な影響をあたえることにもなった[16]．

　19 世紀初頭のブリテンの知識人，とりわけ経済学者のあいだでは，アイルランドの悲惨な現状はかなりの程度，その非生産的な農業に起因していると考える点で一定のコンセンサスがあった．1808 年と 1809 年にマルサスはアイルランドの人口の急速な増加について考察していたが[17]，彼の考えでは，アイルランドにおける過剰人口は，18 世紀中に急速に普及したジャガイモ栽培によってジャガイモがアイルランドにおいて主食となっていたことが原因であり，それはイングランドの圧政に起因するものであった[18]．このような状況に対して彼が提案した解決策は，「反カトリック法を廃止することと統治体制を改善すること」であった[19]．アイルランドでは過剰人口が地代の高騰化をもたらし，そのことが借地人に過度な負担を与えているとされ，土地制度こそが生存すら危うい水準の貧民の数を増大させてしまっている諸悪の根源であると指摘された[20]．にもかかわらず，彼は，経済発展とそれにともなう社会状態の改善は，「〔既存の土地所有に関する〕制度を保持しつつ，アイルランド農業を資本主義的な混合農業に適応させていくことによって」達成することができると考えていた[21]．それゆえ彼は，細分化されていた借地を合併し，小作人を賃金労働者へと変えることで，性急な結婚と，それに伴う急速な人口増加を抑止することを主張した．さらに，彼はアイルランド経済が現状ではその人口を支えきれていないと考え，製造業を発展させて，それによって産業間での

---

16) Ibid., 81–111.
17) Malthus（1808；1809）.
18) ただし，上野（1974）160 によれば，第二次世界大戦後の研究によって，このような認識には史的な根拠が薄いことが今では明らかになっており，また，アイルランドの人口が 18 世紀に急激に増加したという認識自体も誤りであるとされるようになっているという．
19) Malthus（1808）354.
20) Ibid., 339–341. マルサスは，アイルランドにおける急速な人口増加を「賢明な制度」と「労働需要の増加」の結果であるという議論をおこなっているとしてヒュームやスミスを批判していた（Ibid., 339）．
21) Black（1960）86.

労働者の配置転換をおこなうことの必要性を主張していた．1810年代半ばまでには，マルサスの考えの多くがブリテンの経済学者のあいだで受け入れられるようになっていたといわれている[22]．

マルサスによる人口の原理とリカードの資本蓄積論・地代論に依拠しつつ，多くのブリテンの経済学者が土地の過度な細分化は望ましくないものであるという見解をしめしていた．1819年にJ・R・マカロックは「小作制度」と題された論考を『ブリテン百科事典補遺』に発表していたが，そこでは「小規模農地賃貸と土地の細分化」が人民の状態の改善に資するという考えに疑問を呈していた[23]．そのような土地の利用の仕方は経済学上の知見に反するものであった．土地の細分化は，一方では資本の蓄積と分業の促進を阻害し，他方では怠惰な余剰人口をもたらしてしまうものであり，経済学の観点からみて望ましくないものであった．彼はこのような見解を裏付ける実例としてアイルランドとフランスの事例に言及し，自らと見解を同じくする経済学者としてリカードのほか，アーサー・ヤングやエドワード・ウェイクフィールドなどの名を挙げていた[24]．

1820年代になると，アイルランドにおける穀物生産が徐々に回復したこともあって，農業生産性の向上が人口の増加を上回る割合で進んでいくことが期待されるようになっていた．しかし，経済学者の多くはこのような改善は農業の構造変化がないかぎり持続不可能なものであるとも考えていた．したがって，彼らは農地に対する資本投下による構造変化の重要性を強調していた．とりわけ，アイルランドで普及していた入札小作制を一掃する土地所有の再編成が重視されたが，それは大規模資本を導入した農業が規模の経済性の観点から効率的であると考えられたからであった．したがって，イングランド資本の導入によるアイルランド農業の「イングラ

---

[22] Semmel (1963) 8.
[23] McCulloch (1819) 378.
[24] ただし，リカードは小規模農業に関してはマカロックと同じような見解をしめしていたが，アイルランドの悲惨な現状は大部分，イングランド政府およびその庇護下にあったプロテスタント特権地主階級の悪政に起因すると考えていた (e.g. David Ricardo to Hutches Trower, 24 July 1823, Ricardo, ix, 314)．

ンド化」こそが，当時の経済学者の多くにとって構想の中心となるものであった．このイングランド化にとって重要なのは，地主，資本主義的農業経営者，賃金労働者の三者による分業体制をアイルランド農業に導入することであった．

多くのブリテンの経済学者は土地の改良はその土地を所有している地主の責務であると考えていたが，それは伝統的な父権的役割の認識と資本主義的動機が結びついたものであった．このような見地から彼らは，アイルランドの地主が近代的な資本主義的な改良を施すことに積極的な役割を果たしていないとして批判していた．彼らの考えでは，少ない生産に比して過剰な人口が存在しているために，さらなる雇用をもたらしうる富の増大や資本蓄積が不可能になり，そのことがさらに人民の状態を悪化させるという悪循環に陥っているというのがアイルランドの現状であった．イングランドからアイルランドを旅行したヘンリー・ディヴィッド・イングリスが述べていたように，「雇用不足がきわめて深刻に広まっているような場合，農業以外の仕事につくことができない人は地代がいくらであってもそれを払うことに同意することになるだろう[25]」．この問題に関して経済学者の多くが主張したのは，地主が自らの所有地をより効率的に利用するための責務を果たすことであった．すなわち，細分化されている農地をまとめあげた上で，そこに大規模な資本投下を行うことによって高い収益を確保できるようにすることであった．したがって，アイルランドの状態を改善するために必要なのは地主の改良に対する意欲であった．この意味で，彼らが不在地主に対して批判をおこなったのは，不在地主の存在が経済的効率性と相容れないと考えられたからというよりも，地主が果たすべきだと考えられていた父権的役割を放棄するものと理解されたからであった[26]．

イタリアの政治家カミッロ・カヴールは1835年にロンドンを訪れた際

---

25) Inglis (1835) i, 64.
26) Bull (1996) 5–26.

に，シーニアとトクヴィル，ボーモンが土地財産について論じあうのを目撃し，その様子を書き残している．

> 私はシーニア氏がトクヴィル氏とボーモン氏と一緒に不動産の分割という重大な問題について議論しながら庭を歩いているのを見かけた．意外だったのは，急進派イングランド人〔シーニア〕が大規模土地所有制度を支持し，正統派フランス人〔トクヴィル〕が小規模土地所有制度を支持していたことであった．シーニア氏は小規模土地所有者は安全でも安楽でもないと考え，大土地所有者に雇われて災害や気候不順について心配することがない方がよいと考えていた．トクヴィル氏は彼の議論に対して精神的および物質的な根拠の両方に基づいてきわめてたくみに反論していた[27]．

概してトクヴィルは社会的・政治的慣習の形成において土地所有がもつ重要性を強調しており，『アメリカのデモクラシー』においても土地所有の様式がいかに社会のあり方に影響を与えるかを検討していた．彼の考えでは，相続に関する法規は「信じられないほどの影響力を人民の置かれている社会状態に対してもって」おり，法律によって土地財産が等しく分割されることが求められているところでは権力は分散され，このような広範な土地財産の分割は民主主義の基盤となるものであった[28]．ミルの依頼で『ロンドン・アンド・ウェストミンスター・レヴュー』に寄せた論考において，トクヴィルは「土地が小さい独立した所有者に分割されること以上に，民主主義的統治にとって好ましいものはない」と述べていた[29]．

トクヴィルとボーモンは1835年7月から8月にかけてアイルランドを訪れている．さらにボーモンは1837年夏にも，アイルランドに関する著作の準備のためにアイルランドを旅行しており，その成果はボーモンが1839年に公刊した『アイルランドの社会，政治，宗教』にもりこまれた[30]．ボーモンは親イングランド的心情をもち，ブリテンのアイルランド

---

27) Whyte (1925) 122, quoted in Martin (1981) 16.
28) Tocqueville, DA [1], 52–53 [Tocqueville (1994) 51–52].
29) Tocqueville (1836) 155. トクヴィルはこの論考をフランス語で執筆しており，掲載に際して英語に訳したのはミルであった．

政策の弁護論を展開している箇所も多かったが，それでもアイルランドの悲惨な現状はかなりの程度，ブリテンによる抑圧の結果であると結論づけざるを得なかった．

　ボーモンは著作の冒頭で次のように述べていた．「1169年の侵攻から前世紀〔18世紀〕末までのアイルランドにおけるイングランドの支配は専制以外の何ものでもなかった[31]」．イングランドからの支配者がアイルランドの土地を収奪し，封建的恩恵としてその土地を自らの家臣に分け与えたことによって，それまでアイルランドに存在していた貴族階級や中産階級の成長のために必要な商業的・領土的基盤がアイルランド人から奪われ，その結果として，アイルランドにおける自律的な社会の成立が妨げられることになった．彼の考えでは，アイルランドの人民は，商業を発展させ，自由や共同体的一体感を醸成する環境を作りだすことができず，強力に結びつくことができてこなかった．アイルランドの歴史と現状を考察するなかで，ボーモンはその土地制度に関心を向け，アイルランドの農業および社会全般の状態を改善するための方策として自作農 peasant proprietorship を支持するようになった．彼の考えでは，アイルランドの経済は，利益と資本をイングランドに持ちだしてしまう裕福な土地所有者と，悲惨な状態で生存している貧窮化した小作人に分断されていた．このような状況を改善するためには，自作農が有効であると考えられた．ここで注意が払われるべきなのは，ボーモンのアイルランド土地制度に関する関心が経済的観点からではなく政治的観点からのものであったということである．彼の関心は，土地所有が住んでいる場所への愛着，自由の感情，アイデンティティの形成などとどのように関係するのかという点にあった．彼の考えでは，自由な経済活動がおこなわれている場合には小規模・中規模な土地所有からも富を得ることが可能であった．そして，このような規模の土地所

---

30) Beaumont (1839 a)［Beaumont (1839 b, 2006)］．ミルはボーモンに宛てた書簡のなかでこの著作を高く評価していた（JSM to Gustave de Beaumont, 18 October 1839, CW, xvii, 1990–1992）．

31) Beaumont (1839a) i, 1［Beaumont (2006) 5］．

有は中産階級によるものとなるだろうし，自由と独立の意識が現れてくるのはこの階級からであるというのが彼の考えであった．

　ボーモンをふくめたヨーロッパ大陸の知識人は，補完的なものであっても批判的なものであっても，ミルにブリテンの思想家の議論とは違った見方をもたらすことになった．たとえば，ジュネーヴ人経済学者J・C・L・シスモンディは，ブリテンの経済学者の大方の見解とは異なって，大陸にみられる自作農の利点を指摘していた[32]．また，プロイセンの歴史家フリードリヒ・フォン・ラウマーは，プロイセンでは小規模農業がきわめて好ましい効果を生んでいることを指摘し，同様の制度をアイルランドにも導入することを提案していた[33]．このような大陸の知識人と並んで，大陸諸国を訪ねその実情を実見したブリテン知識人の見解もブリテンでの論争に寄与していた．そのような知識人のうちでミルがその認識を高く評価した一人がサミュエル・レインであった[34]．1842年に出版された『一旅行者の覚書』(1842年)でレインは，ブリテンの経済学者の多くによって抱かれていた，土地の広範な分割は社会の発展にとって好ましくないという見解を批判した．彼によれば，アーサー・ヤングやマカロックなどの経済学者は「狭隘で局所的な見方と偏見」にとらわれていた[35]．彼は自らのさまざまな大陸諸国の現状の観察にもとづいて，土地の分割と自作農によって過剰人口を抑制することができると主張した．そのような制度のもとでは，小作人は家族を養うのに十分な土地を相続したり購入したりするまでは結婚を遅らせるようになるからであった．さらに，彼は小規模農民が勤勉に自らの土地を耕作していることを指摘した[36]．彼によれば，イングランドの労働者階級が資本主義の発展に伴ってますます窮乏化しているのに

---

32) Sismondi (1827 ; 1837–38). シスモンディについてのミルのコメントは，たとえば，JSM, 'Ireland [30]' (11 December 1846), CW, xxiv, 988–891 を参照のこと．
33) Raumer (1836). ミルによるラウマーへの言及は，JSM to Sarah Austin, 9 January 1836, CW, xii, 292 を参照のこと．なお，サラ・オースティンはラウマーの『1835年のイングランド』の英訳をおこなっていた (Raumer 1835 a ; 1835 b)．
34) JSM to Sarah Austin, 26 February 1844, CW, xiii, 622 を参照のこと．
35) Laing (1842) 36.
36) Ibid., 49.

第9章　アイルランド土地問題の政治学　　291

対して，フランスは「まさにこの土地の分割という制度」のもとで人民の状態を改善し続けていた[37]．

　自作農の利点を指摘し，ミルの関心をひいていた著作には，ヘンリー・ディヴィッド・イングリス『スイス，南フランス，ピレネー』(1831年)やウィリアム・ホウィット『ドイツの農村家庭生活』(1842年)，ジョージ・プーレット・スクロープ『アイルランドはいかに統治されるべきか』(初版1834年；第2版1846年)などがあった[38]．このうち，スクロープの著作は荒蕪地の開墾という，ミルが後に支持することになる提案をふくんでいた[39]．これらに加えて，1840年代には，東インド会社におけるミルの同僚でもあったウィリアム・トマス・ソーントンが『過剰人口とその解決策』(1846年)と『自作農の擁護』(1848年)という二つの著作を公刊している．これらの著作で，ソーントンは，マカロックの見解を批判しながら，土地の分割とアイルランド人小作農による荒蕪地の開墾を強く主張した．

　ところで，ソーントンの著作に関連して，ベインは次のように指摘している．「彼〔ミル〕に自作農に関する問題について注意を最初に促したのは，彼の友人のW・J・[sic]ソーントンであったと私は思っている．ソーントンの『自作農の擁護』は〔ミルの〕『経済学原理』に先立って公刊されており，ミルはそれが印刷に回される際にその校正刷りを読んでいた」[40]．ミル自身は『モーニング・クロニクル』へ掲載された論考においてソーントンの著作に影響を受けたことを記していたが[41]，キンザーが明らかにしたように，この時にミルがソーントンの著作として念頭に置いていたのは『擁護』ではなく『過剰人口』のほうであった[42]．ソーントンの『擁護』

---

37) Ibid., 53.
38) Inglis (1831); Howitt (1842); Scrope (1846).
39) にもかかわらず，スクロープはミルの標的のひとりであった．たとえば，1846年10月31日に『モーニング・クロニクル』に掲載された論考のなかでミルは救貧法に関するスクロープの議論を批判していた (JSM, 'Poulett Scrope on the Poor Laws' (31 October 1846), CW, xxiv, 923–926).
40) Bain (1882 b) 86.
41) JSM, 'Ireland [10]' (23 October 1846), CW, xxiv, 911.

はミルが『モーニング・クロニクル』での連載を執筆しているときにはまだ書かれていなかったのに対して，『過剰人口』はすでに 1845 年 12 月までに書き終えられ，ソーントンはそれが刊行された際には一冊を 1846 年の早い段階でミルに贈っていた．

ただし，このことはソーントンの『過剰人口』が，ミルが自作農を擁護するようになるのに決定的な役割を果たしたということを意味してはいないだろう．むしろ，それはミルの確信を強化する役割を果たしたものであった．上述したように，19 世紀初頭には，土地の細分化をもたらす自作農制は分業や規模の経済性などのようなメリットを享受することができず経済的に非効率なものとして，経済学者によってしばしば否定的にとらえられており，1820 から 1830 年代のミルもこのような経済学的観点からの見解を共有していた[43]．しかし，大陸およびブリテンの知識人による，大陸諸国における土地所有制度を論じた著作群から学ぶなかで[44]，ミルはある社会状態のもとでは自作農が経済効率を達成し過剰人口対策としても有用であるという認識をもつようになっていた[45]．上述してきた著作はいずれも，ミルが自作農の利点を認識する手助けとなったと思われるものであった[46]．

3—J・S・ミルとアイルランド土地問題

ミルのアイルランド問題への関心は 40 年以上にわたるものであり，彼

---

42) Kinzer (2001) 55–56.
43) Dewey (1974) 17–19 ; Kinzer (2001) 53 ; JSM, 'Ireland' (February 1826), CW, vi, 59–98.
44) Kinzer (2001) 56 によれば，土地制度論に関して，「アイルランドの状態」や『経済学原理』に引用されている文献には以下のものが含まれている．Thornton (1846) ; Howitt (1842) ; Inglis (1831) ; Laing (1836 ; 1842) ; Sismondi (1827 ; 1837–38).
45) JSM, 'Ireland [26]' (3 December 1846), CW, xxiv, 977. アイルランド飢饉に先立って『エディンバラ・レヴュー』1845 年 4 月号に発表された「労働者の主張」においても，ミルは農業労働者による土地所有が過剰人口の抑止になるという議論をおこなっていた（JSM, 'The Claims of Labour', CW, iv, 389）．

はその問題のさまざまな側面を論じていた[47]．1840年代半ばの大飢饉の際の土地問題をめぐる論争への関与は，そのなかでもとりわけ重要なものであった．彼は1845年に『経済学原理』の執筆を開始していたが，アイルランドにおける大飢饉が深刻化し，それをきっかけとしてアイルランドの土地問題をめぐる論争が巻き起こると，この論争をこれまで彫琢してきた社会理論を提示する緊急かつ絶好の機会であると考え，『経済学原理』執筆の作業を中断して，この論争へ積極的に関与することになった．こうして，彼は1846年10月5日から1847年1月7日にかけて，「アイルランドの状態 The Condition of Ireland」と題された計43編の論考を『モーニング・クロニクル』に発表することになった[48]．

アイルランド史上，「大飢饉 The Great Famine」と呼ばれる大規模な飢饉をひきおこすことになるジャガイモの病害が最初にアイルランドで報告されたのは1845年9月であった[49]．イングランドやスコットランド，さらにはその他のヨーロッパ諸国でもこの病害が発生したにもかかわらずアイルランドにおいてのみ深刻な飢饉をもたらした原因は，上述したように，アイルランドでは18世紀に急速に普及したジャガイモ栽培によってジャ

---

46) ミルの東インド会社社員としてインド統治行政へ携わった経験が彼の政治思想の発展にどの程度影響があったかを検討するなかで，Zastoupil（1994）184は「アイルランドの飢饉に対するミルの対応策はインドにおける歳入問題について彼がもっていた知識によって方向づけられていた」と述べている．Ibid., 131–132, 170も参照のこと．『経済学原理』において，ミルはアイルランドにおいて普及していた入札小作制を取りあげた章のなかで，アイルランドにおける入札小作制とインドの小作制のふたつを比較することから「何らかの示唆を受けること」があるだろうと述べて，インドの土地制度を検討している（JSM, PPE, CW, ii, 319–320）．その際に，ミルは「哲学的インド史家」としてのジェイムズ・ミルの業績に言及している（Ibid., 321）．ジェイムズ・ミルのインド土地制度論については，Stokes（1959）81–139を参照のこと．

47) アイルランドについての彼の最初の論考は，1826年2月に発表された，カトリック問題を論じたものであった（JSM, 'Ireland', CW, vi, 59–98）．また，彼が最後にアイルランド問題について見解を表明したのは，1868年3月12日に，アイルランド人政治家ジョン・フランシス・マグワイアによる動議に関して議会でなされた演説においてであったが（JSM, 'The State of Ireland', CW, xxviii, 247–261），その前月には『イングランドとアイルランド』を公刊している（JSM, *England and Ireland*, CW, vi, 505–532）．ミルのアイルランド問題への関わりの包括的な分析は，Kinzer（2001）を参照のこと．

ガイモが主食となっていたこと[50]，クロムウェルによる侵攻以降，実質的にイングランドの植民地化していたアイルランドの産業構造によって過剰人口の問題が深刻化していたことなどであった．この大飢饉はアイルランドの既存の社会制度がもはや機能していないことをはっきりと示し，その大規模かつ全面的な改革の必要性を明らかにした．別の言い方をすれば，既存の制度を厳しく批判する人々によってこれまで主張されてきた急進的改革の実現可能性が高まってきたのであった．ミルは『自伝』において，この時期について次のように回顧している．

> この2年余りのあいだ〔『経済学原理』を執筆していた1845年秋から1847年末までのあいだ〕に私は6ヶ月間その仕事を中断して，アイルランドの荒蕪地に自作農を創出することを主張した論説を『モーニング・クロニクル』に執筆した（同誌は思いもかけず，私の意向を快く受け入れてくれた）．それは，1846から47年にかけての冬の飢饉のあいだであったが，その時の深刻な困窮は，当座の困窮を軽減することとアイルランド人民の社会的・経済的状態を恒久的に改善することを結びつける唯一の方策と私が思っていたものに注目を集めるための好機をもたらしているように思われた[51]．

---

48) この時期，ミルは「アイルランドの状態」計43編のほかにも，以下のような関連する論説を『モーニング・クロニクル』に発表している．JSM, 'Poulett Scrope on the Poor Laws' (31 October 1846), CW, xxiv, 923–926；'The Quarterly Review on French Agriculture [1–4]' (9–16 January 1847), ibid., 1035–1058；'The Irish Debates in the House of Commons' (5 February 1847), ibid., 1058–1062；'The Proposed Irish Poor Law [1–2]' (17 and 19 March 1847), ibid., 1066–1072；'Emigration from Ireland' (7 April, 1847), ibid., 1075–1078．なお，「アイルランドの状態」が連載されたのは約4ヶ月間であったが，その後，3月と4月にもアイルランドについての論説を『モーニング・クロニクル』に発表しているので（JSM, 'The proposed Irish Poor Law [1]' (17 March 1847)；'The Proposed Irish Poor Law [2]' (19 March 1847)；'Emigration from Ireland' (7 April 1847)），『自伝』でミルが「6ヶ月間」と言っているのはこれらも含めて言っているのか，あるいは，飢饉が発生してから「アイルランドの状態」の連載を始めるまでの準備の期間を含めていっているのかははっきりしない．
49) この飢饉については，村上（1999）93–101を参照のこと．
50) また，アイルランドでは，収穫量の多い品種に偏ってジャガイモが栽培されていたために遺伝的多様性が少なく病害が広まりやすかったことも指摘されている．

上述の背景とともにアイルランドで飢饉を深刻化させる要因となったのは，ミルの考えでは，入札小作制度 cottier-tenant system, cottier system と呼ばれる，アイルランドに広く普及していた借地制度であった．この制度は，ミルによれば，「土地の生産物がふたつの分配者——一方は地主，他方は労働者——に配分され，労働者間の競争が割り当てを決定する原理となっているようなものと考えることができるだろう」[52]．たしかに，ミルも認めるように，この制度自体が必然的に農業階級の窮乏をもたらすわけではなかった．しかし，アイルランドにおいては上述のような状況，すなわち，過剰人口が存在し，農業以外の産業がその過剰人口を吸収できていないという状況があり[53]，またイングランドの地主の支配下にあって入札小作人の立場がきわめて弱いという事情があったために，この制度はきわめて悲惨な結果をもたらすことになった．つまり，この時期のアイルランドでは過剰人口が農地の細分化と地代の高騰をもたらし，農業労働者は自らはジャガイモを主食としつつイングランドへ生産した穀物を輸出するという状況に陥っており，このような状況下で発生したジャガイモの不作がアイルランドに大規模な飢饉をもたらすことになった．

　ミルの考えでは，入札小作制は「アイルランドにおける主要な経済的弊害」であり「道徳的弊害」をもたらすものであった[54]．この制度は小作人を経済的に困窮させていただけでなく，法への不信をもたらし，勤勉さや

---

51) JSM, *Autobiography*, CW, i, 243. ミルは「〔『モーニング・クロニクル』は〕思いもかけず，私の意向を快く受け入れてくれた」と記していたが，このことは実際にはミルが考えていたほど意外なことではなかったように思われる．というのは，同誌はそれまでもミルのさまざまな主題に関する論考を掲載していたし，アイルランド問題に関心をもち，この主題に関わる論考をしばしば掲載していたからである．この点については，Kinzer (2001) 51–52 も参照のこと．
52) JSM, 'Ireland〔3〕', CW, xxiv, 889. cf. JSM, PPE, CW, ii, 313：「ここで私が入札小作制という一般名称で，労働者が農業資本家の介在なしに土地契約を結び，その契約の条件，特に地代の額が，慣習によってではなく競争によって決まる場合をすべて，例外なしに意味することにする．このような借地制度のヨーロッパにおける主要な実例はアイルランドである」．
53) JSM, 'Ireland〔3〕' (10 October 1846), CW, xxiv, 889.
54) Ibid.

積極性などに対する動機づけとなる誘因をことごとく打ち砕いてしまうものであった．土地問題の解決のために彼が提案したのは，以下で論じるように，この制度に代えて自作農制を導入することであったが，彼が自作農制を評価したのは，それがアイルランドの経済的状態だけでなく，道徳的状態も改善することに資すると考えたからであった．

　なお，ここで指摘しておくべきは，ミルは『モーニング・クロニクル』に連載された一連の論考で提案した方策がけっして空想的・非現実的なものだとは考えていなかったということである．アイルランドの状態を改善するためのさまざまな提案がミルの同時代の政治家や知識人によってなされていたが，それらのなかには当時のアイルランドの状況では明らかに実現不可能と思われるものも含まれていた．とりわけ経済学者によって主張され，幅広い支持を集めていた提案のひとつは，資本主義的農地経営による大規模農業を導入し，それに合わせて入札小作人を賃金労働者にするというものであった．しかし，この提案の実現のためには，土地の囲い込み，組織的移民，代替的産業の創出など多くの方策がともなわなければならず，ミルの考えでは，それは不可能なことであった．それに対して，ミルは，自らの提案は明らかに急進的なものではあったけれども理論的にしっかりと基礎づけられていただけでなく，1840年代半ばのアイルランドの状況において実現可能なものであると確信していた[55]．

　ミルは『モーニング・クロニクル』での連載において，アイルランド人民の境遇の改善のための方策として，「アイルランドの荒蕪地での自作農の創出」，すなわち，アイルランドの地主から荒蕪地を強制的に収用し，その土地を小作人に与えて自作農を創出するというものを主張した[56]．こ

---

55) ミルは，「アイルランドの状態」における議論はある特定の事例（1840年代半ばのアイルランド）を対象にしたものであるということにきわめて慎重に注意を払っていたし，『経済学原理』におけるアイルランド論は版改定のたびにそれぞれの状況にあわせて修正が行われている．『経済学原理』の版ごとの議論の変化については，高島（1967），四野宮（1984），Kinzer（2001）87–119などを参照のこと．

の方策を支持する議論を展開する際に，彼はアイルランド飢饉に際して議論されていた，新救貧法の適用，イングランド資本の導入によるアイルランド農業の資本主義化，アイルランド人民のアメリカ，カナダ，オーストラリアなどへの強制的移住，地代の固定化などの方策を取りあげて批判的に検討していた．

1838年にアイルランド救貧法が議会において成立し，ワークハウスへの被救済民の収容や就労可能者の公共事業従事という政策が導入されていたが，ジャガイモ飢饉に際して「就労可能者への院外救済の拡張をともなう救貧法」が主張されるようになっていた[57]．『タイムズ』などが支持の論陣を張っていた（そして，後に実際に政策として実現することになった）新救貧法の適用という方策についてミルは，それが「非常手段であるべきものを常習的なものにしてしまわないように法律が構築しているあらゆる有益な防壁を破壊」してしまうとして，院外救済が道徳的弊害をもたらしてしまうことを批判した[58]．そもそも，ミルは現行の救貧法下での公共事業に対しても批判的であった．1845年に最初に飢饉が発生した時，当時のピール政権は，アメリカから10万ポンド分の穀物を輸入し安価で販売するとともに，公共事業の創出，穀物法の廃止という対策を相次いで打ち出した[59]．これらの対策は当初は十分なものと考えられたが，1846年夏に再び飢饉がアイルランドを襲ったとき，1846年6月30日に発足していたラッセル政権は「自由放任的（レッセフェーレ）」経済政策を志向していたこともあって，十分な対策を取ることなく，問題の解決をアイルランドに委ね，食料の輸入を停止し，雇用を創出する公共事業にイングランドからの援助を限定してしまっていた[60]．しかし，ミルの考えでは，公共事業はアイルランドの農業労働者の状態を改善するものではなかった．彼の考えでは，「この資金

---

56) JSM, *Autobiography*, CW, i, 243.
57) JSM, 'Ireland [1]' (5 October 1846), CW, xxiv, 881.
58) JSM, 'Ireland [2]' (7 October 1846), ibid., 886. この点については，Zastoupil (1983) 709 も参照のこと．
59) Gray (1999) 11–35 ; Bew (2007) 177, 182.
60) Ibid., 186, 188–189.

〔公的資金〕のいくらかを用いてなされることで最善のことは土地所有者の利益のための灌漑やその他の土地改良である．最悪のことは働き口に，つまり役に立たない余計な「公共事業」に浪費すること」であった．しかも，その最善の場合にあっても，「公的資金による灌漑事業は，すでに耕作されている土地にかぎってなされる可能性が高いように思われ，それは利用可能な土地の量を増大させることはなく，生産性を増大させるだけであるから，土地獲得競争の激しさは変わらないままであるし，土地所有者以外の誰も利益を得ないだろう[61]」．

　ミルの考えでは，イングランドやアイルランドの政治家や知識人の多くは，アイルランドの惨状がかなりの程度入札小作制に起因しているということを認識した点では正しかったが，アイルランド農業へのイングランド資本の導入を主張した点で間違っていた．彼の考えでは，イングランド資本の導入によるアイルランド農業の資本主義化には大規模な土地の収奪が必要とされるだけでなく，農業以外の産業において労働者を吸収することができないという現状のなかで農業労働者を農業から排除することになるものであって，非生産的であるとともに非人道的であり，農業労働者の境遇改善に役立たないものであった[62]．彼に言わせれば，

> イングランド式農業の導入とは土地清算システムの別名である．それには，まず国内のある地域の小作農が彼らが占有している土地から追い出され，その土地がまとめて資本家的農業経営者に手渡されるに違いない．そして，資本家的農業経営者が労働者として保持し続ける人の数は彼が追放する数よりもはるかに少ないのである[63]．

したがって，「イングランド人が言う意味での改善，すなわち，資本家的農業経営者のより強力な器具と工程による，アイルランドの方式よりもは

---

61) JSM, 'Ireland [15]' (5 November 1846), CW, xxiv, 932–933. 土地所有者への厳しい批判は，'Ireland [2]' (7 October 1846), ibid., 885 などにも見られる．ミルの議論に見られる反地主的態度については，村上（1999）を参照のこと．
62) JSM, 'Ireland [4]' (13 October 1846), ibid., 893 ff.
63) Ibid., 894.

るかに多くを生産するけれども、その性質からしてきわめて少数の人しか雇用しないような改善」は，過剰人口問題が深刻化しているアイルランドの現状にはふさわしくないというのがミルの見解であった[64].

1840 年に設立された合邦撤回協会 Repeal Association が主張していた地代の固定化という政策について，ミルはアイルランドが抱えていた問題にとって「真の完全な解決策」であり，「怠惰で見境のない人々を勤勉で先見の明をもち慎重な人々」に変えるという道徳的効果をもたらすことも期待できるという好意的な見解を示していたが[65]，現状ではそのような政策は過剰人口を緩和する手段としては有効ではない上に，「ほとんど社会革命に匹敵するような，法的権利の暴力的侵害」であり[66]，土地所有者に対して過度に不当であるとして全面的に支持することはなかった[67]．このような急進的変化を実現させるためには，それに先立ってブリテンの世論がそれを受け入れるようになるような変化がおきることが必要であった．彼の考えでは，このような革命に匹敵するような変化を必要としない，より穏健的で効率的な方策が取られるべきであった．

また，ミルは移民政策には利点もあることを認めていたが，アイルランド人民の北アメリカ大陸やオーストラリアへの大規模移民については，いくつかの理由から反対していた．彼の考えでは，それは多額の費用に見合うだけの利益をアイルランドにもたらすことはない上に，人民の意志に反した強制的なものにならざるを得なかった．また，アイルランド人民がいまだに「文明の伝道者」としてはふさわしくないという現実を無視していた[68]．さらに，この方策はアイルランドに窮状をもたらしている諸悪の根源が入札小作制であるという事実から目を背け，問題の本質を見誤ってい

---

64) Ibid. ただし，ミルは農業への資本の導入をまったく否定しているわけではなく，『経済学原理』においてもアイルランド農業の資本主義化と荒蕪地での自作農創出が並存する形で提案されている．
65) JSM, 'Ireland [5]' (14 October 1846), ibid., 896–897.
66) Ibid., 897.
67) Ibid., 895–898.
68) JSM, 'Ireland [11]' (26 October 1846), ibid., 915.

るものに他ならなかった[69]．この制度が温存されているかぎり，アイルランドにとどまった人々の境遇が改善される保証はなかったし，大規模移民が意味していたのは農業労働者を排除することによって過剰人口を緩和することにすぎず，それによって利益を得るのは土地所収者であった．「人民はそこに存在しており，問題は国家をどう改善していくかではなく，どのようにしたら現在そこに居住している人々によって，その人々のための改善をしていくことができるかである[70]」．ミルの考えでは，アイルランドの現状では強制的移民という手段によらなくても問題の解決は可能であった[71]．

ミルはさまざまな対案への批判的見地から，アイルランドの現状を改善するために必要な政策として，荒蕪地を収容し，そこに多数の小自作農を創出するという提案をおこなった．彼の考えでは，「その有害な制度〔入札小作制〕が存続しているあいだは経済的害悪も道徳的害悪も大幅に緩和される余地はない」から[72]，アイルランドの状態を改善することができるのは，土地制度の抜本的な改革によってのみであった[73]．彼の提案は，より具体的には，政府が荒蕪地を思惑価格ではなく現在の価値に基づいた価

---

69) Ibid., 913–916.
70) JSM, PPE, CW, iii, 991. cf. Ibid., ii, 326：「住民の大半が自分や先祖が苦労しながら生きてきた土地の正義に失望して，自国では認められなかった土地所有を他の大陸で求めなければならないということは，地代を得る人にとってはきわめて好都合なことであるかもしれない．しかし，帝国の立法者は，何百万という人々が国外に移住しなければならないということを違った見方で見なければならない．ある国の住民が政府がその土地を彼らが住むのに適した場所にしようとしていないということを理由にして大挙して去っていく時，政府は裁きを受け，糾弾されているのである」．
71) JSM, 'Ireland [11]' (26 October 1846), CW, xxiv, 913–916.
72) JSM, 'Ireland [3]' (10 October 1846), ibid., 889.
73) ミルはある書簡のなかで次のように記している．「荒蕪地を開墾することと土地保有権を変更することにあなた以上に期待し，移民に改善策としてそれほど期待していないという点を別にすれば，あなたが表明している意見〔de Vere 1848〕のほとんどに私も賛成します」(JSM to A. de Vere, 3 February 1848, CW, xiii, 730)．

格で土地所有者から買い上げた上で，入札小作農をそこへ入植させ，自作農化するというものであった．彼は次のように述べて，自作農を創出することの重要性を強調した．「〔喫緊の対策として〕人民を現在の窮乏から救済するという，あらゆる計画に先立つことがなされた後には，小自作農を創出するということが，私たちの考えでは，第一の目的であり，その他のことは二次的に重要なものである[74]．」彼にとって，「アイルランドの改善を図るその他のあらゆる構想は，その人民を排除してしまう構想であった[75]」．

すでに指摘したように，19世紀初頭には，土地の細分化をもたらす自作農制は，分業や規模の経済性などのようなメリットを享受することができない経済的に非効率なものとして，経済学者によって否定的にとらえられがちであり，1820から30年代のミルもこのような経済学的な観点からの見解を共有していた[76]．しかし，1840年代のミルはさまざまな国の土地制度について研究を進めるなかで，自作農制が経済効率を達成することができるだけでなく，過剰人口対策としても有用であるという認識をもつようになっていた．彼はフランスの小自作農制を例示しながら，その制度がもつ利点を指摘した．

> 〔フランスの〕産業や人民の状態に関するあらゆる信頼のおける統計的報告が明らかにしてきているように，その期間〔最近の約20年間〕に，全体の五分の四にあたるフランスの地方の人民の状態はあらゆる点で改善されており，よりよい家に住むようになり，よりよい衣服を着るようになり，よりよいものを豊富に食べるようになり，農業の質は改善され，土地の生産物は以前よりも増え，国家の富は増大してきたし，急速に増大しており，人口はゆっくりと増えている[77]．

このようにして，彼は入札小作制のもとで窮状にあえいでいたアイルランドと，自作農制が人民の状態を改善するのに好ましい道徳的効果を発揮

---

74) JSM, 'Ireland [10]' (23 October 1846), CW, xxiv, 912.
75) JSM, 'Ireland [5]' (14 October 1846), ibid., 898.
76) Dewey (1974) 17–19 ; Kinzer (2001) 53. cf. JSM, 'Ireland' (February 1826), CW, vi, 59–98.

し，好ましい国民性の形成に寄与していた大陸諸国とを対照的に描き出し，アイルランドにおける自作農創出を訴えた．

ところで，上述のように，彼は政府による荒蕪地の買い取りは実際の価値に基づいて算出された価格によるべきことを主張していたが，そのような価格で政府が地主から土地を強制的に買い取ることは不正なことではないと考えていた[78]．この時期の彼は「所有権という空想的な偶像を擁護」しているとして地主階級を非難していたが[79]，彼の地主階級への激しい批判は1820年代から一貫しているものでもあった．たとえば，彼は1830年半ばに，地主階級がその政治的影響力を行使し他の階級の利益を犠牲にすることによって自らの利益を確保するような立法措置を取らせることに成功していたことを批判していた[80]．

荒蕪地での自作農の創出という政策が実地されれば，「土地に対する恒久的な利害関心」をその使用者に与えることができ，借地人の状態は大いに改善されることになる[81]．ミルは土地を所有することの経済的効果を強調していた．「土地財産は農業階級の人々に勤勉さ，忍耐力，深慮を生み出すある種の魔法の力のようなものである」とともに[82]，「土地に対する愛着の確実な源泉」であった[83]．そして，このような経済的効率性の観点からの正当化は経験からも裏付けられるものであるとみなされていた．にもかかわらず，彼はこのような経済的な議論は土地制度改革にとって十分

---

77) JSM, 'Ireland [19]' (16 November 1846), ibid., 950. ミルの考えでは，フランスの農業の遅れた状態の原因となっているのは小自作農制ではなく，「産業の改善に対するフランス国民の積極性の全般的欠如と結びついた，裕福な中産階級の都会生活や都会での仕事に対する排他的嗜好」であった (JSM, 'The Quarterly Review on French agriculture [3]' (13 January 1847), ibid., 1050).

78) JSM, 'Ireland [9]' (22 October 1846), ibid., 910. JSM, 'Ireland [12]' (29 October 1846), ibid., 919–923 も参照のこと．

79) Ibid, 920.

80) Martin (1981) 10. JSM, 'Notes on the Newspapers [2–3]' (April 1834), CW, vi, 168–218 および JSM, 'Ireland [2]' (7 October 1846), CW, xxiv, 885 も参照のこと．

81) JSM, 'Ireland [16]' (6 November 1846), ibid., 934–935.

82) JSM, 'Ireland [5]' (14 October 1846), ibid., 898.

83) JSM, 'Ireland [10]' (23 October 1846), ibid., 913.

第9章　アイルランド土地問題の政治学　　　　　　　　　　　　　　303

な正当化であるとは考えていなかった．彼は経済的観点からだけでなく，さらにエソロジカルな見地からも土地制度に対する認識を深め，道徳的改善効果に着目しながら自作農制を高く評価するようになっていた[84]．彼が強調したのは，経済制度の改革は人民の道徳的改善にも資するものでなければならないということ，そして，そうでない場合，その効果は経済的にも限定されたものにとどまり，その改革自体がいずれは挫折してしまうだろうという考えであった[85]．

　ロブソンが指摘したように，ミルは土地所有権を「文明化を達成し，それを維持するために不可欠」なものと考え[86]，「いかに強い文明化の作用因が土地所有権が広く普及している状態に存在しているか」を強調していた[87]．自作農制は土地の保有権を保証し，アイルランド人民を「より良い農民にするだけでなく，より良い人民」にするものであった[88]．彼はエソロジカルな見地から，自作農制が高い道徳的効果をもっていることを認識

---

84) この態度の変化の要因については Kinzer（2001）53 ff. を参照のこと．
85) e.g. JSM, 'Ireland [20]' (19 November 1846), CW, xxiv, 955：「人民が変わらなければ，彼らの外的な環境におけるきわめて有益な変化は一世代も続かないだろう．他のあらゆる変化を自分たちで成し遂げるための機会を与えることによって人民自身を手段とすることができなければ，人民を変えることはできないだろう．彼らに作用していて彼らの生き方をゆりかごから墓場まで決定づける外的誘因を変えることなしに，人民を変えることはできないだろう．人民教育については多くのことが言われてきているが，教育とは学校教育や教科書を意味しているわけではない．それらはきわめて価値のあるものではあるが，それらは単に基礎的なものや補助的なものとして価値があるのである．もっとも効果的な人民教育は彼らを取り囲んでいる環境によって与えられるものである．古代の政治家や哲学者がよく理解していたように，法律は偉大な教師であるし，今こそこの教えをふたたび思い知るべき時である．性格を形作るものは意図的に学ばれるようなものではないので，制度や社会的関係が意図せずに教えてくれることは多い．もし，小作人が，勤勉や慎慮からは何も得られないし法に従うことであらゆるものを失うということを，人生を通じて見聞きするあらゆることから，人々の言葉よりもより明瞭な形で教えられているとしたら，勤勉や慎慮，法への服従などをくりかえし教え込むことはほとんど役に立たない」．
86) Robson（1998）357．
87) JSM, 'Ireland [32]' (15 December 1846), CW, xxiv, 997. cf. JSM, 'Ireland [25]' (2 December 1846), ibid., 974．
88) Robson（1998）360．

し，このような制度を導入することで，アイルランドの国民性を改善することができると考えていた．このことこそ，彼が自作農制を支持したもっとも重要な理由であった．ミルが究極的に目指したのは，土地制度の改革によってアイルランドの経済的状態だけでなく社会的・道徳的状態を改善することであった．自作農制は，ミルにとって，「社会改革や道徳的刷新の手段であり，……農業階級をその他の階級の模範となり指導的な影響力をもつような人に引き上げるための手段」であった[89]．

アイルランドの国民性についてのミルの議論は，国民性の形成についての環境決定論的解釈の伝統に属するものであった．たしかに，ミルは「アイルランドの小作民の性格や習慣についての重要で根本的な欠点は勤勉さと慎慮が欠けていることである」と述べて，アイルランドの国民性が現状では好ましくない状態にあることを認めていた[90]．しかし，このように論じるときに彼が強調したのは，そのような国民性が先天的なものではなく社会・政治制度，とりわけ入札小作制によって形づくられたものであるということ，それゆえに修正することができるものであるということであった[91]．したがって，高い道徳的効果をもつ自作農制を導入することで，アイルランド人民は勤勉さや自制心，独立心などの道徳的特質を学ぶようになり——ミルの考えでは，アイルランドの国民にこれらが欠けていたのは，その借地制度に原因があった——「自作農制はアイルランド人の無気力さや怠惰にとっての最高の改善策になるだけでなく，より根深くて解決困難なアイルランド人の無思慮による弊害を正すことにも多くをなしうるだろう[92]」．

---

89) JSM, 'Ireland [32]' (15 December 1846), ibid., 996.
90) JSM, 'Ireland [20]' (19 November 1846), ibid., 955–956.
91) JSM, 'Ireland [34]' (17 December 1846), ibid., 1004. cf. JSM, 'Ireland [3]' (10 October 1846), ibid., 891：「この制度〔アイルランドの入札小作制〕の弊害は……勤勉さや慎慮をもつことのあらゆる動機を損なってしまうことである．」; ibid：「入札小作制は本質的に無政府的な制度である．常習的な法律への不服従がこれにはほとんど内在的である」．
92) JSM, 'Ireland [26]' (3 December 1846), ibid., 977.

第 9 章　アイルランド土地問題の政治学

　1840 年代半ばのアイルランド土地問題についてのミルの議論が当時のブリテンの政策決定過程において実際にどれほどの影響力を与えていたかを確定することは難しいが[93]，その議論が彼の思想体系においてもっていた意義は明らかである．アイルランド人民は自治に必要な資質をいまだに獲得してはいなかったが，他の国家や機関からの支配を受ける際に，その支配者は被治者としての彼らの同意を得ることが望ましいだけでなく必要とされる程度には文明化されているというのが，1840 年代半ばのアイルランドについての彼の分析であった．すなわち，文明の階梯においてアイルランドは，ブリテンやアメリカ，いくつかのヨーロッパ諸国ほどの高い文明状態には到達していなかったが，インドのような低い状態とは明らかに区別される段階には到達しているというのが彼の見解であった．彼の考えでは，インドのようなきわめて低い状態においては，その人民は自らの真の利益を理解できるほどにはなっていなかったから，統治に際して被治者である人民の同意を得ることは必要とされておらず，専制的統治が正当化された．それに対して，アイルランドでは，そのような専制的統治は正当化されるものではなかった[94]．したがって，アイルランドにとってまず必要とされたのは，その人民が自治のために必要とされる資質を陶冶していけるような環境を整えることであった．この結果として将来採用されるようになる自治は，その国民性のさらなる陶冶に寄与していくと期待されるものであった．ミルは，イングランドで商工業の発展が，社会へある程度の悪影響を与えつつも，中産階級，さらには労働者階級の精神的涵養に寄与していたのと同じように，アイルランドにおいては，土地制度改革という経済的改革によって人民が道徳的資質を陶冶することができる環境がもたらされることになると考えていた．彼は自らの提案した方策の最大の

---

93) ミルの議論が論争にあたえた影響については，Kinzer (2001) 71 ff. を参照のこと．
94) Zastoupil (1983) 712, JSM, CRG, CW, xix, 395, 562–577 を参照のこと．Zastoupil (1983) 714 によれば，1830 年代のミルはアイルランドにおける専制的統治を擁護していた．この点については，JSM to John Pringle Nichol, 21 December 1837, CW, xii, 365 を参照のこと．

利点を，アイルランド農業の改善をもたらすということにではなく，「アイルランドの農業階級を新しい道徳的雰囲気のもとにおくこと，きわめて強力な形でアイルランドの国民性のなかで矯正される必要のあるあらゆるものを正しつつ，彼らがそれまで経験したことがなかったようなさまざまな動機をもたらすこと」に見出していた[95]．上述したように，ミルはアイルランドの国民性はかなりの程度イングランドによる圧政に起因する悲惨な社会状態を反映したものであるという，環境決定論的見解をもっていた．この見解は，アイルランドの国民性は制度改革を通じて改善することが可能であるという主張を含意していた．繰り返しになるが，ミルにとって土地制度改革の究極的目的は，「アイルランド農業の改善ではなく，アイルランド人民の状態の改善であった[96]」．

4—おわりに

時間が経過するにつれてアイルランドの状況は深刻になっていった．1846年12月までに約30万人のアイルランド人民が政府による公共事業によって雇用された[97]．しかし，最終的にブリテン政府はこの公共事業による救済策が失敗に終わったことを認めざるを得なかった[98]．この救済策の最大の欠点は，他のどのような仕事よりも高い賃金が保証される仕事が政府から与えられるために，アイルランド人民の道徳心が低下してしまうことにあった．

　『モーニング・クロニクル』に掲載された一連の論説が標的としたのは，「善にとっての障害であり，利己心とほとんど同じくらい強力で，それよりはるかに普遍的」な「習慣の精神 the spirit of routine」であった[99]．彼は旧来のイングランドの経済学者の議論と，それを無批判に受け入れる

---

95) JSM, 'Ireland [20]' (19 November 1846), CW, xxiv, 955.
96) JSM, PPE, CW, ii, 326.
97) Martin (1981) 25.
98) Bew (2007) 187, 189.
99) JSM, 'Ireland [19]' (16 November 1846), CW, xxiv, 949–950.

公衆のあり方の双方に対して批判的であった．

　ミルの多大な努力にもかかわらず，結果として彼の提案がブリテン政府によって採用されることはなかった．けれども，彼は連載によって自らの見解をしめすことができたことに対する満足感を，1846年12月28日にベインに伝えている．

> 私は，『モーニング・クロニクル』の記事とともに，『経済学原理』の執筆を再開しています．見かけで判断するかぎり，かなりの程度，自らの主張，すなわち荒蕪地を開墾した上で多くの小作農に小さい土地を分配するという主張を展開したので，『モーニング・クロニクル』の連載については多少は省略してもいいかもしれません[100]．

『モーニング・クロニクル』誌上での連載は，1847年1月7日で終わり，ミルは再開された『経済学原理』の執筆に専念することになった．1848年4月に出版されることになる『経済学原理』では，「アイルランドの状態」でしめされていた認識が取り込まれつつ，アイルランドの入札小作制をはじめとするさまざまな土地制度の比較論が展開されることになった．そこでは，経済制度の相対性に対する認識とともに，どのような経済制度が人間の道徳的改善に資するものであるというエソロジカルな関心が色濃く反映されることになった[101]．

---

100) JSM to Alexander Bain, 28 December 1846, CW, xiii, 705. また，ミルは1846年11月半ばのベイン宛書簡では，自らの連載が「多大な関心を集め，『タイムズ』から主導権を完全に奪いとった」ことに満足の意を示していた（JMS to Alexander Bain, mid-November 1846, ibid.）．
101) この点については，深貝（1992 a），矢島（1993）368–378を参照のこと．

終　章
結　論

　19世紀前半のブリテンの思想家の多くは，現代社会は文明化された商業社会であり，それは新興階級であるミドルクラスがあらゆる面で影響力を急速に高めつつあるような社会であるという考えを是認していた．J・S・ミルもそのような思想家の一人であった．とりわけ1830年代後半のミルは，「文明 civilization」という概念を用いながら，現代文明社会の体系的・包括的な分析を志向していたが，彼の文明概念は彼のブリテンやアメリカの社会に対する認識を色濃く反映したものであった．彼は商業中産階級の成長を現代社会を特徴づけるもっとも重要な現象とみなし，社会における多数者による過度な権力行使や，それによって引きおこされる社会的画一化や個性の抑圧といった現象――『自由論』をはじめとする1850年代以降の彼の著作の中心的な問題となる現象――を，中産階級の興隆の必然的な帰結であると考えていた．

　1830年代半ば以降のミルは，統治形態や政治制度に関する問題はその制度を採用する社会の状態との関係によって考察されなければならないと考える姿勢を強めていった[1]．つまり，彼は望ましい統治形態・政治制度はそれが属すことになる社会の状態に左右されるという見解を表明するようになった．彼自身の表現を用いるならば，「ある社会に存在している統治形態とそれと同時期の文明の状態とのあいだの必然的な相関関係」は社会静学によって確かめられる「自然法則」であった[2]．たとえば，代議制民主主義は，ブリテンやアメリカ合衆国のような，進んだ文明状態に到達

---

1)　JSM, *Autobiography*, CW, i, 177.
2)　JSM, *Logic*, CW, viii, 919.

している国，すなわち商工業が十分に発展し，富や知識が広範に普及し，人民が協力する能力を十分に高めているような社会状態にある国にもっとも適した統治形態であった[3]．このような社会状態においては，人民は自ら統治することができるような状態にまで陶冶されているとみなされた．このような進んだ国と比較してみると，アイルランドは低い文明状態にとどまっていると考えられた．ミルの考えでは，アイルランド人民は，他者によって統治されるのに際して同意を求められることが望ましく必要でもあるような状態にまで陶冶されてはいるものの，自ら統治をおこなうために必要とされる能力を獲得するには至っていなかった．このような見地からミルは，アイルランドに必要なのは，自ら統治するために必要となるさまざまな能力を陶冶することができるような，そして自己統治をおこなうため果たさなければならない義務を遂行する能力を獲得することができるような環境，つまり，自己統治のために望ましい国民性を形成するような環境を作り出すことであるとした．

　1830年代半ばから1840年代前半のミルは現代商業社会への洞察を深めていくとともに，商業社会の特質，歴史的変化の過程，将来の見通しについて探求する新しい社会の科学を作りだすという意欲のもとに思索をおこなっていた．この意欲は1840年代初頭にもっとも高まりを見せ，1843年に出版された『論理学体系』において提示された道徳科学・社会科学体系の構想となった．1820年代末から1840年代にかけてのミルの政治思想を検討する本書が関心を向けたのが，この構想であった．『論理学体系』において彼は，社会の一般科学（社会動学と社会静学）と特殊社会学的研究（ポリティカル・エソロジーとポリティカル・エコノミー）から構成される，道徳科学の一領域としての社会の科学の体系および方法について洗練された議論を提示した．彼の道徳科学体系のなかで本書がこれまでの研究に比して紙幅を割いて検討したのは，彼の歴史論（社会動学）および性格形成論（エソロジー構想）であった．彼の歴史知識・歴史哲学や性格形成に対する

---

3) JSM, 'Civilization', CW, xviii, 121–122.

関心が彼の思想体系においてもっていた意義は，これまでの研究史が評価してきた以上のものであったように思われる．

コリーニは，「〔『論理学体系』〕第6編における〔社会の科学の〕構想を実現することにミルが失敗したことは」，とりわけ「エソロジーについて進展させることができなかった」ことに起因していると指摘した上で次のように述べている．「〔エソロジーが〕欠けたことによって，ミルの政治の科学は決定的に伝統的な様相をおびることになった[4]」．しかし，性格形成論が歴史論とともに重要な位置を占めていたミルの社会の科学構想を詳細に検討することによって，『自由論』や『代議政治論』をはじめとする1850年代から1860年代にかけての彼の議論についてこれまでとは異なった観点から吟味することの可能性も開かれてくるだろう．たしかに，彼は『論理学体系』において提示されたような形で社会の科学の体系を完成させることはできなかったけれども，そこで示されたさまざまなアイデアは，それ以降の成熟期と呼ばれる時期の彼の議論のなかに重要な形で取り込まれている[5]．彼は成熟期の論考において，しばしば社会の歴史的変化や性格形成に関する法則に，あたかもそれらがすでに科学的に確立されたものであるかのようにして言及していたが，彼がそのようにできた理由のひとつは，それらの法則を「近似的一般化」とみなすことができると彼が考えていたからであろう．

1840年代以降のミルはヨーロッパ文明の衰退への懸念を強めるようになっていたし，その懸念は社会の歴史的変化の法則によって科学的に裏づけられていると考えていた．彼の考えでは，個性の抑圧と社会的画一化は文明化に不可避的に伴う現象であったが，同時に社会の停滞を引き起こす要因にほかならなかった．彼が言論の自由を擁護したのは，それが個人の幸福を増進するために重要なものであるという功利主義的な見地からだけ

---

4) Collini et al.（1983）156.
5) 言うまでもなく，筆者は『論理学体系』の議論を基軸としてミルのさまざまな（とりわけ成熟期の）著作の統一的な理論的再構成ができると主張しているわけではない．

でなく，それが社会の進歩にとっての必要条件を構成しているという科学的認識からのものでもあった．彼の考えでは，意見の多様性によって社会的対立を作りだすことができ，この対立こそが社会の発展にとって不可欠な要因となるものであった．

また，『代議政治論』においてミルは次のように述べている．

> 人類のあらゆる愚行，あらゆる害悪，あらゆる怠慢，怠惰，無気力からなっている，人間事象の絶えることなく流れてとどまらない，悪化に向かう流れがあることを私たちは忘れてはならない．それは，ある人が不断に，そして別の人が時々思い出したように，良き立派な目標に向かって尽力することによってのみ，制御され，その前にあるあらゆるものを一掃してしまわないように抑えられているのである．悪へと向かう事物の一般的傾向は……ひとたび始まると，次第に速度を増しながら進行し，抑制することがますます困難となり，歴史上しばしばみられるような状態にまで至るし，人類の大部分は現在でさえもその状態に屈しているのである[6]．

ミルの考えでは，これまでの歴史から判断するかぎり，人間や社会の進歩を自然的なものとみなすことはできなかった．むしろ，彼は社会の変化の自然な一般的傾向は進歩ではなく退化であるという見解すら抱くようになっていた．しかし，彼は，「巧みに運営されたすぐれた制度」によって，退化という自然的傾向に「無限の時間にわたって対抗すること」が可能であるとも主張していた[7]．因果関係についての自然法則に限定的に拘束されているとしても，よく整えられた社会・政治制度――『代議政治論』の場合には，代議制民主主義――が人々の性格および社会状態の改善に資することができるという確信を彼はけっして放棄することはなかった．

ただし，ミルは代議制民主主義に対して無条件に支持を与えていたわけではなかった．彼はいわゆる精神の危機以降，代議制民主主義があらゆる社会にとって最良の政治制度であるとはみなさなくなっていた．そのもと

---

6) JSM, CRG, CW, xix, 388.
7) Ibid.

に置かれることになる人々の改善に資することがないとしたら，どのような政治制度も正当化されることはなかった．ミルにとって，統治制度はそれ自体が目的となるものではなく，あくまでも人民の改善をもたらすための手段にすぎなかった．彼の代議制民主主義擁護論は，それはよく整えられていれば，ある特定の社会状態においては，その国民性を陶冶することに役立ちうるという見地からのものであった[8]．

　ミルにとって，因果法則にある程度拘束されつつも自らの努力によってより望ましい社会を実現していく能力が人類にはあるという信念こそ「道徳的自由の感情」にほかならなかった[9]．彼の社会の科学構想は，この感情に科学的基礎を与えるためのものであった．

---

[8] 『自伝』でミルは「政治制度の選択の問題」は「物質的な利害に関するものというよりは道徳的・教育的な問題」であるという見解を示している（JSM, *Autobiography*, CW, i, 177）．コリーニは次のように指摘している．「この意味〔「精力と意見の独立」〕における人格の陶冶こそ，ミルの批判されることの多い国制上の工夫にとっての究極的な正当化の理由であった」（Collini et al. (1983) 158）．

[9] JSM, *Logic*, CW, viii, 841.

あとがき

　本書で試みたのは，J・S・ミルの思想体系を包括的に検討することではなく，ミルの思想のある側面をある一定の観点から歴史的に再構成すること——歴史的コンテクストのなかで読み解くこと——である．いわば，複雑な多面体の一面だけを小さなレンズを通して眺めてみようとしたにすぎない．したがって，功利性の原理の位置づけをはじめとした多くの重要な論点について論じていないし，このような視角の限定にともなって，議論の対象から外した一次資料も多く，二次文献についても十分に検討できたとは言いがたい．そもそも，その限定された視角からですら，論じるべきであった点がまだまだ残されているだろう．

　また，本書が意図したのは，J・S・ミル自身が属していたと想定しうる多くの歴史的コンテクストのうちのいくつかに着目し，そのコンテクストのなかでミルの思想を解釈することの可能性をしめすことであった．したがって，本書でとりあげたコンテクストがミルの思想を正しく理解する唯一のコンテクストであると主張しているわけではない（そもそも，ある思想の正しい理解が可能であるとか，そのための正しいコンテクストが存在すると考えることに筆者は懐疑的である）．多様なコンテクストのなかから特定のコンテクストを選び取るという作業自体は，研究対象とする思想家の議論だけから可能となるものではなく，この作業に際して究極的な手がかりとなるのはあくまでも研究者の問題関心であろう．つまり，どのようなコンテクストを想定しているかということ自体が研究者の問題関心に大きく依存したものになるように思われる．しかし，このことは歴史研究におけるコンテクストの設定に際して研究者がまったく恣意的に作業をなしうることを意味しているわけではなく，むしろ歴史研究者がなしうる選択の幅はかなりの程度限定されてさえいるだろう．したがって，ここで述べたいのは，個々の研究者がコンテクスト設定という作業に際して完全に自由に振舞える特権的立場にいるということではなく，その議論を検討する際には研究

あとがき

者の問題関心の反映としてのコンテクスト設定に対して相応の配慮がなされる必要があるということである．もちろん，このことはそのコンテクストの妥当性を論じることの必要性を否定するものではまったくない．

いずれにしろ，すでに筆者のもとを離れようとしているものであるから，今の私にできるのは手にとっていただいた方の批判から学ぶことだけである．

本書は，筆者が 2009 年 5 月に University College London (UCL) に提出した博士論文を日本語に訳した上で，全体にわたって加筆修正をほどこしたものである．したがって，京都ではじめてロンドンで一応の形にまとめた研究に，フィレンツェと（思いがけず戻ってきた）京都での関連する研究の成果の一部をとりこんだものということになる．

京都大学と UCL それぞれで指導を受けた田中秀夫先生と Philip Schofield 先生に対してまずは感謝したい．お二人からは，それぞれの仕方で，大まかな方向性について指導いただくとともに，細部についても示唆に富んだ教えをいただいてきた．私が思想史研究の楽しさを（難しさとともに）教えられたのもお二人からである．本書がお二人を満足させるには程遠いものであったとしても，せめてがっかりさせるものでないことを祈るばかりである．

有江大介先生（横浜国立大学）と深貝保則先生（横浜国立大学）から功利主義思想に関して受けてきた指導は重要であったし，長尾伸一先生（名古屋大学）には思想史の描き方について啓発させられることが多く，それらは本書の議論にも反映されていると思う．岩井淳先生（静岡大学）や伊藤誠一郎先生（大月短期大学）にはロンドン滞在中から今に至るまでつねに温かな励ましをいただくばかりである．故・宮本盛太郎先生（京都大学）から受けた励ましは今でも研究する上で支えになっているように思う．また，安藤馨さん，板井広明さん，小畑俊太郎さん，児玉聡さん，小松佳代子さん，高島和哉さん，山本圭一郎さんといった近い世代の功利主義研究者から多くのことを教わってきたことにも感謝したい．これらの方々の名前を

記していると，あるベンサム研究の大家の「功利主義研究者に悪い人はいない」という本気ともジョークともつかない言葉を思い出す．

筆者は 2004 年夏から 2010 年夏までヨーロッパに滞在していたが，この時期について楽しかったことばかりが思い出されるのは，思い出補正のせいではなく，良い出会いに恵まれたからだろうと思う．UCL で大学院生として過ごしたロンドンでも，European University Institute（EUI）でポスドクとして過ごしたフィレンツェでも，多くの方々に本当によくしていただいた．特に，濱田幸彦，史大慶，Anna Salisbury, Dorota Osipovic, Lùcio Manuel Rocha de Sousa, Kim Min-Hyung, Edward Page, 藪田昌宏，柏原三恵子，辻井美三子といった方々に感謝したい．また，Georgios Varouxakis 先生（Queen Mary）や故 Tony Draper 先生（UCL）には折に触れて指導いただいたし，Geraint Williams 先生（Sheffield）と Frederick Rosen 先生（UCL）には博士論文の審査員を務めていただいた．

筆者が現在所属している京都大学白眉センターでは恵まれた研究環境を与えていただいている．センター長の伏木亨先生，プログラム・マネージャーであった田中耕司先生（現・学術研究支援室長）をはじめとして，研究環境の整備のために尽力いただいている方々に感謝したい．また，同僚のうちでも齊藤博英さん，志田泰盛さん，千田雅隆さん，前田理さん（現・北海道大学大学院理学研究科），柳田素子さん（現・京都大学大学院医学研究科），吉永直子さん（現・京都大学大学院農学研究科）は（失礼とは思いつつ）遊び仲間と呼びたくなるような方々であるが，それでも研究に関して多くの刺激を受けていることについて感謝したい．

本書の議論に関係する研究の過程では，資料の利用に際して多くの所蔵機関にさまざまな便宜をはかっていただいた．とりわけ以下の機関のスタッフの方々にお礼申し上げたい．British Library, British Library of Political and Economic Science, European University Institute Library（Dr Serge Noiret）, Institute of Historical Research Library, Institute of Psychiatry Library, King's College London, Senate House Library, University of London, Somerville College Library, Oxford（Ms Pauline Adams）, University College London Library, Warburg

あとがき

Institute Library, Wellcome Library, 京都大学附属図書館, 京都大学経済学部図書室, 東京大学総合図書館.

　本書の内容に関係する研究の過程で以下の研究助成を受けた．それぞれの段階で不可欠な支援をいただいたことに感謝したい．科学研究費補助金（特別研究員奨励費），University College London Graduate School Grant, Institute of Historical Research Grant, Canon Foundation Fellowship, 京都大学次世代研究者育成支援事業「白眉プロジェクト」，松下幸之助記念財団研究助成，学術研究助成基金助成金（若手研究（B））．

　本書の出版に際しては京都大学平成23年度総長裁量経費「若手研究者に係る出版助成事業」による助成を受けた．また，斎藤至さんをはじめとする京都大学学術出版会の関係者の方々には，ひとかたならぬお世話になった．

　自身も研究・教育に忙しい毎日にあって神江沙蘭がいつもしめしてくれる優しさへの深い感謝の気持ちを記して筆を擱くことにしたい．

筆者

参照文献

1．J・S・ミルの論考・著作

※本書で言及した文献のみを掲げ，引用はすべて *Collected Works of John Stuart Mill*, 33 vols, ed. F. E. L. Priestley and J. M. Robson, Toronto and London, 1963–1991 に拠る．

'Exchangeable Value [1–2]', *Traveller* (6 and 13 December 1822), CW, xxii, 3–6.
'Periodical Literature: Edinburgh Review', *Westminster Review* (April 1824), CW, i, 291–325.
'Parliamentary Reform [1–2]', Speech at the Mutual Improvement Society (August 1824), CW, xxvi, 261–285.
'Cooperation', Speech at the Co-operative Society (1825), CW, xxvi, 308–326.
'Law of Libel and Liberty of the Press', *Westminster Review* (April 1825), CW, xxi, 1–34.
'McCulloch's Discourse on Political Economy', *Westminster Review* (July 1825), with William Ellis, CW, x, 757–760.
'The British Constitution', Speech at the London Debating Society (19 May[?]1826), CW, xxvi, 358–385.
'Ireland', *Parliamentary History and Review* (February 1826), CW, vi, 59–98.
'Modern French Historical Works', *Westminster Review* (July 1826), CW, xx, 15–52.
'The Use of History', Speech at the London Debating Society (1827), CW, xxvi, 393.
'Whately's Elements of Logic', *Westminster Review* (January 1828), CW, xi, 1–35.
'Scott's Life of Napoleon', *Westminster Review* (April 1828), CW, xx, 53–110.
'Prospects of France [1–7]', *Examiner* (19 September 1830 to 7 November 1830), CW, xxii, 128–202 *passim*.
'The Spirit of the Age [1–6]', *Examiner* (9 January to 29 May 1831), CW, xxii, 227–316 *passim*.
'The Quarterly Review on the Political Economists', *Examiner* (30 January 1831), CW, xxii, 249.
'Use and Abuse of Political Terms', *Tait's Edinburgh Magazine* (May 1832), CW, xviii, 1–13.
'Death of Jeremy Bentham', *Examiner* (10 June 1832), CW, xxiii, 467–473.
'Pledges [1–2]', *Examiner* (1 and 15 July 1832), CW, xxiii, 487–494, 496–504.
'Remarks on Bentham's Philosophy', Appendix to Edward Lytton Bulwer's *England and the English* (June 1833), CW, x, 3–18.
'A Few Observations on Mr Mill', Appendix to Edward Lytton Bulwer's *England and the English* (June 1833), CW, i, 589–595.
'Alison's History of the French Revolution [1–2]', *Monthly Repository* (July and August

1833), CW, xx, 117–118.
'Miss Martineau's Summary of Political Economy', *Monthly Repository* (May 1834), CW, iv, 223–228.
'Notes on the Newspapers [1–7]', *Monthly Repository* (March to September 1834), CW, vi, 151–280.
'Sedgwick's Discourse', *London Review* (April 1835), CW, x, 95–159.
'Rationale of Representation', *London Review* (July 1835), CW, xviii, 15–46.
'De Tocqueville on Democracy in America [1]', *London Review* (October 1835), CW, xviii, 47–90.
'State of Society in America', *London Review* (January 1836), CW, xviii, 91–115.
'Guizot's Lectures on European Civilization', *London Review* (January 1836), with Joseph Blanco White, CW, xx, 367–393.
'Civilization', *London and Westminster Review* (April 1836), CW, xviii, 117–147.
'Walsh's Contemporary History', *London and Westminster Review* (July 1836), CW, vi, 329–348.
'Definition of Political Economy; and on the Method of Philosophical Investigation in that Science', *London and Westminster Review* (October 1836), CW, iv, 309–339.
'Fonblanque's England under Seven Administrations', *London and Westminster Review* (April 1837), CW, vi, 349–380.
'Carlyle's French Revolution', *London and Westminster Review* (July 1837), CW, xx, 131–166.
'Armand Carrel', *Westminster Review* (October 1837), CW, xx, 167–215.
'Bentham', *London and Westminster Review* (August 1838), CW, x, 75–115.
'Reorganization of the Reform Party', *London and Westminster Review* (April 1839), CW, vi, 465–495.
'Coleridge', *London and Westminster Review* (March 1840), CW, x, 132.
'Essays on Government', *London and Westminster Review* (September 1840), CW, xviii, 149–152.
'De Tocqueville on Democracy in America [2]', *Edinburgh Review* (October 1840), CW, xviii, 153–204.
A System of Logic, Ratiocinative and Inductive : Being a Connected View of the Principles of Evidence and the Methods of Scientific Investigation (March 1843), CW, vii and viii.
'Michelet's History of France', *Edinburgh Review* (January 1844), CW, xx, 217–255.
'The Claims of Labour', *Edinburgh Review* (April 1845), CW, iv, 363–389.
'Guizot's Essays and Lectures on History', *Edinburgh Review* (October 1845), CW, xx, 257–294.
'Grote's History of Greece [1]', *Spectator* (4 April 1846), CW, xxiv, 867–875.
'The Condition of Ireland [1–43]', *Morning Chronicle* (5 October 1846 to 7 January 1847), CW, xxiv, 879–1035.
'Poulett Scrope on the Poor Laws', *Morning Chronicle* (31 October 1846), CW, xxiv, 923–926.

'The Quarterly Review on French Agriculture [1–4]', *Morning Chronicle* (9 to 16 January 1847), CW, xxiv, 1035–1058.

'The Irish Debates in the House of Commons', *Morning Chronicle* (5 February 1847), CW, xxiv, 1058–1062.

'The Proposed Irish Poor Law [1–2]', *Morning Chronicle* (17 and 19 March 1847), CW, xxiv, 1066–1072.

'Emigration from Ireland', *Morning Chronicle* (7 April 1847), CW, xxiv, 1075–1078.

Principles of Political Economy: With some of their Applications to Social Philosophy (April 1848), CW, ii and iii.

'Grote's History of Greece [2]', *Edinburgh Review* (October 1853), CW, xi, 307–337.

On Liberty (February 1859), CW, xviii, 213–310.

Considerations on Representative Government (April 1861), CW, xix, 371–577.

'Utilitarianism', *Fraser's Magazine* (October to December 1861), CW, x, 203–259.

An Examination of Sir William Hamilton's Philosophy (April 1865), CW, iv.

'Auguste Comte and Positivism [1]', *Westminster Review* (April 1865), CW, x, 263–327.

Inaugural Address delivered to the University of St. Andrews (February 1867), CW, xxi, 219–257.

England and Ireland (February 1868), CW, vi, 505–532.

'The State of Ireland' (Parliamentary Speech, 12 March 1868), CW, xxviii, 247–261.

The Subjection of Women (May 1869), CW, xxi, 259–340.

Autobiography (November 1873), CW, i, 1–290.

'Nature', *Three Essays on Religion* (October 1874), CW, x, 373–402.

The Earlier Letters of John Stuart Mill, 1812–1848, ed. F. E. Mineka, CW, xii–xiii (1962).

The Later Letters of John Stuart Mill, 1849–1873, ed. F. E. Mineka and D. N. Lindley, CW, xiv–xvii (1972).

Additional Letters of John Stuart Mill, ed. M. Filipiuk, M. Laine, and J. M. Robson, CW, xxxii (1991).

The Correspondence of John Stuart Mill and Auguste Comte, ed. and trans. O. A. Haac (1995).

2．J・S・ミルの論考・著作の日本語訳

『J・S・ミル初期著作集』，杉原四郎・山下重一編訳，全4巻，御茶の水書房，1979–1997年［Various Essays］．

「ルーイス『政治的用語の効用と弊害』書評」，山下重一訳，『國學院法学』，29 (4)，53–72 ['Lewis's Remarks on the Use and Abuse of Political Terms' (22 April 1832); 'Use and Abuse of Political Terms' (May 1832)]．

『功利主義論集』，川名雄一郎・山本圭一郎訳，京都大学学術出版会，2010年 ['Sedgwick's Discourse' (April 1835); 'Bentham' (August 1838); 'Utilitarianism' (October to December 1861)]．

「アルマン・カレル（上・下）」，山下重一訳，『國學院法学』，21 (3)，99–125；21

(4), 99–122 ['Armand Carrel' (October 1837)].

「革新政党の再編成」, 山下重一訳, 『國學院法学』, 27 (3), 93–132 ['Reorganization of the Reform Party' (April 1839)].

『論理学体系』, 大関将一・小林篤郎訳, 全6巻, 春秋社, 1949–1959年 [*A System of Logic* (1843)].

『経済学試論集』, 末永茂喜訳, 岩波書店, 1949年 [*Essays on Some Unsettled Questions of Political Economy* (1844)].

「ギゾーの歴史論」, 山下重一訳, 『國學院法学』, 23 (3), 75–121 ['Guizot's Essays and Lectures on History' (October 1845)].

『経済学原理』, 末永茂喜訳, 全5巻, 岩波書店, 1959–1963年 [*Principles of Political Economy* (1848)].

『自由論』, 塩尻公明・木村健康訳, 岩波書店, 1971年 [*On Liberty* (1859)].

『代議制統治論』, 水田洋訳, 岩波書店, 1997年 [*Considerations on Representative Government* (1861)].

『コントと実証主義』, 村井久二訳, 木鐸社, 1978年 ['Auguste Comte and Positivism [1–2]' (1865)].

『大学教育について』, 竹内一誠訳, 岩波書店, 2011年 [*Inaugural Address delivered to the University of St. Andrews* (1867)].

『女性の解放』, 大内兵衛・大内節子訳, 岩波書店, 1957年 [*The Subjection of Women* (1869)].

『評註ミル自伝』, 山下重一訳註, 御茶の水書房, 2003年 [*Autobiography* (1873)].

『宗教をめぐる三つのエッセイ』, ヘレン・テイラー編, 大久保正健訳, 勁草書房, 2011年 [*Three Essays on Religion* (1874)].

3. 一次文献（J・S・ミル以外）

Aldrich, H. (1691) *Artis logical compendium*, Oxford.

Alison, A. (1833) 'America', *Blackwood's Edinburgh Magazine*, xxxiv (September 1833), 285–308.

Anon. (1806) 'Macdiarmid on National Defence', *Edinburgh Review*, viii, 291–311.

―――― (1812) 'War with America', *Edinburgh Review*, xx, 451–462.

―――― (1814) 'Berington's Literature of the Middle Ages', *Edinburgh Review*, xxiii, 229–245.

―――― (1815) 'Liberty of the Continental Press', *Edinburgh Review*, xxv, 112–134. [Possibly by James Mill]

―――― (1814–15) 'Dr. Spurzheim's Demonstrative Course of Lectures on Drs. Gall and Spurzheim's Physiognomonical System', *Philosophical Magazine and Journal*, xliv, 305–312, 370–385 ; xlv, 50–63, 132–136.

―――― (1823) 'Phrenological Analysis of Mr Owen's New Views of Society', *Phrenological Journal*, i, 218–237.

―――― (1832a) 'American Law Reform', *Westminster Review*, xvi, 359–368.

―――― (1832b)'American Penal Law', *Westminster Review*, xvii, 368–380.
―――― (1835)'On Phrenology', *The New Moral World*, i, 212–213.
―――― (1838)'Introduction', *Journal of the Statistical Society of London*, i, 1–5.
Arnold, T. (1838–43) *History of Rome*, 3 vols, London.
Babbage, C. (1832) *On the Economy of Machinery and Manufactures*, London.
Bailey, S. (1825) *A Critical Dissertation on the Nature, Measures, and Causes of Value Chiefly in Reference to the Writings of Mr. Ricardo and his Followers*, London.
Bain, A. (1860) 'Phrenology and psychology', *Fraser's Magazine*, lxi, 692–708.
Barrow, J. (1819)'Fearon's Sketches of America', *Quarterly Review*, xxi, 124–167.
Beaumont, G. de (1835) *Marie, ou l'esclavage aux États-Unis*, Paris.
―――― (1839a) *L'Irlande sociale, politique et religieuse*, 2 vols, Paris.
―――― (1839b) *Ireland: Social, Political, and Religious*, 2 vols, ed. W. C. Taylor, London [English Translation of Beaumont (1839a)].
―――― (2006) *Ireland: Social, Political, and Religious*, ed. and trans. W. C. Taylor, with an introduction by T. Garvin and A. Hess, Cambridge, MA, and London [Reprint of Beaumont (1839b)].
Beaumont, G. de and A. de Tocqueville (1833) *Du système pénitentiare aux Etats-Unis, et de son application en France*, Paris [English Translations: *Origin and outline of the Penitentiary System in the United States of North America*, translated and abridged from the Official Report of G. de B. and A. de T., trans. W. B. S. Taylor, London, 1833; *On the Penitentiary System in the United States and its Application in France*, trans. F. Lieber, Philadelphia, 1833].
Bentham, J. (1802 a) *Traités de legislation civile et pénale*, 3 vols, trans. E. Dumont, Paris［長谷川正安訳,『民事および刑事立法論』,勁草書房, 1998 年］.
―――― (1802 b) *Letters to Lord Pelham, giving a Comparative View of the System of Penal Colonization in New South Wales*, London.
―――― (1817 a) *Plan of Parliamentary Reform, in the Form of a Catechism*, London.
―――― (1817 b) *Papers relative to Codification and Public Instruction; including Correspondence with the Russian Emperor, and divers constituted authorities in the American United States*, London.
―――― (1838–43) *The Works of Jeremy Bentham*, 11 vols, published under the superintendence of his executor John Bowring, Edinburgh.
―――― (1968–) *The Correspondence of Jeremy Bentham*, i–xii (continued), Various Editors, London and Oxford.
―――― (1983a) *Chrestomathia*, ed. M. J. Smith and W. H. Burston, Oxford.
―――― (1983b) *Constitutional Code, Vol. I.*, ed. F. Rosen and J. H. Burns, Oxford.
―――― (1996) *An Introduction to the Principles of Morals and Legislation*, ed. H. L. A. Hart and J. H. Burns, Oxford［山下重一訳,「道徳および立法の諸原理序説」, 関嘉彦編『ベンサム, J・S・ミル』中央公論社, 1967 年］.
―――― (1998) *'Legislator of the World': Writing on Codification, Law, and Education*, ed. P. Schofield and J. Harris, Oxford.

参照文献

―――― (2002) *Rights, Representation, and Reform : Nonsense upon Stilts and Other writings on the French Revolution*, ed. P. Schofield, C. Pease-Watkin, and C. Blamires, Oxford.
Bingham, P. (1824a) 'Travels of Duncan, Flint and Faux', *Westminster Review*, i, 101–120.
―――― (1824b) 'Periodical Literature : The Quarterly Review', *Westminster Review*, i, 250–268.
―――― (1824c) 'Travels in the United States and Canada', *Westminster Review*, ii, 170–179.
―――― (1824d) 'Tales of a Traveller', *Westminster Review*, ii, 334–346.
Brougham, H (1803) 'Politique de tous les Cabinets de l'Europe', *Edinburgh Review*, i, 345–381.
Brown, T. (1803) 'Villers, Sur une nouvelle theorie du cerveau', *Edinburgh Review*, ii, 147–160.
Buchanan, D. and Jeffrey, F. ? (1809) 'Spence on Agriculture and Commerce', *Edinburgh Review*, xiv, 50–60.
Bulwer, E. L. (1833) *England and the English*, 2 vols, London, 1833.
Carlyle, T. (1829) 'Signs of the Times', *Edinburgh Review*, xlix, 439–459.
―――― (1837) *The French Revolution : A History*, 3 vols, London.
Coleridge, S. T. (1817) *"Blessed are ye that sow beside all Waters!" A Lay Sermon, addressed to the Higher and Middle Classes, on the Existing Distresses and Discontents*, London.
―――― (1990) *On Politics and Society*, ed. J. Morrow, Hampshire and London.
Comte, A. (1824) *Système de politique positive, par Auguste Comte ... Tome premier, première partie*, Paris. [H. de Saint Simon, *Catéchisme des industriels*, vol. 3, Paris].
―――― (1975a) *Philosophie première : Cours de philosophie positive, leçons 1 à 45*, ed. M. Serres, F. Dagognet, and A. Sinaceur, Paris [Reprint of the first three volumes of *Cours de philosophie positive*, 6 vols, Paris, 1830–1842].
―――― (1975b) *Phisique sociale : Cours de philosophie positive, leçons 46 à 60*, ed. J-P. Enthoven, Paris [Reprint of the last three volumes of *Cours de philosophie positive*, 6 vols, Paris, 1830–1842].
―――― (1975c) *Correspondance générale et confessions*, ed. P. E. de Berrêdo Carneiro and P. Arnaud, vol. 2, Paris.
Condorcet (1786) *Vie de Monsieur Turgot*, Londres [i.e. Paris].
de Vere, A. T. (1848) *English Misrule and Irish Misdeeds*, London.
Du Trieu, P. (1662) *Manductio ad Logicam, sive Dialectica studiosæ iuuentuti ad logicam præparandæ*, Oxford.
―――― (1826) *Manuductio ad Logicam sive dialectica studiosæ juventuti ad logicam præparandæ. Ab editione Oxoniensi anni 1662 recusa*, London [Reprint of Du Trieu (1662)].
Gall, F. J. and G. Spurzheim (1810) *Observations sur la phrénologie, ou la connaissance de l'homme moral et intellectuel, fondée sur les fonctions du système nerveux*, Strasbourg and Paris.
―――― (1810–19) *Anatomie et physiologie du système nerveux en général et du cerveau en particulier*, 4 vols, Paris.

Gall, F. J. (1822–25) *Sur les fonctions du cerveau et sur celles de chacune de ses parties*, 6 vols, Paris [2nd, revised edition of Gall and Spurzheim (1810–19)].

―――― (1835) *On the Functions of the Brain and of each of its Parts*, 6 vols, trans. W. Lewis, Boston [English translation of Gall (1822–25)].

Gordon, J. (1815) 'The Doctrines of Gall and Spurzheim', *Edinburgh Review*, xxv, 227–268.

Grote, G. (1821) *Statement of the Question of Parliamentary Reform ; with a Reply to the Objections of the Edinburgh Review, No. LXI*, London.

―――― (1846–56) *A History of Greece*, 12 vols, London.

Guizot, F. (1823) *Essais sur l'histoire de France*, nouvelle edition, Paris.

―――― (1828) *Cours d'histoire moderne : histoire générale de la civilisation en Europe, depuis la chute de l'empire romain jusqu' à la revolution française*, Paris.

―――― (1829–32) *Cours d'histoire moderne : histoire de la civilisation en France, depuis la chute de l'empire romain jusqu'en 1789*, 5 vols, Paris.

―――― (1997) *History of Civilization in Europe*, ed. L. Siedentop, London [translation of Guizot (1828)].

Hall, B. (1829) *Travels in North America in the Years 1827 and 1828*, 3 vols, Edinburgh.

Hamilton, A., J. Jay, and J. Madison [under psuedname, Publius] (1802) *The Federalist, on the New Constitution. By Publius, written in 1788. To which is added, Pacificus, on the Proclamation of Neutrality. Written in 1793. Likewise the Federal Constitution ... Revised and Corrected*, 2 vols, New York [斎藤真・中野勝郎訳,『ザ・フェデラリスト』, 岩波書店, 1999 年].

Hamilton, T. (1833) *Men and Manners in America*, 2 vols, Edinburgh.

Hobbes, T. (1655) 'Computatio Sive Logica', *Elementorum Philosophiæ ; sectio prima de corpore*, London.

Horner, F. (1803) 'M. Canard, Principes d'economie politique', *Edinburgh Review*, i, 431–450

Howitt, W. (1842) *The Rural and Domestic Life of Germany, with Characteristic Sketches of its Cities and Scenery, Collected in a General Tour, and during a Residence in the Country in 1840, 41 and 42*, London.

Ingersoll, C. J. (1823) *A Discourse concerning the Influence of America on the Mind, being the Annual Oration delivered before the America Philosophical Society, at the University in Philadelphia, on the 18th October, 1823*, Philadelphia.

Inglis, H. D. (1831) *Switzerland, the South of France, and the Pyrenees, in 1830*, 2 vols, Edinburgh.

―――― (1835) *Ireland in 1834 : A Journey throughout Ireland during the Spring, Summer, and Autumn of 1834*, 2nd edn, 2 vols, London [First published in 1834].

Jackson, A. (1929) *Correspondence of Andrew Jackson*, ed. J. S. Bassett, vol. iv, Washington.

Jeffrey, F. (1803a) 'Gentz, Etat de l'Europe', *Edinburgh Review*, ii, 1–30.

―――― (1803b) 'Millar's View of the English Government', *Edinburgh Review*, iii, 154–

181.
―――（1805）'Barrow's Travel in China', *Edinburgh Review*, v, 259–288
―――（1806）'Craig's Life of Millar', *Edinburgh Review*, ix, 83–92.
―――（1811）'Parliamentary Reform', *Edinburgh Review*, xvii, 253–290.
―――（1813）'Madam de Staël, Sur la literature', *Edinburgh Review*, xxi, 1–50
―――（1819）'Dispositions of England and America', *Edinburgh Review*, xxxiii, 395–431.
―――（1826a）'Phrenology', *Edinburgh Review*, xliv, 253–318.
―――（1826b）'Note to the Article on Phrenology in No. 88', *Edinburgh Review*, xlv, 248–253.
Jeffrey, F. and F. Horner（1803）'Sir John Sinclair's Essays on Miscellaneous Subjects', *Edinburgh Review*, ii, 205–211.
Jones, R.（1831）*An Essay on the Distribution of Wealth*, London［鈴木鴻一郎訳，『地代論』，全 2 巻，岩波書店，1950–1951 年］.
―――（1859）*Literary Remains consisting of Lectures and Tracts of the Late Rev. Richard Jones*, ed. W. Whewell, London.
Kames, Lord, H. Home（1774）*Sketches of the History of Man*, 2 vols, Edinburgh.
Laing, S.（1836）*Journal of a Residence in Norway, during the Years 1834, 5, 6, etc.*, London.
―――（1842）*Notes of A Traveller on the Social and Political State of France, Prussia, Switzerland, Italy, and Other Parts of Europe, during the Present Century*, London.
Larcher, P. H.（1786）*Histoire d'Hérodote*, 7 vols, Paris.
―――（1829）*Larcher's Notes on Herodotus. Historical and Critical Remarks on the Nine Books of the History of Herodotus*, 2 vols, trans. W. D. Cooley, London［New edn in 1844］.
Lively, J. and J. Rees（eds）（1978）*Utilitarian Logic and Politics : James Mill's 'Essay on Government', Macaulay's Critique and the Ensuing Debate*, Oxford.
Macaulay, T. B.（1829）'Utilitarian Theory of Government and the "Greatest Happiness Principle"', *Edinburgh Review*, l, 99–125.
―――（1830）'Southey's Colloquies on Society', *Edinburgh Review*, l, 528–565.
Mackintosh, J.（1812）'Wakefield's Ireland', *Edinburgh Review*, xx, 346–369.
―――（1818）'Universal Suffrage', *Edinburgh Review*, xxx, 165–203.
Malthus, T. R.（1808）'Newenham and Others on the State of Ireland', *Edinburgh Review*, xii, 336–55.
―――（1809）'Newenham on the State of Ireland', *Edinburgh Review*, xiv, 151–170.
―――（1815a）*An Inquiry into the Nature and Progress of Rent and the Principles by which it is regulated*, London.
―――（1815b）*The Grounds of an Opinion on the Policy of Restricting the Importation of Foreign Corn*, London.
―――（1986）*Principles of Political Economy : The Second Edition*（1836）*with Variant Readings from the First Edition*（1820）, ed. E. A. Wrigley and D. Souden, 2 vols, London［小林時三郎訳，『経済学原理』，全 2 巻，岩波書店，1968 年］.

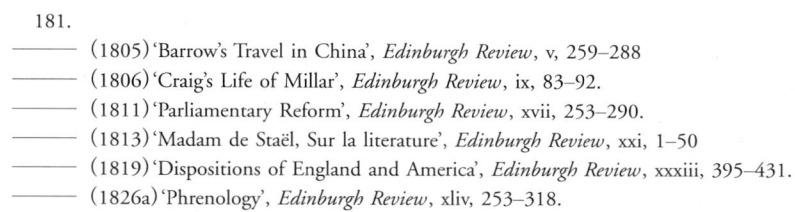

Maurice, F. D. (1842) *The Kingdom of Christ*, 2 vols, London [1st edn in 1837 in 3 vols].

McCrie, T. (1812) *The Life of John Knox containing Illustrations of the History of the Reformation in Scotland*, London.

McCulloch, J. R. (1818) 'Ricardo's Political Economy', *Edinburgh Review*, xxx, 59–87.

―――― (1819) 'Cottage System', *Supplement to the Fourth, Fifth, and Sixth Editions of the Encyclopaedia Britannica*, 6 vols, Edinburgh, 1824, iii, 378–387.

―――― (1824) 'Political Economy', *Supplement to the Fourth, Fifth, and Sixth Editions of the Encyclopaedia Britannica*, 6 vols, Edinburgh, 1824, vi, 216–278.

―――― (1825) *Discourse on the Rise, Progress, Peculiar Objects and Importance of Political Economy*, 2nd. edn, Edinburgh.

―――― (1828) 'Introductory Discourse' in A. Smith, *An Inquiry into the Nature and Causes of the Wealth of Nations*, 4 vols, ed. J. R. McCulloch, London.

Michelet, J. (1833) *Histoire de romaine : Republique*, 2nd edn, 3 vols, Paris.

―――― (1833–44) *Histoire de France*, 6 vols, Paris.

Mill, James (1803, Millar) 'Millar's Historical View of the English Government', *Literary Journal*, ii, 325–333, 385–400.

―――― (1806, Filangieri) 'Filangieri on the Science of Legislation', *Literary Journal*, 2nd ser., ii, 225–242.

―――― (1809, Jovellanos) 'Jovellanos on Agriculture and Legislation', *Edinburgh Review*, xiv, 20–39.

―――― (1810, Indes Orientales) 'Voyage aux Indes Orientales', *Edinburgh Review*, xv, 363–384.

―――― (1810, Affairs) 'Affairs of India', *Edinburgh Review*, xvi, 128–157.

―――― (1810, Tolélance) 'Sur la Tolélance Religieuse', *Edinburgh Review*, xvi, 413–430.

―――― (1811, Chas) 'Chas, *Sur la souveraineté*', *Edinburgh Review*, xvii, 409–428.

―――― (1812, Malcolm) 'Malcolm on India', *Edinburgh Review*, xx, 38–54.

―――― (1813, Character) 'Essays on the Formation of Human Character', *Philanthropist*, iii, 93–119.

―――― (1813, Ireland) 'State of Ireland', *Edinburgh Review*, xxi, 340–364.

―――― (1817, HBI) *History of British India*, 1st edn, 3 vols, London.

―――― (1818, Colony) 'Colony', *Supplement to the Fourth, Fifth and Sixth Editions of the Encyclopaedia Britannica*, 6 vols, Edinburgh, 1824, iii, 257–273.

―――― (1819, Education) 'Education', *Supplement to the Fourth, Fifth, and Sixth Editions of the Encyclopaedia Britannica*, 6 vols, Edinburgh, 1824, iv, 11–33 ［小川晃一訳, 「教育論」, 『教育論・政府論』, 岩波書店, 1983 年］.

―――― (1820, Government) 'Government', *Supplement to the Fourth, Fifth, and Sixth Editions of the Encyclopaedia Britannica*, 6 vols, Edinburgh, 1824, iv, 491–505 ［小川晃一訳, 「政府論」, 『教育論・政府論』, 岩波書店, 1983 年］.

―――― (1821, Elements) *Elements of Political Economy*, 1st edn, London ［渡邊輝雄訳, 『経済学綱要』, 春秋社, 1948 年］.

―― (1824, ER)'Periodical Literature : Edinburgh Review', *Westminster Review*, i, 206 –249.

―― (1824, QR)'Periodical Literature : The Quarterly Review', *Westminster Review*, ii, 463–503.

―― (1825, ER on Reform)'Edinburgh Review on Parliamentary Reform', *Westminster Review*, iv, 194–233.

―― (1826, State)'State of the Nation', *Westminster Review*, vi, 249–278.

―― (1829, *Analysis*) *Analysis of the Phenomena of the Human Mind*, 2 vols, London.

―― (1830, Ballot)'The Ballot', *Westminster Review*, viii, 1–39.

―― (1835, *Fragment*) *Fragment on Mackintosh*, London.

―― (1836, Aristocracy)'Aristocracy', *London Review*, ii, 283–306.

―― (1836, Theory and Practice)'Theory and Practice : A Dialogue', *London and Westminster Review*, iii & xxv, 223–234.

―― (1966) *Selected Economic Writings*, ed. D. Winch, Edinburgh.

―― (1975) *History of British India*, abridged and ed. W. Thomas, Chicago and London.

―― (1992) *Political Writings*, ed. T. Ball, Cambridge.

―― (1996) *The History of British India*, 10 vols, with notes and continuation. H. H. Wilson, Hampshire.

Mill, James and F. de Miranda (1809)'Emancipation of Spanish America', *Edinburgh Review*, xiii, 277–311.

Millar, J. (1803) *An Historical View of the English Government*, 3rd edn, 4 vols, London [1st edn in 1787].

―― (1806) *The Origin of the Distinction of Ranks*, 4th edn, Edinburgh [1st edn in 1771, under the title, *Observations concerning the Distinction of Ranks in Society*].

―― (2006) *An Historical View of the English Government*, Indianapolis [Reprint of Millar (1803)].

Mosheim, J. L. (1765) *An Ecclesiastical History, Ancient and Modern, from the Birth of Christ to the Beginning of the Present Century*, 2 vols, London.

Napier, M. (1879) *Selection from the Correspondence of the Late Macvey Napier*, ed. M. Napier [son of the author], London.

Neal, J. (1826)'United States', *Westminster Review*, v, 173–201.

―― (1869) *Wandering Recollections of a Somewhat Busy Life : An Autobiography*, Boston.

―― (1937) *American Writers : A Series of Papers contributed to Blackwood's Magazine, 1824–1825*, ed. F. L. Pattee, Durham, NC.

Niebuhr, B. G. (1812–32) *Römische Geschichte*, 3 vols, Berlin.

Owen, R. (1826–27)'The Social System', *The New-Harmony Gazette*, ii, 57–59, 105–106, 113–114, 129–130, 137–138, 145–146, 153–154, 161–162, 169–170, 177–178, 185–186［永井義雄訳，「社会制度論」，五島茂・坂本慶一編，『オウエン，サン・シモン，フーリエ』，中央公論社，1975 年］.

―――― (1972) *A New View of Society*, London [Reprint of the 2nd edn in 1816].
Patmore, P. G. (1824) 'Critical Notice : Influence of America on the Mind', *Westminster Review*, ii, 562–566.
Playfair, J. (1807) 'Madame de Staël, Corinne', *Edinburgh Review*, xi, 183–185.
Raumer, F. L. G. von (1836a) *England im Jahre 1835*, 2 vols, Leipzig.
―――― (1836b) *England in 1835 : Being a Series of Letters Written to Friends in Germany, During a Residence in London and Excursions into the Provinces*, 3 vols, trans. S. Austin, London [English translation of Raumer (1835a)].
Ricardo, D. (1951–73) *The Works and Correspondence of David Ricardo*, 11 vols, ed. P. Sraffa, with the collaboration of M. H. Dobb, Cambridge [『デイヴィド・リカードウ全集』, 全11巻, 雄松堂書店, 1971–1999年].
Roebuck, J. A. (1835) *Pamphlets for the People*, 2 vols, London.
Saint Simon, H. de (1830) *Doctrine de Saint–Simon : exposition, première année 1829*, 2nd edn, Paris. [*The Doctrine of Saint–Simon : An Exposition ; First Year, 1828–1829*, trans. G. G. Iggers, New York, 1958 ; 野地洋行訳, 『サン–シモン主義宣言:「サン–シモンの学説・解義」第一年度, 1828–1829』, 木鐸社, 1982年]
―――― (1865–78) *Œuvres de Saint-Simon et d'Enfantin*, 47 vols, Paris.
Scrope, G. P. (1846) *How is Ireland to be governed?*, 2nd edn, London [1st edn in 1834].
Sewel, W. (1722) *The History of the Rise, Increase and Progress of the Christian People called Quakers*, London.
Sismondi, J. C. L. Simonde de (1827) *Nouveaux principes d'économie politique, ou de la richesse dans ses rapports avec la population*, 2nd edn, 2 vols, Paris [1st edn in 1819].
―――― (1837–38) *Études sur l'économie politique*, 2 vols, Paris.
Smith, A. (1976) *An Inquiry into the Nature and Causes of the Wealth of Nations*, 2 vols, ed. W. B. Todd, Oxford [水田洋監訳・杉山忠平訳, 『国富論』, 岩波書店, 2000–01年].
Smith, S. (1803) 'Fiévée, Lettres sur L'Angleterre', *Edinburgh Review*, ii, 86–90.
―――― (1818) 'Travellers in America', *Edinburgh Review*, xxxi, 132–150.
―――― (1820) 'Ireland', *Edinburgh Review*, xxxiv, 320–338.
Smith, T. S. (1824) 'Education', *Westminster Review*, i, 43–79.
Southey, R. (1829) *Sir Thomas More : Or Colloquies on the Progress and Prospects of Society*, London.
Spurzheim, J. G. (1815) *The Physiognomical System of Drs. Gall and Spurzheim ; founded on an Anatomical and Physiological Examination of the Nervous System in general, and of the Brain in particular ; and indicating the Dispositions and Manifestations of the Mind. Being at the same time a Book of Reference for Dr. Spurzheim's Demonstrative Lectures*, London.
Spurzheim, J. G. (1825) *A View of the Philosophical Principles of Phrenology*, London.
Stewart, D. (1792–1827) *Elements of the Philosophy of Human Mind*, 3 vols, Edinburgh.
―――― (1854–60) *The Collected Works of Dugald Stewart*, 11 vols, ed. W. Hamilton, Edin-

burgh.

――― (1980) 'Account of the Life and Writings of the Author', in A. Smith, *Essays on Philosophical Subjects*, ed. W. P. D. Wightman and J. C. Bryce, Oxford ［福鎌忠恕訳，『アダム・スミスの生涯と著作』，御茶の水書房，1984 年］.

Thompson, W. (1824) *An Inquiry into the Principles of the Distribution of Wealth most conducive to Human Happiness: Applied to the Newly Proposed System of Voluntary Equality of Wealth*, London ［鎌田武治訳，『富の分配の諸原理』，全 2 巻，京都大学学術出版会，2011–12 年］.

Thomson, T. (1802) *A System of Chemistry*, 4 vols, Edinburgh.

Thornton, W. T. (1846) *Over Population, and its Remedy; or an Enquiry into the Extent and Causes of the Distress prevailing among the Labouring Classes of the British Islands, and into the Means of Remedying, etc.*, London.

――― (1848) *A Plea for Peasant Proprietors; with the Outlines of a Plan for their establishment in Ireland*, London.

Tocqueville, A. de (1836) 'Political and Social Condition of France', *London and Westminster Review*, iii and xxv, 137–169.

――― (1957) *Voyages, en Sicilie et aux États-Unis*, ed. J. P. Mayor, Paris.

――― (1992) *De la démocratie en Amérique, I–II, Œuvres d'Alexis, de Tocqueville, II*, Bibliothèque de la Pléiade, édition publiée sous la direction d'André Jardin, Paris.

――― (1994) *Democracy in America*, ed. J. P. Mayer, trans. G. Lawrence, London ［English translation of *De la Démocratie en Amérique*, Paris, 1835 and 1840; 松本礼二訳，『アメリカのデモクラシー』，全 4 巻，岩波書店，2005–08 年］.

Torrens, R. (1822) 'Political Economy Club', *Traveller*, 2 December 1822, 3.

Trollope, F. (1997) *Domestic Manners of the Americans*, London ［Originally published in 1832］.

Walter, F. (1840) *Geschichte des römischenRechts bit auf Justinian*, Bonn.

――― (1830–43) *The History of Rome*, published by the Society for the Diffusion of Useful Knowledge, London.

Whately, R. (1826) *Elements of Logic, comprising the Substance of the Article in the Encyclopædia Metropolitana: With Additions, etc.*, London.

Whewell, W. (1831) 'Jones――On the Distribution of Wealth and the Sources of Taxation', *The British Critic*, x, 41–61.

――― (1837) *History of the Inductive Sciences: From the Earliest Times to the Present*, London.

――― (1859) 'Prefatory Notice', in R. Jones, *Literary Remains consisting of Lectures and Tracts of the Late Rev. Richard Jones*, ed. W. Whewell, London.

Whyte, A. J. (1925) *The Early Life and Letters of Cavour, 1810–1848*, London.

Wight, T. and J. Rutty (1751) *A History of the Rise and Progress of the People called Quakers in Ireland*, Dublin.

4. 二次文献

Alexander, E. (1976) 'The Principles of Permanence and Progression in the Thought of J. S. Mill', in J. M. Robson and M. Laine (eds), *James and John Stuart Mill: Papers of the Centenary Conference*, Toronto [山下重一訳,「J・S・ミルの思想における永続と進歩の原理」, 杉原四郎他訳,『ミル記念論集』, 木鐸社, 1979 年].

Anschutz, R. (1953) *The Philosophy of J. S. Mill*, Oxford.

Bain, A. (1882a) *James Mill: A Biography*, London.

――― (1882b) *John Stuart Mill: A Criticism with Personal Recollections*, London [山下重一・矢島杜夫訳,『J・S・ミル評伝』, 御茶の水書房, 1993 年].

Baker, K. M. (1964) 'The Early History of the Term "Social Science"', *Annals of Science*, xx, 211–26.

Ball, T. (2000) 'The Formation of Character: Mill's "Ethology" Reconsidered', *Polity*, xxxiii, 25–48.

Berger, F. (1984) *Happiness, Justice, and Freedom: The Moral and Political Philosophy of John Stuart Mill*, Berkeley.

Berry, C. J. (1997) *Social Theory of the Scottish Enlightenment*, Edinburgh.

Bew, P. (2007) *Ireland: The Politics of Enmity 1789–2006*, Oxford.

Black, R. D. C. (1960) *Economic Thought and the Irish Question, 1817–1870*, Cambridge.

Blaug, M. (1958) *Ricardian Economics: A Historical Study*, New Haven [馬渡尚憲・島博保訳,『リカァドゥ派の経済学』, 木鐸社, 1981 年].

――― (1980) *The Methodology of Economics, or, How Economists Explain*, Cambridge.

Brown, R. (1984) *The Nature of Social Laws: Machiavelli to Mill*, Cambridge.

Bull, P. (1996) *Land, Politics and Nationalism: A Study of the Irish Land Question*, Dublin.

Burns, J. H. (1957) 'J. S. Mill and Democracy, 1829–61', repr. in G. W. Smith (ed.), *John Stuart Mill's Social and Political Thought: Critical Assessments*, 4 vols, London and New York, 1998, iii, 35–68.

――― (1959) 'J. S. Mill and the Term "Social Science"', *Journal of the History of Ideas*, xx, 431–432.

――― (1962) *Jeremy Bentham and University College*, London.

――― (1967) *The Fabric of Felicity: The Legislator and the Human Condition*, London.

――― (1976) 'The Light of Reason: Philosophical History in the Two Mills', in J. M. Robson and M. Laine (eds), *James and John Stuart Mill: Papers of the Centenary Conference*, Toronto [山下重一訳,「理性の光――ミル父子における哲学的歴史」, 杉原四郎他訳,『ミル記念論集』, 木鐸社, 1979 年].

Burrow, J. W. (1966) *Evolution and Society: A Study in Victorian Social Theory*, Cambridge.

――― (1988) *Whigs and Liberals: Continuity and Change in English Political Thought*, Oxford.

Cairns, J. W. (1995)'"Famous as a School for Law, as Edinburgh... for Medicine" : Legal Education in Glasgow, 1761–1801', in A. Hook and R. Sher (eds), *The Glasgow Enlightenment*, Edinburgh.

Cannon, S. F. (1978) *Science in Culture : The Early Victorian Period*, New York.

Cantor, G. N. (1975a)'The Edinburgh Phrenology Debate, 1803–1828', *Annals of Science*, xxxii, 195–218.

―― (1975b)'A Critique of Shapin's Social Interpretation of the Edinburgh Phrenology Debate', *Annals of Science*, xxxii, 245–256.

Capaldi, N. (1973)'Mill's Forgotten Science of Ethology', *Social Theory and Practice*, ii, 409–420.

Carlisle, J. (1991) *John Stuart Mill and the Writing of Character*, Athens, Georgia and London.

Carr, W. (1971)'James Mill's Politics Reconsidered : Parliamentary Reform and the Triumph of Truth', *Historical Journal*, xiv, 553–580.

―― (1972)'James Mill's Politics : A Final Word', *Historical Journal*, xv, 315–320.

Chitnis, A. C. (1976) *The Scottish Enlightenment : A Social History*, London.

―― (1986) *The Scottish Enlightenment and Early Victorian English Society*, London.

Clive, J. (1957) *Scotch Reviewers : The Edinburgh Review, 1802–15*, London.

Cockburn, H. (1852) *Life of Lord Jeffrey*, 2 vols, Edinburgh.

Coenen-Huther, J. (1997) *Tocqueville*, Paris［三保元訳，『トクヴィル』，白水社，2000年］.

Collini, S. (1980)'Political Theory and the "Science of Society" in Victorian Britain', *Historical Journal*, xxiii, 203–231.

―― (1991) *Public Moralists : Political Thought and Intellectual Life in Britain, 1850–1930*, Oxford.

―― (1999) *English Pasts : Essays in History and Culture*, Oxford.

Collini, S., D. Winch, and J. W. Burrow (1983) *That Noble Science of Politics : A Study in Nineteenth-Century Intellectual History*, Cambridge［永井義雄他訳，『かの高貴なる政治の科学』，ミネルヴァ書房，2005年］.

Cook, I. (1998) *Reading Mill : Studies in Political Theory*, Basingstoke.

Cooter, R. (1984) *The Cultural Meaning of Popular Science : Phrenology and the Organization of Consent in Nineteenth-Century Britain*, Cambridge.

Corsi, P. (1987)'The Heritage of Dugald Stewart : Oxford Philosophy and the Method of Political Economy', *Nuncius*, ii, 89–144.

Craiutu, A. (2004)'The Method of the French Doctrinaires', *History of European Ideas*, xxx, 39–59.

Crook, D. P. (1961)'The British Whigs on America, 1820–60', *Bulletin of the British Association for American Studies*, iii, 4–17.

―― (1965) *American Democracy in English Politics, 1815–1850*, Oxford.

Crossley, C. (1993) *French Historians and Romanticism : Thierry, Guizot, the Saint-Simonians, Quinet, Michelet*, London and New York.

D'Eichthal, G.（1977）*A French Sociologist Looks at Britain : Gustave d'Eichthal and British Society in 1828*, trans. and ed. B. Ratcliffe and W. Chaloner, Manchester.

Dewey, C. J.（1974）'The Rehabilitation of the Peasant Proprietor in Nineteenth-Century Economic Thought', *History of Political Economy*, vi, 17–47.

Dinwiddy, J.（1975）'Bentham's Transition to Political Radicalism', *Journal of the History of Ideas*, xxxvi, 683–700.

――― （1992）*Radicalism and Reform in Britain, 1780–1850*, London and Lio Grande, Ohio.

Dome, T.（2004）*The Political Economy of Public Finance in Britain, 1767–1873*, London.

Donnachie, I. L.（2000）*Robert Owen : Owen of New Lanark and New Harmony*, East Linton.

Eckalbar, J. C.（1977）'The Saint-Simonian Philosophy of History : A Note', *History and Theory*, 16, 40–44.

Fenn, R.（1987）*James Mill's Political Thought*, London.

Feuer, L. S.（1976）'John Stuart Mill as a Sociologist : The Unwritten Ethology', in J. Robson and M. Laine（eds）, *James and John Stuart Mill : Papers of the Centenary Conference*, Toronto［泉谷周三郎訳,「社会学者としてのJ・S・ミル――書かれざる性格学」, 杉原四郎他訳,『ミル記念論集』, 木鐸社, 1979年］.

Filipiuk, M.（1991）'John Stuart Mill and France', in M. Laine（ed.）, *A Cultivated Mind : Essays on J. S. Mill presented to J. M. Robson*, Toronto.

Flynn, P.（1978）*Francis Jeffrey*, Newark and London.

Fontana, B.（1985）*Rethinking the Politics of Commercial Society : The Edinburgh Review 1802–1832*, Cambridge.

――― （1990）'Whigs and Liberals : The *Edinburgh Review* and the "Liberal Movement" in Nineteenth-Century Britain', in R. Bellamy（ed.）, *Victorian Liberalism : Nineteenth-Century Political Thought and Practice*, London.

Forbes, D.（1951）'James Mill and India', *Cambridge Journal*, v, 19–33.

――― （1954）'"Scientific" Whiggism : Adam Smith and John Miller', *Cambridge Journal*, vii, 643–670.

――― （1966）'Introduction', in A. Ferguson, *An Essays on the History of Civil Society*, ed. D. Forbes, Edinburgh, 1966.

――― （1975）'Sceptical Whiggism, Commerce and Liberty', in A. Skinner and T. Wilson（eds）, *Essays on Adam Smith*, Oxford.

Fraiberg, L.（1952）'The *Westminster Review* and American Literature, 1824–1885', *American Literature*, xxiv, 310–329.

Francis, M. and J. Morrow（1994）*A History of English Political Thought in the Nineteenth Century*, London.

Friedman, R. B.（1968）'An Introduction to Mill's Theory of Authority', in J. B. Schneewind（ed.）, *Mill : A Collection of Critical Essays*, London and New York.

Gibbon, C.（1878）*The Life of George Combe : Author of "The Constitution of Man"*, 2

vols, London.
Goldman, L. (1983) 'The Origins of British "Social Science": Political Economy, Natural Science and Statistics, 1830–1835', *Historical Journal*, xxvi, 587–616.
Gray, J. (1979) 'John Stuart Mill: Traditional and Revisionist Interpretations', *Literature of Liberty*, ii : 2, 7–37.
——— (1983) *Mill on Liberty: A Defence*, London.
Gray, P. (1999) *Famine, Land and Politics: British Government and Irish Society, 1843–50*, Dublin.
Haakonssen, K. (1984) 'From Moral Philosophy to Political Economy: The Contribution of Dugald Stewart', in V. Hope (ed.), *Philosophers of the Scottish Enlightenment*, Edinburgh.
——— (1996) *Natural Law and Moral Philosophy: From Grotius to the Scottish Enlightenment*, Cambridge.
Habibi, D. (2001) *John Stuart Mill and the Ethic of Human Growth*, Dordrecht.
Halévy, E. (1928) *The Growth of Philosophic Radicalism*, trans. M. Morris, London [English translation of *La formation du radicalisme philosophique*, 3 vols, Paris, 1901–1904].
Hall, M. (1931), *The Aristocratic Journey: Being the Outspoken Letters of Mrs. Basil Hall written during a Fourteen Month's Sojourn in America 1827–1828*, ed. U. Pope-Hennessy, New York, 1931.
Hamburger, J. (1962) 'James Mill on Universal Suffrage and the Middle Class', *Journal of Politics*, xxiv, 167–190.
——— (1963) *James Mill and the Art of Revolution*, New Haven and London.
——— (1965) *Intellectuals in Politics: John Stuart Mill and the Philosophical Radicals*, New Haven and London.
——— (1976) 'Mill and Tocqueville on Liberty', in J. M. Robson and M. Laine (eds), *James and John Stuart Mill: Papers of the Centenary Conference*, Toronto ［山下重一訳，「ミルとトクヴィルの自由論」，杉原四郎他訳，『ミル記念論集』，木鐸社，1979年］．
Harrison, J. F. C. (1969) *Robert Owen and the Owenites in Britain and America: The Quest for the New Moral World*, London.
Hart, H. L. A. (1982) *Essays on Bentham: Studies on Jurisprudence and Political Theory*, Oxford.
Head, B. W. (1982) 'The Origins of "la science sociale" in France, 1770–1800', *Australian Journal of French Studies*, xix, 115–132.
Henderson, J. P. (1996) *Early Mathematical Economics: William Whewell and the British Case*, Lanham, Md..
Himes, N. (1928) 'The Place of John Stuart Mill and of Robert Owen in the History of English Neo-Malthusianism', repr. in J. C. Wood (ed.), *John Stuart Mill: Critical Assessments*, 4 vols, London, 1987, iv, 31–39.
——— (1929) *John Stuart Mill's Attitude towards Neo-Malthusianism*, London.
Hollander, S. (1985) *The Economics of John Stuart Mill*, 2 vols, Toronto.

Houghton, W. E. (ed.) (1966–89) *The Wellesley Index to Victorian Periodicals 1824–1900*, 5 vols, Toronto.

Iggers, G. G. (1959) 'Further Remarks about Early Use of the Term "Social Science"', *Journal of the History of Ideas*, xx, 433–436.

Jones, H. (1999) '"The True Baconian and Newtonian Method" : Tocqueville's Place in the Formation of Mill's *System of Logic*', *History of European Ideas*, xxv, 153–161.

Kahan, A. (1992) *Aristocratic Liberalism : The Social and Political Thought of Jacob Burckhardt, John Stuart Mill, and Alexis de Tocqueville*, Oxford and New York.

Kawana, Y. (2010) 'John Stuart Mill and the Politics of the Irish Land Question', *Kyoto Economic Review*, clxvii, 34–54.

Kelly, P. (1984) 'Constituents' Instructions to Members of Parliament in the Eighteenth Century', in C. Jones (ed.), *Party and Management in Parliament, 1660–1784*, Leicester.

Keynes, J. M. (1973) *The General Theory of Employment, Interest and Money*, The Collected Writings of John Maynard Keynes, London, 1971–1989, vii ［塩野谷祐一訳, 『雇用・利子および貨幣の一般理論』, 東洋経済新報社, 1983 年］.

King, P. J. (1966) 'John Neal as a Benthamite' *The New England Quarterly*, xxxix, 47–65.

Kinzer, B. (2001) *England's Disgrace? : J. S. Mill and the Irish Question*, Toronto and Buffalo.

Kubitz, O. (1932) *Development of John Stuart Mill's System of Logic*, Urbana.

Kumar, K. (2003) *The Making of English National Identity*, Cambridge.

Langford. P. (2000) *Englishness Identified*, Oxford.

Lazenby, A. L. (1972) *James Mill : The Formation of a Scottish Emigre Writer*, D.Phil Thesis, University of Sussex.

Leary, P. (1998) '"Our Chief Speculative Monument of This Age" : The Publishing of Mill's *Logic*', *Publishing History*, xliv, 39–57.

Lehmann, W. (1960) *John Millar of Glasgow, 1735–1801*, Cambridge.

―――― (1970) 'Some Observations on the Law Lectures of Professor Millar at the University of Glasgow, 1761–1801', *Juridical Review*, xv, 57–77.

Levin, M. (2004) *J. S. Mill on Civilization and Barbarism*, London.

Lipkes, J. (1999) *Politics, Religion and Classical Political Economy in Britain : John Stuart Mill and His Followers*, Basingstoke.

Lloyd, T. (1991) 'John Stuart Mill and the East India Company', in M. Laine (ed.), *A Cultivated Mind : Essays on J. S. Mill presented to J. M. Robson*, Toronto.

Macfie, A. (1961) 'John Millar : A Bridge between Adam Smith and 19th Century Social Thinkers?', *Scottish Journal of Political Economy*, viii, 200–210.

Majeed, J. (1992) *Ungoverned Imaginings : James Mill's The History of British India and Orientalism*, Oxford.

―――― (1999) 'James Mill's *The History of British India* : A Reevaluation', in M. Moir, D. Peers, and L. Zastoupil (eds), *J. S. Mill's Encounter with India*, Toronto.

Marchi, N. B. de (1970) 'The Empirical Content and Longevity of Ricardian Economics',

Economica, New Ser., xxxvii, 257–276.
——— (1974) 'The Success of J. S. Mill's Principles', repr. in J. C. Wood (ed.), *John Stuart Mill : Critical Assessments*, 4 vols, London and New York, 1998, iii, 122–154.
——— (1983) 'The Case for James Mill', in A. W. Coats (ed.), *Methodological Controversy in Economics : Historical Essays in Honor of T. W. Hutchison*, London and Greenwich, Conn..
Marchi, N. B. de and R. S. Sturges (1973) 'Malthus and Ricardo's Inductivist Critics : Four Letters to William Whewell', *Economica*, New Ser., xl, 379–393.
Martin, D. E. (1981) *John Stuart Mill and the Land Question*, Hull.
Mattos, L. V. de (2005) 'Mill's Transformational View of Human Nature', *History of Economic Ideas*, xiii, 33–55.
Mazlish, B. (2001) 'Civilization in a Historical and Global Perspective', *International Sociology*, xvi, 293–300.
——— (2004) *Civilization and its Contents*, Stanford.
Meek, R. L. (1971) 'Smith, Turgot, and the "Four Stages" Theory', *History of Political Economy*, iii, 9–27.
——— (1976) *Social Science and the Ignoble Savage*, Cambridge.
Mehta, U. (1999) *Liberalism and Empire : A Study in Nineteenth-Century British Liberal Thought*, Chicago.
Moir, M., D. Peers, and L. Zastoupil (eds) (1999) *J. S. Mill's Encounter with India*, Toronto.
Mokyr, J. (1985) *Why Ireland Starved : A Quantitative and Analytical History of the Irish Economy, 1800–1850*, London.
Morrell, J. and A. Thackeray (1981) *Gentlemen of Science : Early Years of the British Association for the Advancement of Science*, Oxford.
Mueller, I. W. (1956) *John Stuart Mill and French Thought*, Urbana.
Nevins, A. (ed.) (1948) *America through British Eyes*, Oxford.
Noel, P. S. and E. T. Carlson (1970) 'Origins of the Word "Phrenology"', *American Journal of Psychiatry*, cxxvii, 694–697.
O'Brien, D. P. (1970) *J. R. McCulloch : A Study in Classical Economics*, London.
——— (2004) *The Classical Economists Revisited*, Princeton.
O'Grady, J. (1991) 'Congenial Vocation : J. M. Robson and the Mill Project', in M. Laine (ed.), *A Cultivated Mind : Essays on J. S. Mill presented to J. M. Robson*, Toronto.
Packe, M. (1954) *The Life of John Stuart Mill*, London.
Pappé, H. O. (1964) 'Mill and Tocqueville', repr. in G. W. Smith (ed.), *John Stuart Mill's Social and Political Thought : Critical Assessments*, 4 vols, London and New York, 1998, iii, 119–137.
——— (1979) 'The English Utilitarians and Athenian Democracy', in R. R. Bolgar (ed.), *Classical Influences on Western Thought, A.D. 1650–1870*, Cambridge.
Parekh, B. (ed.) (1973) *Bentham's Political Thought*, London.
Parker, C. (2000) *The English Idea of History from Coleridge to Collingwood*, Aldershot.

Pitts, J. (2005) *A Turn to Empire : The Rise of Imperial Liberalism in Britain and France*, Princeton.
Plamenatz, J. (1958) *The English Utilitarians*, Oxford [first published in 1949 ;『イギリスの功利主義者たち――イギリス社会・政治・道徳思想史』, 堀田彰他訳, 福村出版, 1974].
Popper, K. R. (1945) *The Open Society and its Enemies*, 2 vols, London [内田詔夫・小河原誠訳,『開かれた社会とその敵』, 全2巻, 未來社, 1980年].
Rashid, S. (1985) 'Dugald Stewart, "Baconian" Methodology and Political Economy', *Journal of the History of Ideas*, xlvi, 245-57.
Rendall, J. (1982) 'Scottish Orientalism : From Robertson to James Mill', *Historical Journal*, xxv, 43-69.
Richter, M. (2004) 'Tocqueville and Guizot on Democracy : From a Type of Society to a Political Regime', *History of European Ideas*, xxx, 61-82.
Riley, J. (1998) 'Mill's Political Economy : Ricardian Science and Liberal Utilitarian Art', in J. Skorupski (ed.), *The Cambridge Companion to Mill*, Cambridge.
Roberts, J. T. (1994) *Athens on Trial : The Antidemocratic Tradition in Western Thought*, Princeton.
Robson, J. M. (1967) 'Principles and Methods in the Collected Edition of John Stuart Mill', in J. M. Robson (ed.), *Editing Nineteenth-Century Texts*, Toronto.
――― (1968) *The Improvement of Mankind : The Social and Political Thought of John Stuart Mill*, Toronto.
――― (1976) 'Rational Animal and Others', in J. M. Robson and M. Laine (eds), *James and John Stuart Mill : Papers of the Centenary Conference*, Toronto [山下重一訳,「理性的動物としからざるもの」, 杉原四郎他訳,『ミル記念論集』, 木鐸社, 1979年].
――― (1981) 'A Mill for Editing', *Browning Institute Studies*, ix, 1-13.
――― (1998) 'Civilization and Culture as Moral Concepts', in J. Skorupski (ed.), *The Cambridge Companion to Mill*, Cambridge.
Rorty, R. (1984) 'The Historiography of Philosophy : Four Genres', in R. Rorty, J. B. Schneewind, and Q. Skinner (eds), *Philosophy in History : Essays on the Historiography of Philosophy*, Cambridge.
Rosen, F. (1983) *Jeremy Bentham and Representative Democracy : A Study of the Constitutional Code*, Oxford.
――― (2007) 'The Method of Reform : J. S. Mill's Encounter with Bentham and Coleridge', in N. Urbinati and A. Zakaras (eds), *J. S. Mill's Political Thought : A Bicentennial Reassessment*, Cambridge.
Ryan, A. (1970) *The Philosophy of John Stuart Mill*, London.
――― (1974) *J. S. Mill*, London.
――― (1990) *The Philosophy of John Stuart Mill*, 2nd edn, London.
Sabine, G. H. (1993) *A History of Political Theory*, 4th edn, London [1st edn in 1948].
Schleifer, J. T. (1980) *The Making of Tocqueville's Democracy in America*, Chapel Hill.

Schmaus, W.（1982）'A Reappraisal of Comte's Three-State Law', *History and Theory*, xxi, 248–266.

Schofield, P.（2003）'Jeremy Bentham, the Principle of Utility, and Legal Positivism', available at http : //www.ucl.ac.uk/laws/academics/profiles/docs/schofield_inaug_060203.pdf ［last accessed on 17 June 2012］.

―――（2004）'Jeremy Bentham, the French Revolution, and Political Radicalism', *History of European Ideas*, xxx, 381–401.

―――（2006） *Utility and Democracy : The Political Thought of Jeremy Bentham*, Oxford.

Schumpeter, J. A.（1954） *History of Economic Analysis*, ed. E. B. Schumpeter, London ［東畑精一訳，『経済分析の歴史』，全七巻，岩波書店，1955–62 年］.

Semmel, B.（1963）'Introductory Essay', in his ed., *Occasional Papers of T. R. Malthus on Ireland, Population, and Political Economy from Contemporary Journals Written Anonymously and Hitherto Uncollected*, New York.

―――（1984） *John Stuart Mill and the Pursuit of Virtue*, New Haven.

Senn, P. R.（1958）'The Earliest Use of the Term "Social Science"', *Journal of the History of Ideas*, xix, 568–570.

Shapin, S.（1975）'Phrenological Knowledge and the Social Structure of Early Nineteenth-Century Edinburgh', *Annals of Science*, xxxii, 219–243.

―――（1979）'The Politics of Observation : Cerebral Anatomy and Social Interests in the Edinburgh Phrenology Disputes', in R. Wallis（ed.）, *On the Margins of Science : The Social Construction of Rejected Knowledge*, London ［高田紀代志訳，「エディンバラ骨相学論争」，ロイ・ウォリス編，『排除される知――社会的に認知されない科学』，青土社，1986 年］.

Shine, W. H. P. and H. C. Shine（1949） *The Quarterly Review under Gifford : Identification of Contributors 1809–1824*, Chapel Hill.

Siedentop, L.（1979）'Two Liberal Traditions', in A. Ryan（ed.）, *The Idea of Freedom : Essays in Honour of Isaiah Berlin*, Oxford.

―――（1994） *Tocqueville*, Oxford.

Simon, B.（1974） *The Two Nations and the Educational Structure, 1780–1870*, London ［成田克矢訳，『イギリス教育史 1（1780 年–1870 年）――二つの国民と教育の構成』，亜紀書房，1977 年］.

Simon, W. M.（1956）'History for Utopia : Saint-Simon and the Idea of Progress', *Journal of the History of Ideas*, xvii, 311–31.

Skinner, A.（1967）'Natural History in the Age of Adam Smith', *Political Studies*, xv, 32–48.

Smith, G. W.（1991）'Social Liberty and Free Agency : Some Ambiguities in Mill's Conception of Freedom', in J. Gray and G. W. Smith（eds）, *J. S. Mill On Liberty in Focus*, London ［泉谷周三郎訳，「社会的自由と自由な行為者――ミルの自由概念における若干の曖昧さについて」，泉谷周三郎・大久保正健訳，『ミル『自由論』再読』，木鐸社，2000 年］.

Snyder, L. J.（2006） *Reforming Philosophy : A Victorian Debate on Science and Society*, Chicago.

Stephen, L. (1900) *The English Utilitarians*, 3 vols, London.

Stokes, E. (1959) *The English Utilitarians and India*, Oxford.

Sullivan, E. P. (1981) 'A Note on the Importance of Class in the Political Theory of John Stuart Mill', *Political Theory*, ix, 248–256.

Temkin, O. (1947) 'Gall and the Phrenological Movement', *Bulletin of the History of Medicine*, xxi, 275–321.

Ten, C. L. (1980) *Mill on Liberty*, Oxford.

Thomas, W. (1969) 'James Mill's Politics: The Essay on Government and the Movement for Reform', *Historical Journal*, xii, 249–284.

―――― (1971) 'James Mill's Politics: A Rejoinder', *Historical Journal*, xiv, 735–750.

―――― (1979) *The Philosophic Radicals: Nine Studies in Theory and Practice, 1817–1841*, Oxford.

Tomlinson, S. (2005) *Head Masters: Phrenology, Secular Education, and Nineteenth-Century Social Thought*, Tuscaloosa, Ala.

Trevelyan, G. O. (1932) *The Life and Letters of Lord Macaulay*, 2 vols, Oxford.

Turner, F. M. (1981) *The Greek Heritage in Victorian Britain*, New Haven.

Varouxakis, G. (1999) 'Guizot's Historical Works and J. S. Mill's Reception of Tocqueville', *History of Political Thought*, xx, 292–312.

―――― (2002a) *Mill on Nationality*, London.

―――― (2002b) *Victorian Political Thought on France and the French*, Basingstoke.

Welch, C. B. (1984) *Liberty and Utility: The French Idéologues and the Transformation of Liberalism*, New York.

―――― (2001) *De Tocqueville*, Oxford.

Williamson, C. (1955) 'Bentham Looks at America', *Political Science Quarterly*, lxx, 543–155.

Winch, D. (1965) *Classical Political Economy and Colonies*, London［杉原四郎・本山美彦訳,『古典派政治経済学と植民地』, 未來社, 1975 年］.

―――― (1978) *Adam Smith's Politics: An Essay in Historiographic Revision*, Cambridge［永井義雄・近藤加代子訳,『アダム・スミスの政治学――歴史方法論的改訂の試み』, ミネルヴァ書房, 1989 年］.

―――― (1996) *Riches and Poverty: An Intellectual History of Political Economy in Britain, 1750–1834*, Cambridge.

Wokler, R. (1987) 'Saint-Simon and the Passage from Political to Social Science', in A. Pagden (ed.), *The Languages of Political Theory in Early Modern Europe*, Cambridge.

―――― (2006) 'Ideology and the Origin of Social Science', in M. Goldie and R. Wokler (eds), *The Cambridge History of Eighteenth-Century Political Thought*, Cambridge.

Wyhe, J. v. (2004) *Phrenology and the Origins of Victorian Scientific Naturalism*, Aldershot.

Zastoupil, L. (1983) 'Moral Government: J. S. Mill on Ireland', *Historical Journal*, xxvi, 707–717.

―――― (1994) *John Stuart Mill and India*, Stanford.

参照文献

上野格（1974）「経済学者とアイアランド問題」，杉原四郎・菱山泉編著，『セミナー経済学教室 2——経済学史』，日本評論社．
——（1976）「アイアランド問題」，『経済学史学会年報』，14, 1–11．
宇野重規（1994）「フランス自由主義の諸相とアレクシス・ド・トクヴィル——個・政治・習俗」，『国家学会雑誌』（東京大），107, 571–620．
——（1999）「トクヴィルとミル——19 世紀における自由主義の行方についての一試論」，『千葉大学法学論集』，13, 37–102．
大野英二郎（2011）『停滞の帝国——近代西洋における中国像の変遷』，国書刊行会．
小川晃一（1992）『英国自由主義体制の形成——ウイッグとディセンター』，木鐸社．
奥田聡（2006）「フランシス・ホーナーの金融思想の形成と展開」，飯田裕康他編著，『マルサスと同時代人たち』，日本経済評論社．
桶谷典男（1955）「ジェームズ・ミルの『英領インド史』について——第二巻「社会の階級と区分」・「政治形態」を中心として」，『一橋論叢』，33, 179–386．
——（1956）「ジェイムズ・ミル『英領インド史』について」，『一橋論叢』，36, 231–247．
——（1957）「ジェイムズ・ミルのカースト観」，『一橋論叢』，37, 528–536．
音無通宏（1982）「功利主義と英領インド——J・ミル」，宮崎犀一・山中隆次編，『市民的世界の思想圏』，新評論．
——（1993）「いわゆるバウリング版『ベンサム全集』の成立経過と編集者問題」，『経済学史学会年報』，31, 14–26．
小畑俊太郎（2005）「フランス革命期ベンサムの政治思想」，『東京都立大学法学会雑誌』，45, 151–210．
戒能通弘（2007）『世界の立法者，ベンサム——功利主義法思想の再生』，日本評論社．
川名雄一郎（2002）「J・S・ミルと文明の概念」，『調査と研究』（京都大），25, 68–84．
——（2003）「J・S・ミルとアメリカ——思想形成期における意義」，『思想』，953, 123–146．
——（2006）「ジョン・オースティンの功利主義論と J・S・ミル」，『イギリス哲学研究』，29, 103–18．
——（2008）「文明社会と商業社会——『エディンバラ・レヴュー』から J・S・ミルまで」，田中秀夫編著，『啓蒙のエピステーメーと経済学の生誕』，京都大学学術出版会．
久保真（2006）「ケンブリッジ・ネットワーク——リカードウ以後イギリス経済学の伏流 1822–63——」，『経済学史研究』，48 (2), 67–83．
——（2010）「ヒューウェルとジョーンズ，そして「帰納科学としての経済学」」，只腰親和・佐々木憲介編，『イギリス経済学における方法論の展開——演繹法と帰納法』，昭和堂，97–126．
熊谷次郎（1978）「J・S・ミルの植民論——ウェイクフィールドとの関連において」，『経済経営論集』（桃山学院大），20, 75–111．

─── (1981)「J・S・ミルのインド・アイルランド論──その文明観・後進国観との関連で」,『経済経営論集』(桃山学院大), 23, 189–232.
児玉聡 (2004)「ベンタムの功利主義とその実践的意義の検討」(博士論文・京都大).
小松佳代子 (1998)「骨相学と教育──G・Combe の教育論を中心に」, 大人と子供の関係史研究会編,『大人と子供の関係史』, 3, 71–87.
─── (2005)「骨相学の教育論的展開──心理学の主戦場としての教育」, 佐藤達哉編,『心理学史の新しいかたち』, 誠信書房.
─── (2006)『社会統治と教育──ベンサムの教育思想』, 流通経済大学出版会.
坂本達哉 (2011)『ヒューム 希望の懐疑主義』, 慶應義塾大学出版会.
佐々木憲介 (2001)『経済学方法論の形成──理論と現実との相剋 1776–1875』, 北海道大学図書刊行会.
佐々木武 (1972–73)「「スコットランド学派」における「文明社会」論の構成──'Natural History of Civil Society' の一考察 (1–4)」,『国家学会雑誌』(東京大), 85, 451–516, 667–689, 755–795 ; 86, 1–53.
篠原久 (1988)「ドゥーガルド・ステュアートとスコットランド啓蒙思想──「経済学講義」をめぐって」, 久保芳和博士退職記念出版物刊行委員会編,『上ケ原三十七年──久保芳和博士退職記念論集』, 創元社.
四野宮三郎 (1984)「アイルランド問題とマルクスおよびミル──ミルとマルクス研究 (正・続)」,『法経研究』(静岡大), 33 (1), 21–66 ; 33 (2), 39–69.
清水幾太郎 (1970)「コントとスペンサー」, 清水幾太郎編,『コント, スペンサー』, 中央公論社.
─── (1978)『オーギュスト・コント──社会学とは何か』, 岩波書店.
関口正司 (1989)『自由と陶冶──J・S・ミルとマス・デモクラシー』, みすず書房.
─── (1997)「ミルとトクヴィルの思想的交流──往復書簡を中心に」,『法政研究』(九州大), 63, 521–616.
高島和哉 (2009)「ベンサムの民主主義理論と多数者専制問題」,『ソシオサイエンス』(早稲田大), 15, 125–140.
高島光郎 (1967)「J・S・ミルとアイルランド問題」, 経済学史学会編,『資本論の成立』, 岩波書店.
─── (1987)「東インド会社のJ・S・ミルのインド向け送達文書をめぐって」,『エコノミア』(横浜国立大), 94, 70–81.
─── (1988)「J・S・ミルとインド原住民教育──東インド会社勤務の一齣」,『エコノミア』(横浜国立大), 99, 7–24.
立川潔 (1996a)「ジェイムズ・ミルにおける中間階級と議会改革──余暇と陶冶」,『成城大学経済研究』, 133, 100–123.
─── (1996b)「ジェイムズ・ミルにおける中庸な財産と陶冶」,『成城大学経済研究』, 134, 111–138.
田中治男 (1970)『フランス自由主義の生成と展開──十九世紀フランス政治思

想研究』,東京大学出版会.
田中秀夫(1999)『啓蒙と改革——ジョン・ミラー研究』,名古屋大学出版会.
田辺寿利(1982)『田辺寿利著作集第2巻』,酒井俊二・山下袈裟男編,未來社.
出口勇蔵(1943)『経済学と歴史意識——経済学方法論史序説』,弘文堂.
富沢かな(1996)「ウィリアム・ジョーンズのインド学とそのオリエンタリズム」,『東京大学宗教学年報』,14, 43–58.
永井義雄(1962)『イギリス急進主義の研究——空想的社会主義の成立』,御茶の水書房.
——— (1996)『イギリス近代社会思想史研究』,未來社.
長尾伸一(2001)『ニュートン主義とスコットランド啓蒙』,名古屋大学出版会.
長岡成夫(1992)「ミルの心理学」,杉原四郎他編,『J・S・ミル研究』,御茶の水書房.
中谷猛(1981)『フランス市民社会の政治思想——アレクシス・ド・トクヴィルの政治思想を中心に』,法律文化社.
野田邦彦(2002)「J・S・ミルの「近代工業社会」——その成立過程と特徴」,『経済と経済学』(東京都立大),97, 59–76.
早坂忠(1980)「J・S・ミルの経済学方法論と『経済学原理』(上・下)」,『社会科学の方法』,13(4), 10–16 ; 13(8), 1–7.
土方直史(2003)『ロバート・オウエン』,研究社出版.
深貝保則(1992a)「J・S・ミルの経済社会論」,杉原四郎他編,『J・S・ミル研究』,御茶の水書房.
——— (1992b)「商業社会把握の政治的インプリケーション——マルサスの周辺」,『経済学史学会年報』,30, 10–18.
——— (1993)「J・S・ミルの統治と経済」,平井俊顕・深貝保則編著,『市場社会の検証』,ミネルヴァ書房.
福原行三(1988)「J・S・ミルのエソロジー論」,久保芳和博士退職記念出版物刊行委員会編,『上ケ原三十七年——久保芳和博士退職記念論集』,創元社.
松井透(1967)「ウィリアム・ジョーンズのインド論とインド統治論」,『東洋文化研究所紀要』(東京大),44, 69–128.
松井名津(1996)「J・S・ミルの社会科学論——経済学批判をめぐって」,『経済学史学会年報』,34, 53–64.
松本礼二(1981)「フランス思想史におけるアメリカ問題(上・下)」,『思想』(岩波書店),681, 21–41 ; 683, 117–140.
——— (1991)『トクヴィル研究——家族・宗教・国家とデモクラシー』,東京大学出版会.
松山昌司(1962)「J・S・ミルと歴史哲学——『論理学体系』の周辺」,『六甲台論集』(神戸大),9(3), 36–49.
馬渡尚憲(1997)『J・S・ミルの経済学』,御茶の水書房.
村上智章(1999)「アイルランド・ジャガイモ飢饉とJ・S・ミル」,『広島法学』(広島大),22(4), 93–115.
矢島杜夫(1993)『ミル『論理学体系』の形成』,木鐸社.

安川隆司（1991）「リベラリズムとオリエンタリズム——ウィリアム・ジョーンズの政治思想とインド論」, 一橋大学社会科学古典資料センター Study Series 24.
――――（1997）「ジェイムズ・ミル『英領インド史』再考——『文明の階梯』と『法の相対的優良性』」,『東京経大学会誌』, 203, 65–88.
――――（1999）「ミル父子と植民地」, 西沢保他編,『経済政策思想史』, 有斐閣.
――――（2006）「ジェイムズ・ミルとマルサス人口学説」, 飯田裕康他編著,『マルサスと同時代人たち』, 日本経済評論社.
柳沢哲哉（2006a）「フランシス・プレイスにおける人口原理」,『社会科学論集』（埼玉大）, 118, 25–45.
――――（2006b）「ヘンリー・ブルームの初期経済思想」, 飯田裕康他編著,『マルサスと同時代人たち』, 日本経済評論社.
山下重一（1971）『J・S・ミルの思想形成』, 小峯書店.
――――（1997）『ジェイムズ・ミル』, 研究社出版.
――――（2002）「ベイジル・ホールの生涯と著述」,『國學院法学』, 40 (2), 53–126.

オンライン文献

Oxford English Dictionary, available at http : //www.oed.com/
Published Works of Jeremy Bentham, available at http : //socserv.mcmaster.ca/~econ/ugcm/3ll3/bentham/benbib.htm.
The Curran Index : Additions to and Corrections of *The Wellesley Index to Victorian Periodicals*, available at http : //victorianresearch.org/curranindex.html.

事項索引

文献索引

ミル，J・S・（文中でタイトルが日本語で言及された文献のみ）

「アイルランドの状態」293–294, 296, 307
「アメリカの社会状態」45, 57, 64, 75–76, 81, 113, 191–193
『イングランドとアイルランド』293
「カーライルのフランス革命論」190
「完成可能性」27
「議会改革」98
「ギゾーのヨーロッパ文明論」192, 198, 200
「ギゾーの歴史論」173, 194–195, 198, 200
「グロートのギリシア史」115, 207
『経済学原理』4, 12, 109, 114–115, 205, 249, 265, 270–272, 275, 278, 280, 291–294, 296, 299, 307
『経済学試論集』132–133, 193, 267
「交換価値」264
「コールリッジ論」13, 225
「自然論」155
「時代の精神」38–39, 117
『自伝』2–3, 13, 37, 109, 113, 117–118, 126, 146, 163, 171, 184, 186–187, 218, 222, 247, 252, 263–264, 278, 294, 313
『自由論』3, 18, 113, 126, 228, 309, 311
『女性の隷従』177, 223
「誓約論」73
「セジウィックの論説」114
『セント・アンドリューズ大学学長就任講演』240
『代議政治論』3, 18, 113, 126, 311–312
「代表の原理」64, 74–75
「定義と方法」18, 37, 118, 131–132, 134–135, 147, 192–193, 252, 263–267
「トクヴィル論」64, 75, 77, 79, 112–116, 122, 124
「ブリテン国制」98
「文明論」70, 100, 106–111, 113–115, 117–119, 122
「ベンサム哲学考」13, 223

「ベンサム論」13, 113, 115, 192, 223
「マーティノー氏の経済学」8, 131
「ミシュレのフランス史」194–195, 197, 203
「ミル氏に関する若干の考察」223
「名誉毀損法と出版の自由」98
「歴史の有用性」188
「労働者の主張」292
『論理学体系』4, 9–13, 18–19, 39, 108, 122–123, 130, 135–137, 142, 146, 163–164, 171, 193–195, 201, 203, 207, 209–211, 222–223, 225, 227, 230, 234, 237, 241, 246, 267–268, 278, 310–311

ミル，ジェイムズ（文中でタイトルが日本語で言及された文献のみ）

「エディンバラ・レヴューの議会改革論」51, 184
「教育論」6–7, 51, 88, 94
「政府論」146, 171, 182–186
『人間精神現象の分析』228
「秘密投票」184
「フィランジェーリの立法の科学論」179
『ブリテン領インド史』109, 119, 126, 166, 171–180, 182–183, 185–186, 188
『マッキントッシュ断章』229
『アイルランドの社会，政治，宗教』（ボーモン）288
『アイルランドはいかに統治されるべきか』（スクロープ）291
『アメリカ人の生活風習』（トロロプ）44–45
『アメリカのデモクラシー』（トクヴィル）16–17, 41, 58, 62–66, 74, 80, 106, 113, 118, 288
『アメリカの人と風習』（ハミルトン）44, 46
『ある一旅行者の覚書』（レイン）290
『イングランド統治史論』（ミラー）119–120, 169, 172, 174, 283
『ウェストミンスター・レヴュー Westminster Review』49, 51, 57, 59–61, 65, 86, 95, 132, 184, 187, 190, 203, 218, 252→『ロンドン・

レヴュー』『ロンドン・アンド・ウェストミンスター・レヴュー』も見よ

『エグザミナー Examiner』75

『エディンバラ・レヴュー Edinburgh Review』49–50, 61, 64, 83, 86, 115, 168, 173, 186, 188, 194–195, 218, 247–249, 254, 283, 292

『階級区分の起源』（ミラー）169, 177

『過剰人口とその解決策』（ソーントン）291–292

『ガル，シュプルツハイム両博士の観相学体系』（シュプルツハイム）215, 217

「議会改革問答」（ベンサム）54

『北アメリカ旅行記 1827–28 年』（ホール）44

「急進主義は危険ならず」（ベンサム）56

『クォータリー・レヴュー Quarterly Review』42–43, 58, 61, 218

『クレストマシア』（ベンサム）95

『経済学原理』（マルサス）257

『経済学と課税の原理』（リカード）249–251

『経済学論』（マカロック）252

『憲法典』（ベンサム）11, 75, 88

『国富論』（スミス）250, 264–265, 270–271

『穀物価格論』（リカード）254, 258

「小作制度」（マカロック）286

『骨相学体系』（クーム）217

「自作農の擁護」（ソーントン）291

「社会制度論」（オウエン）219

『神経系，とくに脳の解剖学と生理学』（ガル）215

『新社会観』（オウエン）219, 221

『実証哲学講義』（コント）233

『人口の原理』（マルサス）27

『スイス，南フランス，ピレネー』（イングリス）291

『タイムズ Times』297, 307

『地代論』（ジョーンズ）259

『テュルゴ伝』（コンドルセ）27

『トラベラー Traveller』264

『ドイツの農村家庭生活』（ホウィット）291

『ニュー・モラル・ワールド New Moral World』220

『人間精神哲学綱要』（ステュアート）252

『フレイザーズ・マガジン Fraser's Magazine』3

『ブラックウッズ・エディンバラ・マガジン Blackwood's Edinburgh Magazine』59

『ブリテン百科事典補遺 Supplement to the 4th, 5th, and 6th editions of the Encyclopedia Britannica』51, 184, 254, 286

『プロデュクトゥール Producteur』38

『ペラム卿宛て書簡集』（ベンサム）52

『法律編纂・公教育論集』（ベンサム）52

『マンスリー・リポジトリー Monthly Repository』131

『民事および刑事立法論』（ベンサム）5

『問答形式による議会改革案』（ベンサム）50–51, 54

『モーニング・クロニクル Morning Chronicle』278, 280, 292–296, 306–307

『ロンドン・レヴュー London Review』86, 192, 288

『ロンドン・アンド・ウェストミンスター・レヴュー London and Westminster Review』86, 190, 288

『論理学綱要』（ウェイトリー）266

事項索引

［ア行］

アート
　統治の──134；教育の──239；立法の──133

アイルランド
　──の国民性 281–284；──土地問題 20, 278, 280–281, 304

アジア 24, 170, 174, 176, 183

アソシエーション 277

アテネ 55

アプリオリ 30, 118, 135, 144, 150–151, 185, 193, 266

アポステリオリ 134–135, 142, 151

アメリカ／合衆国 6, 39, 41, 44, 47, 56, 59, 80, 83, 106, 272, 309

事項索引　　　345

──の民主主義 42, 45-46, 50；──旅行記 42, 57, 84
意志
　　──の自由 137
一致差異併用法／間接的差異法 142→実験的方法も見よ
一致法 142-143→実験的方法も見よ
一般化 19, 108, 118, 140-141, 145, 151, 153-155, 159-161, 197, 201, 205-206, 212, 239-242, 256, 311
　　──の誤謬 235
一般原理／一般法則 29, 31, 168, 172, 181, 185, 190, 209, 271, 290
意図せざる結果 28, 169-170, 179-181
委任 73-74→誓約も見よ
移民 296, 299-301
因果法則／因果関係 135-137, 141, 143, 145-147, 162, 196, 199, 228, 231, 253, 311
インド
　　──史 166, 172, 175, 293；──統治 109, 182-183, 192, 293
ウィッグ 17, 19, 25, 32, 42, 48-50, 57, 82, 86-87, 125
エジプト（人）103, 183
エディンバラ 25, 79, 169
　　──骨相学論争 217；──・レヴュアー 27, 88, 178, 247, 249, 284
エリート
　　知的── 38, 87-88, 110, 117, 189, 199
演繹
　　──法 135, 150-153, 194, 207, 239, 268；直接的──法 135, 152-153, 239
オウエン主義 19, 139-140, 211-213, 219-221, 225-226
王制／君主制 44-45, 53, 80
王立協会 248
オリエンタリスト 176, 178, 182
穏健的改革→改革を見よ

［カ行］

階級
　　──代表理論 99；──利益 43；下層── 26, 168；下流── 88；産業── 36, 94；指導的── 36；；商業中産── 87-88, 100, 309；商工業── 124；新興── 36, 309；地主── 100, 115, 253, 258, 274, 286, 302；中流／中産── 67, 79-81, 86-96, 100, 106, 110-112, 115, 124, 217, 289-291, 305, 309→ミドルクラスも見よ；農業── 114-115, 302-305；富裕── 89-90, 275；ブルジョア── 103；平民── 116；有閑── 55, 72, 75, 78, 82-83, 114-115；有産──96；有識── 114 学識── 78；労働者── 59, 80, 95, 97, 217, 275-276, 292, 307
改革
　　穏健的── 82；急進的── 50, 54, 73, 82, 184, 294；議会── 7, 41-43, 50, 86, 88, 97, 203；
階層 58, 86, 95, 217
下院 25, 87, 99, 203, 279
科学
　　仮説的── 269；──的認識 1, 18, 64, 138, 151, 156, 161, 177, 206, 228, 230-233, 236-238, 241, 311；──方法論 11, 88；人間の── 156；自然── 1, 100, 152, 157, 239, 265；道徳── 1, 10, 15, 131-133, 223, 245, 266, 310；精神──11, 132；心理── 132
化学的結合 145, 156→力学的合成も見よ
化学の方法／実験的方法 135, 142-145, 152, 168, 268
画一化／画一性
　　社会的── 112, 117, 309, 311
撹乱要因 135
過剰人口 282, 285, 294, 299-301
カトリック 35, 281, 284
　　反──法 282, 285；──解放法 284；──教会 8, 203
合邦（イングランドとアイルランド）282
合邦撤回協会 289
観察 30, 119, 140-142, 148-149, 151, 159-161, 193, 205, 216, 235, 250, 252, 256, 260, 290
完成可能性／完成可能主義 26-27, 33, 181-182, 243
観念連合 91, 94, 230
　　──心理学 149, 156, 181, 212；──理論／──の原理 94, 222, 228→連合心理学も

見よ
幾何学
　——的方法／抽象的方法 118, 135, 149–150, 171, 251, 267–268
飢饉
　ジャガイモ—— 20, 279–280, 297；アイルランド—— 292, 297
貴族／貴族制／貴族政 32, 36, 45, 53, 55, 69–70, 75, 87, 104, 115, 169
　不在—— 279
帰納
　——法 129, 135, 137→アポステリオリも見よ
逆演繹法／歴史的方法→演繹を見よ
急進
　——主義 56, 74, 197–198；——派 17, 27, 42, 48–50, 55, 57, 61, 75, 81, 108, 188, 203, 253, 288
救貧法／新救貧法 291, 297
教育
　自己—— 12, 224–228；——制度 47, 115；——論 94, 185, 212, 216
共存 104, 136, 148, 154, 157, 198, 245
協同組合 114
協同の精神 114
共変法 142–143→実験的方法も見よ
共鳴性 147–148, 246
共和
　——国 53, 80；——主義 53；——政体 42–43；——政 45, 50, 53；古代——政 80
ギリシア 30, 55, 103
キリスト教 34, 68
均衡理論 30, 50, 99
近似的一般化→一般化を見よ
具体的演繹法→演繹を見よ
グラスゴウ 168, 174
クレストマシア学校 95, 221
君主 69, 94
　——政 53, 104, 169, 199→王政／君主制も見よ
継起 136, 138, 148–149, 154, 200–201, 204, 225, 232, 237
経験
　——科学 154；——学派 145；——主義 29, 145, 198；——知識 108, 167, 188–194,

262；——法則 106, 130, 145, 149, 151–153, 155, 157, 159–163, 194, 201, 203, 210, 230, 235, 237, 239, 241–243, 272；——論者 13
経済
　——制度 29, 247, 275, 303, 307；——成長 247, 273；——的状態 271, 282, 294, 296, 304；——的進歩 274；——的要因 122, 168, 261；——的利益 99
経済学／ポリティカル・エコノミー
　——の範囲／領域 20, 247, 251, 253, 255, 260, 270；——の方法 20, 247, 251；——学者 4, 8, 105–106, 126, 134, 242, 247, 250, 257, 265, 269, 272, 280, 284–287, 290, 301, 306
経済学クラブ 248
結果の混合 144
決定論
　環境—— 212, 222, 228, 283, 304, 306；生物学的—— 216, 283；生理学的—— 212, 228
ケンブリッジ
　——帰納学派 255；——帰納主義者 256, 258, 263 原因
究極的—— 200, 202；——の合成 144–145；——の複数性 144, 268；——の力学的合成 189
検証
　間接的—— 151
権力
　——の濫用 14, 69, 223；——均衡論 87；統治—— 93, 97, 99
合理的予見 236
公共
　——の利益 276；——事業 297–298, 306；——精神 71, 276–277
荒蕪地 291, 294, 296, 299, 302, 307
功利主義 179, 225
　——論 2–3, 225
功利性／功利性の原理 5, 53, 117, 177–179, 229
国制 30, 49, 54–56, 73, 82, 87, 89, 108, 171, 313
国民性
　——の形成 195, 225, 240, 281, 283, 302,

事項索引 347

304；――の多様性 14, 155, 234
穀物法 115, 254, 257, 272, 281, 297
個性 113, 170, 228, 309, 311
国教会 70, 114
骨相学 19, 210-220, 225, 233-235
小作人 284-285, 290, 295-297, 303
小作制度 115, 284, 295
小作農 280, 298, 301, 307
コモンセンス哲学 25, 28
コモンロー 53-54, 60

[サ行]

差異法 142-144→実験的方法も見よ
財産
　　　――の蓄積 83；――の平等 77-78；――（土地・農地）の細分化 285-287
作用因 19, 103, 145, 151, 157, 180, 198, 205, 252, 268, 303
三階級
　　　――社会 131, 272
選挙権 67, 75, 87
三段論法 160, 266
サン・シモン
　　　――派 8, 24, 189；――主義 7, 37-39, 73, 110, 117, 199
自作農 289-291, 294, 296, 299-304
自然権 52
残余 77
市場経済／市場社会／市場制度 29, 103, 126-127, 248-249
実験
　　　――の不可能性 135, 151；――的方法→科学的方法／実験的方法を見よ
実践家 9, 134, 270
私的利益／私的利害 5, 9, 276
シニスター・インタレスト 6, 53, 56, 73, 88, 93, 97, 99-100
司法 58, 68
資本
　　　――の蓄積 78, 286, 286；――家 8, 94, 105, 126；――投下 251, 274, 277, 295, 298
資本主義 280, 290, 297-299
　　　――的農業経営者 287
社会

――の安定 1, 39, 203, 235；――の改善 9, 26, 78, 187；――現象 9, 107, 119, 134, 145, 147-149,152, 156, 206, 266-269；――の個別性／相対性 9, 106；――の進歩 8, 18, 26, 28, 34, 87, 97, 132, 155, 165, 169, 179, 198, 204, 207, 258, 274, 311；――の多様性 15, 175, 232；――の停滞 112, 199, 311；――の発展 105, 115-117, 168, 175, 186, 189, 199, 203, 205, 249, 290, 311；――の発展段階 8, 168；――の変化 10, 25, 167, 182, 246, 248, 272, 312；――の歴史的変化 14, 19, 24, 106, 109, 119, 123, 126, 167, 170-172, 179, 193, 204, 206, 211, 232, 236-237, 249；――観 1, 7, 15-17, 32, 86；――事象研究 4, 6, 15, 32, 130, 135, 146, 149-151, 157, 164, 188, 192-194, 209, 223, 268；――秩序 28, 176
社会の一般科学 1, 135, 148-150, 152, 194, 231-232, 240, 246, 310
社会の科学 1, 10, 16, 18, 23, 32, 37, 39, 127, 130, 134, 148, 156, 193, 212, 261, 270, 280, 310-313
社会科学 1, 15, 36, 130, 164, 237, 250, 310
社会学 87, 119-121, 130, 169, 205
　　　特殊――的研究 1, 20, 135, 148, 152, 245-246, 310
　　　――的法則 236
社会経済学 262
社会主義 241, 277
社会状態 16, 32, 121, 133-134, 146-149, 152, 165, 231-232
社会静学 148, 203, 223, 232-235, 309
社会体 10, 33
社会哲学 1, 4, 103, 201, 238, 270, 278
社会動学 1, 18, 148, 194, 203, 232, 310
社会変動の理論 32, 120-121, 126-127, 133, 193-194
奢侈的消費 89
自由
　　　結社の―― 69；言論の―― 68, 311；――な制度 71；――の精神 70；――意志 19, 137, 225；市民的―― 29；政治的―― 29, 49, 66, 168, 248；宗教の―― 62
宗教の精神 70
宿命論 18-19, 138, 213, 226, 284

主体性 222, 228, 233, 236
主知主義 24, 121–123, 203
純粋精神哲学 133
従属と保護の理論 275
所有権 56, 78, 302–303
商業
　──化 39, 88, 112, 121, 124；──文明 15, 17, 84, 86–88, 124, 249；──中産階級→階級を見よ
商業精神 43, 100, 111
　──の腐敗 17, 82, 85, 88, 99, 110–114, 118
少数者 56, 62, 74, 88, 116
上院 54
剰余法 142–143→実験的方法も見よ
植民地 6, 294
自立の理論 275–277
人為 170, 181, 199, 236
人民主権 68–70
人類の思索能力の状態 122, 203, 207
心理科学 132
心理学
　──的普遍法則 155；──的法則 154, 157, 162, 268；──の法則 162, 231
心理主義
　──的還元論 157
進歩
　知的── 28, 34；道徳的── 26, 35–36；──の観念 28, 176, 181, 248；──性 94, 237；──的発展 165
真理 12, 28, 101, 136, 206, 258–260
推測的歴史 167–168, 248
推理 151–152, 267–269
推論
　演繹的── 6, 135, 145, 152, 185, 188, 193, 210, 246, 250, 257, 259, 266→アプリオリも見よ；帰納的── 137, 141, 259
数学 100–101, 178, 205, 251, 257, 259–260
スコットランド 47, 173
　──学派 233；──啓蒙 17, 23, 166–182, 186, 249
斉一性 130, 136, 138, 143, 145, 225, 232
性格
　──の科学 209–210；──形成 140, 163, 210–212, 218–220, 310；──形成の科学 1, 5, 15, 18, 154, 207, 210, 218, 222, 236, 241
正義 28–29, 47, 277, 300
性向 70, 79, 94, 110, 121, 138, 155, 170, 202, 204, 207, 214, 220
静止状態 115, 273–275
精神
　──の法則 154, 231, 236；──科学 11, 132；──的権威 117；──的権力 36, 104；習慣の── 306
聖職者 36, 53, 116
政治
　──科学 1, 80, 129；──社会 29；──哲学 8, 103, 146, 270；──機構論 11, 101；──制度 7, 14, 20, 23, 32–35, 42, 64–67, 75, 93, 103, 110, 120, 132, 147, 167, 179, 198, 274, 304, 309, 312
制度
　政治──→政治を見よ；統治── 8–9, 20, 42, 44, 47, 54, 56–57, 65–66, 71, 76, 80, 83, 121, 148, 166, 172, 177, 202, 223, 240, 249, 283, 312；社会──→社会を見よ；教育── 47, 115；土地── 20, 278, 280, 285, 289, 300–307；封建── 35, 168, 173, 201–202；借地── 295, 304
誓約 72–75→委任も見よ
生理学 10, 32, 154, 214, 216, 234–237
　──的決定論→決定論を見よ
責任 35, 69, 137, 211, 219, 223, 275, 282
世俗
　──的権威 117；──的権力 36, 39, 104, 189
折衷主義 38
説明 157–159, 161–162
専制 6, 17, 72, 78, 90, 113, 187, 199, 287, 305
前件 136, 139, 143–144
前提 7, 14, 29, 94, 101, 134–137, 146, 150–152, 183, 189, 210, 227, 259, 261, 266–269, 275
　──の複雑性 135
早期教育 4, 37, 109, 119, 169, 172, 186, 212, 221
想像力 190–192, 196, 224
相対主義 8, 14, 34, 127, 131, 191
相対性 9, 13, 106, 307
組織期／自然的状態 33–36, 189

事項索引　349

[タ行]

代議制 47
　——民主主義 30, 53, 57, 62, 65, 73, 75, 98, 185, 309, 312
大衆 74, 81, 107, 109, 112, 116, 189, 199, 266
大統領制 47, 68
代表 50, 72–74
対立
　社会的—— 87, 115–116; 諸要素の—— 104; 組織的—— 199
多数の暴政 69, 72, 85, 87, 110, 112–115
多数者 11, 62, 69, 88, 96, 106, 112–114, 117
多様性
　社会の—— 15, 175, 252; 社会的—— 117, 199; 人間の—— 13
単純枚挙 141, 151, 159, 235
段階論 19, 109, 148, 169–171, 182, 196, 205, 240
　三—— 196, 205–206; 四—— 109, 169–170, 205
力の合成の原理 150
知識
　——の普及 25, 67, 107, 122, 169, 276; ——人 12, 16, 36, 38, 40, 62, 81, 101, 106, 111, 114, 280, 282, 284, 290, 296
知的要因 19, 25, 33, 122, 203–207
地主
　不在—— 287; ——貴族 254
地代
　——の固定化 297, 299; ——論 260, 286
地方自治 68–70, 276
中間公理／中間原理 131, 153, 161, 163, 194, 204, 206, 231, 236, 241
中間団体 70
中国的停滞 116, 207
中世 34–35, 55, 103, 205
直接帰納 146, 151
直接的演繹法→演繹を見よ
直観主義 11–13, 163, 198
賃金労働者 285, 287, 296
哲学的急進派 17, 27, 42, 46, 48, 51, 55, 57, 61, 63, 73–75, 108, 184, 203, 253–254
哲学的歴史／哲学的歴史家 19, 31, 37, 102, 166–169, 172, 176, 182, 185, 283

ドイツ・コールリッジ学派 14, 198, 225
頭蓋 213–214
統計学 261–262
統治
　自らによる—— 62; ——の理論 13, 28–30, 150, 251; ——形態 16, 28–30, 66, 79, 147, 172, 177; ——形態論 9, 30; ——権力→権力を見よ; ——者 53, 72–74, 181; ——制度→制度を見よ
陶冶 110, 210, 228, 240, 313
徳／有徳 80, 89, 91, 94–95, 115, 198
特殊な経験 167, 239
特殊社会学的研究→社会学を見よ
土地
　——の囲い込み 296; ——の細分化 67, 286, 292, 301; ——の分割 290–291; ——財産 288, 302; ——所有 97, 285, 288–289, 292, 298–300, 303; 処分法 281; ——保有 51, 284, 300; ——問題→アイルランドを見よ
トーリー 17, 42–46, 170
　——的偏見 44, 187
富
　——の蓄積 107; ——の不平等 92; ——の普及 26, 276; ——の分配 93, 126, 273–275; ——への欲望 111, 134
動機 53, 93, 101, 111, 115, 134, 138, 150, 156, 175, 229–230
道徳科学 1, 10, 15, 131–135, 223, 245, 266, 310
道徳学 133
道徳性 89, 229
　行為の—— 229
道徳的自由の感情 140, 227–228, 313
道徳哲学 28, 217
奴隷／奴隷制 43, 45, 51, 55, 57–60, 64, 77

[ナ行]

内観 154, 233, 252
ナポレオン戦争 257, 281
二院制 68
入札小作制／入札小作制度／入札小作人／入札小作農 284, 286, 293, 295–296, 298–301, 304, 307

人間
　——観 7, 15, 19, 126, 211, 223–225, 227, 233, 238；——事象 1, 9–10, 15, 27, 31, 109, 156, 176, 193, 199, 219, 259；——精神 7–8, 34, 38, 65, 161, 196, 198, 201, 205–206, 228, 252, 269
人間本性
　——の科学 130, 149, 156, 160, 188, 212, 232；——に関する科学 230；——の原理 133, 250；——の既知の原理 30；——の普遍原理 155；——の哲学 14；——の法則 6, 77, 94, 133, 149, 153, 166, 172, 179, 186, 194, 201, 204, 206–207, 231–232, 235–237, 242, 265, 269；——の諸法則 133, 231；——の基本法則 161；——認識 108, 163, 193, 220, 231–232, 234–237
脳 158, 213–216, 234
農業
　大規模—— 296；——生産性 286

[ハ行]
配置関係 157, 159, 162
派生法則 136, 148, 156, 158–159, 161–163, 194, 204, 206, 231–232, 235, 237, 239
発見 26, 42, 80, 95, 141, 157, 165, 172, 201, 220, 252, 259, 264, 268
東インド会社 109, 176, 180, 203, 291, 293
平等化
　境遇の—— 66–67, 78, 81, 124
ヒンドゥ
　——人 6, 177–178, 183, 185；——社会 172, 176–178, 180, 183, 185；——法 179–180
フランス
　——史 187, 194–195, 197, 203
フランス革命 16, 24, 27, 30, 121, 187, 205
　——期 58, 75；——家 187；——史 187；——論 190
ブリテン／グレート・ブリテン 6, 10, 16–17, 20, 27, 30, 38–39, 41–45, 47–48, 50–51, 54–59, 61–62, 70, 79–87, 97, 99, 101, 106–108, 113, 120, 125–126, 163, 169, 171, 173, 175, 180, 182–183, 192, 211–212, 215–218, 247, 255, 258, 263, 272–273, 275–276, 282, 285–290, 292, 299, 304–305
ブリテン科学振興協会 248, 262
プロイセン 73, 290
プロテスタント 282
ベンサム主義
　——的政治学 6, 24, 132, 149→ベンサム学派の利害哲学も見よ
ベンサム学派の利害哲学 150, 171
ポリティカル・エソロジー 1, 108, 211, 230, 239–240, 245
陪審制 68–69
批判期／過渡的状態 33–36, 38, 189
秘密投票 44, 51, 75, 92, 184
　——擁護論 91
必然性 137–138
　歴史的—— 82；哲学的—— 138
必然論 137–140, 225–226, 238
貧困層 271
貧者 77, 88, 275
富者／富裕者／富裕層 78, 88, 90–92, 98, 271, 275–276 富裕階級 89–90, 275
普通選挙 44–45, 50–51, 55
　——制 80；——権 184
腐敗
　——作用 93, 99, 107, 118
　道徳的—— 100, 111–112, 118
物理科学モデル 150
物理学の方法（具体的演繹法）135, 150, 267–268
分解 145–146, 157–159, 162
分業
　——の進展 122；——体制 29, 287；——論 27
分配
　——の自然法則 93；——の不平等 93, 248；——の法則 242, 274
文明
　——の尺度 175–176；——化 16, 67, 78, 83, 86–87, 96, 102, 104, 106–108, 111, 155, 175, 177, 276, 303, 305；——国家 6, 16, 72, 82；——状態 79, 96, 98, 107, 147, 172, 176–178, 183, 185, 305
文明社会 17, 40, 81, 96, 106, 109–110, 112, 120
　——認識 119；——像 120；——史 168；

事項索引

（ヨーロッパ）——論 118-119, 168, 172, 179, 192, 198, 200
文明段階 6, 14, 147, 176, 178, 180, 183
　——論 183, 240；——論的な 148；——認識 183
平等
　——化 66-67, 78, 81, 108, 112, 120, 124
偏見 9, 43, 47, 59, 112, 185, 188, 214, 243, 290
　トーリー的——→トーリーを見よ；宗教的——177
偏向
　党派的—— 63-64
便宜の原理 28
封建社会／封建制度 24, 32, 35, 168, 173, 201-202
法則
　科学的—— 130, 146, 149, 199, 201, 211, 231, 236；自然—— 93, 107, 146, 148, 159, 201, 274, 309, 312；歴史的変化の—— 19, 167, 169, 171, 193, 204, 232, 237, 249, 311；社会変化の—— 1, 18, 23；社会変動の—— 166；生産の—— 274；究極—— 154, 158-163, 194；普遍—— 131, 155；派生—— 136, 148, 156, 158-163, 231, 235, 237；心理—— 156
保護関税／保護貿易 282
保守派／保守主義 42-43, 198, 164
方法論 7, 11-12, 18, 108, 131-132, 167, 164, 193-195, 207, 266
　——上の 10, 135, 189, 250；——的 20；科学—— 88；政治学—— 166；経済学—— 255

[マ行]

ミドルクラス 17, 66, 85-89, 94-96
モンペリエ大学 218
未開 31, 68, 170, 175
　——状態 106；——人 106
民主
　——社会 17, 117, 120-121, 123, 125；——政治 66, 113；——政体 41-42, 84；——的統治制度 61, 71
民主主義

　——国家 42, 55, 60, 76；代議制—— 5-8, 13, 47, 53, 57, 62, 65, 73, 75, 98；直接—— 54
民主的
　——支配 54-55
名誉 6, 90-91, 114
命題 100-101, 123, 140, 155, 157, 161, 204, 206, 256, 259
　一般—— 130, 140-141, 269
模倣志向 77, 80
目的論 182

[ヤ行]

世論 26, 78, 107-108, 112-113, 237, 299
ヨーロッパ文明 104
野蛮 33, 35, 90, 167-168, 170, 176-178, 182-183, 203, 262, 283
有産者 92
有用知識普及協会 114
余剰人口 286
欲求 26, 137, 139-140, 204, 226, 228, 243, 253, 268, 272
欲望 68, 91, 94, 111, 115, 134, 228, 238, 246

[ラ行]

ランカスター学校 221
利益／利害関心
　全体の—— 53, 56, 100, 276；多数者の—— 62, 74；人民の—— 5, 48-49；一般的—— 75；共同体の—— 98, 277；自己—— 100-101, 126；正しい—— 74, 96-97；——の一致 6, 54
リカード経済学 125, 247, 249, 253-255, 258, 260, 263, 273
力学的合成 135, 145-146, 189
利潤 251, 273-274
　——逓減 253；最低利潤率 273
理論家 134-135, 270
　政治—— 2, 32, 84
理論政治学 130, 134
立法
　——の理論 28-29；——者 9, 28, 95, 180-181, 198, 247, 300

旅行
　——記 42, 44, 57, 84, 167, 185, 191；——知識 262
倫理学 133
類比 30
歴史
　——の科学 15, 123, 166, 196；——家 103, 126, 165, 167, 171, 177, 179, 186, 194–197, 290；——観 32, 196；——研究 28, 31, 165, 183, 190, 194–197；——書 167, 183, 185–188, 195–196, 262；——知識 18, 122, 132, 166–167, 187, 190, 193, 201, 235, 310；——的進歩 248；——哲学 7, 16, 32, 34, 37, 169, 189, 196–198, 225, 310；——法則 167；——論 1, 5, 9, 18, 37, 39, 123, 166, 170, 173, 182, 185, 187, 194, 197, 200, 310；科学的—— 166；——学 166, 198, 255
連合心理学→心理学を見よ
連邦制 68
労働者 8, 27, 45, 88, 105, 126, 251, 273–275, 282, 286, 292, 297
　——階級→階級を見よ
ローマ 34, 55, 116, 187, 195, 198
神聖——帝国 215
ロマン主義者 100
ロンドン統計協会 248, 262
論証 140, 151, 157→「演繹」「三段論法」「推理」も見よ

人名索引

[ア行]

アウグストゥス（Augustus, 63 BC–AD 14）34
アリストテレス（Aristotéles, 384–322 BC）34
アレクサンドロス（Aleksandros ho Megas, ?356–323 BC）183
イングリス（Inglis, Henry David, 1795–1835）287, 291
ウェイクフィールド（Wakefield, Edward, 1796–1862）286
ウェイトリー（Whatley, Richard, 1787–1863）129, 266
ヴィック・ダジール（Vicq d'Azyr, Felix, 1746–1794）32
エリザベス1世（Elizabeth I, 1533–1603）281
エリス（Ellis, William, 1800–1881）252
オースティン，サラ（Austin, Sarah, 1793–1867）64, 290
オースティン，ジョン（Austin, John, 1790–1859）73, 117, 270
オールドリッチ（Aldrich, Henry, 1647–1710）129
オウエン（Owen, Robert, 1771–1858）219, 221, 233, 238

[カ行]

カーライル（Carlyle, Thomas, 1795–1881）86, 187, 190–191, 196–197
カバニス（Cabanis, Pierre Jean George, 1757–1808）32
カヴール（Conte di Cavour, Camilo Benso, 1810–1861）287
ガル（Gall, Franz.Joseph, 1758–1828）212–218, 233, 238
キュロス（Kylos, c. 600–530 BC）183
ギゾー（Guizot, François Pierre Guillaume, 1787–1874）7, 17, 24, 32, 37, 101–105, 116, 120, 123–124, 148, 165–167, 169, 171, 173, 192, 195, 197–202
ギボン，エドワード（Gibbon, Edward, 1737–1794）187
ギボン，チャールズ（Gibbon, Charles, 1843–1890）217
クーム（Combe, George, 1788–1858）215, 217–219
クザン（Cousin, Victor, 1792–1867）233
クセルクセス（Xerxes I, 519–465 BC）183
クレイグ（Craig, Edward Thomas, 1804–1894）220
クロムウェル（Cromwell, Oliver, 1599–1658）281, 294
グロート（Grote, George, 1794–1871）51, 55, 129, 166
ケイムズ（Lord Kames, Henry Home, 1696–1782）173–175, 177
ケプラー（Kepler, Johannes, 1571–1630）197
コールリッジ（Coleridge, Samuel Taylor, 1772–1834）11, 13–15, 27, 100, 115, 198, 225, 267–268
コウバーン（Cockburn, Henry, 1779–1854）170
コンディヤック（Condillac, Étienne Bonnot de, 1715–1780）233
コント（Comte, Auguste, 1798–1857）19, 24, 37–38, 100–101, 105, 110, 123, 126, 150, 165–166, 173, 193, 196, 199, 201, 205–206, 211–212, 223, 227, 232–237, 242, 245
コンドルセ（marquis de Condorcet, Marie Jean Antoine Nicolas de Caritat, 1743–1794）27, 32, 34, 181, 205
ゴードン（Gordon, John, 1786–1818）217
ゴドウィン（Godwin, William, 1756–1836）27, 181

[サ行]

サウジー（Southey, Robert, 1774–1843）248
サザン（Southern, Henry, 1799–1853）57
サン・シモン（comte de Saint-Simon, Claude Henri de Rouvroy, 1760–1825）16, 24, 32–39, 148
シーニア（Senior, Nassau William, 1790–1864）

288
シスモンディ（Sismondi, Jean Charles Léonard de, 1773–1842）290 シャルルマーニュ（Charlemagne, c. 742–814）198
シューエル（Sewell, William, 1654–1720）174
シュプルツハイム（Spurzheim, Johann Gaspar, 1776–1832）213, 215–218
ジェイムズ 1 世（James I, 1566–1625）281
ジェフリー（Jeffrey, Francis, 1773–1850）25, 49, 61, 89, 115, 169–171, 173, 175, 195, 217, 283
ジュルゴンヌ（Gergonne, Joseph, 1771–1859）218
ジョーンズ，ウィリアム（Jones, William, 1746–1794）174, 176, 182
ジョーンズ，リチャード（Jones, Richard, 1790–1855）255–256, 259–263
スクロープ（Scrope, George Poulett, 1797–1876）291
スコット（Scott, Walter, 1771–1832）187
スチュアート，ジョン（Stuart, John , ?1752–1821）25
スチュアート，ギルバート（Stuart, Gilbert, 1743–1786）173
スチュアート，デュガルド（Stewart, Dugald, 1753–1828）16, 24–32, 39, 95, 167–169, 171, 182–183, 203, 217, 247, 249–252
スミス，アダム（Smith, Adam, 1723–1790）23, 26–27, 29, 123, 168, 173–175, 180–182, 185, 186, 249–250, 265, 270–271, 273,285
スミス，シドニー（Smith, Sydney, 1771–1845）61
スミス，トマス・サウスウッド（Smith, Thomas Southwood, 1788–1861）95
セイ（Say, Jean–Baptiste, 1767–1832）126
ソーントン（Thornton, William Thomas, 1813–1880）291–292

[タ行]

ダラム（Lord Durham, John George Lambton, 1792–1840）203
チャーマーズ（Chalmers, Thomas, 1780–1847）173
ティエリ（Thierry, Augustin, 1795–1856）197
テイラー（Talyor, Harriet, 1807–1858）223, 241
テュルゴ（Turgot, Anne Robert Jacque, 1748–1825）205
ディズレーリ（Disraeli, Benjamin, 1804–1881）279
デカルト（Descartes, René, 1596–1650）213
デシュタール（D'Eichtal, Gustave, 1804–1886）38, 105, 110
トクヴィル（Toqueville, Alexis de, 1805–1859）16–17, 41, 48, 55, 58, 62–64, 66–72, 74, 76–77, 79–81, 83, 87, 106, 108, 112–113, 116, 118–120, 124–125, 137, 192, 288
トムソン（Thomson, Thomas, 1773–1852）146
トレンズ（Torrens, Robert, 1780–1864）258, 264
トロロプ（Trollope, Frances., 1779–1863）44–45
トンプソン（Thompson, William, 1775–1833）37 ドゥ・ヴェール（de Vere, Aubrey Thomas, 1814–1902）302
ドゥ・トリュー（Du Trieu, Philippe, 1580–1645）129
ドゥ・ロルム（de Lolme, Jean–Louis, 1741–1804）30

[ナ行]

ナポレオン（Napoléon Bonaparte, 1769–1821）41
ニーブール（Niebuhr, Barthold Georg, 1776–1831）196
ニール（Neal, John, 1793–1876）58–60
ニュートン（Newton, Isaac, 1642–1727）177, 197
ネイピア（Napier, Macvey, 1776–1847）173, 184, 194–195, 203
ノヴァーリス（Novalis, Georg Philipp Friedrich Freiherr von Hardenberg, 1772–1801）230

[ハ行]

ハーシェル（Herschel, Frederick William, 1738–1822）142
ハートリー（Hartley, David, 1705–1757）181
ハミルトン，ウィリアム（Hamilton, William, 1788–1856）46, 218

人名索引

ハミルトン，トマス（Hamilton, Thomas, 1789–1842）44–48
バー（Burr, Aaron, 1756–1832）53
バーク（Burke, Edmond, 1729–1797）72
バーデット（Burdett, Francis, 1770–1844）52, 75
バウリング（Bowring, John, 1792–1872）57
バックル（Buckle, Henry Thomas, 1821–1862）123
バベッジ（Babbage, Charle, 1791–1871）255, 259
バロウ（Barrow, John, 1764–1848）43
ヒューウェル（Whewell, William, 1794–1866）11, 129, 255–256, 259–263
ヒューム（Hume, David, 1711–1776）26, 30, 86, 89 , 168, 173–174, 182, 187, 189, 285
ビシャー（Bichat, Marie François Xavier, 1771–1802）32
ビンガム（Bingham, Peregrine, 1788–1864）57–60
ピール（Peel, Robert, 1788–1850）43, 297
ピット（Pitt, William, the Younger, 1759—1806）25
ファーガソン（Ferguson, Adam, 1723–1806）27, 30, 173–174, 186
フィロン（Fearon, Henry Bradshaw, 1792–1842）43
フォスター（Foster, Thomas Ignatius Maria Forster, 1789–1863）213
フォックス（Fox, Charles James, 1749–1806）25
フォンブランク（Fonblanque, Albany, 1794–1872）75
フランツ2世（Franz II, 1762–1835）215
ブラウン（Brown. Thomas, 1778–1820）173, 217, 252
ブラックウッド（Blackwood, William, 1776–1834）59
ブラックストン（Blackstone, William, 1723–1780）30
ブルワー（Bulwer–Lytton, Edward George Earle Lytton, 1803–1873）223
ブレイ（Bray, Charles, 1811–1884）220
プラトン（Pláton, 427–347 BC）9–10, 34, 241
プリーストリ（Priestley, Joseph, 1733–1804）181

プレイス（Place, Francis, 1771–1854）27, 221
ヘロドトス（Heródotos, c. 484–425 BC）186, 195
ベーコン（Bacon, Francis, 1561–1626）142, 252
ベイリー（Bailey, Samuel, 1791–1870）64–65, 255
ベイン（Bain, Alexander, 1818–1903）75–76, 106, 174, 185, 241, 291, 307
ベンサム，サミュエル（Bentham, Samuel, 1757–1831）218
ベンサム，ジェレミー（Bentham, Jeremy, 1748–1832）5–7, 9–11, 13–15, 30, 36–37, 50–59, 65, 75, 88, 95, 101, 122, 167, 175, 179, 181–185, 192, 197, 211, 221, 223–225, 229–230
ペリクレス（Perikles, c. 495 429 BC）34
ホーナー（Horner, Francis, 1778–1817）25, 89
ホール，バジル（Hall, Basil, 1788–1844）44–46
ホウィット（Howitt, William, 1792–1879）291
ホッブズ（Hobbes, Thomas, 1588–1679）129, 149, 173, 267–268
ホワイト（White, Joseph Blanco, 1775–1841）65, 104, 192, 198
ボーモン（Beaumont, Gustave de, 1802–1866）64, 288–290
ポパー（Poper, Karl Raimund, 1902–1994）156–157, 163

[マ行]

マカロック（McCulloch, John Ramsey, 1789–1864）249–252, 254, 258, 265, 273, 286, 290–291
マクリー（McCrie, Thomas, 1772–1835）174
マグワイア（Maguire, John Francis, 1815–1872）293
マコーリー（Macaulay, Thomas Babington, 1800–1859）3, 6–7, 51, 86, 88, 146, 173, 185, 188, 248, 267–268
マッキントッシュ（Mackintosh, James, 1765–1832）50–51, 89, 229, 284
マディソン（Madison, James, 1751–1836）53–54
マルサス（Malthus, Thomas Robert, 1766–1834）27, 89, 254–258, 260, 265, 273, 285–

286
マンデヴィル（Mandeville, Bernard, 1670–1733）181
ミシュレ（Michelet, Jules, 1798–1874）167, 195, 197
ミットフォード（Mitford, William, 1744–1827）186–187
ミラー（Millar, John, 1735–1801）24, 26, 119–120, 123, 169–175, 177, 180–182, 186–187, 283
ミラボー（comte de Mirabeau, Honoré Gabriel Riqueti, 1749–1791）41
ミル，ジェイムズ（Mill, James, 1773–1836）6–7, 13, 17, 19, 25, 27, 30, 37, 43, 48–49, 51, 55, 57, 61, 75, 86–96, 98–99, 107, 109, 111, 115, 117–123, 125–126, 135, 146, 148, 166–167, 169, 171–189, 203, 212, 218, 220–223, 227–230, 254, 258, 263–264, 283, 293
モーリス（Maurice, Frederick Denison, 1805–1872.）12
モスハイム（Mosheim, Johann Lorenz, 1693–1755）174
モンテスキュー（Montesquieu, Charles–Louis de Secondat, 1689–1755）30

[ヤ行]

ヤング（Young, Arthur, 1741–1820）286, 290

[ラ行]

ラウマー，フリードリヒ（Raumer, Friedrich Ludwig Georg von, 1781–1873）290
ラッシュ（Rush, Benjamin, 1746–1813）213
ラッセル（Russell, John, 1792–1878）297
ラッティ（Rutty, John, 1697–1775）174
ラルヘル（Larcher, Pierre Henri, 1726–1812）195
リード（Reid, Thomas, 1710–1796）173
リーヴ（Reeve, Henry, 1813–1895）64
リカード（Ricardo, David, 1772–1823）20, 126, 172, 184, 247, 249, 251–261, 263–265, 270, 273, 286
ルイ14世（Louis XIV, 1638–1715）34, 37, 187
レイン（Laing, Samuel, 1780–1868）290
レオ10世（Leo X, 1475–1521）34
ロウバック（Roebuck, John Arthur, 1802–1879）74–75
ロバートソン（Robertson, William, 1721–1793）187
ロワイエ・コラール（Royer–Collard, Pierre Paul, 1763–1845）32, 120

著者紹介

川名　雄一郎（かわな　ゆういちろう）

京都大学白眉センター特定助教
PhD in Political Science（University College London）

（プリミエ・コレクション24）
社会体の生理学——J・S・ミルと商業社会の科学

2012年7月27日　初版第一刷発行

著　者	川　名　雄　一　郎
発行人	檜　山　爲　次　郎
発行所	京都大学学術出版会
	京都市左京区吉田近衛町69
	京都大学吉田南構内（〒606-8315）
	電話　075（761）6182
	FAX　075（761）6190
	URL　http://www.kyoto-up.or.jp
印刷・製本	亜細亜印刷株式会社

Ⓒ Y. Kawana 2012　　　　　　　　　　　　　　Printed in Japan
ISBN978-4-87698-216-5 C3310　　　定価はカバーに表示してあります

本書のコピー、スキャン、デジタル化等の無断複製は著作権法上での例外を除き禁じられています。本書を代行業者等の第三者に依頼してスキャンやデジタル化することは、たとえ個人や家庭内での利用でも著作権法違反です。